W0109412

Adalbert Niemeyer-Lüllwitz

Martina Hoff

Das Gartenbuch für Städter

Adalbert Niemeyer-Lüllwitz

Martina Hoff

Das Gartenbuch für Städter

Balkon- und Kleinstgärten, Hausbegrünung

Naturbuch Verlag

Inhalt

Lebensraum Stadt   7

Neuer Blick auf Altbekanntes   8

▶ Stadtluft macht frei   9
▶ Leben, wohnen, arbeiten   11
▶ Verkehr   13
▶ Wie funktioniert die Stadt?   14
▶ Dreck, Lärm, Staub, …   16
▶ Pflanzen und Tiere   19
▶ Räume, Nischen, Ecken   22

Gärten an Wohnungen   25

Fenster-Gärten   26

▶ Gemüse und Blumen im Zimmer   27
▶ Blütenstauden im Zimmer   28
▶ Pflanzenzucht auf der Fensterbank   28
▶ Blumen und Kräuter auf der Außenfensterbank   29

Balkon-Gärten   32

▶ Kästen, Kübel, Halterungen   33
▶ Pflanzerde   36
▶ Pflanzenauswahl für den eigenen Balkon   39
▶ Stauden, Gräser, Farne, …   41
▶ Nutzgarten auf dem Balkon   43
▶ Kletterpflanzen   48
▶ Ganz ohne Wasser wächst es nicht   49
▶ Nicht für alles ist Platz   50

Kletternde Gärten   52

▶ Umweltverbesserer und Erlebnisraum   53
▶ Keine Angst vor Bauschäden   53
▶ Die richtige Pflanzenwahl   55
▶ Kletterhilfen für Fassadengrün   61
▶ Pflanzung und Pflege von Klettergehölzen   67
▶ Spalierobst: Wandschmuck und Obsternte auf kleinster Fläche   68

Gärten auf Häusern   73

Dach-Gärten   74

▶ Vorteile für Mensch und Natur   75
▶ Grüne Dächer lösen Dachprobleme   75
▶ Ausgangspunkt: Die Belastbarkeit des Daches   76
▶ Extensive Begrünung: Funktionsschichten und Materialien   77
▶ Kostspielige Gründächer – ein Vorurteil   80
▶ Pflanzen für extensive Gründächer   81
▶ Intensive Dachgärten   83
▶ Beispiele aus der Praxis   86

Gärten vor Häusern 91

Eingangsgärten 92
► Eingangsgärten für Bewohner: Praktische Tips 93
► Pflanzideen für Eingangsgärten 97
► Wildblumen und Stauden an Zaun und Mauer 103
► Kein Eingangsgarten ohne Hausbaum! 104
► Baumpflanzung – Schritt für Schritt 108

Bürgersteiggärten 112
► Ein Anfang: Blumentöpfe und Pflanzkübel 113
► Es genügt ein Plattenstreifen 114
► Patenschaft für Straßenbäume 116

Gärten zwischen Häusern 119

Gartenhöfe 120
► Starthilfe – Anfang ohne Schwierigkeiten 121
► Platz im Hinterhof 122
► Bauen im Hof 127
► Pflanzen im Hof 136
► Hofveränderung – Schritt für Schritt 143
► Gartenhöfe – Praxisbeispiel 150

Mietergärten 152
► Terassengärten am Erdgeschoß 153
► Nutzgärten für Obergeschoßbewohner 156
► Abgrenzungen 158
► Bodenvorbereitung – Grundlage gärtnerischer Erfolge 159
► Gemüse- und Kräuterbeete 162
► Vom Abstandsgrün zum Bewohnergarten – Wichtige Schritte 166
► Mieter werden aktiv – ein Beispiel 168

Vom Haus zum Stadtteil 169

Ideen rund um's Haus 170
► Ideen für Ungläubige, Wachsende Ideen, Such-Ideen 171
► Ideen-Kunst, Tierische Ideen, Wetter-Ideen 176
► Spiel-Ideen, Ideen-Feste 179

Leben im Stadtteil 182
► Beispiel Schulgelände – Naturnaher Lebens- und Lernort 183
► Beispiel Kinderbauernhof – Stadtraum als Spielraum 185
► Beispiel Bachpatenschaften – Schutz von Lebensraum 186
► Beispiel Bürgerpark – Lebensraum vor der Haustür 188
► Beispiel baubiologische Wohnsiedlung – Gesunder Lebensraum 190
► Bürgerrechte 191

Anhang 194
► Adressen und Literatur 194
► Register 198
► Impressum, Bildquellennachweis 200

Heute verstehe ich es auch nicht mehr, warum wir jahrelang auf die Mülltonnen in einem tristen, vernachlässigten Hinterhof geschaut und uns nicht längst den grünen Hof geschaffen haben, wie er jetzt schon seit einem Jahr besteht."
(Bewohner der Orleansstr. 6–8 in München)

Es nützt nichts, den Mangel an Natur in den Städten nur zu beklagen. Städte als menschliche Lebensräume sind von Menschen geschaffen. Sie können durch Initiative der Bewohner verändert, natur- und menschenfreundlich umgestaltet werden. Von der Fensterbank bis zum asphaltierten Hof reichen die Stellen, an denen sich Platz finden läßt für kleine und kleinste Gärten in der Stadt.

Im Alltag bleiben diese Stellen oft unbemerkt. Geschäfte, Theater, Wohngebäude, Arbeitsplätze, Schulen und vieles mehr prägen das Alltagsleben. Auch wir, Autor und Autorin dieses Buches, leben in der Stadt und genießen diese Vorzüge des Stadtlebens. Doch auf Natur in Wohnungsnähe wollen wir trotzdem nicht verzichten. Und so gibt es in Bielefeld einen großen naturnahen Garten und in Essen einen Balkon, auf dem Stauden und Kräuter blühen und duften. Erst Bäume, Sträucher, Blumen und Tiere machen das Wohnumfeld lebens- und liebenswert. Täglicher Umgang mit Pflanzen und Tieren, naturnahe Räume für kreatives Spielen, Arbeiten und Entspannen können das städtische Leben unendlich bereichern. Die Stadt der Zukunft ist ohne nutzbare Gärten in Wohnungsnähe nicht vorstellbar.

Der Weg zu mehr Natur in der Stadt erfordert auch eine andere, ökologische Stadtplanung. So ist es an der Zeit, daß völlig überholte Vorschriften, beispielsweise zur Gewährleistung einer Versorgung mit PKW-Stellplätzen, ersetzt oder ergänzt werden durch Bauvorschriften, in denen eine Ausschöpfung von Begrünungsmöglichkeiten vorgegeben wird.

Genauso wichtig ist aber die Eigeninitiative der Bewohner. Denn große nutzbare Flächen und unzählige kleine Plätze für die Anlage von Gärten liegen in der Stadt „brach". Auf Balkon und Dächern, an der Hausfassade oder der Hofmauer, an Straße und Bürgersteig, in den Innenhöfen der Wohnblocks, auf den Rasenflächen der Mietshäuser – an diesen Stellen können die Bewohner zugreifen und sie größtenteils durch Eigenarbeit in ein kleines Stück Garten verwandeln.

Die Anregungen dieses Buches sollen den Blick schärfen für die überall vorhandenen Möglichkeiten. Praktische Anleitungen und Tips geben Hilfestellung und machen Mut es selbst zu versuchen. Mit kleinen Schritten, wie beispielsweise dem Anbringen von Pflanzkästen auf Balkon und Fensterbank oder der Pflanzung von Efeu und Wildem Wein, kann die Umgestaltung und Nutzbarmachung wohnungsnaher Flächen beginnen. Asphaltierte Höfe lassen sich aufreißen und bepflanzen. Auf Dächern läßt sich Kies durch eine Pflanzendecke ersetzen. Vor der Haustür begrüßen Eingangsgärten die Bewohner.

Die beschriebenen Stadtgärten sind Gärten mit Platz für Mensch und Natur. Aus gutem Grund haben wir daher bei unseren Empfehlungen vor allem auf bewährte Wildpflanzen und robuste Kulturpflanzen zurückgegriffen und auf so manche gängige Zierpflanze verzichtet. Nicht die empfindlichen Ziergehölze, Edelrosen oder Sommerblumen stehen also im Vordergrund. Anliegen unserer Gestaltungs- und Pflanzvorschläge ist es vielmehr ästhetisch ansprechende und ökologisch wirksame, dabei auch sozial nutzbare Gärten für die Stadtbewohner zu schaffen. Gärten, die zugleich Chance sein können, intensive Naturbeziehungen zu entwickeln und dabei sogar – zumindest und zunächst auf kleinster Fläche – den behutsamen Umgang mit Natur und Umwelt praktisch zu erproben.

Bielefeld und Essen im Herbst 1993

Adalbert Niemeyer-Lüllwitz
Martina Hoff

Lebensraum Stadt

*Lebendige Plätze, graue Ecken –
in der eigenen Stadt läßt sich an
vielen Stellen Altbekanntes neu
entdecken.*

Neuer Blick auf Altbekanntes

Die Stadt ist für Erwachsene und Kinder die Alltags-Stadt. Da will ich hin, das muß ich erledigen, da wohnt mein Freund ... – Alltagswege und -ziele beschränken den Blick. Alles andere interessiert nicht, wird kaum wahrgenommen. Wer achtet schon darauf, wie die Häuser oberhalb der bunten Schaufensterauslagen aussehen, ob sie überhaupt bewohnt sind? Oder wer fragt sich, ob der Weg zu den Mülltonnen im Hinterhof nun schön oder häßlich ist und ob er sich nicht verändern läßt? Die Alltagsumgebung wird so hingenommen, wie sie ist. Viele schöne und weniger schöne Aspekte des Lebensraumes Stadt sind so verborgen. Nicht nur die Lebensbedingungen von Pflanzen und Tieren oder die Umweltbelastungen in der Stadt bleiben häufig unbeachtet. Auch die Stellen, wo noch Platz für ein kleines Spielgebüsch für Kinder, eine Bank zum Plauschen, eine Kletterpflanze oder einen Baum wäre, bleiben unentdeckt.

Also gilt es, erst einmal den Blick zu schärfen. Im alltäglichen Lebensraum wird dann schnell deutlich, daß Menschen ihre Umwelt, zwar nicht immer aus freien Stücken, aber immer selbst gestalten. Schließlich prägen die eigenen Nutzungsansprüche den Lebensraum Stadt mit seinem Verkehrsaufkommen, den eingeschränkten Spielmöglichkeiten im Freien oder den asphaltierten Schulhöfen. Bei genauem Hinsehen werden diese Zusammenhänge in der Stadt schnell deutlich. Der eigene Lebensraum erscheint dann nicht mehr als gegeben und unveränderbar. Die eigene Verantwortung für die Lebensqualität in der Stadt wird spürbar. Also heißt es „Augen auf" in der eigenen Stadt, wenn nun die Lebensbedingungen für Mensch und Natur zwischen Häusern und Straßen unter die Lupe genommen werden.

Kindersicht oder Vogelperspektive – ohne die Alltagshektik wird der Blick frei für Schönes und Hässliches in der eigenen Stadt.

Stadtluft macht frei

Die Stadt, wie sie heute aussieht, mit Märkten, Wohn- und Gewerbegebieten, Einkaufszentren, Fernwärme, Kanalisation, Altenheimen, Theatern oder U-Bahn ist noch gar nicht so alt. Erst in den letzten 100 Jahren haben sich die Städte mit der Industrialisierung und der Entstehung von technischen Großbetrieben zu dem entwickelt, was sie heute sind: zu Lebensräumen von sehr vielen Menschen. Um 1900 herum lebte nur einer von zehn Menschen in Deutschland in Städten, heute haben von drei Menschen zwei ihre Wohnung in Orten mit mehr als 20 000 Einwohnern. Was aber zieht Menschen in die Stadt, und zwar nicht erst seit hundert Jahren, sondern schon sehr viel länger?

Die ersten größeren Siedlungen, vergleichbar mit unseren heutigen Städten, gab es in Vorderasien bereits vor mehr als 4 000 Jahren. Die Menschen hatten bereits den Schritt zur seßhaften Lebensweise vollzogen, erste Pflanzen und Tiere domestiziert und betrieben Ackerbau und Viehzucht. Mit dieser Lebensweise verbunden ist die Ausbildung von neuen Gesellschaftsformen. Einige dieser günstig gelegenen Siedlungen waren bereits damals wichtige zentrale Städte mit Tempeln, Regierungssitz, Befestigungsanlagen und einfachen Wasserversorgungssystemen. Viele dieser alten Zentren haben jedoch inzwischen ihre Bedeutung verloren, sie sind bereits vor Jahrhunderten von der Bevölkerung verlassen worden und zerfallen.

Gestern und heute – Menschen gestalten den Lebensraum Stadt nicht immer aus freien Stücken, aber immer selbst.

Fragen eines lesenden Arbeiters

Wer baute das siebentorige Theben?
In den Büchern stehen die Namen von Königen.
Haben die Könige die Felsbrocken herbeigeschleppt?
Und das mehrmals zerstörte Babylon –
Wer baute es so viele Male auf? In welchen Häusern
Des goldstrahlenden Lima wohnten die Bauleute?
Wohin gingen an dem Abend, wo die Chinesische Mauer fertig war
Die Maurer? Das große Rom
Ist voll von Triumphbögen. Wer errichtete sie? Über wen
Triumphierten die Cäsaren? Hat das vielbesungene Byzanz
Nur Paläste für seine Bewohner? Selbst in dem sagenhaften Atlantis
Brüllten in der Nacht, wo das Meer es verschlang
Die Ersaufenden nach ihren Sklaven. (...)

Bertold Brecht

Gute Verteidigungslage oder Bodenschätze – die landschaftlichen Gegebenheiten sind meist ausschlaggebend für die Entstehung einer Stadt. Städtenamen, Straßen, Gebäude oder Stadtmauern erzählen ein Stück Stadtgeschichte.

Bei uns entwickelten sich Städte erst 5000 Jahre später, etwa um 1000 nach Christus. Grundlage waren oft die Überbleibsel römischer Stadtsiedlungen wie Köln, Trier und Würzburg. Ansonsten lebten die Menschen in kleinen Siedlungen von der Landwirtschaft, arbeiteten für den Eigenbedarf auf dem Feld, produzierten Arbeitsgeräte und Kleidung selber.

Grundlegende Veränderungen in der Landwirtschaft – insbesondere die Erfindung des Pfluges und der Einsatz von Zugtieren, die Einführung der Dreifelderwirtschaft sowie der Bau von Mühlen – steigerten die landwirtschaftlichen Erträge in einem Maß, daß die Bevölkerungszahl enorm ansteigen konnte. Nicht mehr alle mußten in der Landwirtschaft arbeiten, das Handwerk wurde zu einer eigenständigen Tätigkeit. Siedlungen entwickelten sich zu Marktorten, an denen landwirtschaftliche Erzeugnisse und selbstgefertigte handwerkliche Produkte ausgetauscht wurden.

An den Schwerpunkten landwirtschaftlicher Produktion, an wichtigen Handelswegen, überall dort, wo Flüsse oder Seehäfen Verbindungen ermöglichten und reiche Grundherren für Nachfrage nach Produkten und für Schutz der Bewohner und Bewohnerinnen sorgten, siedelten sich viele Menschen an. Es entstanden die ersten Städte mit Stadtmauern, die die hier lebenden Menschen vor Überfällen und Plünderung schützten.

Damals machte Stadtluft im wahrsten Sinne des Wortes frei. Menschen ohne Recht auf Freizügigkeit (Leibeigene), die einem Adligen oder Grundherren zu Arbeit, Diensten oder Abgaben verpflichtet waren, wurden nach den städtischen Rechtsgrundsätzen nämlich frei, wenn sie ein Jahr ohne Nachfrage ihres Herren in einer Stadt gelebt hatten. Sie wurden zu „Bürgern" (ursprünglich Burgverteidigern), den Bewohnern einer befestigten Stadt mit eigenen Rechten und Pflichten.

Verkürzt gesagt entstanden Städte also, weil Handwerk und Handel neben der Landwirtschaft zu eigenen Berufszweigen wurden und es möglich war, zu überleben, ohne sich selbst um alles zu kümmern. Diesen Vorteil hat das Leben in der Stadt immer noch. Auch wenn sich das Leben auf dem Lande dem Stadtleben angenähert hat, wird die Vielfalt der Geschäfte, Theater, Kinos, Sporteinrichtungen und Restaurants in der Stadt von vielen genossen. Die Stadt schreibt keinen allgemeinverbindlichen Lebensstil zwingend vor. Sie bietet die Freiheit, in vielen Bereichen auszuwählen: bei Ernährung, Bildung, Arbeit, dem Ausnutzen von Kulturangeboten, Vereinen und Glaubensgemeinschaften. Niemand muß sich als Selbstversorger um alles alleine kümmern. Städte entlasten die einzelnen von Arbeit, Mühe und Verantwortung, und lassen Raum für andere, selbstgewählte Aktivitäten. Es ist nun einmal einfacher, in Urlaub zu fahren, weil kein Vieh zu versorgen ist. Auf der anderen Seite entstanden im Laufe dieser Entwicklung auch Zwänge. Um sich beispielsweise im Stadtverkehr ohne Gefahr bewegen zu können, müssen Regeln gelernt und eingehalten werden. Kindern und Eltern kostet das viel Zeit und Nerven. Ob die Stadtluft heute noch frei macht? Das müssen alle für sich selbst entscheiden.

Und in meiner Stadt?

Magdeburg, Düsseldorf – aus manchen Städtenamen ist bereits abzulesen, in welchem Umfeld sich die jeweilige Stadt entwickelt hat. Eine Burg schützte die Bewohner des heutigen Magdeburg. Das Dorf am Flüsschen Düssel bekam den Namen Düsseldorf. In Stuttgart gab ein Gestüt der sich entwickelnden Stadt den Namen (Stuotgarten). Die Endung „-furt" bei Frankfurt oder Erfurt deutet darauf, daß die Städte an einer verkehrsgünstigen Furt über einem Fluß lagen. Der Name München erzählt davon, daß eine wichtige Brücke mit Zollrecht aus politischen Gründen zu einer klösterlichen Siedlung (zu den Mönchen) verlegt wurde. Einfach ist es bei der Endung - hafen. Manchmal ist die naheliegende Namenslösung aber irreführend. So hat Essen seinen Namen keineswegs nach den ehemals so zahlreichen Essen (Fabrikschornsteinen), sondern nach einem sehr viel älteren, fürstlichen Gutshof in einer eschenreichen Gegend. Die landschaftlichen Gegebenheiten – auch Bodenschätze, Flüsse, Wälder, gute Böden, hochwasserfreie, gute Verteidigungslage – waren also oft ausschlaggebend für die Entstehung der Städte. Und was sagt der Name der eigenen Stadt über ihre Entstehung?

Leben, wohnen, arbeiten

Häuser, Kirchen, Industriebetriebe – nicht allein die architektonischen Zeugnisse, die so statisch und so unveränderbar erscheinen, geben einer Stadt ihr typisches und unverwechselbares Aussehen, sondern die Menschen mit ihren Interessen, Tätigkeiten, Bestrebungen. Die wirtschaftlichen, sozialen und kulturellen Bedingungen prägen im Laufe der Zeit das Bild einer Stadt.

Menschlicher Erfindergeist und wirtschaftliches Denken haben denn auch um 1900 herum technische Großbetriebe, wie Eisenhütten, chemische Werke oder Textilbetriebe, entstehen lassen, die das Bild mancher Städte bis heute prägen. Die Arbeitsmöglichkeiten zogen viele Menschen in die Städte. Innerhalb von nur 40 Jahren vervielfachte sich die Einwohnerzahl. Während sich in Städten wie Berlin, Hamburg, Dresden oder Frankfurt, die als Regierungssitz, Hafen- oder Messestadt schon Bedeutung hatten, die Bevölkerungszahl verdreifachte, explodierten im Ruhrgebiet die Bevölkerungszahlen. Aus den kleinen Dörfern Gelsen-

kirchen und Hamborn (heute Stadtteil von Duisburg) mit 8 000 bzw. 2 000 Einwohnern wurden in der Zeit von 1870–1910 Orte mit 170 000 bzw. 102 000 Menschen. Dort stieg die Bevölkerungszahl sogar auf das 20- oder gar 50fache.

Das Schicksal der Städte ist bis heute eng mit diesen Großbetrieben verknüpft, nicht nur weil sie mit ihren Gewerbesteuerabgaben wichtige Einnahmequellen für die Stadtkassen sind. Wasser, Boden und Luft wurden und werden von den Betrieben wie selbstverständlich in Anspruch genommen. Bereits sehr früh kam es zu den ersten Umweltskandalen. Beispielsweise im Jahr 1923 im Ruhrgebiet, als beobachtet wurde, daß wegen der „Rauchplage" aus den Schornsteinen Bäume nur etwa 1/5 ihrer normalen Wuchshöhe erreichten. Die Weser und ihre Nebenflüsse waren bereits im Jahr 1923 mit Kalisalzen aus dem Kaliabbau für die Düngemittelherstellung sehr stark verunreinigt. Den Bremerinnen und Bremern wurde deshalb empfohlen, nicht das Flußwasser als Trinkwasser zu nutzen, sondern vielmehr Grundwasservorkommen zu erschließen.

Tag und Nacht – die Entwicklung einer Stadt ist eng mit dem Schicksal der Firmen und Industriebetriebe verknüpft.

Natur

Hierher, sagen mir
Bekannte, bauen wir
unser Häuschen.
Auf ihrem Grundstück
grasen Kühe
und Blumen wachsen
im Klee.
Hier ist noch alles so
natürlich, sagen sie, die
Luft
und der Wald, Hügel
und Felder
hier werden wir
wohnen ...

Ohne euch
sag ich
würde es so bleiben.

Ludwig Fels

Gefährliche Altlasten – Spuren ehemals „erfolgreicher" Unternehmen sind vielerorts zu finden. Trotz stärkerer Umweltauflagen entstehen nach wie vor Belastungen.

Hier fällt ein Baum, dort entsteht ein Haus – die Stadt wächst ständig in die sie umgebende Landschaft hinein. Überall in der Stadt sind bei genauem Hinschauen kleine und große Veränderungen zu entdecken.

Traumhaus im Grünen – der Traum von den eigenen vier Wänden kann mitten in der Stadt Wirklichkeit werden.

Teilweise werden Belastungen durch alte oder bestehende Gewerbebetriebe, z. B. durch Schadstoffeinwaschung in Boden und Grundwasser (sogenannte Altlasten), erst spät festgestellt. Manchmal sind bereits neue Betriebe oder sogar Wohnhäuser auf diesen belasteten Flächen entstanden. Zwar gelten längst schärfere Umweltauflagen, doch nach wie vor entstehen Belastungen. Trotzdem, die Angst vor Arbeitslosigkeit rangiert in der Liste der wichtigsten Probleme immer noch vor der Lösung der teilweise lebensbedrohenden Umweltprobleme. Und solange die meisten Menschen das so sehen, werden die Städte versuchen – u. U. auch an hierfür völlig ungeeigneten Stellen – die Ansiedlung von Großbetrieben zu fördern. Dann wird die Ansiedlung zum unbezweifelbaren Sachzwang, auch wenn Landschaften im Stadtumfeld unter Mauern, Asphalt und Beton verschwinden.

Die Menschen in den Städten brauchen und brauchten natürlich Wohnraum. Die Betriebe, die Städte und Einzelpersonen bauten Häuser. Die Städteparlamente waren gezwungen, Brandschutzsatzungen und Bauordnungen zu erlassen, um die Bauaktivitäten zu regeln – der Beginn der Stadtplanung. Um möglichst viele Menschen unterzubringen entstanden Mietskasernen mit Hinterhäusern, die wenig Licht, Luft und Sonne in die Wohnungen ließen. In einer Stadt wie Hamburg standen um 1900 pro Kopf im Durchschnitt 10 m² Wohnraum zur Verfügung. Viele mußten mit weniger Platz auskommen. Oft lebten mehr als 7 Personen in 25 m² großen, ungeheizten 1–2-Raum-Wohnungen, für heutige Verhältnisse unvorstellbar.

Bereits damals träumten sicherlich viele Menschen vom Haus mit Garten. Doch erst nach dem II. Weltkrieg, als Verkehrsverbindungen und das Auto es erlaubten, daß Wohnung und Arbeitsstelle nicht eng beieinander liegen, können sich viele diesen Traum erfüllen. Eigenständige ländliche Orte wachsen mit Städten zusammen und werden eingemeindet. Die Städte breiten sich mit monotonen Einfamilienhausgebieten ohne Einkaufsmöglichkeiten, Schule und Kindergärten, oft auf Kosten von ehemaligen Acker- und Wiesenflächen aus.

Obwohl die Bevölkerungszahlen längst nicht mehr so stark steigen, teilweise stagnieren oder zurückgehen, wachsen die Städte auch weiterhin. Täglich verschwinden in Deutschland 164 ha, eine Fläche von 37 000 Fußballfeldern, unter Mauern, Asphalt und Beton. Vor allem der Flächenbedarf für Verkehr, Arbeiten, Ver- und Entsorgung und

Erholung ist gestiegen. Doch auch die Wohnansprüche haben sich verändert. Mittlerweile steht pro Kopf im Schnitt eine Wohnfläche von 25 m² zur Verfügung. Immer mehr Menschen möchten alleine auf großer Fläche wohnen, und darauf ist zumindest teilweise die gegenwärtige Wohnungsnot in den Städten zurückzuführen. Es fehlt aber gerade auch an günstigem Wohnraum für Familien.

In den letzten Jahren werden die Städte mit allen ihren Qualitäten wiederentdeckt. Aber auch Stadtbewohner und Stadtbewohnerinnen wollen gesunde Lebensbedingungen und auf Natur nicht verzichten. Parkanlagen und kleinste Flächen am Haus bekommen eine große Bedeutung, und die Städte verändern wieder einmal mehr durch die Wünsche der Menschen ihr Gesicht.

Fußgänger haben es nicht leicht, aber im dichten Verkehr kommen auch Autos kaum noch voran. Das Fahrrad und der öffentliche Nahverkehr sind Alternativen.

Und in meiner Stadt?

Spargel, Tortenstück – das sind keine Nahrungsmittel, sondern spöttisch-liebevolle Namen auffälliger Gebäude (Fernsehturm, Museum) in Frankfurt am Main. Längst nicht alle Gebäude verändern das Bild einer Stadt so stark, daß sie sich einen Spitznamen verdienen. Dennoch verändert sich die Stadt ständig. Die meisten Veränderungen bleiben im Alltag jedoch unbemerkt. Mit etwas Spürsinn lassen sie sich jedoch aufdecken. Wo wurden Bäume gepflanzt? Wo entstand ein Industriebetrieb? Alte und neuere Fotos aus Heimatbüchern helfen dabei, diese Fragen zu beantworten. Bei einem Spaziergang wird ein Vergleich zwischen Gestern und Heute möglich. Manchmal sind die Orte nur zu finden, wenn bekannte Gebäude oder Denkmäler auf den Fotos zu erkennen sind. Die Veränderungen können riesig oder geringfügig sein.
Oftmals erzählen die Bilder Geschichten : Einmal haben Bewohner und Bewohnerinnen den Erhalt von Häusern durchgesetzt. An einer anderen Stelle mußten letztendlich Naturschutz-Interessen im Kampf um eine wertvolle Obstwiese hinter verkehrspolitischen Überlegungen zurückstehen. Durch städtische Planung wurde am Stadtrand ein Gewerbegebiet erschlossen. Immer wird deutlich, daß Städte längst nicht so statisch sind, wie sie oftmals erscheinen. Das macht Mut für die Zukunft, es kann sich erneut etwas ändern. Und was sagen die Heimatbücher der eigenen Stadt über die Veränderungen? Das Motto Gestern – Heute – Morgen verspricht einen interessanten Stadtspaziergang.

Verkehr

Ohne Auto geht es nicht – das meinen nicht nur Stadtbewohner und Stadtbewohnerinnen. Die Wege vom Arbeitsplatz zur eigenen Wohnung müssen schließlich irgendwie zurückgelegt werden. Aber mittlerweile geht bald nichts mehr mit dem Auto. Die Staus werden immer länger.

Begonnen hat der Stadtverkehr ganz harmlos. Pferd und Wagen reichten lange Zeit als Transportmittel aus. Die Eisenbahn kam im Jahr 1835 hinzu. Als dann immer mehr Menschen eine Verbindung zur Arbeitsstelle brauchten, waren Pferdebahnen die ersten öffentlichen Verkehrsmittel in den Städten. Bald schon wurden sie elektrifiziert, und die elektrische Straßenbahn war ab 1890 kein ungewohnter Anblick mehr. Fast gleichzeitig wurden vor etwa hundert Jahren Fahrrad und Auto erfunden, die Verkehrsmittel, die es dem einzelnen ermöglichen, Richtung und Geschwindigkeit selbst zu bestimmen. Nicht das Fahrrad, das Auto veränderte alles. Die Veränderungen kommen einer Revolution gleich. Das Eisenbahnnetz hatte es schon notwendig gemacht, daß sich die Uhrzeit vor Ort nicht mehr nach dem Sonnenstand richtete, sondern 1893 eine für ganz Deutschland verbindliche „Eisenbahnstandardzeit" eingeführt wurde. Das Leben wurde schneller, die Taschen- oder Armbanduhr wurde fast unverzichtbar. Das Auto veränderte durch Straßenbau, durch Ampeln, Verkehrszeichen und Tankstellen Stadt und Land. Heute ist die Automobilindustrie der wichtigste Wirtschaftssektor in der Bundesrepublik.

Nicht nur für Menschen ist die Straßenüberquerung gefährlich. An vielen Stellen zerschneiden Straßen Wanderwege von Tieren.

Die Zeit fährt Auto

Die Städte wachsen
und die Kurse steigen.
Wenn jemand Geld hat,
hat er auch Kredit.
Die Konten reden. Die
Bilanzen schweigen.
Die Menschen sperren
aus. Die Menschen
streiken.
Der Globus dreht sich.
Und wir drehn uns mit.

Die Zeit fährt Auto.
Doch kein Mensch kann
lenken.
Das Leben fliegt wie ein
Gehöft vorbei.
Minister sprechen oft
vom Steuersenken.
Wer weiß ob sie im
Ernste daran denken?
Der Globus dreht sich
und geht nicht entzwei.

Die Käufer kaufen. Und
die Händler werben.
Das Geld kursiert, als sei
das seine Pflicht.
Fabriken wachsen. Und
Fabriken sterben.
Was gestern war, geht
heute schon in
Scherben.
Der Globus dreht sich.
Doch man sieht es
nicht.

Erich Kästner

Seit das Auto nach 1949 kein Luxusprodukt mehr ist, stiegen die Zahlen der Autos auf unseren Straßen ständig an. 1990 waren 36 Millionen PKW in der Bundesrepublik zugelassen, und fast jeder Erwachsene besitzt ein Auto. Mit den Fahrzeugzahlen steigen die Zahlen der Verkehrstoten und die ausgestoßenen Schadstoffmengen. Trotz Katalysator verursacht der Autoverkehr 55 % der für das Waldsterben mitverantwortlichen Stickoxide.

Straßen haben ihre Funktion als Spiel- und Kommunikationsräume verloren. Für Menschen ist das Überqueren fast so gefährlich wie für kleine Säugetiere. Eine 10 m breite Straße ist für diese Tiere genauso unüberwindlich wie ein 20 m breiter Fluß. Und wer hat schon einen Igel oder eine Maus so weit schwimmen sehen? Das ist noch nicht alles. Mehr als jeder zweite Stadtbewohner fühlt sich von Lärm belästigt. Konzentrationsschwäche und Schlafstörungen sind die Folge. Oft wirken dem nur passive Maßnahmen wie Lärmschutzwände und Lärmschutzfenster entgegen. Besser wäre es, durch gemeinschaftlich benutzte Stadtautos oder verbesserten öffentlichen Personennahverkehr das Verkehrsaufkommen zu reduzieren. Das würde die Schadstoffe vermindern und Raum schaffen, denn alleine parkende PKWs benötigen 25mal soviel Platz, wie Bus, Straßenbahn und S-Bahn mit derselben Personenzahl. Hier muß jeder einzelne etwas tun, damit sich diese Situation ändert. Weniger Straßen bedeutet mehr Platz für Mensch und Natur.

Und in meiner Stadt?

10 Minuten Lauschen genügen. Was für Geräusche sind vor der Haustür und hinter dem Haus zu hören? Gibt es da nur Straßenlärm oder auch Vogelgezwitscher, Kinderlachen, -weinen und sogar krabbelnde Käfer? Auf eine Postkarte gemalt oder geschrieben entstehen kleine Geräuschkarten. Werktags- und Sonntagsgeräusche, Sommer- und Wintergeräusche können so verglichen werden. Wer es genauer wissen will, kann sich bei Umweltämtern oder Umweltzentren ein Lärmmeßgerät auszuleihen. Und wieviel parkende Auto sind zu sehen? Dazu genügt schon ein Blick aus dem Fenster. An diesen Stellen könnten Kinder spielen, könnten Bäume wachsen, wenn nicht fast alle glaubten, das eigene Auto sei unverzichtbar. Selbst wenn auch nur die Strecke zum nächsten Zigarettenautomaten und nächsten Bäcker damit zurückgelegt wird.

Zu Fuß gehen, mit dem Fahrrad fahren, die Straßenbahn benutzen – bei dem Lärm, bei den spärlichen Radwegen, bei den Wartezeiten! Gegenargumente finden sich immer. Deshalb hilft nur ausprobieren. Wie lange dauert der Weg zu Fuß in die Innenstadt, zum Markt, wie lange mit dem Fahrrad und der Straßenbahn, wie lange mit dem Auto, einschließlich Parkplatzsuche? Mit einer Gruppe läßt sich das im Freundeskreis, z. B. beim nächsten Einkaufsbummel oder Kinobesuch, leicht ausprobieren. Die Ergebnisse können überraschen.

Also, wie ist das nun mit dem Verkehr in der eigenen Stadt?

Wie funktioniert die Stadt?

Stromausfall – die Lichter sind aus. U-Bahnen bleiben in Tunnels, Aufzüge in Schächten stecken, und Nahrungsmittel verderben in den Kühltruhen. Der Herd bleibt kalt. Radio und Fernsehen verlöschen, alle Telefonleitungen sind tot. Nur selten wird der Grad der Abhängigkeit einer Stadt und ihrer Bewohner von dem weitverzweigten Netz der Wasser-, Gas-, Strom- und Telefonleitungen sowie der Infrastruktur so deutlich wie in dieser Situation. Ohne Serviceleistungen, ohne Versorgung mit Waren, Strom und Wasser, ohne die Entsorgung von Müll und Abwasser ist eine Stadt, sind die einzelnen Häuser und Betriebe, heute kaum mehr lebensfähig.

Begonnen hat die Verrohrung und Verkabelung der Städte mit den Wasser- und Abwasserleitungen. Der Gestank in den Straßen und Höfen von den Abfällen und Fäkaliengruben und die zunehmenden Infektionskrankheiten ließen die Menschen gegenüber dem Brunnenwasser mißtrauisch werden. Von Quellwasser gespeiste Wasserleitungen werden gebaut, die erste in Hamburg im Jahre 1848. Damit steigt der Wasserverbrauch, denn das Wasser muß nicht mehr mühsam vom Brunnen heraufgeholt werden. Die unbefestigten Straßen, deren Rinnsteine die Abwässer nicht mehr fassen können, werden zu schlammigen, stinkenden Morasten. Abhilfe schafft die Kanalisation. Die Belastungen tauchen dafür an anderen Stellen auf. Die Abwässer werden Flüssen zugeleitet und führen zu Flußverunreinigungen. Erst als immer mehr Städte Kläranlagen bauen (1887 die erste Kläranlage Deutschlands in Frankfurt am Main) ebbt die Diskussion darüber ab, ob nicht ein Sammelsystem sinnvoller gewesen wäre, durch das die Fäkalien zumindest teilweise als Dünger nutzbar gewesen wären.

Heute wird erneut über das Kanalnetz diskutiert, weil die rasche Abführung von Regenwasser durch die Kanalisation Hochwasserprobleme verursacht. Versickerung des Regenwassers vermindert Hochwassergefahren und trägt zur Neubildung von Grundwasser bei. Aber gerade Mischkanalisationsnetze, mit Regenwasser- und Schmutzwasserableitung in denselben Rohren, sind so gebaut, daß das Regenwasser als Spülwasser gebraucht wird, um Ablagerungen von Schmutz und Dreck zu verhindern. Hier herrscht noch Diskussionsbedarf!

Andere städtische Einrichtungen waren längst nicht so umstritten. Schulen und Einrichtungen der Armen- und Gesundheitspflege lagen schon seit dem Mittelalter im städtischen Aufgabenbereich. Ab 1880 kamen tiermedizinisch betreute städtische Schlachthöfe hinzu. Diese dienten dem Schutz der Bevölkerung vor Fleisch, das mit Parasiten, insbesondere Trichinen, verseucht war. Die größere Sicherheit der Passanten auf den nächtlichen Straßen war der Grund dafür, daß Gaslaternen die Öllampen als Straßenbeleuchtung ablösten und die Städte um 1820 Gaswerke mit dazugehörigen Leitungssystemen bauten. Die Elektrifizierung der Straßenbahnen war dann ein wesentlicher Grund dafür, daß die Städte in eigener Regie Elektrizitätswerke und Stromleitungen errichteten.

Nahrung, Strom, Wasser – Menschen in der Stadt sind auf Versorgung von Außen angewiesen. Selbst Obst und Gemüse auf dem Markt haben schon weite Reisen hinter sich.

Ohne die Zufuhr von Rohstoffen, Nahrungsmitteln, Kleidung und Baustoffen sind Städte nicht lebensfähig. Und da der Bedarf längst nicht mehr aus der Umgebung der Stadt heraus gedeckt werden kann, hat das Stadtleben mittlerweile Auswirkungen auf die Landwirtschaft oder den Bergbau anderer, weit entfernt liegender Länder. Städte mit ihren Bewohnern und Bewohnerinnen produzieren aufgrund dieser Stoffzufuhr erhebliche Müllmengen. Jeder Bürger verursacht etwa 500 kg Müll im Jahr. Hinzu kommt Gewerbe- und Industriemüll, Bauschutt und Erdaushub. Trotz Ansätzen zur Müllvermeidung und Recyclingwirtschaft wachsen die Müllberge. Die Notwendigkeit des vermehrten Baus von Müllverbrennungsanlagen, die gesundheitsgefährdende Schadstoffe ausstoßen, wird in der Öffentlichkeit zur Zeit heftig diskutiert.

Angesichts dieser Ver- und Entsorgungsprobleme ist es einmal eine Überlegung wert, ob nicht ein Teil der Service-Leistungen in die Haushalte zurückverlagert werden sollten. Mittlerweile sind sogar Selbstversorgerhäuser mit Grasdach, Winter-

Aus den Augen, aus dem Sinn – die Müllabfuhr macht's möglich. Wo liegt denn die Mülldeponie oder die Verbrennungsanlage der eigenen Stadt?

Unterirdisches Netz – gelbe und blaue Schilder geben die Lage der Absperrventile und Schieber der Gas und Wasserversorgung an. Selbst bei Schnee sind so die eckigen (Gas) oder runden (Wasser) Deckel im Straßenbelag zu finden.

Sinnender Spatenstich

Unter der Erde murkst
etwas,
Unter der Erde auf
Erden.
Pitschert, drängelt. –
Was will das
Ding oder was wird aus
dem Ding,
Das doch in sich anfing
einmal werden?

Knolle, Puppe, Keim
jeder Art
Hält die Erde bewahrt,
Um sie vorzubereiten
Für neue Zeiten.
Unter der Erde murkst
ein Ding,
Irgendwas oder ein
Engerling.

Zappelt es? Tickt es?
Erbebt es? –
Aber eines Tages lebt es.
Als turmaufkletternde
Ranke,
Als Autoöl, als Gedanke

Fäule, Feuchtigkeit oder
feiner Humor
Bringen immer wieder
Leben hervor.

Joachim Ringelnatz

gärten, Sonnenkollektoren und Schilfkläranlage denkbar. Aber das ist sicher nicht jedermanns Sache. Dennoch: mit begrünten Dächern, Komposttonnen im Hof, im Garten oder auf dem Balkon, mit Müllvermeidung, Wassersparen, Regenwasserversickerung und Einkauf von saisongerechtem Obst und Gemüse auf dem Markt bei Bauern aus der Umgebung können alle helfen. Nur auf diese Art lassen sich die Serviceleistungen der Städte als wertvolle Alltagshilfen vor dem Zusammenbruch bewahren und unnötige Umweltbelastungen vermeiden.

Dreck, Lärm, Staub, ...

Dreck, Lärm, Staub, Gleichgültigkeit, Kälte, Menschengewimmel – die Stadt ist in Verruf geraten, nicht erst seit heute. Gerade in der Anfangszeit der Industrialisierung um 1900, als die Fabrikstädte mit Lärm, Gestank und rußigem Himmel in starkem Kontrast zum damals Bekannten standen, gab es Kritik. Kritisiert wurden nicht nur ungesunde Lebensbedingungen, sondern die Not der Arbeiterschaft (geringe Löhne, zeitweise Arbeitslosigkeit)

Und in meiner Stadt?

Ein Weg unter der Erde ist nicht notwendig, um das, was unter der Erde liegt aufzuspüren. Mit einem großen Stück Papier und Wachsmalstiften wird Unsichtbares sichtbar. Auf der Suche nach interessanten Strukturen in der Stadt, die sich wie Geldstücke durchrubbeln lassen, sind nicht nur Mauern, Baumrinden, Fußmatten und Verbotsschilder interessant. Auch Gullis, Kanaldeckel, Abdeckungen von Telefonschächten und Hydranten fallen dabei plötzlich auf. Beim Rubbeln entstehen interessante Bilder – manche Deckel zeigen sogar das Stadtwappen. Das unterirdische Netz von Gas-, Wasser- und Abwasserleitungen wird sichtbar. Den blauen (Wasser), gelben (Gas) und rotweißen (Hydrant) Hinweistafeln an Häusern und Masten, die jeder kennt und von denen doch kaum einer weiß, wozu sie gut sind, sind dann noch mehr Informationen zu entnehmen.
Und wie ist das vor der eigenen Haustür? Trotz Leitungswirrwarr findet sich für Bäume und Kletterpflanzen noch ein Platz auf Bürgersteigen und Straßen.

und schlechte Arbeitsbedingungen (lange Arbeitszeiten, Kinderarbeit, fehlender Unfallschutz). Seither hat sich zwar einiges geändert, aber es gibt immer noch viele Gründe für Kritik. Wohnungsnot und Arbeitslosigkeit verursachen Ängste und zwingen Menschen auf die Straße. Pseudo-Krupp und Allergien zeigen deutlich, daß das Leben in der Stadt nicht unbedingt das gesündeste ist. Zwischen Häusern, Straßen und Bäumen haben sich eigene Umweltbedingungen herausgebildet, die sich deutlich vom weniger bebauten, ländlichen Umland unterscheiden.

Boden

Unter dem Einfluß von Wind und Wetter, Pflanzen und Bodenlebewesen entstanden aus Gestein – egal ob Sandstein, Granit oder Kalk – in Jahrtausenden die heutigen Böden. Diese selten mehr als ein Meter dicke Schicht ist Lebensraum unzähliger bodenbewohnender Lebewesen, vom Maulwurf bis zu bodenzersetzenden Bakterien. In jedem cm^3 Boden leben etwa 5 Millionen Bodenorganismen. Diese biologisch aktive Schicht ist die entscheidende Grundlage für jedes Pflanzenwachstum. In den Städten sind je nach Bebauung zwischen 20 % (in

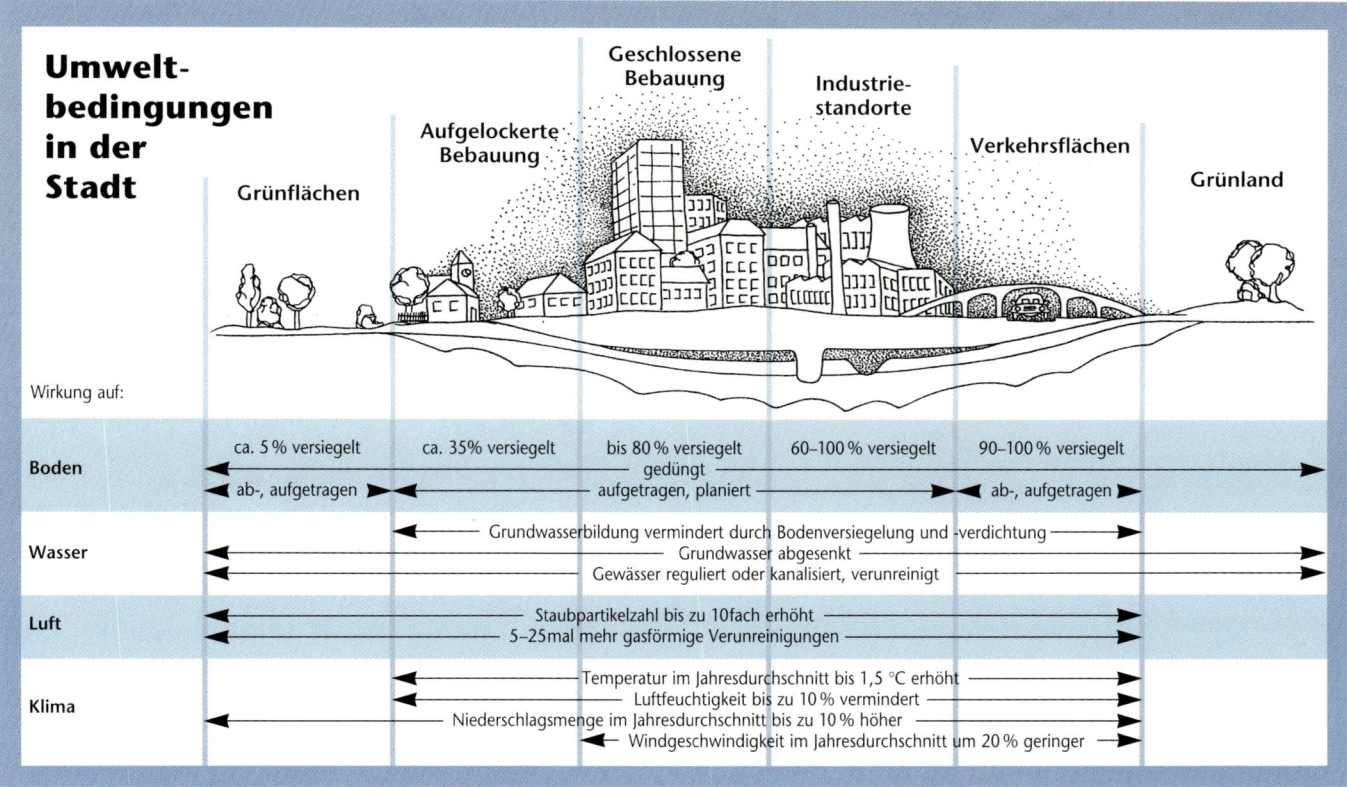

Umwelt-bedingungen in der Stadt

	Grünflächen	Aufgelockerte Bebauung	Geschlossene Bebauung	Industrie-standorte	Verkehrsflächen	Grünland

Wirkung auf:

Boden — ca. 5 % versiegelt | ca. 35% versiegelt | bis 80 % versiegelt | 60–100 % versiegelt | 90–100 % versiegelt
gedüngt
◄ ab-, aufgetragen ► ◄ aufgetragen, planiert ► ◄ ab-, aufgetragen ►

Wasser
Grundwasserbildung vermindert durch Bodenversiegelung und -verdichtung
Grundwasser abgesenkt
Gewässer reguliert oder kanalisiert, verunreinigt

Luft
Staubpartikelzahl bis zu 10fach erhöht
5–25mal mehr gasförmige Verunreinigungen

Klima
Temperatur im Jahresdurchschnitt bis 1,5 °C erhöht
Luftfeuchtigkeit bis zu 10 % vermindert
Niederschlagsmenge im Jahresdurchschnitt bis zu 10 % höher
Windgeschwindigkeit im Jahresdurchschnitt um 20 % geringer

Und in meiner Stadt?

Unveränderten Boden in der Stadt zu finden ist gar nicht so einfach. In der Innenstadt ist es ja schon schwer, überhaupt eine Pflanzfläche zu finden – wohl gemerkt keinen Pflanzkübel. Vielleicht unter Rasen und Sträuchern? Doch dort kann der Boden bei Bauarbeiten umgewühlt worden sein. Und in Fluß- und Bachauen ist oft Boden aufgefüllt, damit Wiesen und Äcker hochwasserfrei liegen. Oft liefern nur alte Bäume in Parks oder Erholungswäldern Anhaltspunkte. Denn damit sie gut wachsen konnten, mußte der Boden meist lange unbeeinflußt bleiben. Wer mehr über den eigenen Boden erfahren will, kann sich vielleicht einen Bohrstock mit Hammer bei Umweltämtern, Naturschutzbehörden oder Umweltzentren ausleihen. Bis 1m Tiefe lassen sich damit Bodenproben entnehmen. Kleine Ziegelbröckchen im Bohrstock sind dann Anlaß zu wilden Spekulationen über abgerissene Häuser. Aber Vorsicht, Leitungsdeckel und Hinweistafeln beachten.

Nun, wie ist das mit dem Boden in der eigenen Stadt?

Braune Ränder mitten im Sommer zeigen an, daß hier in den Boden eingetragenes Streusalz die Kastanie schädigt.

Und in meiner Stadt?

Ententeiche, Gräben, Abwasserkanäle – wer in der Stadt auf Wasser trifft, wird nur selten einen sauberen Bach mit einer Vielzahl von Gewässerorganismen vorfinden. Vielfach erzählen nur noch Straßennamen, daß überhaupt Wasser da war. Große Bachstraße, Mühlengasse, Teichhausstraße – bei erfolgreicher Suche findet sich am Ende vielleicht dann doch noch ein Gewässer. Wenn nicht, lohnt sich ein Versuch mit alten Stadtkarten vom Katasteramt. Eine Spur vom Wasser wird sich noch finden lassen. Es ist schon interessant, herauszufinden, wo das eigene Leitungswasser herkommt.
Also, wie ist es mit dem Wasser in der eigenen Stadt?

Jeder atmet

Hast du heut' schon
Luft geholt?
War es vielleicht meine?

Ich hab' heute
ausgeatmet.
Das ging von alleine.
Jetzt häng ich in deiner
Luft.
Und du bist daneben.

Jeder atmet alle ein.
Raus kommt, wie wir
leben.

Peter-T. Schulz

Einfamilienhausgebieten mit großen Gärten) und fast 100 % (in Innenstadtgebieten) des Bodens unter Häusern, Straßen und Betrieben verschwunden. Als Standort für Pflanzen ist er somit verloren.

Selbst die verbleibenden Flächen bleiben nicht unverändert, werden aufgeschüttet, abgegraben, gedüngt oder verunreinigt. Jedes Stückchen Boden, das unverändert liegen bleibt, ist deshalb in der Stadt etwas Besonderes. Durch eine Entsiegelung läßt sich vielleicht auch das eine oder andere Stück Boden in der Stadt wiederaufdecken.

Wasser

Wasser versickert kaum auf den mit Asphalt und Beton befestigten Flächen. Das Grundwasser erhält dadurch keinen Nachschub und der Grundwasserspiegel sinkt ab. Teilweise auch deshalb, weil Bäche und Flüsse ausgebaut wurden oder in Rohren verschwunden sind. Damit besitzen sie keine Verbindung mehr zum Grundwasser. Ein Teufelskreis, denn weil das abfließende Regenwasser über die Kanalisation sehr schnell den Bächen und Flüssen zugeführt wird, scheint oftmals ein Gewässerausbau unvermeidbar. Die Gewässer können die Wassermengen nicht mehr aufnehmen und die Hochwassergefahr steigt. Nicht nur der Untergrund der Stadt wird also trocken. Weil weniger Wasser langsam über Boden und Pflanzen verdunstet, wird auch die Luft trocken. Das, obwohl die Belastung der Stadtluft mit Staub von Heizungen, Autos und Industrie dazu führt, daß die Niederschlagsmenge und die Nebelhäufigkeit höher ist, als in der ländlichen Stadtumgebung. Durch die zahlreichen, in der Luft vorhandenen Staubpartikel (Kondensationskerne) bilden sich in der Luft leichter Wassertröpfchen.

Saurer Regen und Gewässerverunreinigung zeigen deutlicher denn je: Wasser ist für alles Leben in der Stadt ein kostbares und knappes Gut. Von den derzeit 120 l Trinkwasser, die pro Person täglich verbraucht werden, sollte durch Spartasten in der Toilettenspülung oder Regenwassersammlung fürs Blumengießen einiges gespart werden.

Luft

Wärmere Luft spart das Schneeschippen im Winter. Aber das ist wohl ihr einziger Vorteil, denn im Sommer kostet die warme Stadtluft Schweiß. Sie entsteht, weil sich Mauern, Beton- und Asphaltflächen durch die Strahlungsenergie der Sonne aufheizen. Dazu geben Wohnhäuser, Industrie- und Gewerbebetriebe Restwärme von Heizungsanlagen und Produktionsprozessen ab. Besonders an windarmen, sonnigen Tagen liegt die Temperatur in der Stadt bis zu 10 °C über den Temperaturen in der Stadtumgebung. Durch die verschiedenen hohen Gebäude tritt Windstille in der Stadt häufiger als im Umland auf, und der Wind ist schwächer. Luftaustausch ist dadurch selten und Schadstoffe konzentrieren sich in der Stadtluft. Im Sommer kommt es zu hohen Ozonwerten, im Winter zu Smog.

Zwar ist Vermeidung besser als Verteilung, aber eine etwas bessere Belüftung verschafft den Stadtbewohnern zumindest Erleichterung. Kleine und kleinste Pflanz- und Wasserflächen können

Kein Platz für Wasser – eine Libelle aus Stahl zeugt davon, welch vielfältiger Lebensraum hier zwischen den Häusern in einem Betonbett verschwunden ist.

Und in meiner Stadt?

Daß es in der Stadt heiß und staubig sein kann, weiß jeder, aber wie heiß, wie staubig? Der Staub läßt sich ohne komplizierte Meßgeräte nachweisen. Kleine Stücke selbstklebende Folie reichen aus, um die Staubbelastung festzustellen. Von glatten Liguster-, Efeu- oder Rhododendronblättern läßt sich der Staub damit abheben. Aufgeklebt auf ein Stück Papier ist ein Staubvergleich von unterschiedlichen Standorten möglich. Dabei kann die autofreie Innenstadt besser abschneiden, als etwa ein Gartengrundstück.

Mit der Hitze ist es schwieriger. Was ist wärmer: Asphalt, Ziegel oder Rasen? Die Hand und das eigene Gefühl reichen fürs erste aus. Denn der Lieblingsplatz an heißen Sommertagen, auf der Straße, im Park unter einem Baum, auf dem Balkon läßt sich auch ohne Meßgerät finden. Ein Sekundenthermometer mit Meßfühler, das vielleicht beim Umweltamt oder Umweltzentrum ausgeliehen werden kann, liefert genaue Hitze-Werte.

Mit Hilfe von Seifenblasen und Kompaß kann sich jeder selbst davon überzeugen, wie Häuser und Straßen den Wind ablenken und ihn abschwächen oder beschleunigen.

Wind, Hitze und Staub, wie ist es damit vor der eigenen Haustüre?

Kinderleicht, aber nicht nur was für Kinder – Untersuchungen mit Meßgeräten bringen Ergebnisse über Hitze, Lärm und Staub in der eigenen Stadt.

dazu beitragen. Sie filtern nicht nur Staub aus der Luft. Durch Verdunstung von Wasser erwärmen sie sich nicht so stark wie die bebaute Umgebung und tragen zur Erhöhung der Luftfeuchtigkeit bei. Großräumige Grünzüge oder Talräume begünstigen ebenfalls die Frischluftzufuhr, manchmal sogar bis ins Stadtzentrum. Dies ist allerdings nur spürbar, wenn sie nicht teilweise überbaut oder durch Straßen- oder Bahndämme abgeriegelt sind. Das Ziel heißt also: Viel Platz für Natur und freie Bahn für die Luft.

Pflanzen und Tiere

Tauben, Brennesseln, Löwenzahn – es gibt mehr Pflanzen und Tiere in der Stadt, als auf den ersten Blick zu sehen sind. Vom Blumenkasten bis zum Stadtpark, vom Fassadengrün bis zur Gewerbebrachfläche, vom Straßenbaum bis zum Stadtwald, überall grünt und blüht es. Aber der erste Eindruck täuscht. Oftmals ist nur dort Platz für

Natur, wo Menschen keine Verwendung für die Fläche haben. Und sogar manche als Grünfläche bezeichnete Fläche entpuppt sich bei genauem Hinsehen als aschebedeckter Sportplatz oder trostloser Gerätespielplatz ohne Bäume. Waren Natur und Naturgewalten früher bedrohlich und suchten Menschen Schutz vor dunklen Wäldern, wilden Tieren, reissenden Flüssen und Hochwassergefahren, muß heute Natur, müssen Pflanzen und Tiere vor dem Menschen geschützt werden.

In der Stadt finden Pflanzen und Tiere nur wenige ungestörte Plätze, denn menschliche Nutzungsansprüche prägen nirgendwo so stark die Umwelt wie in der Stadt. Boden verschwindet unter Häusern und Straßen, Menschen und Verkehr stören die Ruhe. Die Eingriffe sind in Art, Grad und Häufigkeit selbst auf kleinem Raum sehr unterschiedlich, so daß sich die Stadt aus einem von Straßen durchzogenen Mosaik unterschiedlichster Flächen zusammensetzt. Und jede dieser Flächen bietet Pflanzen und Tieren andere Lebensbedingungen. So gibt es große, ruhige Parks und Waldfriedhöfe, wo unter altem Baumbestand und zwischen Gebüschen Waldpflanzen wie Duftveilchen und Maiglöckchen sprießen und sogar Eichhörnchen einen Lebensraum finden. In den dicht bebauten Innenstädten mit Kübelgrün und Straßenbäumen kann sich dagegen selbst Löwenzahn kaum einen Platz erobern. Fast nur fliegende Insekten wie Marienkäfer, Fliegen und Wespen finden den Weg durch das Häusermeer hierher. Für Vögel bleibt, abgesehen von Abfällen, wenig Nahrung, und Brutplätze sind so knapp, daß Meisen auch Ampeln und Briefkästen zum Nestbau nutzen.

Arm Kräutchen

Ein Sauerampfer auf
dem Damm
Stand zwischen
Bahngeleisen,
Machte vor jedem
D-Zug stramm,
sah viele Menschen
reisen

Und stand verstaubt
und schluckte Qualm
Schwindsüchtig und
verloren,
Ein armes Kraut, ein
schwacher Halm,
Mit Augen, Herz und
Ohren.

Joachim Ringelnatz

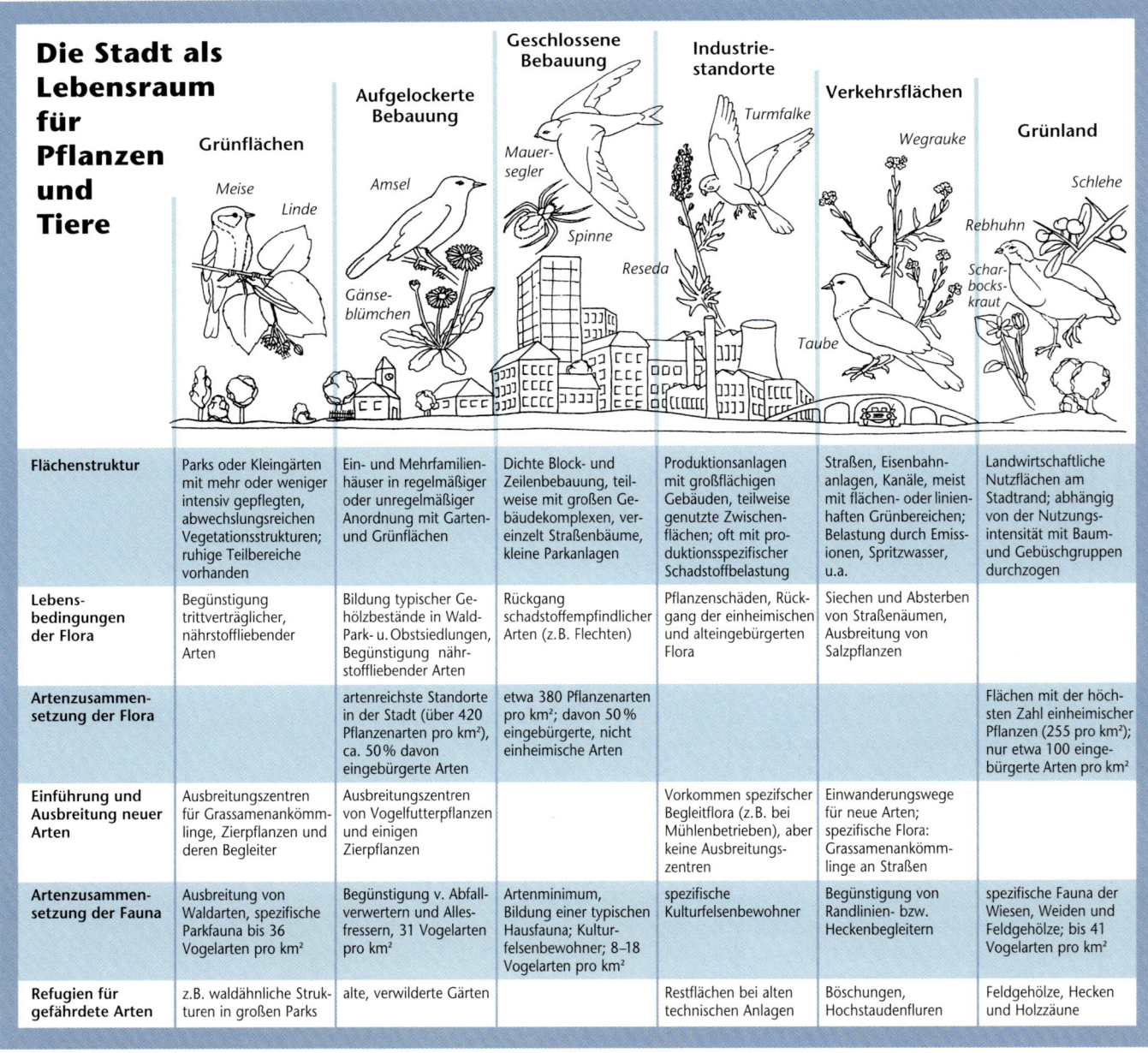

Die Stadt als Lebensraum für Pflanzen und Tiere

Grünflächen · Meise · Linde · Aufgelockerte Bebauung · Amsel · Gänseblümchen · Geschlossene Bebauung · Mauersegler · Spinne · Reseda · Industriestandorte · Turmfalke · Taube · Verkehrsflächen · Wegrauke · Grünland · Schlehe · Rebhuhn · Scharbockskraut

	Grünflächen	Aufgelockerte Bebauung	Geschlossene Bebauung	Industriestandorte	Verkehrsflächen	Grünland
Flächenstruktur	Parks oder Kleingärten mit mehr oder weniger intensiv gepflegten, abwechslungsreichen Vegetationsstrukturen; ruhige Teilbereiche vorhanden	Ein- und Mehrfamilienhäuser in regelmäßiger oder unregelmäßiger Anordnung mit Garten- und Grünflächen	Dichte Block- und Zeilenbebauung, teilweise mit großen Gebäudekomplexen, vereinzelt Straßenbäume, kleine Parkanlagen	Produktionsanlagen mit großflächigen Gebäuden, teilweise genutzte Zwischenflächen; oft mit produktionsspezifischer Schadstoffbelastung	Straßen, Eisenbahnanlagen, Kanäle, meist mit flächen- oder linienhaften Grünbereichen; Belastung durch Emissionen, Spritzwasser, u.a.	Landwirtschaftliche Nutzflächen am Stadtrand; abhängig von der Nutzungsintensität mit Baum- und Gebüschgruppen durchzogen
Lebensbedingungen der Flora	Begünstigung trittverträglicher, nährstoffliebender Arten	Bildung typischer Gehölzbestände in Wald-, Park- u. Obstsiedlungen, Begünstigung nährstoffliebender Arten	Rückgang schadstoffempfindlicher Arten (z.B. Flechten)	Pflanzenschäden, Rückgang der einheimischen und alteingebürgerten Flora	Siechen und Absterben von Straßenäumen, Ausbreitung von Salzpflanzen	
Artenzusammensetzung der Flora		artenreichste Standorte in der Stadt (über 420 Pflanzenarten pro km²), ca. 50% davon eingebürgerte Arten	etwa 380 Pflanzenarten pro km²; davon 50% eingebürgerte, nicht einheimische Arten			Flächen mit der höchsten Zahl einheimischer Pflanzen (255 pro km²); nur etwa 100 eingebürgerte Arten pro km²
Einführung und Ausbreitung neuer Arten	Ausbreitungszentren für Grassamenankömmlinge, Zierpflanzen und deren Begleiter	Ausbreitungszentren von Vogelfutterpflanzen und einigen Zierpflanzen		Vorkommen spezifscher Begleitflora (z.B. bei Mühlenbetrieben), aber keine Ausbreitungszentren	Einwanderungswege für neue Arten; spezifische Flora: Grassamenankömmlinge an Straßen	
Artenzusammensetzung der Fauna	Ausbreitung von Waldarten, spezifische Parkfauna bis 36 Vogelarten pro km²	Begünstigung v. Abfallverwertern und Allesfressern, 31 Vogelarten pro km²	Artenminimum, Bildung einer typischen Hausfauna; Kulturfelsenbewohner; 8–18 Vogelarten pro km²	spezifische Kulturfelsenbewohner	Begünstigung von Randlinien- bzw. Heckenbegleitern	spezifische Fauna der Wiesen, Weiden und Feldgehölze; bis 41 Vogelarten pro km²
Refugien für gefährdete Arten	z.B. waldähnliche Strukturen in großen Parks	alte, verwilderte Gärten		Restflächen bei alten technischen Anlagen	Böschungen, Hochstaudenfluren	Feldgehölze, Hecken und Holzzäune

Zwischen Wohnblöcken und in Einfamilienhausgebieten bestimmen auch wieder Menschen mit ihrem Gestaltungswillen und ihrer Pflege darüber, wie die Lebensbedingungen aussehen. Hier steht zwar mehr Platz zur Verfügung, und das ist wichtig, denn selbst bei den genügsamen Amseln beansprucht ein Paar etwa 5000 m² Gartenflächen als Brutareal. Aber nur dort, wo Gärten und Rasenflächen nicht zu intensiv gepflegt werden, haben auch wildwachsende Kräuter eine Chance. Dichte Hecken, laubbedeckter Boden, wildwachsende Brennesseln und Disteln bieten dann Vögeln und Schmetterlingen einen Lebensraum. Selbst auf Flächen wie Baulücken, verfüllten Mülldeponien oder aufgegebenen Gewerbeflächen, an denen Menschen anscheinend das Interesse verloren haben, wirkt der menschliche Einfluß durch Bodenveränderungen und Schadstoffbelastungen noch nach und bestimmt die Lebensbedingungen. Die nutzungsbedingten Veränderungen prägen eben überall die Eigenschaften der Flächen als Lebensräume für Pflanzen und Tiere. Daher ist es nicht erstaunlich, daß sich vom Stadtrand zum Stadtzentrum Pflanzen und Tiere ganz unterschiedlich verteilen.

Warum wildwachsende heimische Pflanzen in der Stadt ungünstige Lebensbedingungen vorfinden, liegt auf der Hand. Versiegelung, Bodenaustausch, Trittbelastungen, Schadstoffe, Streusalz und übertriebene „Ordnungs"liebe schränken den Lebensraum ein. Zwar gibt es gerade in den Gartengebieten zahlreiche Stauden und Ziergehölze, doch Pflanze ist nicht gleich Pflanze. Für die meisten Insekten und Vögel sind nur heimische Pflanzen eine Nahrungsgrundlage. Die Raupen vom Kleinen Fuchs und anderen Schmetterlingen fressen keine anderen Blätter, als die von Brennessel und Distel. Ohne diese „Unkräuter" gibt es keine Schmetterlinge. Auch mit vielen exotischen Bäumen und Sträuchern können einheimische Insekten und Vögel nichts anfangen. So leben auf Platanen kaum Insekten, und die Früchte werden nur von Stieglitz und Zeisig gefressen. Auch bei der beliebten Rosskastanie verhält sich das kaum anders, nur wenige Insekten und lediglich Vögel mit starkem Schnabel, wie der Eichelhäher, ernähren sich von ihr. Zum Vergleich: Auf einer heimischen Stieleiche, die durchaus auch das Stadtklima verträgt, leben über 200 Insektenarten, und bis zu 28 Vogelarten ernähren sich von Knospen und Früchten. Es fehlen den Tieren in der Stadt also nicht nur ausgedehnte Flächen mit Bäumen und Sträuchern als Unterschlupf, sondern es mangelt auch an einem Angebot der richtigen Pflanzen als Nahrungsgrundlage. Cotoneaster und Feuerdorn helfen ihnen nicht weiter. Umso wichtiger sind die vorhandenen naturnahen Bereiche in den Städten; im Interesse der Pflanzen und Tiere sind sie zu erhalten und zu vermehren.

Sicher, einige Pflanzen und Tiere sind ganz gut in der Lage, in den Städten zu überleben. Mit der Eisenbahn eingeführte oder auf andere Art durch Menschen verbreitete Pflanzen, wie die Nachtkerze, der Götterbaum und der Sommerflieder, die allesamt aus wärmeren Gegenden stammen, können sich nur aufgrund des warmen Stadtklimas in den Städten ausbreiten. Häuserschluchten mit ihren steilen Wänden haben sich Turmfalke und Mauersegler, zusammen mit anderen sogenannten „Kulturfelsenbewohnern", sogar als Felswand-Ersatz angeeignet. Steinmarder finden zwischen

Häusern und Straßen mit Müll als Nahrungsquelle und Überwärmung im Winter günstige Lebensbedingungen vor. Sie sind sogar lästig, wenn sie Schläuche und Leitungen abgestellter Autos zerbeißen, deren Geschmack sie anscheinend mögen. Doch handelt es sich hierbei nur um Einzelfälle. Selbst die so „stadttypischen" Spatzen werden mittlerweile immer seltener. Alltagsvögel, die vor wenigen Jahren selbstverständlich zum Stadtleben dazugehörten, können kaum in ihrem Bestand bewahrt werden, weil verhältnismäßig wenig zuverlässige und abgesicherte Informationen über ihre Lebensweise und ihre Ansprüche vorliegen.

Vögel sind in der Stadt gezwungen, auch ungewöhnliche Nistplätze anzunehmen. Mauersegler sind „Kulturfelsenbewohner". Für sie sind die Mauern der Häuser ein Felswand-Ersatz.

Die Natur kann sonntags vor der Stadt besichtigt werden, samt dem Friedhof und dem Zoo. Sie wurde ein Museum ohne Dach. Es fehlt nur noch, daß man dem Hahnenfuß, der Esche und dem Hänfling kleine Nummernschilder umhängt.(...) Die Jahreszeiten finden in der Markthalle statt. In den Blumenläden und auf den Gemüsekarren. Und, zum Frühstück, als Wetterbericht.

Erich Kästner

Natur in der Stadt braucht Schutz. Pflanzen und Tiere müssen vor Hundedreck, aber auch vor übertriebener Ordnungsliebe oder Überbauung geschützt werden.

Am Krausen Bäumchen, Wiesenstraße oder Lindenallee – in jeder Stadt geben Straßennamen Hinweise auf verschwundene naturnahe Bereiche.

Am Krausen Bäumchen

Und in meiner Stadt

Löwen, Pinguine, Pferde, ... in der Stadt? – aber klar und nicht nur im Zoo. Bilder von diesen und anderen Tieren, aber auch von Pflanzen, finden sich vielerorts in der Stadt in Schaufenstern, an Häusern, Brunnen, Fußabtretern, ... Wie ist es aber mit lebendigen Pflanzen und Tieren? Zwischen Häusern, Mauern und Blumenkübeln lassen sich doch Ameisen, Wespen, Käfer oder Asseln, ... finden. Eine „Pflanzenjagd" kann überraschend reiche Beute bringen. Oft sind doch sehr viel mehr verschiedene Blätter von Bäumen, Sträuchern, Kräuter und Gräsern zu entdecken, als auf den ersten Blick zu sehen sind. Aber überall in der Stadt werden wohl fünf Müllstücke schneller zu finden sein, als drei von Tieren angefressene Blätter!
Oder ist das in der eigenen Stadt anders?

Nicht nur Spatzen, jedes einzelne Wildtier und jede einzelne Wildpflanze ist wichtig für die Stadt. Und zwar nicht nur, weil unsere Naturschutzgesetze es so fordern und jedes Lebewesen ein Recht auf Leben hat oder Pflanzen beispielsweise das Stadtklima verbessern, sondern auch aus rein menschlichen Gründen: Auch wir Menschen sind ebenfalls ein Teil der Natur, die gleichzeitig unsere Lebensgrundlage ist. Natur hat wohl den stärksten Aufforderungswert, aktiviert Sinne und Organe. Menschen sollten sich also in einer naturfernen, technisierten Umwelt wie der Stadt nicht selbst um einen lebenswichtigen Bezugspunkt berauben. Gerade für Kinder sind ohne die täglich zu erlebende Natur, ohne Bäume und Tiere wichtige und elementare Grunderfahrungen nicht

möglich, die Grundlage sind für die Entwicklung von Neugierde, Voraussetzung von Phantasie und Kreativität. Bereits der kleinste Garten am Haus und an der Wand, in Straßen und Höfen ist da der erste, unverzichtbare Schritt zu einer lebenswerten Stadt.

Räume, Nischen, Ecken

Vier Milliarden Menschen werden im Jahre 2000 wohl in Städten mit über einer Million Einwohnern leben. Etwa die Hälfte der Weltbevölkerung wohnt dann dicht an dicht zusammen, z. B. in Städten wie Mexiko-City auf deutlich weniger als 5 m² Stadtfläche pro Person. Schon heute leben Menschen in der Stadt im Spannungsfeld zwischen dem Wunsch nach Privatheit und nach Kommunikation. Die ständige räumliche Nähe zu anderen Menschen, die sich kaum jemand selbst ausgesucht hat, erfordert ein ausgewogenes Verhältnis zwischen Distanz und Nähe. Private Rückzugsbereiche, halböffentliche Orte, an denen sich Menschen begegnen können, ohne in die jeweilige Privatsphäre anderer einzudringen und öffentliche Plätze als unverbindliche Treffpunkte sind deshalb gleichermaßen wichtig. Der Balkon und die Terrasse sind solche privaten Bereiche. Straßen, Höfe und Rasenflächen zwischen Häusern sind halböffentliche Bereiche, in denen einem fast nur bekannte Gesichter begegnen. Öffentliche Parks, Spielplätze und Märkte sind frei zugänglich. Kaum jemand

Natur direkt vor der Haustür – nicht nur für Kinder ist nichts wichtiger und interessanter. Naturerlebnisse wecken Phantasie und sind Voraussetzung für einen behutsamen Umgang mit Pflanzen und Tieren.

Private Ecken, öffentliche Plätze

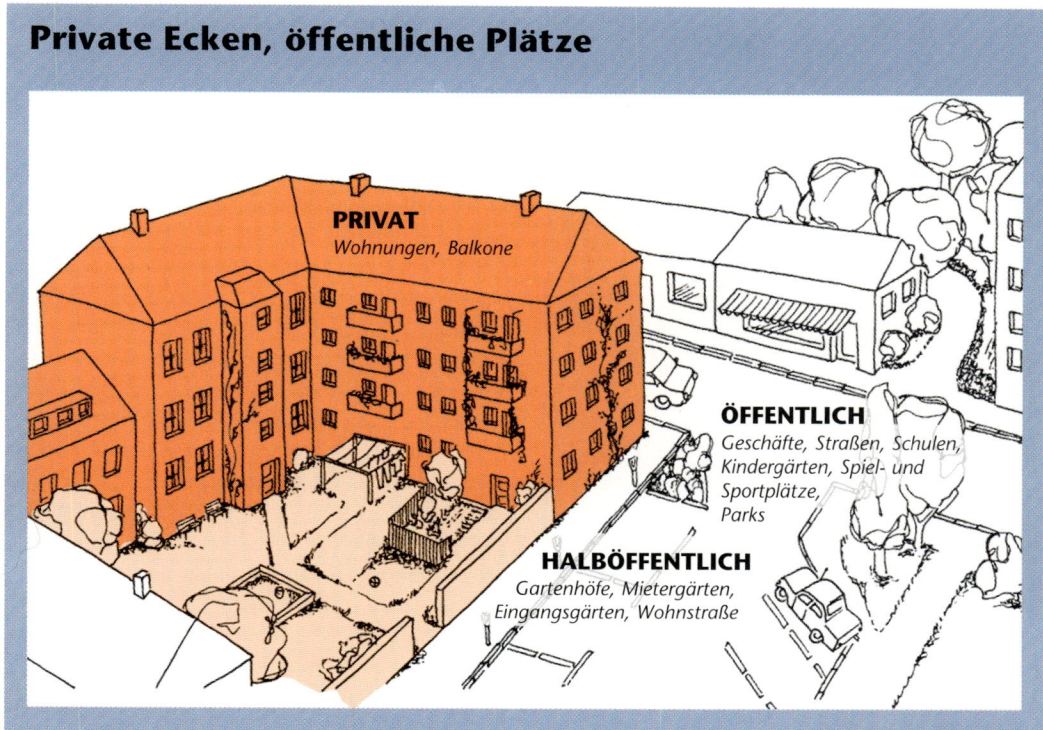

PRIVAT
Wohnungen, Balkone

ÖFFENTLICH
Geschäfte, Straßen, Schulen, Kindergärten, Spiel- und Sportplätze, Parks

HALBÖFFENTLICH
Gartenhöfe, Mietergärten, Eingangsgärten, Wohnstraße

sieht jedoch die Straße, den Hof oder die Rasenfläche zwischen den Häusern noch als den nutzbaren, eigenen Lebensraum an.

Fast alle haben hier schon einmal Schutz gesucht, unter den Unterständen aus Beton, Glas oder Kunststoff, an denen Plakatreste kleben und die an der Haltestelle von Bus oder Straßenbahn die Wartenden vor Regen schützen sollen. Aber wer fühlt sich dort wohl und tatsächlich geschützt? So ohne Gefühl für menschliches Maß ist vieles in der Stadt. Die Hochhäuser, in denen Kinder unter zwölf Jahren eigentlich nicht den Aufzug benutzen dürften und so kaum nach draußen kommen. Der Lärm auf den Straßen erschwert das Gespräch auf der Straße. Beim Einkaufen Bekannte treffen, stehen bleiben, klönen – das gehört aber genauso zur Straße. Ein Baum, ein Laternenpfahl oder eine Treppe zum Anlehnen oder zum Hinhocken sind dann wichtig. Aber Bänke mitten auf dem Gehweg – die werden kaum genutzt. Eine Straße ist Durchgang- und Durchfahrtsraum und kein Park. Die oftmals aufwendige Straßenmöblierung bei einer Verkehrsberuhigung verbessert die Aufenthaltsqualität nur wenig. Breitere, zu den Häusern hin orientierte Gehwege mit Bäumen und selbstbepflanzte kleine Beeten lassen mehr Raum für

Fahrradreparatur, dreiradfahrende Kinder oder eine Bank am Hauseingang. So kann auch die Straße zum Lebensraum werden.

Mit Freunden vor der Tür Kaffee trinken, ein Planschbecken für Kinder im Hof aufstellen, eine Kletterpflanze ans Haus setzen – wer traut sich das schon an einem Mehrfamilienhaus in der Stadt. Da könnten ja Nachbarn denken: Die haben wohl nichts besseres zu tun? Oder: Wenn die nichts anderes mit ihrem Geld anfangen können! Die Furcht vor dem, was die Anderen sagen könnten, führt dazu, daß sich viele selbst in dem einschränken, was sie tun wollen. Die meisten verbieten sich selbst das Ungewohnte. Vielleicht warten aber die Nachbarn schon lange auf einen Anstoß, vielleicht wollen sie selbst etwas ähnliches tun. Wichtig ist es dann, ins Gespräch zu kommen. Es gibt viele Stellen, die sich in der Stadt durch gemeinsame Aktivitäten mit Leben füllen können. Mit einem Federballspiel auf der Straße oder auf einer Rasenfläche ist bereits der erste einfache Schritt zur besseren Nutzung des eigenen Lebensraumes gemacht. Erwachsene können hier vieles von Kindern lernen.

Kinder nehmen ihre Umwelt noch anders wahr als Erwachsene. Kinder beurteilen ihre Umwelt unter dem Aspekt, welche Bedeutung Situationen

Reden, Federballspielen, Kaffee-trinken vor der Tür – dafür findet sich auch in der Stadt so manche Nische. Sie muß nur genutzt werden.

Es ist einmal gesagt worden: „Jeder Mensch sollte einen Flecken Erde besitzen, den er sein eigen nennt". Das ist viel verlangt, und im buchstäblichen Sinne weder durchführbar noch notwendig. Aber das ist die Wahrheit in dem Satz: „Jeder Mensch sollte lernen, sich irgendwo zu Hause zu fühlen"

Prof. Ernst Rudorff

und Dinge für sie, für ihr Spiel haben. Kleinigkeiten werden dabei wichtig – Gullis, Pfützen, Stufen, wackelnde Gehwegplatten und andere Stellen, an denen gespielt werden kann. Nicht Spielplätze, sondern die ganze Stadt ist Spielraum, wenn Kinder beginnen, die Welt, die Umgebung zu erobern und die eigenen Grenzen oder die Toleranzgrenzen Erwachsener auszutesten. Kinder nehmen sich im Gegensatz zu Erwachsenen einfach ihren Raum. Niemandsländer – die wenigen zufälligen, nicht verplanten Plätze – sind dabei

Erwachsene können von Kindern lernen – spielerisch überschreiten sie Grenzen und erobern Raum, den sie brauchen.

wichtige Rückzugsbereiche vor dem Straßenverkehr und den Regeln der Erwachsenen.

Genau wie bei den Kindern die Spielplätze, täuschen bei Erwachsenen die farbigen Bänke und das Grün darüber hinweg, daß die eigene Wohnumgebung längst nicht so stark in das tägliche Leben einbezogen werden kann, wie es sich viele wünschen. Frauen, die aufgrund der existierenden Rollenverteilung in der Regel immer noch die Hauptverantwortung für Kinder, Einkaufen und Haushalt tragen, brauchen wohnungsnahe Freiräume, die es erlauben, bei gutem Wetter einen Teil der Hausarbeit ins Freie zu verlagern. Kleinteilige, durchmischte Bebauung mit Einkaufsmöglichkeiten zur Deckung des täglichen Bedarfs erfordert nur kurze Wege, ermöglicht viele Kontakte, macht aufgrund der belebten Straßen Angst vor Übergriffen überflüssig. Nicht nur Frauen, alle Erwachsenen und Kinder sollten den Mut haben, sich ihren Raum zu nehmen. Auf Straßen, Plätzen, Vorgärten und Hinterhöfen ist Raum genug vorhanden, er muß nur sinnvoll genutzt werden. Wenn das jeder machen würde? Dann wäre die Stadt sehr lebendig.

Und in meiner Stadt?

Der Blickwinkel, aus dem Menschen die Umwelt betrachten, ist sehr verschieden. Für manchen sind die Kneipen oder Geschäfte wichtig, für andere eher die Bäume und Spatzen, für wieder andere die Stilrichtungen der Hausfassaden. Alle haben eine eigene Karte ihrer Umgebung im Kopf, die nichts mit den Aussagen des Stadtplans gemeinsam hat. Die Punkte, die im Alltag wichtig sind, wie Geschäfte, Schule und Garage, stehen klar vor Augen, die Wege zwischen den Punkten verblassen dagegen. Aufgezeichnet lassen sich diese Gedankenkarten gut vergleichen.

Wer hat Stellen eingetragen, an denen Straßenbäume wachsen? Tauchen die Spielecken der Kinder überhaupt in den Karten der Erwachsenen auf? Wie wichtig sind die Geschäfte? Wo sind die Treffpunkte zum miteinander Reden und wie sehen sie aus? Sind Lieblingsplätze eingetragen, wo im Sommer gerne draußen ein Buch gelesen wird? Beim kritischen Blick auf die eigene Wohnumwelt stellt sich schnell die Frage: Gefällt mir das so? Was läßt sich verändern?

Nun, wer wagt den kritischen Blick auf die eigene Stadt?

Gärten an Wohnungen

Als prächtige Frühlingsboten begrüßen uns Narzissen und Hyazinthen auf der Außenfensterbank. Im Zimmer kommen sie vorgetrieben schon im Winter zur Blüte.

Fenstergärten

Der Erfolg kleiner Schritte gibt Mut für größere Veränderungen. Mit dem recht einfachen Gärtnern auf der Fensterbank zu beginnen ist also nicht verkehrt, bevor der Hinterhof umgestaltet oder die Fassade begrünt wird. Denn schon vor und hinter den Fenstern kann es wachsen und blühen. Das müssen nicht nur die bekannten Zimmerpflanzen sein. Auch ansonsten draußen wachsende Blumen finden hier einen Platz. Auf der Fensterbank angezogene Gewürzkräuter versorgen schon im Winter die Küche mit frischen Kräutern. Daneben eignet sich die Zimmer-Fensterbank vorzüglich für die Anzucht von Gemüsepflanzen, Sommerblumen und einjährigen Kletterpflanzen, die anschließend ins Freiland oder in Pflanzgefäße auf dem Balkon ausgepflanzt werden. Die Außenfensterbank mit Platz für Kästen oder Töpfe bietet noch mehr Raum für Kräuter und Blumen.

Gemüse und Blumen im Zimmer

Petersilie, Schnittlauch, Basilikum oder andere Gewürzkräuter sowie selbst manche Gemüsearten und Blütenstauden können mit gutem Erfolg auch auf einer Zimmer-Fensterbank angezogen werden. Wo Garten oder Balkon fehlen, bietet die Fensterbank die Chance, frische Kräuter zu ernten. Auch zum Garten im Hof oder auf dem Balkon ist der Fensterbank-Garten eine wertvolle Ergänzung, denn Ernten sind hier schon im Winter möglich. Der einzige echte Nachteil: Da die Pflanzen keiner direkten Sonneneinstrahlung ausgesetzt sind, entwickelt sich vielfach das Aroma von Gewürzkräutern nicht ganz so intensiv.

Geeignete Küchenkräuter für Fensterbänke

Einjährige: Basilikum, Kerbel, Majoran, Kresse
Zweijährige: Petersilie
Mehrjährige: Estragon, Knoblauch, Schnittlauch, Melisse, Thymian

Gemüse im Zimmer

Für das Zimmer gut geeignet sind Cocktailtomaten der Sorte 'Tiny Tim', eine niedrige Kirschtomate, süß, fruchtig und aromatisch.
(Saatgut: siehe Bezugsquellen Seite 194)

Optimale Platz- und Lichtausnutzung: Küchenkräuter auf Fensterbank und Fensterregal.

Einjährige Küchenkräuter

Bevorzugt eignen sich für das Zimmer einjährige Kräuter, da sie eine kurze Kulturzeit haben und immer wieder neu angezogen werden müssen (siehe Kasten). Als Standort sind Ost- und Westfenster am günstigsten. Selbst für wärmeliebende Arten sind Plätze hinter vollbesonnten Südfenstern eher zu heiß und zu trocken. Zur Aromaverbesserung und zur Vermeidung von langen, dünnen Trieben ist es von Vorteil, wenn Kräutertöpfe zeitweise (z. B. an heißen Sommertagen) auf Außenfensterbänke gestellt werden können.

Als Gefäße eignen sich insbesondere Tontöpfe, die zur Verbesserung der Platzausnutzung auch auf Fensterregale gestellt werden können. So können die Kräuter auch einer intensiveren Lichteinstrahlung ausgesetzt werden. Für die Montage solcher Fensterregale lassen sich Regalbretter mit Nylonschnüren oder Drähten in die Fenster hängen. Bewährt hat es sich auch, mehrere Kräutertöpfe jeweils in größere, mit Blähton gefüllte Tontröge zu stellen.

Einjährige Kräuter wie Basilikum und Kerbel können aus Samen ab Januar in Töpfen oder auch in Schalen angezogen werden. Ernten sind je nach Kräuterart ab Anfang Februar möglich. Fehlt ein Balkon oder Garten, kann dann bis zum Sommer immer wieder nach Bedarf gesät und geerntet werden. Für die Kultur empfiehlt es sich, ähnlich wie bei der Pflanzenanzucht vorzugehen (siehe S. 28). Nahezu ganzjährig läßt sich die Küche mit frischer Kresse versorgen.

Mehrjährige Küchenkräuter

Auch manche mehrjährigen Küchenkräuter wie Schnittlauch oder Melisse gedeihen auf der Fensterbank. Sie können als Stauden aus der Gärtnerei bzw. einem Gartencenter bezogen oder im Winter aus dem Freiland-Garten auf das Fensterbrett geholt und vorgezogen werden. Besonders lohnenswert ist eine solche Vorkultur bei Schnittlauch – probieren lohnt sich immer! Denn die zum Verfeinern von Saucen und Suppen unverzichtbaren frischen Schnittlauchtriebe können dann schon zu Weihnachten die Küche bereichern! Damit das gelingt, werden die Schnittlauch-Wurzelstöcke etwa Ende September ausgegraben und zunächst durch trockene Lagerung zur Abreife gebracht. Ende November wird dann der Wurzelballen nach dem Entfernen der gelben Blätter und einer Einkürzung der Wurzeln ca. 12 Stunden in ca. 40 °C warmes Wasser gestellt, bevor er in einem Blumentopf gepflanzt auf der Fensterbank Platz findet.

Blütenstauden im Zimmer?

Auch manche ansonsten im Freiland wachsende Zwiebelpflanzen und Blütenstauden können im Winter auf der Fensterbank blühen und das Zimmer beleben. Den meisten nicht unbekannt dürfte die Vorkultur von frühblühenden Zwiebel- und Knollenpflanzen sein. Gärtnereien bieten sie im Winter in Töpfen für die Fensterbank an: Narzissen, Primeln, Hyazinthen und andere Frühlingsblüher. Blumenzwiebeln selbst vorzeitig zur Blüte zu bringen ist nicht schwer. Dafür eignen sich fast alle Arten. Wichtig ist nur, die für das Treiben geeigneten Sorten zu verwenden. Auf den Packungen finden sich oft entsprechende Hinweise, aber auch Nachfragen im Fachgeschäft hilft weiter. Gepflanzt wird im September in Blumentöpfe mit Wasser-Abzugslöchern (am besten Tontöpfe). Die Zwiebeln werden dabei so tief in die zunächst nur etwa zu zwei Dritteln mit Erde gefüllten Töpfe gedrückt, daß ihre Spitzen etwa mit dem Topfrand abschließen. Die danach leicht mit Erde abgedeckten Zwiebeln sollen dabei recht dicht stehen, sich aber nicht berühren. In einen 12 cm-Topf (oberer Durchmesser) können etwa 4–5 Tulpen, 5–6 Narzissen oder 10–12 Krokusse gepflanzt werden. Anschließend setzt man die Töpfe in einem mit 6–8 °C kühlen und dunklen Raum (Keller, Garage). Die Erde wird gleichmäßig feucht gehalten, denn die Zwiebeln beginnen jetzt mit der Wurzelbildung. Etwa drei Monate dauert es, bis sich 5–8 cm lange Triebe gebildet haben. Jetzt kann mit dem Treiben begonnen werden. Dazu stellt man die Töpfe zunächst in einen etwa 15 °C warmen, aber noch halbdunklen Raum, bevor sie nach einer Woche ihren Platz auf der hellen und warmen Zimmer-Fensterbank finden. Hier kommen die Pflanzen dann schon nach etwa 14 Tagen (ab Anfang Januar) zur Blüte. Ausgepflanzt auf einem Balkon oder im Garten können die verblühten Blumenzwiebeln dort nach einem Jahr erneut blühen.

Weniger bekannt aber nicht weniger reizvoll ist die Anzucht von Glockenblumen vor dem Fenster. Als unermüdliche Dauerblüher können sie den Winter im Zimmer verbringen. Gärtnereien bieten in Töpfen vorgezogene geeignete Sorten an. Am besten entwickeln sie sich an einem hellen, aber absonnigen Platz in einem eher mäßig warmen Raum. Wie die Frühblüher werden sie nach dem Verblühen im Sommer nach draußen gepflanzt (Vorgarten, Innenhof, Balkon) oder in den Töpfen auf ein Außenfensterbrett gestellt.

Pflanzenanzucht auf der Fensterbank

Insbesondere für die Anzucht von wärmeliebenden und frostempfindlichen Blumen, Kräutern und Gemüsepflanzen bietet sich eine Vorkultur in Töpfen oder Schalen auf der Fensterbank an. Werden hier Zucchini, Trichterwinden, Bechermalven oder Basilikum schon ab Anfang März ausgesät, stehen zum möglichen Pflanzzeitpunkt im Mai für Balkon und Garten schon kräftig entwickelte Jungpflanzen zur Verfügung. Bei Kräutern und Gemüse kann so der Erntetermin um mehrere Wochen vorverlegt werden.

Pflanzenanzucht auf der Fensterbank ist nicht schwierig. Besonders wichtig sind nur die Beachtung der Saatzeiten (siehe Packungshinweise), die Verwendung einer sterilen Aussaaterde sowie geeignete Gefäße mit Abdeckung zur Schaffung eines optimalen „Kleinklimas" für die Entwicklung der Sämlinge. Wer die Hinweise auf S. 31 sowie der Grafik beachtet, wird auch ohne gärtnerische Erfahrungen erfolgreich Jungpflanzen im Zimmer anziehen können.

Kresse als winterlicher Vitaminspender

Besonders einfach und lohnenswert zur winterlichen Kräuterversorgung ist die Anzucht von Kresse.

Sie gedeiht meist ausgezeichnet im Zimmer und ist schon ca. 8–10 Tage nach der Aussaat erntereif. Wird regelmäßig neu gesät, kann ganzjährig immer auf frische Kresse zurückgegriffen werden.

Kresse ist ein Lichtkeimer, darf bei der Aussaat also nicht abgedeckt werden. Eine magere Saaterde (Gartenerde/Sand 1:1) ist gut geeignet, aber auch feuchte Watte genügt schon als Substrat. Nach voller Entwicklung der Keimblätter wird portionsweise mit einer Schere gerntet.

Damit kontinuierlich Ernten möglich sind, muß etwa wöchentlich neu gesät werden.

Blumen und Kräuter auf der Außenfensterbank

Wer im Urlaub schon einmal in die Berge gefahren ist, hat sicher den Blütenschmuck an den Häusern bewundert. Blumenkästen auf dem Fenstersims sind dort selbstverständlich. Außenfensterbänke gibt es auch in der Stadt, noch dazu in viel größerer Zahl. Viel Platz also für eine Bereicherung der oft trostlosen Häuserfronten! Blumen am Haus sind ein Blickfang von außen und eröffnen Ausblicke aus der Wohnung auf die Natur. Vor dem Fenster lassen sich auch Küchenkräuter anziehen und ernten. Wer Interesse an einem solchen „Fenstergarten" hat, dem helfen die praktischen Tips zu Pflanzgefäßen, Erden und Pflanzen im Kapitel „Balkongärten". Für die Außenfensterbank sollten zusätzlich die folgenden Hinweise beachtet werden:

• Gefäße und Pflanzen müssen mit Gebäude und Fenster harmonisieren.
• Pflanzkästen lassen sich auf der Fensterbank aufstellen, müssen dann aber zum Ausgleich der Neigung mit Keilen unterlegt werden. Wichtig ist es, die Kästen dann mit Haken stabil an Fenster oder Wand zu sichern.

Glockenblumen: Dauerblüher im Zimmer

Geeignete Arten und Sorten:

Karpartenglockenblume
(*Campanula carpatica*)
Sorten 'Blaue Clips', 'Weiße Clips', 'Thori' u.a.,
Blüte Januar–April
2. Blüte von Juni–August

Polsterglockenblume
(*Campanula poscharskyana*),
Blüte Januar–September

Zwergknäuelglockenblume
(*Campanula glomerata*)

• Einzelne Töpfe können auf dem Sims aufgestellt werden, sofern Metall- oder Holzbügel bzw. andere Sicherungen vorhanden sind.
• Falls Fenster nach außen zu öffnen sind, können Kästen auch tiefer unterhalb des Sims mit stabilen Winkeleisen befestigt werden. In solchen Fällen bietet es sich auch an, einzelne Tontöpfe in Metallringen befestigt seitlich neben die Fenster zu hängen.
• Eine Umrahmung der Fenster durch Kletterpflanzen ist eine weitere Bereicherung.

Blumen- und Kräuterkästen vor den Fenstern

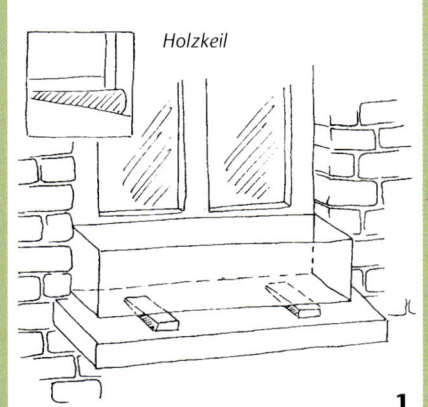
Holzkeil
1

Metallhaken mit Öse
2

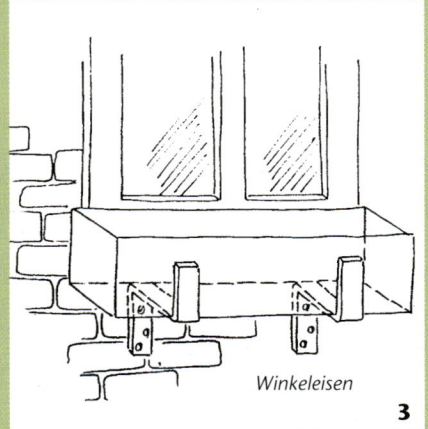
Winkeleisen
3

Bei abfallendem Sims dienen zur sicheren Aufstellung von Kästen auf der Außenfensterbank (1) Holzkeile und (2) Haken.
Bei nach außen zu öffnenden Fenstern lassen sich Kästen auch mittels (3) Winkeleisen unter der Fensterbank montieren.

Praktische Tips zur Pflanzenzucht auf der Fensterbank

Platz	• Helle und warme Fensterbank, Zimmertemperatur 18–20 °C, eventuell Schutz vor zu starker Sonneneinstrahlung (Rollo o. ä.).
Pflanzgefäße	• Saubere Tontöpfe, Holzkisten, Aussaatschalen oder Zimmergewächshäuser.
Abdeckung	• Damit Feuchtigkeit nicht entweichen kann und das gewünschte „Gewächshausklima" geschaffen wird, Abdeckung der Gefäße z.B. durch Glasscheibe, Klarsichtfolie, Kunststoffhaube.
Aussaaterde	• Sämlinge reagieren empfindlich auf pilzliche Krankheitserreger und mineralische Düngemittel, deshalb muß eine möglichst sterile, keimfreie und kaum gedüngte Saaterde (Substrat) verwendet werden. • Geeignet sind: a) Im Handel erhältliche Aussaaterden mit hohem Sandanteil. b) Mischung Torf/Sand (2:1). Aufgrund seiner Nährstoffarmut und der Sterilität ist neben Sand Torf als Mischungsbestandteil von Aussaaterden besonders geeignet. Grundsätzlich ist die Torfverwertung jedoch für gärtnerische Zwecke zu vermeiden, der Einsatz der für die Pflanzenanzucht benötigten sehr geringen Mengen ist aber noch zu verantworten. c) Gartenerde oder Komposterde mit Sand gemischt (1:1) und durch Erhitzen im Backofen keimfrei gemacht. Die Erde wird dazu gut in Bratfolie verpackt und bei 200 °C ca. 30 min erhitzt.
Zeitpunkt	• Angaben auf den Saatgutpackungen genau beachten! • Wichtig: Nicht zu früh säen, da Sämlinge bei Lichtmangel stark in die Höhe wachsen („Geilwuchs") und dann sehr empfindlich sind.
Aussat	• Gefäße mit Erde füllen, andrücken und glattstreichen. • Größere Körner einzeln in die Erde drücken. • Kleine Samen mit feinem Sand vermischen und aus der Tüte breitwürfig, möglichst dünn, aussäen (zu dichte Aussat beeinträchtigt die Entwicklung). • Packungshinweise informieren, ob es sich um Licht- oder Dunkelkeimer handelt: Dunkelkeimer werden mit einem kleinen Brett leicht angedrückt und mit feiner (gesiebter) Erde dünn bedeckt (die Schicht soll etwa viermal so dick sein wie die Samenkörner), Lichtkeimer werden nur oberflächlich angedrückt, nicht abgedeckt! • Nach Aussat vorsichtig anfeuchten (mit Sprühflasche). • Kiste regelmäßig drehen, da sich die Pflanzen sonst einseitig entwickeln.
Keimdauer	• Durch Anzucht im warmen Zimmer wird die Keimdauer verkürzt. • Da die Keimfähigkeit von Saatgut begrenzt ist, sollte immer möglichst frisches Saatgut verwendet werden.
Ausdünnen oder Pikieren	• Bei den meisten Arten empfiehlt sich ein Ausdünnen oder Verpflanzen („Pikieren"), wenn sich außer den Keimblättern wenigstens ein weiteres Blattpaar entwickelt hat. • Beim Pikieren werden die kleinen Pflänzchen vorsichtig herausgenommen und mit einem kleinen Pflanzstab in andere Töpfe oder Schalen gepflanzt (Keimblätter knapp über der Erde).
Gießen	• Aussaat und Jungpflanzen gleichmäßig feucht, aber nicht zu naß halten (stauende Nässe begünstigt u.a. Krankheitserreger).
Auspflanzen	• Vor der Auspflanzung nach draußen (Balkon, Garten) sollten die Jungpflanzen zur Abhärtung zunächst tagsüber und dann auch nachts, sofern keine Frostgefahr besteht, auf einen Balkon, eine Terrasse oder eine Außenfensterbank gestellt werden.

Küchenkräuter durch Stecklinge vermehren

Küchenkräuter wie Salbei, Thymian, Rosmarin, Pfefferminze oder Majoran lassen sich sehr gut durch Stecklinge auf der Fensterbank vermehren. Freunde und Bekannte stellen sicher gerne einige, 5–10 cm lange Triebe von kräftigen Pflanzen zur Verfügung.

Weiche Kräuter wie Minze werden zur Bewurzelung in Wasser gestellt. Holzige Arten wie Thymian entwickeln in einer sandigen und feuchten Anzuchterde meist recht gut Wurzeln. Wie bei der Aussaat wird durch Abdeckung mit einer transparenten Folie für ein feuchtwarmes Kleinklima gesorgt. Zur Belüftung wird diese an einigen Stellen durchstochen. Wichtig: Am besten wurzeln Stecklinge, wenn unmittelbar unter den Wachstumsknoten bzw. Blattansätzen geschnitten wird.

Aussaat im „Zimmergewächshaus" auf der Fensterbank

1. Feines Saatgut wird aus der Tüte gleichmäßig und möglichst dünn ausgetreut.

2. Mit einem Sieb können Dunkelkeimer mit einer Schicht feiner Erde bedeckt werden.

3. Nach leichtem andrücken mit einem Brett läßt sich die Erde mit einer Sprühflasche behutsam anfeuchten.

4. Der für gleichmäßige Feuchtigkeit und Keimbedingungen sorgende Verdunstungsschutz kann nach dem Keimen zunächst zeitweise und nach einigen Tagen ganz abgenommen werden.

Balkongärten

Wohl alle wissen, was ein Balkon ist: ein offener, mehr oder weniger weit vorspringender Vorbau eines Hauses, der den Aufenthalt im Freien auch bei einer Etagenwohnung ermöglicht. Tisch und Stühle, Sonnenliege, Planschbecken, Sandkiste, Wäscheleinen und natürlich Kästen und Kübel mit Blumen und Kräutern machen ihn zu einem kleinen Garten auf der Etage. Sonnenbaden, Frühstück im Freien und Ernte frischer Salatkräuter sind hier möglich. Die Bedeutung dieser kleinen, privaten Gärten für die Lebensqualität in der Stadt ist enorm. Für viele sind Balkone ein echter Ersatz für Gärten und Kleingärten. Und wer die Möglichkeit hat, an heißen Wochenenden einen Balkon zu nutzen, der kann schon mal den Weg in Parks oder Erholungsgebiete sparen. Kein Wunder, daß mittlerweile immer häufiger an alte Häuser nachträglich Balkone angebaut werden. Für alle, die noch keinen Balkon haben, besteht also Hoffnung. Beispielsweise im Rahmen von Sanierungsmaßnahmen oder Projekten zur Wohnumfeldverbesserung werden solche Arbeiten in Angriff genommen und gefördert. Durch Anfragen beim Hauseigentümer oder dem Stadtplanungsamt läßt sich herausfinden, ob beim eigenen Wohnhaus die Chance auf einen Balkonanbau besteht.

Mit ihren Blüten und Blättern bringen Balkonpflanzen Farben und vielfältiges Leben in die Stadt. Die Pflanzen verdunsten Wasser und erhöhen so die Feuchtigkeit der ansonsten sehr trockenen Stadtluft. Die Blüten bieten Nahrung für blütenbesuchende Insekten. Selbst in einem von Mauern und Asphalt geprägten Wohngebiet wird der Wechsel der Jahreszeiten so direkt vor dem eigenen Fenster erlebbar. Und das umso mehr, wenn in Kästen und Kübeln Stauden, Gräser, Blumenzwiebeln und Kletterpflanzen ihren Platz finden. Beim Wachsen, Blühen und Fruchten bieten gerade diese winterharten Pflanzen im Laufe des Jahres immer wieder andere Eindrücke. Eine solche dauerhafte Bepflanzung wird durch den Anbau von Salat und Tomaten noch abwechslungsreicher. Sie ist aber nicht nur interessanter als die oft übliche Wechselbepflanzung mit Stiefmütterchen im Frühjahr, Fuchsien im Sommer, Erika im Herbst und Tannenzweigen im Winter. Eine dauerhafte Bepflanzung spart auch Zeit und Geld, schließlich ist der häufige Wechsel der Pflanzen überflüssig. Das ständige Nachfüllen von Erde (der meist torfhaltigen Blumenerde) entfällt ebenfalls. Abgeblühte Pflanzen mit Wurzeln landen nicht in der Mülltonne. Viele Vorteile für eine Bepflanzungsart, die den Balkon zu einem lebendigen Schmuckstück, einen echten Garten im Kleinen macht.

Kaffee trinken, Sitzen, Lesen, Spielen – mitten in der Stadt kann der Balkon zu einem kleinen Garten werden.

Kästen, Kübel, Halterungen

Glockenblumen, Salat und Kletterpflanzen – ohne Gefäße mit Erde wächst nichts auf dem Balkon. Direkt in die Balkonbrüstung eingebaute, große Betonkästen besitzen nur wenige Wohnungen. Also müssen Gefäße gekauft werden. Der Weg zum nächsten Gartencenter macht deutlich, daß die Angebotspalette sehr breit ist. Es gibt Kästen und Kübel aus Plastik, Styropor, Altpapier, Ton, Naturstein, Faserzement und Holz in verschiedenen Farben, Größen und Formen.

Materialien

Trotz des großen Angebotes fällt die Auswahl nicht schwer. Die Lebensansprüche der Pflanzen helfen dabei. Pflanzen brauchen Gefäße aus denen Wasser abziehen kann, damit die Wurzeln nicht faulen, wenn einmal zuviel gegossen wird. Zwar sind selbst in Metallkübel schnell Löcher gebohrt, aber besser ist es, wenn das Wasser auch durch die Gefäßwände verdunsten kann. Das ist beispielsweise bei Kästen, Kübeln und Töpfen aus Holz, Ton und Faserzement der Fall. Gefäße aus diesen Materialien lassen zudem noch Luft an die Wurzeln gelangen. Plastikgefäße sind zwar preiswerter und leichter, aber das sind auch schon ihre einzigen Vorteile. Die meist grünen und braunen Kästen sowie die schwarzen Kübel sind für Luft und Wasser undurchlässig. Außerdem nehmen die dunklen Wände die Sonneneinstrahlung besonders gut auf. Kästen und Erde erwärmen sich dadurch sehr stark, so daß die Pflanzen besonders im Sommer schnell im Trockenen stehen. Gefäße aus Holz, Ton oder Faserzement bieten dagegen eine gute Grundlage für reiches Pflanzenwachstum.

Stauden und Gräser statt Sommerblumen – so grünt und blüht es das ganze Jahr über im Kasten. Der ständige Pflanzenwechsel ist überflüssig.

Ein Gerüst aus Stahlrohren und herausgebrochene Türen, so leicht bekommt ein altes Haus Balkongärten.

Platzprobleme

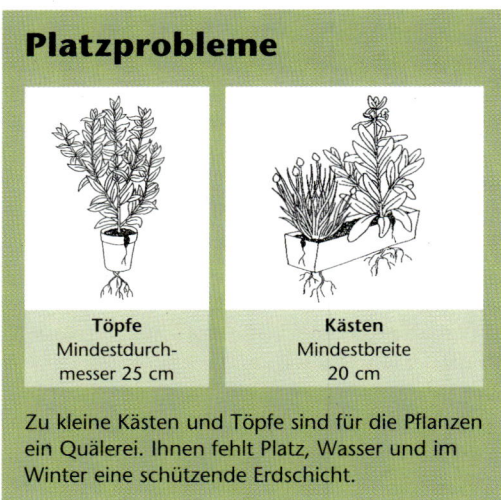

Töpfe	**Kästen**
Mindestdurch-messer 25 cm	Mindestbreite 20 cm

Zu kleine Kästen und Töpfe sind für die Pflanzen ein Quälerei. Ihnen fehlt Platz, Wasser und im Winter eine schützende Erdschicht.

Größe

Schöne große Büschel Zitronenmelisse, üppig blühende Kletterpflanzen – das wünschen sich wohl alle Balkongärtner und Balkongärtnerinnen. Auf dem oftmals kleinen Balkon sollen Töpfe und Kästen aber meist nur wenig Platz wegnehmen, schließlich wird für das Sitzen und Spielen Raum gebraucht. Pflanzen entwickeln sich in der Regel jedoch unter der Erde genauso üppig wie über der Erde. Werden den Pflanzen also zu kleine Gefäße angeboten, muß häufig gegossen werden, und die Ergebnisse sind meist enttäuschend.

Je mehr Platz die Pflanzen bekommen, umso besser. Die Kästen sollten daher mindestens eine Breite und Tiefe von 20 cm, Töpfe oder Kübel einen Innendurchmesser von 25 cm haben. Bei diesen Abmessungen friert die Erde im Winter erst bei starken Dauerfrösten völlig durch und die überwinternden Pflanzen sind etwas frostgeschützt. Die Länge der Kästen hängt allein von den räumlichen Gegebenheiten ab. Bei einer Dauerbepflanzung werden die Kästen zwar nicht alljährlich im Keller oder Treppenhaus überwintert (wie z.B. bei Bepflanzung mit Geranien), dennoch ist es sinnvoll, höchstens 1 m lange Kästen zu benutzen. Mit Pflanzen und feuchter Erde wiegt so ein Kasten schließlich etwa 40 kg, und der nächste Umzug kommt irgendwann einmal. Darum ist es besser, mehrere 60–80 cm lange Kästen zu verwenden.

Töpfe und Kästen aus Ton

Die rotgebrannten Töpfe und Kästen lassen das Grün der Blätter leuchten und die Verzierungen machen die Gefäße allein schon zu kleinen Schmuckstücken. Für Kletterpflanzen, Miniaturobstbäume und andere Kübelpflanzen sind die nach Terracotta-Art gebrannten Tontöpfe mit ihren dicken Wänden ideal. Normale große Blumentöpfe mit dünneren Wänden sind nicht so frostfest und können im Winter schon mal platzen. Die Anschaffung von Kästen aus Ton sollte jedoch gut überlegt werden. In den notwendigen Abmessungen (Breite und Tiefe mindestens 20 cm) sind die Kästen recht schwer und nicht billig.

Kästen und Kübel aus Holz

Holzkästen und -kübel werden kaum im Handel angeboten. Wer aber Spaß an Holzarbeiten hat, kann beim Selbstbau kostengünstig und ganz nach Wunsch und Platzangebot Pflanzraum schaffen. Verwendet werden für Holzkästen 2 cm starke gehobelte Kiefern- oder Fichtenbretter und entsprechende Vierkanthölzer (2 x 2 cm). Zunächst erfolgt der Zuschnitt der Bretter und Leisten. Nach dem Vorbohren der Schraublöcher in den Seitenteilen werden die Vierkantleisten entsprechend obiger Zeichnung angeleimt und verschraubt. Anschließend läßt sich das Bodenbrett an die großen Seitenteile anschrauben. Nach der Montage der Kopfseiten wird der fertige Kasten mit Leinöl behandelt. Die Trockenzeit beträgt etwa fünf Tage. Die Behandlung mit Leinöl hält das Holz zudem atmungsaktiv und gewährt einen gewissen Schutz vor der Witterung.

Gut und schön, aber wie lange hält das? Sicher, Holz ist ein natürlicher Baustoff und sieht nicht jahrelang aus wie am ersten Tag. Aber solange das Holz atmen kann, der Kasten nicht unmittelbar auf dem Boden steht und das Holz immer wieder abtrocknet, widersteht es selbst unbehandelt der Witterung recht gut. Ein Kasten aus Fichten- oder Kiefernholz hält so fünf Jahre und länger. Kästen aus widerstandsfähigerer Lärche oder Eiche halten noch länger, sind aber teurer.

Tropische Harthölzer, wie das dauerhafte Bongossi, sollten aus Gründen des Schutzes der tropischen Regenwälder nicht verwendet werden. Der Gewinn von Natur am eigenen Wohnort soll schließlich nicht zu Naturvernichtung an anderer Stelle beitragen. Auch auf die Auskleidung der Kästen mit Folien, wie sie zum Teichbau verwendet werden, wird besser verzichtet. Diese Folien sind häufig PVC-haltig und müssen mit extrem lösungsmittelhaltigen Klebern verklebt werden. Außerdem

Seit 12 Jahren erfüllt dieser unbehandelte Kasten seinen Zweck, obwohl das Holz direkt mit der Erde in Berührung kommt. Auf dem Balkonboden stehend sind solche Kästen als „Kindergarten" geeignet.

setzt sich zwischen Holz und Folie leicht dauerhaft Wasser ab, so daß das Holz von der Innenseite her sogar schneller verrottet.

Holzkisten eignen sich für den Gemüseanbau genauso wie für die Pflanzung von Stauden oder Kletterpflanzen. Bei einer Besiedlung durch die Durstkünstler unter den Pflanzen (siehe S. 41) bleibt die Erde allerdings relativ trocken oder trocknet schon mal ganz aus, so daß sich die Lebensdauer des Holzkastens verlängert.

Materialbedarf für einen Holzkasten

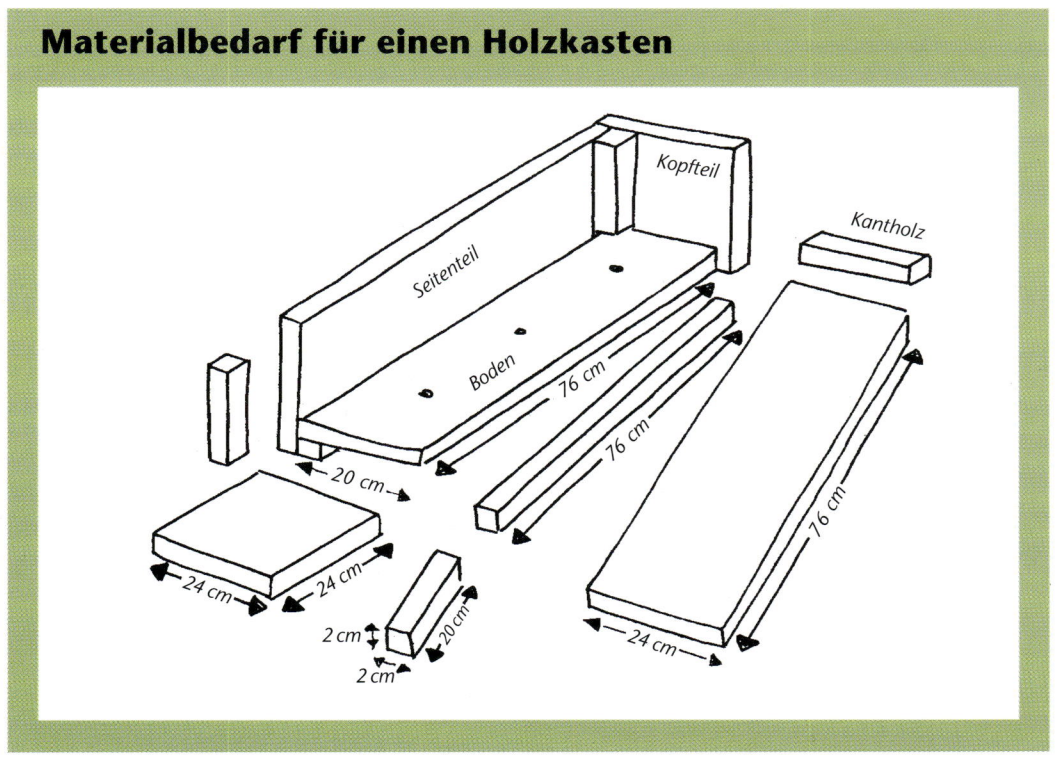

Kästen und Kübel aus Faserzement

Gefäße aus Faserzement sind wohl die langlebigste Lösung für den Balkon. Sie werden mittlerweile ohne Verwendung des gesundheitsschädlichen Asbest hergestellt und sind daher nach den derzeitigen Erkenntnissen ohne Bedenken einsetzbar. Sie sollten im hellgrauen Originalzustand aufgestellt werden, also ohne einen Farbanstrich, der die günstige Diffusionsfähigkeit für Wasser und Luft einschränkt. Aus diesem Material sind auch Kübel für größere Pflanzen erhältlich. Die Kästen und Kübel sind nicht billig, aber für Bepflanzungen aller Art gut geeignet.

Gemüsepflanzen, aber auch Küchenkräuter, wachsen am besten, wenn sie gleichmäßig mit Wasser versorgt werden. An heißen Tagen wird das bei einem Südbalkon zum Problem. In die Faserzementkästen läßt sich mit einfachen Mitteln ein Wasserspeicher einbauen. Dazu wird ein ca. 25 cm breiter und tiefer Kasten quasi zweigeteilt. Im unteren Drittel wird stark wasserspeichernder und wasserleitender Blähton (z.B. Grolit 2000) eingebracht. Darüber kommt ein Filtervlies (siehe Bezugsquellenverzeichnis), das die Einschwemmung von Erde in die wasserspeichernde Schicht und dadurch Fäulnisprozesse verhindert. Oberhalb dieses Vlieses wird die Pflanzerde eingebracht. Damit die Pflanzen keine „nassen Füße" bekommen, darf

das gespeicherte Wasser nicht bis an das Erdreich heranreichen. Im Kasten werden deshalb mindestens 3 cm unterhalb des Filtervlieses Wasserabflußlöcher gebohrt. Wegen des unterschiedlichen Wasserbedarfes ist ein Sommerloch etwa 6 cm oberhalb des Kastenbodens und ein Winterloch etwa 3 cm oberhalb des Kastenbodens notwendig. Je nach Jahreszeit wird eines der Löcher mit einem Stopfen verschlossen. Durch Hohlräume im Blähton steigt das gespeicherte Wasser bis in die Erde und sorgt so für eine gute Durchfeuchtung. Einmal wöchentliches Gießen kann dann auch in heißen Zeiten für anspruchsvolle Pflanzen ausreichen.

Halt ist notwendig

Ob Metallgitter oder Betonbrüstung – an jedem Balkongeländer besteht die Möglichkeit, Kästen zu befestigen. Grundsätzlich gibt es hierfür drei Möglichkeiten:

• nach außen gehängt nehmen die Kästen von der meist ohnehin kleinen Fläche keinen Platz weg;
• auf der Balkonbrüstung stehend bieten die Kästen Sichtschutz, schirmen aber auch Sonne ab;
• nach innen gehängt sind die Kästen wind- und wettergeschützt (günstig bei Gemüse und Kräutern).

In jedem Fall können die Halterungen gar nicht stabil genug sein. Schließlich soll doch niemandem ein Kasten auf den Kopf oder Fuß fallen. Im Handel sind verstellbare Halterungen für unterschiedliche Situationen erhältlich, die den Sicherheitsanforderungen genügen. In Sonderfällen kann ein Schlosser mit einer Maßanfertigung sicher weiterhelfen. Werden Kästen mit einer Breite und Tiefe von 20 cm gehängt, müssen die Halterungen, besonders bei zurückspringenden Geländern oder Brüstungen, unbedingt einen weiteren abstützenden und verstellbaren unteren Winkel aufweisen.

Wasserspeicher

Für besonders durstige Pflanzen, wie Gemüse und Küchenkräuter, kann sich der Eigenbau eines Wasserspeichers lohnen. Geeignet sind Faserzementkästen mit mindestens 20 cm Höhe. Die Blähtonschicht muß mindestens 3–4 cm über den maximalen Wasserstand hinausreichen, damit die Pflanzen nicht zu feucht stehen.

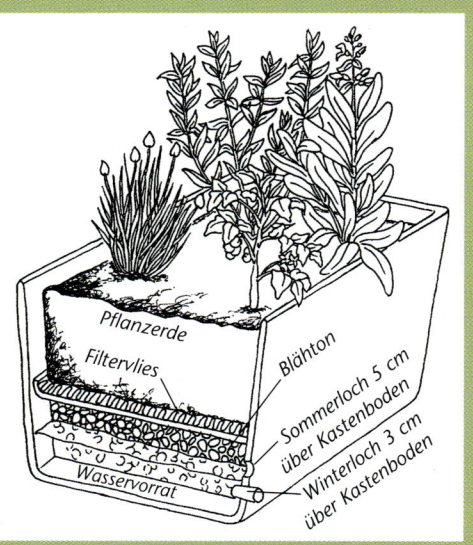

Pflanzerde
Filtervlies
Blähton
Sommerloch 5 cm über Kastenboden
Winterloch 3 cm über Kastenboden
Wasservorrat

Pflanzerde

Die Erde hat eine große Bedeutung für die Pflanzen, nicht nur auf dem Balkon. Sie gibt den Pflanzen Halt. Über die Wurzeln werden Wasser und Nährstoffe aus der Erde aufgenommen. Sollen Pflanzen im Kasten über Jahre wachsen, blühen und gedeihen, hängt das Pflanzenwachstum ganz entscheidend von der verwendeten Erde und den

Halterungen

Verstellbare Halterungen für unterschiedliche Balkongeländer und Brüstungen sind im Handel erhältlich.

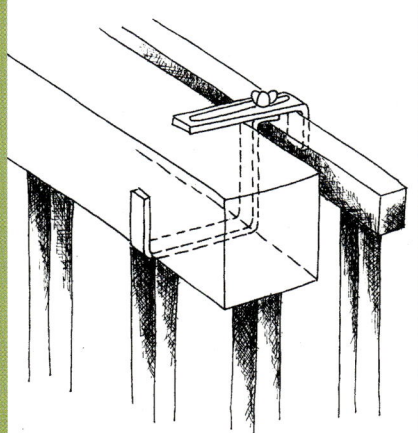

Einfache Hänge-Halter mit einer Nase gegen das Herauskippen der Kästen.

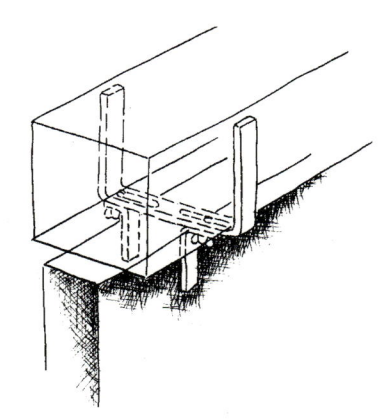

Halter zum Aufsetzen der Kästen auf eine breite Balkonbrüstung.

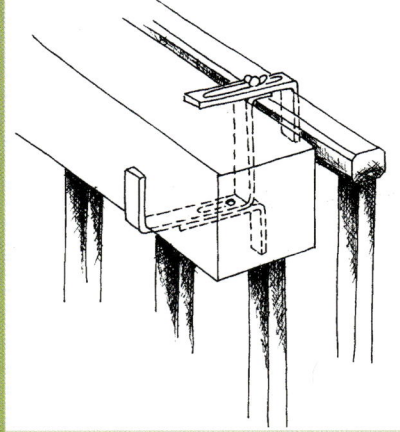

Halter mit zusätzlichem Winkel bei zurückspringenden Brüstungen.

angebotenen Nährstoffen ab. Schließlich haben die Pflanzen selbst in ausreichend großen Kästen und Kübeln meist nicht soviel Platz, wie an ihren natürlichen Standorten. Ihnen fehlt die Verbindung zur Umgebung. Die erstbeste Blumenerde aus dem nahegelegenen Supermarkt ist deshalb genauso wenig geeignet, wie die Erde aus einem nahegelegenen Park oder Garten von Freunden und Bekannten. Bewährt hat sich die Mischung eigener Pflanzerden. Dabei können die unterschiedlichen Ansprüche (Kalkgehalt, Wasserhaltefähigkeit usw.) der Pflanzen berücksichtigt werden. Denn so vielfältig die Pflanzen sind, so vielfältig sind auch ihre Ansprüche an die Erde. Deshalb werden im folgenden die verschiedenen Erden und Mischungsbestandteile vorgestellt. In Kombination mit den Pflanzlisten ist es dann nicht schwer, die richtige Mischung für die eigenen Kästen und Kübel zu finden.

Misch-Substrate

Holzfasern, Reisspelzen, Rindenhumus, Ton, Kompost und andere Bestandteile sind in diesen Substraten vermischt. Angeboten werden sie z.B. als Schermbecker Ökosubstrat oder torffreie Terrasan-Blumenerde. Die Mischsubstrate haben eine lockere Bodenstruktur und sind ausreichend mit Nährstoffen versorgt. Leider sind sie nicht in jedem Gartencenter erhältlich, aber die Herstellerfirmen informieren gerne über Bezugsquellen am Wohnort (siehe Bezugsquellenverzeichnis). Die Wasserhaltefähigkeit sollte durch das Einarbeiten von Bentonit, einem wasserspeichernden Tonmineral, etwas verbessert werden. Diese Substrate sind dann gut geeignet für Gemüse und Kräuter. Für Stauden, Mini-Obstbäume und Kletterpflanzen sind unter Umständen Zusätze von Kalk oder normaler Gartenerde notwendig.

Rindenhumus

Die Rinden von Nadelbäumen bilden die Grundlage für den Rindenhumus. Kompostiert und zusätzlich mit Nährstoffen versorgt wird er in vielen Gartencentern in Säcken angeboten. Der Rindenhumus ist nicht zu verwechseln mit Rindenmulch, dessen Rindenstücke nicht kompostiert sind, und der daher als Grundlage für Pflanzerde völlig ungeeignet ist. Durch Mischung von Rindenhumus mit Sand und Kompost (1:1:1) entsteht eine ausgezeichnete Pflanzerde. Ihre Wasserhaltefähigkeit kann noch zusätzlich durch Zugabe von Bentonit und Steinmehl verbessert werden. Da

Rindenhumus relativ sauer ist, kann je nach Art der Bepflanzung die Zugabe von Kalk (z.B. Algenkalk o. a.) notwendig sein. Wenn Gemüse und Kräuter gepflanzt werden sollen, ist eine Zugabe von organischem Langzeitdünger (z.B. Oscorna) sinnvoll.

Sand

Sand ist ein wichtiger Bestandteil von selbst gemischten Pflanzerden. Als Baumaterial ist Sand auf fast jeder Baustelle verfügbar. Ein freundliches Gespräch mit Bauarbeitern genügt oft, um einen oder zwei Eimer Sand für den Balkon zu beschaffen. Das reicht etwa für zwei Kästen von 1 m Länge. Wird mehr gebraucht, muß auf Säcke mit Spielsand aus dem Baumarkt zurückgegriffen werden. Der Baustoffhandel liefert nämlich nur Mengen über 1 m³ aus.

Gartenerde

Für die meisten Kletterpflanzen, Sträucher und Obstbäumchen ist eine Pflanzerde sinnvoll, die zur Hälfte aus lehmhaltiger Gartenerde besteht. Hinzugegeben werden noch Kompost und Rindenhumus (Gartenerde : Kompost : Rindenhumus im Verhältnis 2 :1:1). Eine solche Mischung trocknet nicht so rasch aus. Falls Gartenerde nicht zu bekommen ist, sind Misch-Substrate mit Bentonitzusatz eine Alternative .

Ein Kasten für die „Trockenkünstler" wird vorbereitet. Neben Blähton für die Dränage liegen Schotter, Sand und Rindenhumus bereit. In die Mischung kommt noch etwas Kalk.

Blähton

Diese aus der Hydrokultur bekannten, gebrannten Tonkügelchen sind ein gutes Dränagematerial im Kasten. Sie werden etwa 2 cm hoch auf den Kastenboden gestreut. Dort verhindern sie, daß sich nach dem Gießen überflüssiges Wasser staut und die Erde im unteren Kastenbereich fault. Blähtonkügelchen, aber auch Tonscherben, sind als Dränage geeignet. Kleinere Blähtonmaterialien (z.B. Grolit 2000, siehe Bezugsquellenverzeichnis S.194) sind gleichermaßen als Dränage und Wasserspeicher einsetzbar.

Komposterde

Komposterde kommt normalerweise aus dem Komposthaufen im eigenen Garten. Organische Küchen- und Gartenabfälle werden dort von Bodenorganismen zu Komposterde zersetzt. Sie besitzt eine gute Krümelstruktur und enthält nicht mehr übermäßig viele Nährstoffe, so daß sie mit Sand gemischt als Anzuchterde in Saatschalen verwendet werden kann.

Mittlerweile wird Kompost in Säcken angeboten und kann auch von Stadtbewohnern und Stadtbewohnerinnen ohne Garten als Bestandteil von Mischungen verwendet werden. Übrigens: Auch auf dem Balkon besteht die Möglichkeit zur Kompostierung.

Wurmkompost auf dem Balkon

Mit der „Berliner Wurmkiste" besteht die Möglichkeit, Wurmkompost auf absolut kleinstem Raum (Balkon, Keller) herzustellen. Aus 2 cm starken Holzbrettern wird eine 60 x 90 x 30 cm große Holzkiste gebaut, die oben zum Schutz vor Fliegen mit einem Deckel versehen wird. Der Boden erhält 15 Löcher mit einem Durchmesser von 1 cm. Die Kiste wird schichtweise (von unten nach oben) mit sandiger Erde (2 cm), geknülltem und angefeuchtetem Zeitungspapier, Küchenabfällen, einer weiteren Schicht Papier und Erde bis zu 2/3 ihres Volumens gefüllt. Dann werden Kompostwürmer (siehe Bezugsquellenverzeichnis) hinzugegeben. Gegen Winterkälte muß die Kiste entweder mit Korkplatten isoliert oder in den Keller gestellt werden, denn bei Temperaturen von unter 4 °C wird es für die Würmer lebensgefährlich.

Schotter

Schotter aus dem Straßenbau oder Steinbruch ist ein etwas ungewöhnliches Material für den Balkon. Für die anspruchslosen Durst- und Hungerkünstler unter den Pflanzen wird er aber unbedingt gebraucht. Denn die besonders pflegeleichten und trockenheitsverträglichen Bepflanzungen brauchen einen steinigen Untergrund. Geeignet ist Schotter mit Steinstücken von etwa 1–3 cm Größe, der sich auf Baustellen oder im Baustoffhandel beschaffen läßt. Er wird mit Sand und Rindenhumus vermischt (1:1:1). Zur Verbesserung der Wasserhaltefähigkeit wird Bentonit zugegeben. Da kalkhaltiger Schotter selten ist, wird in der Regel abhängig von der geplanten Bepflanzung Kalk zugegeben werden müssen.

Bodenverbesserer

Bodenverbesserungsmittel sind keine direkten Nährstofflieferanten. Sie regen die Tätigkeit von Kleinlebewesen an, verbessern z.B. die Struktur und die Wasserhaltefähigkeit der Pflanzerde oder verändern den Säuregehalt. Kalk, Gesteinsmehl und Bentonit, ein wasserspeicherndes Tonmineral, sind die wichtigsten Mittel für die Balkongärtnerei. Sie werden abhängig von der Bepflanzung und der gewählten Erdmischung beigemischt.

Dünger

Die Zugabe von Düngemitteln ist bei der Herstellung der Erdmischung nur selten erforderlich. In der Regel sind Mischsubstrate, Rindenhumus und Komposterde bereits ausreichend mit Nährstoffen versorgt. Ist das erste Jahr vorbei, dann sieht es aber meist anders aus. Kästen für die Gemüseanzucht, aber auch Kübel mit Kletterpflanzen und Obstbäumchen, benötigen in diesem Fall eine Nachdüngung. Bei Kästen mit Kräutern und höherwerdenen Stauden wird das erst nach etwa zwei Jahren in erheblich geringerer Dosierung notwendig. Hierfür geeignet sind organische Langzeitdünger (z.B. Oscorna, Bio-Garten-Azet), die ihre Nährstoffe langsam abgeben und mit denen kaum Dosierungsfehler passieren können. Werden diese Dünger Ende Februar/Anfang März gestreut und leicht eingearbeitet, stehen ihre Nährstoffe den Pflanzen nach vier bis sechs Wochen rechtzeitig zu Verfügung.

Organische Dünger werden erst durch Bodenlebewesen für die Pflanzen erschlossen. In Kästen und Kübeln ist das Bodenleben jedoch relativ schwach und sollte durch Zugabe von Bodenbakterienkulturen (Produktname Azet) gefördert werden. Ansonsten ist ein Ausweichen auf mineralische Langzeitdünger (z.B. Osmocote) nötig. Lediglich bei mehreren Jahre alten, dicht eingewachsenen Kästen und Kübeln ist der Einsatz von organischen Flüssigdüngern (z.B. Bio-Tissol, Verihum) sinnvoll. Auch selbsthergestellte Pflanzenjauchen aus Brennesseln oder Beinwell sind gut einsetzbar. Die Dosierung ist problemlos und eine Überdüngung kaum zu befürchten. Mineralische Flüssigdünger sind keine gute Lösung. Sie werden rasch ausgewaschen und können in Trockenzeiten auskristallisieren, was dann zu Schädigungen der Wurzeln führt.

Ganz bewußt fehlt Torf in der Liste der dargestellten Mischungsbestandteile. Torf ist Hauptbestandteil vieler im Handel befindlicher Blumenerden. Seine Eigenschaften haben dazu geführt, daß alljährlich Millionen m³ Torf in Gärten und Gartenbaubetrieben verarbeitet werden. Das entspricht der Ladung von 93000 Eisenbahnwaggons. Diese riesigen Mengen können nur durch Zerstörung ausgedehnter Moorgebiete gewonnen werden. Einzigartige Biotope, die über Jahrtausende hin entstanden sind, gehen dabei verloren. So interessante Pflanzen wie der insektenfangende Sonnentau verlieren ihren Lebensraum. Das muß nicht sein. Deshalb werden hier geeignete Alternativen zum Torf dargestellt, die sich bewährt haben. Sie haben ähnlich günstige Eigenschaften und sogar einen wichtigen Vorteil gegenüber Torf: Einmal ausgetrocknet lassen sie sich wesentlich besser wiederbefeuchten.

Pflanzenauswahl für den eigenen Balkon

- Welche Standortbedingungen, besonders welche Lichtverhältnisse, bietet der Balkon den Pflanzen?
- Wieviel Zeit kann für die Pflege des kleinen Balkongartens erübrigt werden?
- Wo liegen die persönlichen Vorlieben (z. B. Hobbykulturen, Lieblingspflanzen)?

Diese drei Fragen stehen am Anfang der Überlegung zur Pflanzenauswahl für den eigenen Balkon.

Die rechte Zeit

Stauden, Gräser, Farne und Küchenkräuter werden von Staudengärtnereien in Töpfen gezogen und lassen sich so das ganze Jahr über pflanzen. Für das Pflanzenwachstum sind aber nur Herbst- und Frühjahrspflanzung günstig. Bei der Frühjahrspflanzung im April/Mai ist das Staudenangebot sehr groß, aber die Pflanzen müssen in den ersten Ferienzeiten regelmäßig gegossen werden, weil sie noch nicht gut eingewachsen sind. Bei der Herbstpflanzung bilden die Pflanzen in der Ruhezeit im Herbst und Winter bereits erste neue Wurzeln in der Pflanzerde. Dadurch haben sie einen guten Start ins erste Kastenjahr. Es kann allerdings frostbedingte Ausfälle geben.

Die Dritte von rechts

Stillg'standen! Rührt
euch! Na ja, so ging's!
Euch Tulpen werd ich
schon kriegen!
Die Dritte von rechts
steht viel zu weit links!
Ihr blüht doch hier
nicht zum Vergnügen!

Stillg'standen! Mal
herhören! Was ich euch
jetzt erzähle, ist keine
Phrase:
Wer morgen nicht
strammsteht, wird
strafversetzt:
Marsch in die blaue
Vase!

Erich Kästner

Pflanzstandorte am Haus

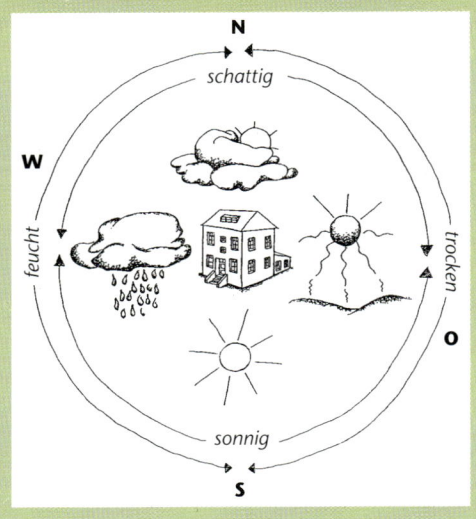

Wohlgemerkt: Die Frage nach den Lieblingspflanzen stellt sich nicht als erstes. Schließlich kann sich wohl niemand an Apfelbäumchen im Kübel erfreuen, die von Mehltau befallen sind und kümmern, weil sie am falschen Platz stehen.

Standort

Jeder Balkon ist anders, nicht nur größer, länger, breiter, auch die Wuchsbedingungen für die Pflanzen sind höchst unterschiedlich. Am Hoch-

Immergrün, Zittergras mit Hornveilchen auf einem schattigen Balkon im Mai.

hausbalkon in der 7. Etage pfeift oftmals der Wind vorbei, während ein Balkon in derselben Höhe an der Hinterhofseite eines Wohnhauses windgeschützt ist, so daß hier höher wachsende Pflanzen nicht so leicht brechen oder abreißen. Wer die Bepflanzung plant, sollte deshalb zunächst vorbehaltlos prüfen, welche Standortbedingungen der eigene Balkon bietet. Es hat nämlich wenig Sinn, von sonnen- und wärmeliebenden Kletterrosen und Rosmarin- und Lavendelbüschen zu träumen, wenn der Balkon auf der schattigen, kühlen Nordseite liegt. Jede Hausseite hat andere klimatische Bedingungen. Ein Balkon auf der Westseite kommt in den Genuß der Abendsonne, liegt aber auch auf der Wetterseite und wird kaum unter Regenmangel leiden. Damit die Pflanzen besonders im Winter nicht zu feucht stehen und die Wurzeln faulen, sind hier eine sehr durchlässige Pflanzerde und Dränage besonders wichtig. Die Ostseite ist dagegen wettergeschützt, trockener und nur in den Morgenstunden besonnt. Ein Südbalkon ist wohl am beliebtesten, denn auch noch im Frühling und Herbst läßt sich hier die wärmende Sonne genießen. Für die Pflanzen ist er aber im wahrsten Sinne des Wortes ein „heißes Pflaster" und der passende Platz für „Durstkünstler." Da durch An- und Vorbauten, Nachbarhäuser oder Bäume auch ein Südbalkon schattig sein kann oder ein Westbalkon kaum einen Tropfen Regen abbekommt, muß die jeweils örtliche Situation vor der Pflanzenwahl genau beobachtet werden.

Besonders wichtig sind die Lichtverhältnisse. Das unterschiedliche Regenwasserangebot kann bei der Mischung der Pflanzerde berücksichtigt werden. Kommt es z.B. besonders auf gute Durchlässigkeit an, muß der Sandanteil erhöht werden. Größere Wasserhaltefähigkeit läßt sich durch Zusatz von Bentonit erreichen. Aufgrund des beengten Wurzelraumes in Kübeln und Kästen müssen die Pflanzen Sommertrockenheit ertragen können. Die Frage nach dem Interesse und dem Zeitaufwand muß, genau wie die Frage noch den Vorlieben, jeder für sich selbst beantworten. Es ist jedoch klar, daß beispielweise Gemüseanbau auf dem Balkon nichts für Leute ist, die privat und beruflich viel reisen. Es sei denn, sie haben sehr hilfreiche Nachbarn und Freunde. Die folgenden Pflanzvorschläge sind eine Grundlage, um für jeden Standort etwas Passendes zu finden, ohne daß individuelle Wünsche zu kurz kommen.

Stauden, Gräser, Farne, ...

Blütenreichtum und zu jeder Jahreszeit interessante Aspekte bieten Bepflanzungen, in denen Stauden, Gräser und Farne das dauerhafte Gerüst bilden. Stauden sind krautige, unverholzte Pflanzen, die jedes Jahr neue Laub- und Blütentriebe entwickeln. Von einigen Arten sind im Winter nur die Sproßspitzen für das nächste Frühjahr zu sehen. Andere zeigen auch im Winter noch grüne Blattpolster. Gräser und Farne bilden mit ihren zarten Strukturen einen besonders schönen Kontrast. Blumenzwiebeln und selbstaussäende ein- bis zweijährige Blütenpflanzen wie Vergißmeinnicht und Duftsteinrich setzen zusätzliche Akzente.

Für einen 1 m langen Kasten sind etwa 5–6 Pflanzen nötig. Bei der Beschaffung der Pflanzen ist oft Hartnäckigkeit notwendig. In gut sortierten Staudengärtnereien sind die Pflanzen aber problemlos zu bekommen. Ein Zettel mit den lateinischen Pflanzennamen hilft dabei, die richtigen Arten herauszusuchen. Das ist sinnvoll, denn es gibt beispielsweise mehr als 300 verschiedene Glockenblumenarten, die von schattigen bis zu sonnigen Stellen fast alle Standorte besiedeln.

Als Pflanzerde für Stauden sind Misch-Substrate (schattig) oder Erdmischungen aus Rindenhumus, Kompost und Sand (sonnig) geeignet. Da die meisten genannten Pflanzen kalkliebend sind, ist den Pflanzerden Kalk zuzugeben. Die Pflanzen sind so ausgewählt, daß sie keine hohen Nährstoffansprüche stellen und im Sommer Trockenheit vertragen. Daher brauchen diese Pflanzen in den heißen Sommerwochen nur ca. zweimal wöchentlich gegossen zu werden. Der Rückschnitt abgeblühter Stengel sollte erst im Frühjahr erfolgen, denn Insekten finden dort Winterquartiere. Die abgeblühten Stauden und Gräser bieten außerdem schöne Winteraspekte.

Pflanzen für „faule" Gärtner und Gärtnerinnen

Wer bezeichnet sich selbst schon gerne als faul? Aber oft fehlt einfach die Zeit oder die Lust, sich intensiv um die Pflanzen auf dem Balkon zu kümmern. Auf Blüten und Gräser muß deshalb niemand verzichten. Die Durst- und Hungerkünstler der Pflanzenliste garantieren Blütenreichtum bei wenig Gieß- und Düngearbeit. Sie stammen von

Pflanzenvorschlag für den sonnigen Balkon

Bittergras *Briza media*

Mädchenhaargras *Stipa pennata*

Karthäusernelke *Dianthus carthusianorum*

Sonnenröschen *Helianthemum nummularium*

Knäuelglockenblume *Campanula glomerata*

Braunnelle *Prunella grandiflora*

felsigen, trockenen Standorten und sind teilweise in der Lage, in speziell ausgebildeten Blättern und Wurzeln Wasser zu speichern. Dadurch kommen sie mit dem Niederschlagswasser aus, und nur in längeren Trockenzeiten muß gegossen werden. Ihre Vorliebe für trockene Stellen geht so weit, daß sie Winterfeuchtigkeit nur schlecht vertragen.

Immergrünchen, Wimperngras, Moossteinbrech und Streifenfarn machen den „faulen" Gärtnern auf dem schattigen Balkon wenig Arbeit.

Stauden und Gräser für den Balkon

	schattige Balkone		sonnige Balkone	
	Name	**Blütezeit Blütenfarbe**	**Name**	**Blütezeit Blütenfarbe**
Stauden	Günsel (Ajuga reptans)	5–6 lilablau	Goldhaaraster (Aster linosyris)	8–9 goldgelb
	Waldanemone (Anemone sylvestris)	4–5 weiß	Knäuelglockenblume (Campanula glomerata 'Acaulis')	5–7 dunkelviol. od. weiß
	Gänsekresse (Arabis procurrens)	4–5 weiß	Wiesenmargarite (Chrysanthemum leucantheum)	5–6 weiß
	Bergenie (Bergenia cordifolia)	4–5 hellblau	Karthäusernelke (Dianthus carthusianorum)	6–8 kaminrot
	Steinsame (Buglossoides purpurocaerulea)	4–6 rotblau	Münz-Sonnenröschen (Helianthemum nummularium)	5–6 gelb
	Pfirsichblättrige Glockenblume (Campanula persicifolia)	6–7 hellblau	Sonnenröschen (Helianthemum-Hybriden)	6–8 weißgelb, rot
	Hängepolsterglocke (Campanula porscharskyana)	6–9 hellila	Rotes Habichtskraut (Hieracium x rubrum)	6–8 orangerot
	Gelber Lerchensporn (Corydalis lutea)	5–9 gelb	Frühlingsfingerkraut (Potentilla verna)	3–4 goldgelb
	Blut-Storchschnabel (Geranium sanguineum)	5–8 karminrot	Braunelle (Prunella grandiflora 'Loveliness')	7–9 hellila
	Gefleckte Taubnessel (Lamium maculatum)	4–9 rosa	Wiesensalbei (Salvia pratensis)	6–7 blauviolett
	Lungenkraut (Pulmonaria angustifolia)	4–5 blau	Kaukasus-Scabiose (Scabiosa caucasica in Sorten)	6–10 dunkel-, hellblau, weiß
	Großblumiger Ziest (Stachys grandiflora)	7–8 purpurrosa	Edelgamander (Teurcrium chamaedrys)	7–9 rosapurpur
	Kleines Immergrün (Vinca minor)	4–5 blau	Thymian (Thymus pseudolanuginosus)	6–7 rosa
	Duftveilchen (Viola odorata)	3–4 lila	Maiteppich-Veronica (Veronica prostata)	5–6 blau
	Waldsteinie (Waldsteinia geoides)	4–5 gelb	Ährenveronica (Veronica spicata)	7 lila
Gräser	Japansegge (Carex morrowii 'Variegata')		Zittergras (Briza media)	
	Schneemarbel (Luzula nivea)		Regenbogenschwingel (Festuca amethystina)	
	Nickendes Perlgras (Melica nutans)		Schillergras (Koeleria glauca)	
	Flattergras (Milium effusum)		Kopfgras (Sesleria caerulea)	
	Vogelfußsegge (Carex ornithopoda)		Reiherfedergras (Stipa barbata)	
			Flauschfedergras (Stipa pennata)	
Selbstaussamende Wintereinjährige	Vergißmeinicht (Myosotis sylvatica)	5–7 blau	Schleifenblume (Iberis umbellata)	6–8 rosa, rot, purpur

Blumenzwiebeln für den Balkon

	schattige Balkone			**sonnige Balkone**	
	Name	Blütezeit Blütenfarbe		Name	Blütezeit Blütenfarbe
Blumen-zwiebeln	Maiglöckchen (Convallaria majalis)	5 weiß		Goldlauch (Allium moly)	6 goldgelb
	Winterling (Eranthis hyemalis)	2–3 goldgelb		Krokus in Sorten	je nach Sorte
	Schneeglöckchen (Galanthus nivealis)	2–3 weiß		Winterling (Eranthis hyemalis)	2–3 goldgelb
	Trompetennarzissen (Narcissus pseudonarcissus-Sorten)	3–4 hellgelb		Traubenhyazinthe (Muscari botyroides)	4–5 dunkelblau
	Blaustern (Scilla bifolia oder sibirica)	3–4 blau		Botanische Narzissen (Narcissus poeticus, N. minor)	je nach Art
				Botanische Tulpen (Tulipa eichleri, T. kaufmanniana)	je nach Art

Pflanzen für „faule" Balkongärtner und Balkongärtnerinnen

Stauden	Schaumkresse (Arabis procurrens)	5 weiß		Mannschild (Androsace carnea)	4–5 weiß, dunkelrot
	Sternpolsterglocke (Campanula garganica 'Erinus Major')	6–7 violett		Zwergglocke (Campanula cochleariifolia)	6–7 blau, weiß
	Dalmatiner Glockenblume (Campanula portenschlagiana)	6–7 blauviolett		Karthäusernelke (Dianthus carthusianorum)	6–7 rot
	Sternmoos (Sagina subulata)	6–7 weiß		Goldkissen (Draba aizoides)	3 goldgelb
	Moossteinbrech (Saxifraga x Arendsii Hybriden z.B. 'Schneeteppich')	5–6 weiß		Steinrose (Jovibarba soboliferum)	6–8 gelb
	Keilblatt-Steinbrech (Saxifraga cuneifolia)	5–7 weiß		Polsterseifenkraut (Saponaria ocymoides)	7 rosa
	Gabelsteinbrech (Saxifraga trifrucata)	6 weiß		Rosettensteinbrech (Saxifraga paniculata)	5–6 weiß
	Porzellanblümchen (Saxifraga x urbium in Sorten)	5–6 weiß, rot		Silberfahnensteinbrech (Saxifraga cotyledon)	6 weiß
	Immergrünchen (Sedum Hybridum)	7–8 gelb		Weißer Mauerpfeffer (Sedum album)	6–8 weiß, rosa
	Kaukasus-Sedum (Sedum spurium 'Album Superbum')	7–8 weiß		Zapfensedum (Sedum dasyphyllum)	6–8 weiß
				Echte Hauswurz (Sempervivum tectorum)	7–9 rosa
				Ehrenpreis (Veronica teucrium)	6–7 blau
				Thymian (Thymus praecox)	5–6 rosa
Gräser	Bergsegge (Carex montana)			Wimperperlgras (Melica ciliata)	
	Schattensegge (Carex umbrosa)			Hechtblaue Rispengras (Poa caesia)	
				Blauschwingel (Festuca cinerea)	
Farne	Streifenfarn (Asplenium trichomanes)				
	Tüpfelfarn (Polypodium vulgare)				

Blickfang – große Einzelpflanzen

Als Unterteilung großer Balkone, als seitlicher Sichtschutz oder einfach als interessanter Blickfang – hohe winterharte Großstauden und Gehölze, die den Winter über auf dem Balkon bleiben können, setzen Akzente. Exotische, pflegeleichte Kübelpflanzen, die mit einem Überwinterungsplatz auf dem Schlafzimmerschrank, im Keller oder in der Garage zufrieden sind, bringen etwas vom Flair fremder Länder auf den Balkon. Gebraucht werden Kübel, Töpfe oder Kästen mit mindesten 30–40 cm lichter Weite und einer Höhe von 40–50 cm.
Als Pflanzerde eignet sich ein Gemisch aus Gartenerde, Kompost und Rindenhumus (2:1:1).

Großstauden	Weiße Kugeldistel (*Echinops niveus*) Purpurdost (*Eupatorium purpureum*) Weidenblättrige Sonnenblume (*Helianthus salicifolius*) Afghan-Riesenalant (*Inula magnifica*) Federmohn (*Macleaya cordata*)
Großgräser	Chinaschilf (*Miscanthus sinensis* 'Silberfeder') Schirmbambus (*Sinarundinaria murielae*)
Sträucher	Felsenbirne (*Amelanchier laevis*) Buchsbaum (*Buxus sempervirens*) Hortensien (*Hydrangea*-Arten) Scheinbuche (*Nothofagus antarctica*)
Exotische Kübelpflanzen	Seidenbaum (*Albiza julibrissin*) Aucube (*Aucuba japonica*) Orangenblume (*Choisya ternata*) Korallenstrauch (*Erythrina crista-galli*) Lagerstroemia (*Lagerstroemia indica* 'Potomac') Granatapfel (*Punica granatum* 'Flore Pleno') Wunderbaum (*Rizinus communis*)

Pflanzenvorschlag für „faule" Gärtner mit sonnigem Balkon

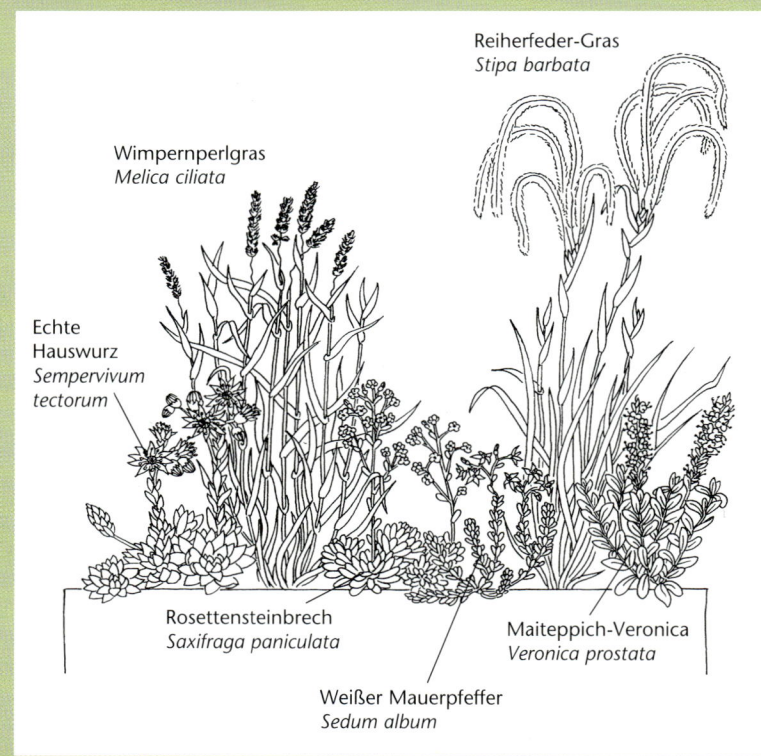

Reiherfeder-Gras
Stipa barbata

Wimpernperlgras
Melica ciliata

Echte Hauswurz
Sempervivum tectorum

Rosettensteinbrech
Saxifraga paniculata

Weißer Mauerpfeffer
Sedum album

Maitoppich-Veronica
Veronica prostata

Deshalb brauchen sie Kästen und Kübel mit einer guten Dränage. Geeignet ist eine gut wasserdurchlässige Pflanzerde aus Rindenhumus, Sand und Schotter (Mischungsverhältnis 1:1:1). Besonders für Pflanzen, die schattige Stellen bevorzugen, muß sie mit Kalk angereichert werden.

Der Nutzgarten auf dem Balkon

Schnittlauch, Salat oder Apfelbaum – es müssen nicht immer Blumen sein, die auf dem Balkon wachsen. Liegt der Balkon nicht gerade an einer verkehrsreichen Straße, dann läßt sich aus Kästen und Kübeln auch immer wieder etwas Frisches ernten. Besonders für Kinder, für die das Gemüse oftmals nur noch aus dem Supermarkt kommt, ist es spannend, den Weg vom Samenkorn zum Radieschen zu beobachten. Dafür dürfen die Kästen natürlich nicht an der Balkonbrüstung hängen. Selbst gebaute, größere Holzkisten oder aber auch nur eine ausgediente Gemüsekiste sind, auf den Boden gestellt, prima „Kindergärten".

Von Erdbeeren und Bohnen bis Kohlrabi ist auf dem Balkon fast alles machbar. Die eigene Obsternte ist auf dem sonnigen Balkon mit in Töpfen angezogenen Bäumchen möglich, bei denen zwei

Apfel- oder Kirschsorten auf einem Baum veredelt sind (siehe Bezugsquellenverzeichnis). Ist nämlich kein anderer Apfel- oder Kirschbaum in der Nähe, läßt sich nur so die Befruchtung der Blüten und damit die Ernte sicherstellen. Apfelbäume sowie teilweise auch die angebotenen Kirschbäumchen sind nicht durch den eigenen Pollen befruchtbar.

Für die Minibäumchen reichen in den ersten 2–3 Jahren Tontöpfe mit 30 cm Innendurchmesser. Mit ihrem Topfballen werden die Bäumchen im Februar/März in Pflanzerde aus Gartenerde, Kompost und Rindenhumus (2:1:1) gesetzt. Anschließend heißt es erstmal warten, denn die ersten Äpfel und Kirschen können frühestens nach zwei Jahren geerntet werden. Inzwischen ist jedoch Frostschutz notwendig. Ein mit Zeitungspapier vollgestopfter Pappkarton, in den der Topf von Dezember bis März gestellt wird, reicht da aus. Wie die Stauden, Gräser und Küchenkräuter müssen auch die Bäumchen im Winter bei frostfreiem Wetter sparsam gegossen werden, denn über die Rinde verdunsten sie selbst in der Ruhezeit Wasser.

Interessant ist auch der Anbau von Gemüse, das längere Erntezeiten und größere Erntemengen verspricht. Salate sind ein gutes Beispiel. Von Pflücksalaten können bis in den Herbst hinein die Außenblätter abgeerntet werden. Die Herzblätter müssen stehen bleiben, damit Blätter nachwachsen können. Geeignete Sorten sind z. B. 'Amerikanischer Brauner' und 'Australischer Gelber'. Vom Herbst bis in den Winter kann dann im August bis September ausgesäter Feldsalat oder Winterportulak die Salatversorgung sicherstellen, und das sogar auf einem etwas schattigen Balkon.

Eßbares vom Balkon: Gurken, Tomaten, Äpfel, Salat, aber auch – wie hier abgebildet – Bohnen können auf dem Balkon geerntet werden.

Kartoffeleimer

Kartoffeln lassen sich in 10 l-Eimern mit Abzugslöchern anbauen. Dazu werden im April Saatkartoffeln oder vorgekeimte Speisekartoffeln in eine etwa 10 cm dicke Schicht Pflanzerde (am besten eine Mischung aus Rindenhumus, Sand, Kompost 1:1:1) gelegt.
Ist das Kartoffelgrün etwa 15 cm hoch, wird bis knapp unter die Triebspitzen Erde aufgefüllt.
Die Erde wird die ganze Zeit über leicht feucht gehalten.
Geerntet wird, wenn das Kartoffellaub zu welken beginnt. Für eine Mahlzeit wird die Ernte aus dem Eimer auf einem sonnigen Balkon schon reichen.

Regelmäßige Düngung (alle 2–4 Wochen), häufiges Gießen und etwas gärtnerisches Geschick sind allerdings schon notwendig, wenn es gute Ernten im Nutzgarten auf dem Balkon geben soll. Alle Tips und Tricks können hier gar nicht dargestellt werden, doch auf die Anbauplanung wird noch hingewiesen. Erntezeiten in der Urlaubszeit lassen sich bei geschickter Planung vermeiden. Der Verzicht auf die beliebten Tomaten ist oft notwendig, aber Salat, Radieschen und Kohlrabi können einmal vor und einmal nach den Sommerferien geerntet werden.

Die Saatgutbeschaffung für den Balkongarten ist leicht über Fachgeschäfte und den Versandhandel zu bewerkstelligen. Vorgezogene Pflanzen, beispielsweise von den besonders balkongeeigneten Balkonbusch- oder Cocktailtomaten, sind schwieriger zu bekommen. Sie müssen oft aus Samen vorgezogen werden (siehe S. 28). Obstbäumchen, langtragende Hängeerdbeeren, Erdbeer- und Brombeerampeln u. a. sind fast nur im Versandhandel erhältlich (siehe Bezugsquellenverzeichnis S. 194).

Wem das alles sehr kompliziert erscheint, der kann es zunächst einmal mit Küchenkräutern, Monatserdbeeren und Feuerbohnen versuchen. Die nachfolgende Liste gibt Anregungen für sonnige und schattige Balkone.

Im Schatten muß niemand auf reiche Ernte verzichten. Waldbeeren, Minze, Schnittlauch, Petersilie und Estragon wachsen auch dort.

Pilzzucht – nicht nur für Spezialisten

Pilze auf dem Balkon, und zwar keine Schimmelpilze, sondern richtige Speisepilze, das ist für schattige und schattigste Balkone eine gute Idee.

Über den Versand (siehe Bezugsquellenverzeichnis) sind Fertigkulturen von Austernpilzen, Shi-Take-Pilzen und Spargelpilze erhältlich. Ab April aufgestellt und gewässert, versorgen diese Kulturen die Küche über mehrere Monate mit frischen Pilzen. Wem das zu einfach ist, der kann gewässerte Strohballen oder 1 bis 2 Monate lang abgelagerte Holzstämme mit 10–20 cm Durchmesser (z.B. Buche, Hainbuche, Birke) beim Förster besorgen, mit Pilzbrut beimpfen und sich dabei langsam zum Spezialisten entwickeln. Die notwendige Pilzbrut ist in Gartenfachgeschäften erhältlich.

Gemüse für den Balkon

	schattig	sonnig	Bemerkungen
Buschbohne Sorten z.B. 'Hinrichs Riesen', 'Primel'	●	●	
Feuerbohne Sorten z.B. 'Red Knight', Preisgewinner	●	●	auch auf Nordbalkons möglich, Kletterhilfe (Schnüre o.ä.) notwendig
Gurke Sorten z.B. 'Sandra', 'Busch-Champion'	●	●	auch auf Nordbalkons möglich, Kletterhilfe (Schnüre o.ä.) und Windschutz notwendig
Kohlrabi Sorten z.B. 'Lenro', 'Blaro', 'Superschmelz'	●	●	Bei 'Superschmelz' Anbau in Einzeltöpfen (Durchmesser 20 cm) oder größeren Kisten
Pflück-, Schnittsalat Sorten z.B. 'Amerik. Brauner', 'Austr. Gelber', 'Salad Bowl'	●	●	kein großer Düngerbedarf
Radieschen runde Frühjahrs- und Sommersorten		●	
Spinat Sorten z.B. 'Matador'	●	●	gut geeignet als Zwischenkultur
Stangenbohnen Sorten z.B. 'Meicy', 'Neckarkönigin'		●	Kletterhilfe (Schnüre u.ä.) und Windschutz notwendig
Tomaten Sorten z.B. 'Balkonstar', 'Patio', 'Tiny Tim', 'Minibel'		●	großer Wasser- und Düngerbedarf Seitentriebe müssen nicht ausgebrochen werden
Winterportulak	●	●	auch auf Nordbalkons möglich

Kräuter für den Balkon

	schattig	sonnig	Bemerkungen
Basilikum		●	einjährig, Aussaat im April direkt ins Freie an windgeschützte Stellen
Bohnenkraut		●	einjährig, Aussaat im Mai direkt ins Freie oder vorgezogene Pflanzen kaufen
Dill	●	●	auch auf Nordbalkons möglich, einjährig, Aussaat im April direkt ins Freie
Estragon	●	●	wuchert stark durch Ausläufer, kann dadurch Kästen zuwachsen
Kapuzinerkresse	●	●	einjährig, Aussaat im April direkt ins Freie
Kerbel	●	●	auch auf Nordbalkons möglich, einjährig, Aussaat ab April direkt ins Freie
Lavendel		●	trockener Boden nötig, daher Pflanzerde mit Sand vermischen
Majoran		●	trockener Boden bevorzugt, daher Pflanzerde mit Sand vermischen
Minze	●		auch auf Nordbalkons möglich, wuchert stark durch Ausläufer
Oregano		●	trockener Boden bevorzugt, daher Pflanzerde mit Sand vermischen
Petersilie	●	●	auch auf Nordbalkons möglich
Ringelblume	●	●	einjährige Blütenpflanze, als Salatbeigabe nutzbar, Aussaat direkt ins Freie, sät sich dann selbst aus
Rosmarin		●	trockener Boden bevorzugt, daher Pflanzerde mit Sand vermischen, Winterschutz nötig
Salbei		●	trockener Boden bevorzugt, daher Pflanzerde mit Sand vermischen
Schnittlauch	●	●	auch auf Nordbalkons möglich
Thymian		●	trockener Boden bevorzugt, daher Pflanzerde mit Sand vermischen
Waldmeister	●		auch auf Nordbalkons möglich
Zitronenmelisse	●	●	auch auf Nordbalkons möglich

Obst für den Balkon

	schattig	sonnig	Bemerkungen
Apfel		●	zur Fruchtbildung Apfelbäume in der Nachbarschaft notwendig, sonst Bäume mit 2 Sorten pflanzen
Brombeeren dornenlose, kletternde Sorten	●	●	auch auf Nordbalkons möglich, Kletterhilfe (Rankgerüst) notwendig (siehe Kletterpflanzen)
Erdbeeren sogenannte immertragende Sorten	●	●	
Gartenheidelbeeren Sorten z.B. 'Tophat'		●	bevorzugt sauren Boden
Johannisbeeren	●	●	besonders Schwarze Johannisbeere auch auf Nordbalkons möglich, Hochstämmchen sinnvoll
Monatserdbeeren	●	●	auch auf Nordbalkons möglich

Einjährige Kletterpflanzen wie Prunkwinde und Feuerbohnen haben gemeinsam mit Knöterich aus diesem Balkon eine grüne Laube gemacht.

Kletterpflanzen

Neugierige Nachbarn, kahle Wände, häßliche Gitter – Kletterpflanzen auf dem Balkon lösen solche Probleme. Mit ihren Blatt- und Blütenmassen bringen sie vielfältiges Leben, Sichtschutz und manchmal auch Eßbares (z.B. Echter Wein, Spalierobst oder Feuerbohnen) auf den Balkon. Die geeigneten Pflanzen sind abhängig vom Standort auszuwählen (siehe S. 55). Damit Pflanzen beim Umzug mitgenommen werden können, sind schwächerwüchsige Schlingpflanzen wie Klettergurke und Geißblatt, oder einjährige Pflanzen wie Glockenrebe oder Feuerbohne, die meist schon im Kasten genug Platz haben, besonders geeignet. Auf starkwüchsige Arten wie Wilder Wein oder Blauregen wird besser verzichtet. Wie soll auch ein kleiner Topf den Pflanzenpelz womöglich eines ganzen Hauses mit Wasser und Nährstoffen versorgen?

Als Kletterhilfe kann schon eine gespannte Paketschnur oder Wäscheleine aus Sisalfasern ausreichen. Für ausdauernde Kletterer ist in jedem Fall ein Topf, Kübel oder Kasten mit einem Innendurchmesser von 30 cm notwendig. Als Pflanzerde empfiehlt sich eine Mischung aus Gartenerde, Kompost und Rindenhumus (2:1:1), die alljährlich mit organischem Dünger (z.B. Bio-Garten-Azet) nachgedüngt werden sollte.

Einjährige Kletterpflanzen für den Balkon

	schattig	sonnig	Blüte	Höhe	Kletterhilfe	Bemerkungen
Ballonwein *Cardiospermum halicacabum*		●	unscheinbar 6–9	bis 2,5 m	Stäbe	Anzucht aus Samen ab März auf der Fensterbank
Glockenrebe *Cobaea scandens*	●	●	lila 7–10	3–5 m	Schnüre, Stäbe, Drähte	Anzucht aus Samen ab März auf der Fensterbank
Dreifarbige Winde *Convolvulus tricolor*	●	●	blau, rosa, weiß 7–9	bis 2 m	Schnüre, Stäbe, Drähte	Aussaat im März/April direkt ins Freie
Japan-Hopfen *Humulus scandens*		●	unscheinbar 8–9	3–4 m	Drähte, Stäbe	Anzucht aus Samen ab April auf der Fensterbank
Duftwicke *Lathyrus odoratus*		●	rot, rosa. u.a. 6–9	1–2 m	Rankgitter	Aussaat im April direkt ins Freie, ohne Kletterhilfe schön überhängend
Trichterwinde *Pomea purpurea*		●	blau-rot 7–9	2–4 m	Schnüre, Stäbe, Drähte	Aussaat ab Mai direkt ins Freie oder Zimmeranzucht ab März
Feuerbohne *Phaseolus coccineus*	●	●	rot 6–9	3–5 m	Stäbe, Drähte	Aussaat Mitte Mai direkt ins Freie
Schwarzäugige Susanne *Thunbergia alata*		●	gelb-orange 6–10	1–2 m	Schnüre, Stäbe, Rankgitter	Zimmeranzucht ab März oder Pflanzenkauf in Gärtnereien
Kapuzinerkresse *Tropaeolum*-Hybriden	●	●	gelb, rot, orange 7–9	1–3 m	Rankgitter	Aussaat im April direkt ins Freie, ohne Kletterhilfe schön überhängend

Und die Sommerblumen?

Viele Vorteile sprechen dafür, bei der Balkon-bepflanzung dauerhafte Stauden und Gräser zu verwenden.
Sommerblumen, wie die bekannten Petunien und Fuchsien, sorgen nur ein paar Monate lang für Blüten- und Blattschmuck. Wer Lust hat, kann dennoch mit einigen besonders robusten Arten auf sonnigen Balkonen einen zusätzlichen Akzent setzen:

Mutterkraut	*Chrysanthemum parthenium*
Sonnenblume	*Helianthus annuus*
Fleißiges Lieschen	*Impatiens walleriana*
Männertreu	*Lobelia erinus*
Ziertabak	*Nicotiana x sanderae*
Portulakröschen	*Portulaca procumbens*
Husarenköpfchen	*Sanvitalia procumbens*
Studentenblume	*Tagetes*-Hybriden
Eisenkraut	*Verbena*-Hybriden

Pflanzen dieser Sommerblumen können ab Anfang März in Töpfen und Schalen auf der Fensterbank aus Samen vorgezogen werden (siehe S. 28).
Teilweise sind Pflanzen auch in Gärtnereien erhältlich.
In jedem Fall sollten sie erst Mitte Mai nach draußen ausgepflanzt werden.

Ganz ohne Wasser wächst es nicht

Stauden und Gräser oder gar die „Durst- und Hungerkünstler" brauchen nicht viel Wasser. Der Gießaufwand ist erheblich geringer, als bei einer Kastenbepflanzung mit den üblichen Sommer-blumen. Doch die Gemüse- und Kräuterkästen müssen auch bei eingebautem Wasserspeicher spätestens nach einer Woche gegossen werden. Besonders die Töpfe und Kübel mit Kletterpflanzen und Obstbäumchen brauchen regelmäßig Wasser und überstehen eine längere Sommerurlaubszeit nicht ohne Wassergaben. Tomaten und Gurken müssen an heißen Tagen sogar zweimal gegossen werden. Da nützt selbst eine über die Dachrinne gespeiste Regentonne als Gießwasserspeicher auf dem Balkon wenig. Ohne hilfreiche Nachbarn und Freunde kommt das Wasser nicht an die Pflanzen. Diese Hilfsdienste auf Gegenseitigkeit funktio-nieren in der Regel prima. Schließlich fahren die meisten in Urlaub, und irgendwann ist jeder mal auf die Gießhilfen angewiesen. Da gleicht sich alles schnell aus.

Gegossen wird am besten nicht in der prallen Mittagssonne. Wassertropfen auf den Blättern wirken dann wie Brenngläser und verursachen Schäden. Empfehlenswert ist Gießen in zwei

Wenn im Frühjahr die Krokusse blühen, ist klar, daß es auch im Winter in den Kästen lebendig bleibt. Deshalb Staudenkästen auch im Winter ab und zu gießen.

Nicht für alles ist Platz

Stauden, Gräser, Salat und Pilze – nicht alle Wünsche lassen sich auf dem Balkon realisieren. Aber das sind noch längst nicht alle Ideen und Möglichkeiten. Ein halbiertes, sandgefülltes Faß kann zum Sandkasten für Kinder auf der Etage werden. Selbst der Umbau des Balkons zur Laube oder zum Wintergarten ist möglich. Dabei ist das Planschbecken oder der lebendige Mini-Teich in der alten Zinkwanne noch eines der kleineren Projekte.

Der oftmals unschöne Balkonboden kann mit Holzplanken abgedeckt werden. Für einen Nist-kasten oder wenigstens für ein Stohhalmbündel als Insekten-Nisthilfe ist bestimmt Platz vorhanden (Bauanleitungen siehe S. 178). Die Beobachtung der Tierbesuche ist schließlich sehr spannend. Viel-leicht findet sich auch für Großstauden und Gräser (z.B. Purpurdost oder Chinaschilf) noch eine Ecke. Es gibt auch noch die exotischen Pflanzen (z.B. Granatapfel, Korallenstrauch), die auf dem Kleider-schrank, im Keller oder in der Garage überwintern können. Die Fülle der Ideen zwingt zu einer wohl-überlegten Auswahl. Schließlich soll noch Platz für Tische und Stühle (etwa 4 m² notwendig) oder

Schüben im Abstand von ein paar Minuten. Beim ersten Durchgang feuchtet das Wasser die obere Erdschicht an, beim zweiten gibt die durchfeuch-tete Schicht das Wasser an die unteren Erd-schichten weiter und die gesamte Erde wird feucht.

Nur bei einer großen Zahl von Pflanzen, häu-figer vorkommenden Kurzreisen oder schwer-erreichbaren Kästen und Kübeln kann sich ein ein-faches Bewässerungssystem lohnen. Das einfachste funktioniert mit Wollfäden oder Baumwolldochten als Wasserleitung sowie Gefäßen und Töpfen als Wasserspeicher. Pflanzgefäße und Wasserspeicher werden mit den Fäden verbunden. Der Wasser-spiegel im Vorratsgefäß darf auf keinen Fall ober-halb der Oberkante der Töpfe liegen, sonst sickert zuviel Wasser über die Fäden in die Töpfe und es gibt eine Überschwemmung. Am besten wird noch vor dem Urlaub ausprobiert, wie lange der Wasservorrat ausreicht. Stark wasserbedürftige Pflanzen benötigen eine „Wasserleitung" aus meh-reren Fäden.

Im Handel ist ein Bewässerungssystem, das nach einem ähnlichen Prinzip funktioniert, erhält-lich (Beta 8, siehe Bezugsquellenverzeichnis). Mit einem Schlauch verbundene Tonkegel werden in die Erde gesteckt und geben das über die Schläuche herangeführte Wasser langsam an die Kästen und Kübel ab.

Mini-Teich

Wasserflächen, so klein sie auch sein mögen, spiegeln den Himmel und erlauben einen träumerischen Blick in die Weite. Nicht weniger sinnlich ist der ganz praktische Wunsch nach kühlender Frische an heißen Tagen.

Ein Eimer, eine alte Zinkbadewanne oder Holzzuber mit Wasser gefüllt – und schon können auf dem Balkon kleine Boote schwimmen und lassen sich Füße kühlen. Wenn die Gefäße nicht als richtige Planschbecken genutzt werden, ist eine Bepflanzung möglich. Es entstehen Mini-Teiche. Die Gefäße müssen dazu eine Mindesttiefe von 40 cm haben. Etwa 20 cm hoch werden Sand und Kies eingefüllt. Für die Bepflanzung eignen sich Wasserpflanzen wie Igelkolben (*Sparganium erectum*), Sumpfiris (*Iris pseudocorus*), Kalmus (*Acorus calamus*) u.a., die bei dem flachen Wasserstand noch wachsen. Bei der Vermeidung von Algenproblemen helfen Wasserpflanzen wie Froschbiß (*Hydrocharis morsus-ranae*) und Hornkraut (*Ceratophyllum demersum*).

einen Liegestuhl (etwa 2 m²) übrigbleiben. Außerdem hat jeder Balkon nur eine beschränkte Tragfähigkeit. Pro m² ist eine zeitweise Belastung von 350–500 kg zulässig. Die Dauerbelastung sollte niedriger liegen, denn die Bewohner wollen ja auch noch auf den Balkon. Bei einem Kasten mit einem Gewicht von etwa 40 kg, einer Länge von 1 m und einer Breite und Höhe von 20 cm geht dennoch einiges. Statt vieler kleiner und großer Töpfe und Kübel sollte besser ein größerer Kübel aufgestellt werden. Mehrere Pflanzen lassen sich darin zusammenpflanzen. Sie sind so besser vor Frost geschützt als in den kleinen Gefäßen. Außerdem steht nicht so viel herum.

Familien mit Kindern sollten vor der Planung der Bepflanzung überlegen, ob nicht eine Sandtonne oder eine Wasserwanne als Plansch- oder Matschbecken wichtig sind. Das braucht schon eine Menge Platz, so daß vielleicht gerade noch Raum für eine Kletterpflanze und Blumenkästen bleibt. Muß der Balkon wegen fehlender Möglichkeiten in Haus und Hof zum Wäschetrocknen genutzt werden, ist dafür ebenfalls Platz frei zu halten. Selbst dann stehen immer noch die Wände als Platz für Kletterpflanzen zur Verfügung. Etwas geht immer, auch auf dem schattigsten Balkon. Ist der Balkon zu einem echten Garten im kleinen geworden, dann gibt es in einigen Städten die Möglichkeit, den Balkon in einem Wettbewerb zu präsentieren. So können die eigenen Ideen und der Spaß am Balkon anderen Balkongärtnern, Balkongärtnerinnen und solchen, die es werden wollen, vermittelt werden. Mit dem möglichen Preisgeld wird dann vielleicht ein neuer Balkontraum Wirklichkeit.

Etwas für Experimentierfreudige: Bleibt ein Kasten unbepflanzt, siedeln sich von allein Wildkräuter an. Wer ungeduldig wird, kann mit aus der Umgebung aufgesammeltem Saatgut nachhelfen.

Recht auf Blumen

Übrigens haben Mieter und Mieterinnen ein Recht auf Blumen auf den Fensterbänken und dem Balkon. Vorausgesetzt, daß sie sachgerecht und unfallsicher angebracht werden, kann kein Vermieter das Aufstellen und Bepflanzen von Kästen und Kübeln verbieten. Auch gegen das Anbringen von Kletterhilfen, die sturmsicher befestigt sind, ist nichts einzuwenden. Die Balkongärtner müssen lediglich dafür sorgen, daß der Balkonabfluß durch Blätter und Erde nicht verstopft wird, damit es nicht zu Feuchteschäden kommt.
Beim Auszug muß der ursprüngliche Zustand wiederherstellbar sein.

Lebensraum Balkon: Bei der möglichen Pflanzenvielfalt ist darauf zu achten, daß für die Menschen genug Platz bleibt.

Kletternde Gärten

Die Furcht vor einer Beschädigung hält immer noch manchen davon ab, Fassaden zu begrünen. Sofern das Mauerwerk intakt ist und die Begrünung fachgerecht ausgeführt wird, sind solche Befürchtungen jedoch unbegründet. Tatsächlich sind an fast jedem Gebäude „Kletternde Gärten" möglich, sofern nur wenige Quadratmeter offener Boden oder ausreichend große Pflanzgefäße vorhanden sind. Eine konsequente Ausschöpfung der Begrünungsmöglichkeiten an Gebäuden, Mauern und Zäunen würde in jeder Stadt viele tausend Quadratmeter zusätzlicher Vegetationsfläche schaffen, wäre also ein sehr wirkungsvoller Beitrag gegen die „Unwirtlichkeit der Städte"!

Umweltverbesserer und Erlebnisraum

Es lohnt sich, über eine mögliche Begrünung am Haus nachzudenken, denn Fassadengrün hat viele Vorteile:

- Das dichte Blattwerk wirkt wie ein Schadstofffilter und trägt somit zur Luftverbesserung bei.
- Niederschlagswasser wird zurückgehalten und verdunstet, sommerliches „Backofenklima" in der Stadt wird wirksam gemildert.
- Das Luftpolster zwischen Blattwerk und Gebäude schützt im Sommer vor extremer Hitze, im Winter (bei immergrünen Kletterpflanzen) vor Kälte.
- Eine flächenhafte Begrünung schützt das Mauerwerk vor Witterungseinflüssen. Bei fachgerechter Ausführung sind Schäden hingegen nicht zu befürchten.
- Besonders hervorzuheben ist die Bedeutung grüner Wände als Lebensraum für Tiere und damit als Erlebnismöglichkeit für uns Menschen. Eine Vielzahl von Singvogelarten findet hier Nahrung und Unterschlupf. Blütenbesuchende Insekten finden sich zum Beispiel auf Knöterich oder Blauregen ein.
- Kletterpflanzen und Kletterhilfen sind am Haus, im Innenhof oder Garten ein unverzichtbares Gestaltungsmittel. Begrünte Pergolen, Lauben und Spaliere sorgen hier für Schutz und Geborgenheit. Sitzplätze unter grünen Lauben sind immer beliebte Aufenthaltsorte – besonders an heißen Sommertagen.

Keine Angst vor Bauschäden!

Alle zur Verfügung stehenden Kletterpflanzen nehmen die benötigten Nährstoffe mit dem Wasser aus dem Boden auf und suchen mit ihren Kletterorganen an der Wand nichts als Halt. Selbstklimmende Kletterpflanzen wie Efeu oder Wilder Wein bilden dazu Haft-„Wurzeln" bzw. Haftscheiben aus. Bedenkenlos lassen sich Fassaden aus Ziegelmauerwerk oder Rauhputz mit selbstklimmenden Kletterpflanzen begrünen, sofern keine Risse vorhanden sind. Schadhafte Wände müssen aber vor einer Begrünung instandgesetzt werden,

Die Nutzung senkrechter Flächen macht es möglich, auch einen kleinen Garten so zu arrangieren, daß sich das Bild vollständig füllt und der Eindruck von Abgeschiedenheit entsteht – und das alles auf engstem Raum.

Caroline Boisset

Kletternde Gärten sind an fast jedem Gebäude möglich! Viele tausend Quadratmeter zusätzlicher Vegetationsfläche könnten ein sehr wirksamer Beitrag sein gegen die „Unwirtlichkeit der Städte" und für mehr Lebensqualität.

Für flächenhafte Begrünungen eignen sich Selbstklimmer (hier Wilder Wein) besonders gut. Schäden an bautechnisch intakten, auf ihre Eignung geprüften Fassaden sind nicht zu befürchten.

Fassadenbegrünung mit Selbstklimmern: Ungeeignete Bausubstanzen und Oberflächen

Um Gebäudeschäden zu vermeiden, sollten die folgenden Oberflächen und Bausubstanzen nicht mit Selbstklimmern begrünt werden. Mit geeigneten Kletterhilfen ist aber jeweils eine Begrünung mit Gerüst-Klettergehölzen möglich.

- Fachwerk: Holzschutzprobleme, möglicher Pilzbefall
- Holzoberflächen: Konservierungsprobleme
- Wandplatten, vorgehängte Wandelemente: begrenzte Tragfähigkeit, Absprengungsrisiko
- rißanfällige Wände: Sprengrisiken
- rissige Putzoberflächen: Durchwurzelungsgefahr, eventuell begrenzte Tragfähigkeit
- sanierte Putze mit nur dünnem Oberputz: begrenzte Tragfähigkeit
- luftporenhaltige Wärmedämmverputze: bei mehr als zwei Stockwerken begrenzte Tragfähigkeit
- kunststoffhaltige Wandanstriche: Durchwurzelungsgefahr, Erneuerungsbedürftigkeit
- in den Fugen ausgewittertes Mauerwerk: Sanierungsbedürftigkeit, Durchwurzelungsgefahr, Sprengungsrisiko

Selbstklimmer klettern mit Hilfe oberflächlich anhaftender Haftwurzeln (im Bild: Efeu) oder Haftscheiben.

da Haftorgane und lichtfliehende Triebe in Hohlräume (z. B. offene Fugen und Risse) hineinwachsen und aufgrund des Dickenwachstums Schäden herbeiführen können. Aus dem gleichen Grund sind bei mit Schiefer oder anderen Wandplatten verkleideten Fassaden Selbstklimmer sowie Blauregen und Knöterich, die ebenfalls lichtfliehende Triebe besitzen, ungeeignet.

Probleme bei Putzfassaden?

Ein Verzicht auf Selbstklimmer kann auch bei mancher Putzfassade ratsam sein. Hier galt lange Zeit der noch in vielen Fachbüchern enthaltene Grundsatz, daß bei einem einwandfreien Zustand der Außenhaut bedenkenlos auch selbstklimmende Kletterpflanzen verwendet werden können. Neue Untersuchungen haben aber ergeben, daß Haftorgane von Efeu oder Wildem Wein unter bestimmten Voraussetzungen auch in feinste Putzrisse eindringen. Junge, etwa 1 mm lange Haftwurzeln von Efeu wachsen in Risse hinein, weil sie sich grundsätzlich vom Licht weg und immer in Bereiche größerer Freuchtigkeit ausdehnen. Hier kann es dann zur Ausbildung von echten Wurzeln kommen, und mit weiterem Dickenwachstum zur Sprengwirkung. Gefährdet sind Putzfassaden, bei denen feine Risse durch mehr als eine Putzschicht laufen. Sehr gefährdet ist feuchtes Mauerwerk.

Bautechnisch völlig intakte und tragfähige Putze sind nicht gefährdet, doch solche zählen eher zu den Ausnahmen. Viele Putzbauten sind aufgrund umfangreicher Rißbildungen oder durchwurzelungsfähiger bzw. erneuerungsbedürftiger Beschichtungen mit Selbstklimmern nicht zu begrünen, wenn bauliche Schäden ausgeschlossen werden sollen.

Bestehen also Zweifel, ob eine Hausfassade für Selbstklimmer geeignet ist, sollte fachlicher Rat eingeholt werden. Handelt es sich um eine problematische Fassade, besteht die Möglichkeit, Klettergerüste anzubringen und Geißblatt, Clematis oder andere Gerüst-Kletterpflanzen zu verwenden.

Tips zur Vermeidung von Bauschäden

- Durch Einsatz von Gerüstkletterpflanzen und Anbringen von entsprechenden Kletterhilfen lassen sich nahezu alle Fassaden bzw. Bausubstanzen begrünen. Gezielte Lenkung des Wachstums sorgt dafür, daß sensible Bereiche frei bleiben. Selbst Wandflächen, die regelmäßig gepflegt, instandgesetzt bzw. erneuert werden müssen (z.B. Fassaden aus Metall) sind mit abhängbar montierten Kletterhilfen zu begrünen.

• Eine Vielzahl von Bausubstanzen eignet sich ausschließlich für die Begrünungen mit Gerüstkletterpflanzen (siehe Übersicht links).

• Um Schäden zu vermeiden, darf es nicht zu einem Überwachsen von Dachflächen kommen (Schäden an der Abdeckung, Verstopfen von Dachrinnen). Bei kleineren Gebäuden ist deshalb gegebenenfalls ein Verzicht auf stark wachsende Arten wie Wilder Wein und Knöterich angebracht, damit der Pflegeaufwand in Grenzen bleibt. Kletterhilfen für starkwüchsige Schlinger (Blauregen) sollten im Abstand von mindestens 150 cm zum Dach und zu anderen sensiblen Bereichen angeordnet werden.

• Regenfallrohre können von den besonders stark wachsenden Arten wie Blauregen oder Baumwürger im Laufe der Zeit zusammengequetscht oder aus der Verankerung gerissen werden. Rohre eignen sich aber gut als Aufstiegshilfe für schwach- bis mittelstarkwüchsige Schlinger.

• Auch bei der Montage von Kletterhilfen kann es zu bautechnischen Problemen kommen. Bei den in Plattenbauweise errichteten Wohnblocks in Ostdeutschland scheidet eine nachträgliche Anbringung in den meisten Fällen aus. Nach der Vorschrift Nr. 219/89 der ehemaligen Staatlichen Bauaufsicht der DDR sollen hier vorrangig Selbstklimmer für Begrünungen verwendet werden. Denn die etwa 60 mm dicke Wetterschutzschicht der dreischichtigen WBS-70-Außenwand ist zur Aufnahme von Kletterhilfen statisch-konstruktiv nicht ausgelegt. Zudem können nachträglich Bohrungen an diesen Gebäuden Ansatzpunkte für Rißbildungen sein.

Die richtige Pflanzenwahl

Eine große Auswahl robuster, widerstandsfähiger und dauerhafter Kletterpflanzen steht für die verschiedensten Begrünungsmaßnahmen zur Verfügung (siehe S.59). Die Mehrzahl der Arten gehört zwar nicht der heimischen Natur an, ist aber an die besonderen Lebensbedingungen in der

Eine punktuelle Begrünung mit weniger stark wachsenden Arten an Kletterhilfen läßt sich oft gut mit der Gebäudearchitektur in Einklang bringen.
Im Bild: Kletterrose.

Bestehen Zweifel, ob eine Begrünung mit Selbstklimmern möglich ist, kann auf die große Auswahl von Gerüstkletterpflanzen zurückgegriffen werden. Diese haben den Vorteil, daß sie nur an der Kletterhilfe aufsteigen, ihr Wachstum also gezielt auf bestimmte Bereiche eingegrenzt werden kann.
Im Bild: Knöterich.

Stadt gut angepaßt. Blüten und Früchte dieser „Exoten" sind durchaus als Nahrungsbasis für die Tierwelt von Bedeutung. Für gebäude- und standortspezifische, langfristig funktionsfähige und gestalterisch ansprechende Begrünungskonzepte sollte auf die Auswahl der heimischen und nichtheimischen Kletterpflanzen zurückgegriffen werden.

Zahlreiche Kriterien beeinflussen die Wahl der Pflanzen (siehe S. 59). Auf der Grundlage der vorhandenen Gebäudesituation, der Begrünungsziele und der Standorte müssen jeweils geeignete Klettergehölze ausgewählt werden. Insbesondere die Standortansprüche, die Kletterform und das Wuchsverhalten sind dabei zu berücksichtigen.

Standortansprüche

Die Licht-, Boden- und Wärmeansprüche der Kletterpflanzen müssen mit dem Standort übereinstimmen, wenn eine Begrünung erfolgreich sein soll. Grundsätzlich kommen fast alle empfohlenen Pflanzen mit einem lehmig-humosen, durchlässigen, ausreichend feuchten (frischen) und mit Nährstoffen versorgten Gartenboden zurecht. An Gebäuden ist aber oftmals eine komplette Erneuerung des Bodens erforderlich (vgl. Hinweise zum Thema „Pflanzung" S. 67). Auf Dachüberstände ist besonders zu achten, denn die Wasserversorgung kann dort behindert werden. So kann es an warmen und trockenen Süd- und Ostseiten schon bei geringem Dachüberstand zu Wassermangel kommen. Nur wenige Arten, wie der Baumwürger, kommen mit einem trockeneren Boden zurecht, bei anderen Arten muß dann regelmäßig gewässert werden! Oft läßt sich das Problem aber einfach lösen, indem der Pflanzabstand zum Haus vergrößert wird.

Je nach Himmelsrichtung bzw. Sonneneinstrahlung kommen jeweils völlig andere Pflanzenkombinationen in Betracht. Manche Blütengehölze sind auf eine vollsonnige Südlage angewiesen (Blauregen, Trompetenblume). Andere, im Wald oder an Waldrändern beheimatete Pflanzen wie Hopfen oder Geißblatt bevorzugen halbschattige und kühlere Standorte, an denen es noch zu einer guten Blütenbildung kommt. Immergrüne Arten wie Efeu, Immergrünes Geißblatt oder die Immergrüne Kriechspindel eignen sich besonders für die schattige Nordseite und die Westseite (Wetterseite). Im Zusammenhang mit den Lichtansprüchen sind auch die Wärmebedürfnisse bei den

Standortangaben in den Tabellen berücksichtigt. Angaben zur Frostempfindlichkeit sollten nicht überbewertet werden: Nur in Regionen mit einem rauheren Klima sind bei diesen Arten Ausfälle zu befürchten.

Kletterform und Wuchsverhalten

Wuchshöhe, Wuchsstärke und Kletterform von Kletterpflanzen sind von entscheidender Bedeutung für Auswahl bzw. Verwendung. Die dazu in den Tabellen enthaltenen Angaben sind für die Planung von Begrünungskonzepten besonders wichtig. Je nach Pflanzenart kann die maximal erreichbare Wuchshöhe z.B. zwischen 1,5 und 18 m schwanken. Viele niedrige Arten scheiden deshalb für flächenhafte Begrünungen an großen Gebäuden aus, sind aber z.B. für Eingangssituationen, Balkone, Lauben oder Pergolen besonders geeignet. Gleichermaßen wichtig ist die Wuchsstärke: Der durchschnittliche Jahreszuwachs kann hier zwischen 25–50 cm bei schwachwachsenden, 50–100 cm bei mittelstark wachsenden und 100–200 cm bei starkwachsenden Arten schwanken. Einige wenige Arten mit Jahreszuwächsen bis ca. 6 m sind sehr stark wachsend, so die heimische Waldrebe und der Knöterich. Mit der Wuchsstärke kann der Pflegeaufwand beträchtlich zunehmen, denn Türen, Fensterbereiche und Dachflächen müssen vom Bewuchs freigehalten werden. An Gebäuden mit großen Fensterflächen scheidet deshalb in der Regel eine Verwendung starkwüchsiger Selbstklimmer wie Efeu oder Wilder Wein aus.

Die Kletterform spielt wie beschrieben eine wichtige Rolle bei der Beurteilung eines Schadensrisikos und ist zudem von ausschlaggebender Bedeutung für die Wahl der Kletterhilfe. Grundsätzlich wird zwischen selbstkletternden Kletterpflanzen (Selbstklimmern) und den auf Kletterhilfen angewiesenen Gerüst-Kletterpflanzen unterschieden.

Selbstklimmer klettern mit Hilfe von an der Unterlage haftenden Haftwurzeln (z.B. Efeu) oder Haftscheiben (z.B. Wilder Wein). Durch anfängliches Anbinden kann ihnen nach der Pflanzung der Aufstieg an einer Fassade erleichtert werden. An Betonwänden oder besonders glatten Flächen kommt es oft nicht zu einer zuverlässigen Anhaftung. Wurzelkletterer können sich an wasserabweisend ausgerüsteten („hydrophobierten") Ober-

Schlinger
Beispiel: Geißblatt

Konstruktive Anforderungen/Kulturempfehlungen

- Kletterhilfen senkrecht ausrichten, evtl. zusätzlich Querverbindungen als Abrutschsicherung
- seitlicher Abstand der Senkrechten: 20–50 cm; Wandabstand: 10–15 cm (Geißblatt 5 cm, Blauregen und Baumwürger 20 cm); Durchmesser der Aufstiegshilfe: 3 mm bis 5 cm (für Baumwürger, Blauregen und Knöterich mindestens 8 mm)
- bei Seilen und Spanndrähten immer nur jeweils einen Trieb aufleiten

geeignete Kletterhilfen:
- Latten
- Stäbe
- Spanndrähte
- Drahtseile

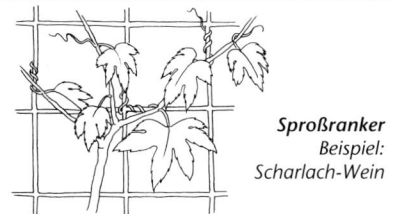

Sproßranker
Beispiel:
Scharlach-Wein

Konstruktive Anforderungen/Kulturempfehlungen

- gitterförmige Aufstiegshilfen, Gitterweiten 10–20 cm
- Wandabstand in der Regel 10–15 cm (*Clematis*-Hybriden: 5 cm)
- *Clematis*-Wildarten: Triebe zwischen Wand und Kletterhilfe führen
- Scharlach-Wein und Weinrebe: bei außenseitiger Führung der Triebe Reduzierung des Wandabstands auf 5 cm möglich
- Durchmesser: bis 2 cm für Weinrebe und Scharlach-Wein, bis 7 mm für Blattstielranker wie z.B. *Clematis*

geeignete Kletterhilfen:
- Baustahlmatten
- Scherenformgitter
- gitterartige Drahtbespannung
- Bambusgitter
  (am Lattenwerk Triebe leiten und anbinden)
- für heimische Waldrebe
  auch senkrechte Spanndrähte

Blattstielranker
Beispiel: Clematis

Spreizklimmer
Beispiel:
Kletterrose

Konstruktive Anforderungen/Kulturempfehlungen

- Kletterhilfe bevorzugt horizontal ausrichten
- Abstände zwischen Kletterhilfe ca. 40 cm
- Wandabstand mindestens 10 cm
- bei gitterförmigen Kletterhilfen Gitterweiten mindestens 50 cm
- Durchmesser: variabel

geeignete Kletterhilfen:
- Latten
- Stäbe
- Spanndrähte
- Drahtseile

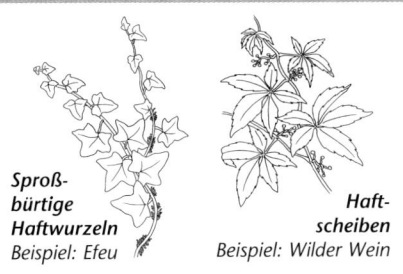

Sproß-
bürtige
Haftwurzeln
Beispiel: Efeu

Haft-
scheiben
Beispiel: Wilder Wein

Kletterhilfe
für Selbstklimmer geeignetes und intaktes Mauerwerk (siehe S. 54)

Viele Kletterpflanzen zeichnen sich durch attraktive Blüten, Fruchtschmuck und Herbstfärbung aus und ermöglichen das Erleben der Jahreszeiten.
Im Bild von oben nach unten: Clematis-Hybride 'Nelly Moser', Geißblatt und Wilder Wein.

Begrünung von Mietshäusern?

Auch Mieter sollten Initiativen zur Begrünung ihrer Wohngebäude entwickeln: Zunächst Hausbesitzer und Mitbewohner auf die Vorteile und Möglichkeiten der Gebäudebegrünung hinweisen, nach Abstimmung mit dem Vermieter zusammen mit den Nachbarn Begrünungskonzepte entwickeln und umsetzen.
Vielfach gibt es auch im Bereich der Innenhöfe und Abgrenzungsmauern Begrünungsmöglichkeiten. Eine Umgestaltungs- und Pflanzaktion läßt sich sehr gut in ein Nachbarschaftsfest einbeziehen!

flächen nicht eigenständig verankern. In solchen Fällen sollten zusätzliche Kletterhilfen angebracht werden; eine waagerechte Drahtbespannung in Abständen von 60–80 cm (Wandabstand 5–10 cm) genügt.

Die auf eine Kletterhilfe angewiesenen Arten können unter dem Begriff „Gerüstkletterpflanzen" zusammengefaßt werden. Je nach Kletterform wird unterschieden in Schlinger, Ranker und Spreizklimmer:

- **Schlinger** wie z.B. Geißblatt, Blauregen oder Knöterich klettern durch windende bzw. schlingende Bewegungen ihrer Triebe und sind dabei auf eher dünne, senkrecht geführte Kletterhilfen angewiesen. Auch viele einjährige Kletterpflanzen wie Trichterwinde, Feuerbohne, Japan-Hopfen und Schwarzäugige Susanne gehören zu den Schlingpflanzen.
- **Ranker**, wie z.B. die Waldrebe, die Weinrebe oder die einjährige Wicke, bilden spezielle Greiforgane aus (Sproßranken oder Blattstielranken), mit denen sie sich bei Berührungsreiz an der Kletterhilfe festhalten. Sie klettern an waagerecht, senkrecht und diagonal verlaufenden Stützen hoch. Gitterartige Kletterhilfen wie Baustahlmatten sind deshalb besonders gut geeignet.
- **Spreizklimmer** wie z.B. Kletterrosen, Kletter-Brombeere oder Winter-Jasmin sind im engen Sinne keine Kletterpflanzen. Sie können sich mit Seitentrieben, Stacheln oder Hakensprossen an geeigneten Unterlagen anklammern. Das „Klettern" muß ihnen durch waagerecht angeordnete Stützen bzw. Latten sowie unterstützendes Anbinden ermöglicht werden.

Blatt-, Blüten- und Fruchtschmuck

Grüne Wände können im Jahresverlauf ein optisch ansprechendes und abwechslungsreiches Bild bieten, sofern von der Vielfalt der verfügbaren Kletterpflanzen Gebrauch gemacht wird. Gelingt es, an einer Fassade verschiedene Arten mit unterschiedlicher Blütezeit geschickt miteinander zu kombinieren, kommt es vom Frühjahr bis in den Herbst hinein zu wechselnden Blühaspekten. Pflanzen wie Blauregen, Geißblatt, Knöterich, Kletterrosen und Waldreben (*Clematis*-Hybriden u.a.) zeichnen sich durch besonders eindrucksvolle Blüten aus.

Fassadengrün: Die richtigen Pflanzen wählen!

1. Prüfung der Bausubstanz der Fassade	• Sind Bauschäden durch Selbstklimmer wie Efeu oder Wilder Wein nicht auszuschließen, Kletterhilfen anbringen und Gerüst-Klettergehölze pflanzen.
2. Welche Fassadenflächen eignen sich für Kletterpflanzen? Wie groß ist die Fläche (Höhe, Breite)?	• Große kahle Flächen können flächig mit Selbstklimmern, aber auch mit Gerüstkletterpflanzen (starkwüchsig) auf flächig montierten Kletterhilfen begrünt werden. • Schmale Fensterzwischenräume: Je nach Höhe starkwüchsige (Baumwürger, Blauregen) oder schwachwüchsige Schlinger (Geißblatt), die sich nicht zu stark über die Kletterhilfe hinaus ausbreiten. Kein Knöterich! • Kleine Flächen an Eingängen, Sockeln usw.: *Clematis*-Hybriden, Kletterrosen, Strahlengriffel, Winter-Jasmin und andere schwachwüchsige Arten.
3. Abstimmung mit der Gebäudearchitektur	• Gibt es Fassadenbereiche, die aus architektonischen Gründen gezielt begrünt werden sollten? • Scheidet eine Begrünung aus Denkmalschutz-Gründen aus? An Fachwerkhäusern: Eine punktuelle Begrünung mit schwachwüchsigen Arten an Kletterhilfen paßt meist sehr gut zur Gebäudearchitektur! • Für laubabwerfende Arten evtl. optisch ansprechende Kletterhilfen wählen! Blütenfarben und Blattformen mit dem Mauerwerk abstimmen.
4. Nutzungswünsche berücksichtigen	• Soll z.B. ein Teil der Fassade zum Obstanbau genutzt werden? Gibt es Vorlieben und Interessen für bestimmte Pflanzen?
5. Der richtige Standort	• Beschattung schränkt die Pflanzenauswahl ein; nur wenige Arten wie Efeu und Pfeifenwinde eignen sich für die Nordseite. • Für belastete Straßenseiten robuste Arten wählen wie Knöterich, Efeu, Baumwürger und Wald-Geißblatt.
6. Pflegeaufwand	• Kann bei Selbstklimmern oder starkwüchsigen Schlingern wie Knöterich die erforderliche Pflege (Freischneiden von Regenrinnen, Dächern, Fenstern) geleistet werden?

Selbstklimmende Klettergehölze: Eigenschaften, Ansprüche, Verwendung

Pflanzenart	Lichtanspruch Standort	Wuchsstärke Wuchshöhe	Kletterform	auffallende Blüte Blütezeit	auffallende Früchte	Verwendung am Gebäude	Anmerkungen
Trompetenblume (*Campsis radicans*)	geschützt ○	stark 8–12 m	Haftwurzeln	orange scharlach VII–IX		Säulen, Eingänge, Fensterzwischenräume, flächig, hängend (Abstand zum Dach!)	evtl. zusätzliche Kletterhilfe, besonders attraktiv, langanhaltender Blütenflor, kalkverträglich
Immergrüne Kriechspindel (*Euonymus fortunei*-Sorten)	◑ – ●	schwach 1,5–4,5 m	Haftwurzeln		cremefarben und orange (im Alter)	für kleine Flächen besonders geeignet (Eingänge, Sockel, Säulen)	immergrün, im Alter blühend (Bienenweide), regelmäßig schneiden, kalkverträglich
Efeu (*Hedera helix*)	◑ – ●	mittel–stark 10–25 m	Haftwurzeln		schwarz (im Alter), giftig	flächig, Sockel, Fensterzwischenräume, Säulen, Eingänge, Balkon hängend	heimische, immergrüne Art, robust, Insekten- und Vogelnährgehölz, an Beton und weißen Wänden schlecht haftend, für Kübel geeignet
Kletterhortensie (*Hydrangea petionlaris*)	◑ – ●	mittel 10–12 m	Haftwurzeln	weiß VI–VII		Sockel, flächig, Balkon, hängend	langsames Anfangswachstum in Südlagen, spätfrostempfindlich, hoher ornamentaler Wert, für Kübel geeignet
Wilder Wein (*Parthenocicuss quinquefolia* var. *engelmannii*)	○ – ●	stark 8–15 m	Haftscheiben		blauschwarz	Fensterzwischenräume, Eingänge, flächig, hängend	kalkverträglich, dunkelrote Herbstfärbung, Bienenweide, Vogelnahrung, senkrechte Wuchsform, evtl. zusätzliches Klettergerüst
Wilder Wein (*Parthenocissus tricuspidata* 'Veitchii')	○ – ●	stark 10–18 m	Haftscheiben		blauschwarz	Säulen, Eingänge, flächig, hängend	rote Herbstfärbung, Bienenweide, Vogelnahrung, mehr waagrechte Wuchsform, hoher Schnittaufwand an Gebäuden bis 8 m, kalkverträglich

Gerüst-Klettergehölze: Eigenschaften, Ansprüche, Verwendung

Pflanzenart	Licht-anspruch, Standort	Wuchsstärke Wuchshöhe	Kletter-form	auf-fallende Blüte, Blütezeit	auffallende Früchte	Verwendung am Gebäude	Anmerkungen
Gelber Strahlengriffel (Actinidia arguta)	○ – ◑	stark 5–7 m	Schlinger	weiß V-VI	grün-gelb, eßbar	flächig	Bienen- und Hummelweide, duftende Blüten
Rosa Strahlengriffel (Actinidia kolomikta)	○	mittel 2–4 m	Schlinger	weiß V-VI	gelb-grün, eßbar	Sockel, Fensterzwischenräume, Balkon	Bienenweide, duftende Blüten, geeignet für Kübel
Akebie, Klettergurke (Akebia quinata)	ge-schützt ○ – ◑	stark 5–8 m	Schlinger	violett-rosa IV-V	lila/braun, eßbar	Säulen, Eingänge, Pergola, Balkon	Blattschmuck, geeignet für Kübel
Pfeifenwinde (Aristolochia macrophylla)	◑ – ●	stark 8–10 m	Schlinger			Eingänge, flächig	auffallend großes Laub, kalkverträglich
Baumwürger (Celastrus orbiculatus)	○ – ◑	stark 8–12 m	Schlinger		goldgelb	flächig, Säulen, nicht an Regenfallrohre	Bienenweide, stark wuchernd, nur für große Flächen
Gemeine Waldrebe (Clematis vitalba)	○ – ◑	sehr stark 10–15 m	Blatt-stiel-ranker	weiß VII-X	silbrig	flächig, für große Flächen, hängend	heimische Art, robust und wuchernd, Bienen- u. Insektenweide, kalkverträglich
Waldreben (Clematis-Hybriden)	○ – ◑	mittel 2–4 m	Blatt-stiel-ranker	versch. VI-IX		Eingänge, Sockel, (punktuell) Säulen, Pergola, Fensterzwischenräume	z.T. auf geschützte Standorte angewiesen, Wurzelfuß beschatten
Jackman's Waldrebe (Clematis x jackmanii)	○ – ◑	mittel 2–4 m	Blatt-stiel-ranker	violett VII-VIII		Eingänge, Säulen, schmale Fensterzwischenräume, Sockel	sehr hart, wüchsig und reichblühend
Schling-Knöterich (Fallopia aubertii)	○ – ◑	sehr stark 8–15 m	Schlinger	weiß VII-X		breite Fensterzwischenräume, flächig, Balkon, hängend	Bienen- u. Insektenweide, duftend, robust und wuchernd, mindestens 1,5 m Abstand zu Ziegeldächern einhalten
Hopfen (Humulus lupulus)	○ – ◑	sehr stark 4–8 m	Schlinger		gelb-grün zapfenartig	Fensterzwischenräume (kleinflächig), Balkon	heimische Staude, jährlich vor Austrieb über Boden zurückschneiden, geeignet für Kübel
Winter-Jasmin (Jasminum nudiflorum)	○ – ◑	mittel 2–4 m	Spreiz-klimmer	goldgelb I-IV	schwarz, eßbar	niedrige Sockel, hängend	attraktiver Vorfrühlingsblüher, nicht immer zuverlässig winterhart, evtl. anbinden
Geißblatt, Jelängerjelieber (Lonicera caprifolium)	◑ – ●	mittel 2–6 m	Schlinger	gelb-weiß V-VI	rot, giftig	Eingänge, Sockel, flächig, Balkon, hängend	heimische Art, Schmetterlingspflanze, Vogelnährgehölz, geeignet für Kübel
Feuer-Geißblatt (Lonicera heckrottii)	○ – ◑	mittel 3–4 m	Schlinger	rot VI-VIII	rot, giftig	Sockel, Fensterzwischenräume, Balkon, hängend	attraktive Blüte, geeignet für Kübel

Pflanzenart	Licht-anspruch, Standort	Wuchsstärke Wuchshöhe	Kletter-form	auf-fallende Blüte, Blütezeit	auffallende Früchte	Verwendung am Gebäude	Anmerkungen
Immergrünes Geißblatt (*Lonicera henryi*)	◑ – ●	stark 6–7 m	Schlinger		schwarz, giftig	Fensterzwischenräume, Sockel, Balkon, hängend	immergrün, Laubverlust in harten Wintern, unscheinbare Blüte, geeignet für Kübel
Gold-Geißblatt (*Lonicera x tellmanniana*)	ge-schützt ○ – ◑	stark 6–7 m	Schlinger	goldgelb V-VI	orange	Fensterzwischenräume, flächig, hängend	attraktive Blüte
Kletterrosen (Rosa, kletternde Sorten)	ge-schützt ○ – ◑	mittel 2–4 m	Spreiz-klimmer	versch. ab V		Säulen, Eingänge, Sockel, flächig (je nach Sorte)	auf Südseite Triebe durch Reisig vor Wintersonne schützen
Kletter-Brombeeren (*Rubus*-Arten)	○ – ◑	mittel 2–3 m	Spreiz-klimmer	weiß VI	schwarz, eßbar	Sockel, kleinere Flächen	robust, wuchernd
Scharlach-Wein (*Vitis coignetiae*)	○ – ◑	stark 6–8 m	Sproß-ranker		blau-schwarz, ungenieß-bar	Eingänge mit offenen Vorbauten, flächig, hängend	auffallend orange bis scharlachrote Herbstfärbung
Wein-Rebe, Echter Wein (*Vitis vinifera* - Kulturformen)	ge-schützt ○	stark 10–15 m	Sproß-ranker		rot, gelb, grün, blau, eßbar	Eingänge mit offenen Vorbauten, Fensterzwischenräume, flächig, hängend	für Fruchtgewinnung regelmäßig schneiden (je nach Sorte), kalkverträglich
Blauregen, Wisterie (*Wisteria sinensis*)	ge-schützt ○	stark 6–15 m	Schlinger	blau V-VI Sorte 'Alba' weiß		breite Fenster-zwischenräume, flächig nicht an Regenfallrohr	besonders attraktive Blüte, Bienenweide, duftend, nicht immer völlig winterhart, schwere und kalkhaltige Böden ungünstig

Hinzu kommen bei manchen Arten auch ein auffälliger und angenehmer Duft (z.B. bei Jelänger-jelieber) sowie recht attraktive Früche (z.B. bei Geißblatt, Baumwürger und Waldreben). Bei eini-gen Arten tritt im Herbst eine auffallende Laub-verfärbung ein (Echter und Wilder Wein, Kletter-Hortensie, Baumwürger u.a.). Pfeifenwinde oder Scharlach-Wein zeichnen sich durch ungewöhnlich große Blätter aus, kommen also besonders auf größeren Flächen zur Wirkung.

Kletterhilfen für Fassadengrün

Die Anbringung von Kletterhilfen hat viele Vorteile. Vielfältige Begrünungen mit verschiede-nen Arten sind möglich, zahlreiche ausgesprochen attraktive Blütengehölze wie Blauregen, Kletter-rosen oder Waldreben stehen zur Verfügung. Nur durch die Verwendung von Gerüstkletterpflanzen

Kletterhilfen aus Holz sind ein ansprechendes Gestaltungsmittel.

lassen sich für jedes Bauwerk und jeden Standort individuelle Begrünungskonzepte entwickeln. Je nach Situation kann auf die ganze Vielfalt der angebotenen Kletterpflanzen zurückgegriffen werden. Zum anderen bieten die Gerüstkletterpflanzen dabei die Möglichkeit, das Wachstum der Pflanzen auf den gewünschten Bereich einzugrenzen. Verschiedene Verwendungszonen an Gebäuden, wie etwa Fensterzwischenräume, Balkone, Gebäude-

Eigenbau oder Montage durch Fachfirma?

Die hier vorgestellten Begrünungstechniken mit Gerüst-Klettergehölzen sind besonders für eigenverantwortlich realisierbare Maßnahmen im Privatbereich geeignet. Sicherlich wird es aber auch Fälle geben, in denen andere Methoden oder die Hinzuziehung von Fachleuten erforderlich sind. Seit vielen Jahren haben sich Planer, Handwerker und Industrie mit Fragen der Gebäudebegrünung befaßt und dabei eine Vielzahl von Techniken entwickelt, die sich in der Praxis bewährt haben. Informieren Sie sich vor einer Maßnahme über solche Möglichkeiten bei Lieferfirmen, Gartenarchitekten oder Garten- und Landschaftsbauunternehmen. Auch das Anfordern der von Herstellern angebotenen Informationsmaterialien kann nützlich sein (siehe Anschriften S. 194). Firmen und Fachleute bieten heute Begrünungssysteme und Individuallösungen an.

Solche Holzlattengerüste eignen sich besonders gut für Spreizklimmer (wie Kletterrosen) und für Spalierobst.

sockel oder Eingangsbereiche und große Wandflächen, lassen sich nur durch Einsatz von Gerüst-Kletterpflanzen individuell gestalten. Fenster- und Dachflächen können so freigehalten, Tür- und Torsituationen gezielt hervorgehoben werden. Pflanzen werden dabei auch zum architektonischen Mittel: Bestimmte Bereiche einer Wand lassen sich verdecken, andere hervorheben. Auch die Kletterhilfe selbst kann zur Auflockerung und Gliederung einer Fassade beitragen.

Baurechtlich sind Kletterhilfen nicht genehmigungspflichtig, müssen aber standsicher sein und dürfen Fassaden nicht verunstalten. In Gebieten, für die Gestaltungssatzungen bestehen, sind jedoch eventuelle Vorschriften zu beachten. Bei Baudenkmälern ist eine Abstimmung mit der zuständigen Behörde erforderlich und je nach Situation oftmals der Verzicht auf Begrünung zwingend. Zu berücksichtigen ist bei der Planung und Montage von Kletterhilfen auch die Notwendigkeit einer späteren Pflege sowie nicht zuletzt der Sicherheit.

Material, Bau und Montage im Eigenbau

Kletterhilfen für dauerhafte Begrünungen müssen Witterungseinflüssen standhalten und sich durch hohe Haltbarkeit und einen minimalen Pflegeaufwand auszeichnen. Grundsätzlich können Kletterhilfen aus Holz, Kunststoff und Metall eingesetzt werden. Welcher Werkstoff in welchen Abmessungen geeignet ist, hängt von der angestrebten Dauerhaftigkeit, Gestaltungswünschen und artspezifischen Anforderungen (siehe S. 57) ab. Käufliche Kletterhilfen samt Zubehör werden in Systembauweise oder als individuelle Fertigteile angeboten. Bei höheren Ansprüchen oder größerem Bedarf ist die Prüfung dieser Produkte interessant. Zum Teil verfügen gewerbliche Hersteller über Werkstoffqualitäten und Halter, die nicht überall käuflich sind und deren anderweitige Beschaffung teurer ist.

Nach neuen Untersuchungen wirken auch Metall-Kletterhilfen entgegen mancher Lehrbuchauffassung nicht pflanzenschädigend. Eine erhöhte Frostgefährdung im Winter ist nicht nachzuweisen, und im Sommer kommt es zu einer unerheblichen Aufheizung des Materials (Holz heizt z.B. wesentlich stärker auf). Metall-Kletterhilfen müssen allerdings möglichst dauerhaft gegen Rost geschützt werden, am besten durch eine Verzinkung.

Wichtig ist auch eine auf Dauer stabile Befestigung im Mauerwerk. Der Fachhandel bietet geeignete korrosionsgeschützte (verzinkte) Haken und verdübelte Messingschrauben an. Die in den Skizzen dargestellten Befestigungsbügel und Dreieckshaken haben sich für besonders stabile und dauerhafte Aufstiegshilfen bewährt (siehe S. 65). Sie werden in ähnlicher, auch für Seile verwendbarer Weise zur Befestigung von Glasfaser-Kletterhilfen angeboten, können aber auch von jedem Schlosser gefertigt werden.

Die folgenden Kletterhilfen lassen sich mit etwas handwerklichem Geschick in Eigenbauweise selbst erstellen. Sie werden aber zum Teil auch als komplette Systeme im Handel (siehe Bezugsquellen S. 194) angeboten.

• Spanndrähte sind einfach anzubringen und besonders kostengünstig. Rostgeschützter, am besten verzinkter Draht wird mit Hilfe von Haken und Spannschlössern senkrecht oder waagerecht über die zu begrünende Fläche straff verspannt. Mit zusätzlichen Spanndrähten wird den Kletterpflanzen auch an den Pfosten von Lauben oder Pergolen der Aufstieg erleichtert. Schlinger benötigen senkrechte, Spreizklimmer waagerechte Spanndrähte.

• Drahtseile können ähnlich wie die Spanndrähte als Kletterhilfe dienen, sind aber je nach Stärke wesentlich tragfähiger.

• Edelstahlstäbe mit einem Durchmesser von 4–6 mm sind zwar recht teuer, mit ihnen können aber besonders stabile und dauerhafte Rankhilfen erstellt werden. Sie eignen sich ebenso wie die Spanndrähte gut zur Anbringung an Betonpfählen.

Glasfaserstäbe ab 6 mm Durchmesser oder Fertigteile sind aufgrund der Elastizität ähnlich wie Spanndrähte zu verwenden. Wegen der ausreichenden Steifheit eignen sie sich auch zur Fertigung von Matten und Gerüsten in nahezu beliebiger Form und Größe. Ihr Vorteil: dauerhaft korrosionsbeständig.

Baustahlmatten oder ähnliche Begrünungssysteme aus feuerverzinktem Stahl werden vom Handel inzwischen in vorgefertigten Formen als Kletterhilfen angeboten. Sie sind besonders für Ranker wie Clematis geeignet.

Holzgerüste bzw. Holzspaliere sind auch unbewachsen ein attraktives Gestaltungselement und können sowohl quadratisch, rechteckig, als auch diagonal angeordnet werden.

Für schmale Fensterzwischenräume an Mehrgeschoßhäusern gut geeignet: Senkrecht ausgerichtete und besonders stabile Kletterhilfen aus Stahlstäben oder Drahtseilen für starkwüchsige Schlinger. Eigenbau ist möglich, aber der Handel bietet auch vorgefertigte Systeme und Elemente an.

Metall-Kletterhilfen ermöglichen eine Begrünung von Pfeilern (hier mit Geißblatt).

Für flächenhafte Begrünungen gut geeignet sind Rankgerüste aus Metall. Auch Kellerlichtschächte oder Traufkanten können damit (flächenhaft oder punktuell) überbrückt werden.

Leichte Kletterhilfen für kleinflächige Begrünungen

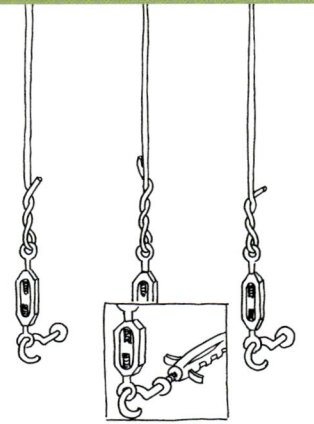

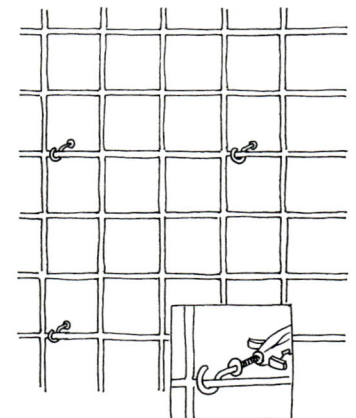

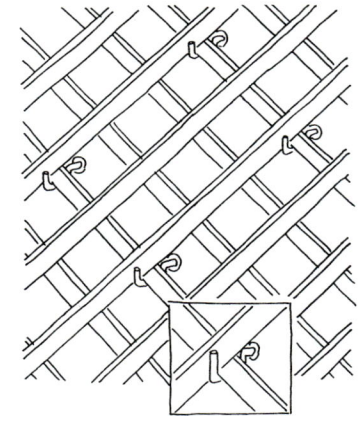

Spanndrähte

Abstand 40 cm, Spannschlösser und Wäscheleinen-Haken (je nach Pflanzenart waagerecht oder senkrecht)

Baustahlmatten

Stababstand 15–30 cm, an verzinkten Deckenhaken montiert (oder mitgelieferten Spezialbefestigungen)

Lattengerüste

Holzlatten, ca. 25 x 35 mm, an verzinkten Winkelhaken abhängbar montiert oder mit Holzstücken als Abstandhalter fest an der Wand angeschraubt. Scherengitter geeignet für Ranker (wie Skizze), für andere Kletterpflanzen und Spalierobst Latten waagerecht/senkrecht anordnen!

Planung von Fassadengrün mit Kletterhilfen

Je nach Situation gibt es an Fassaden verschiedene Möglichkeiten für die Verwendung von Kletterhilfen und Kletterpflanzen. Für die Planung ist es deshalb zunächst wichtig, eine maßstabgerechte Zeichnung anzufertigen.

Das Beispiel zeigt exemplarisch, wie eine besonnte Fassade eines zweigeschossigen Hauses begrünt werden kann:

A: leiterartiges Lattengerüst zur Betonung des Eingangs, Bepflanzung mit zwei Kletterrosen

B: zwei Drahtseile für starkwüchsige Schlingpflanze (Knöterich), auf Mindestabstand zum Ziegeldach von 1 m achten!

C: Drahtseil für eine starkwüchsige Schlingpflanze (Blauregen)

D: Holzlattengerüst für Spalierobst

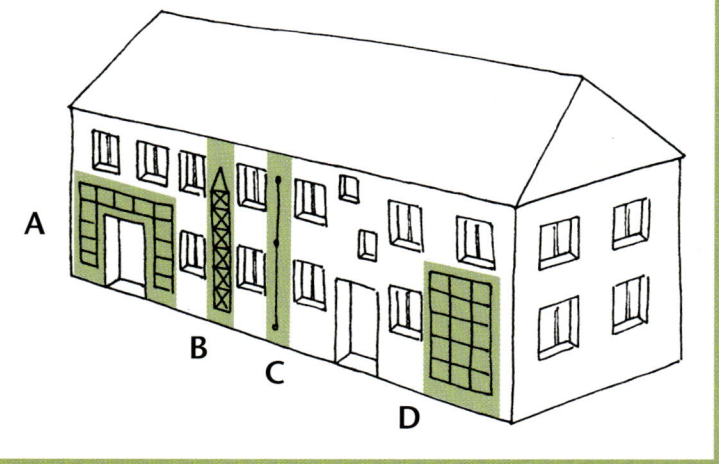

Bau besonders tragfähiger Kletterhilfen

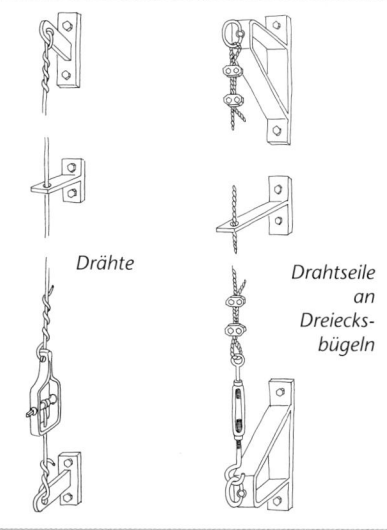

Drähte

Drahtseile an Dreiecks-bügeln

Spanndrähte und Drahtseile

Starkwüchsige Schlinger benötigen besonders stabile, senkrecht ausgerichtete Kletterhilfen. Von Dreiecksbügeln gehaltene Drahtseile sind dafür besonders gut geeignet, bei einer maximalen Höhe von 6 m auch noch Spanndrähte.
Waagerecht gespannte Drähte können auch als Kletterhilfe für Spreizklimmer dienen.

Materialhinweise:
- 6 mm starke Drahtseile, verzinkt, mit 10 mm Spannschlössern
- 2,5 mm starke Spanndrähte, verzinkt, mit Drahtspannern
- für Drahtseile Dreiecksbügel aus 6 x 25 mm Flacheisen, Abstände der Dreiecksbügel maximal 10 m, Abstände der Zwischenstützen ca. 3 m
- für Spanndrähte Halterungen aus 6 x 60 mm Flacheisen, Abstände bis 6 m in der Senkrechten, Abstände der Zwischenstützen 2–3 m
- Zwischenstützen 6 x 20 mm Flacheisen, gebogen

Baustahlmatten

Insbesondere geeignet für starkwüchsige Sproßranker und Blattstielranker.

Materialhinweise:
- verzinkte Baustahlmatte, Stäbe 7 mm stark, Felder 15 x 15 cm oder 20 x 20 cm
- besonders stabile Befestigung mit Spitzrohrschellen (3/8")
  mit langem Stift und Dübel
- Wandabstand mindestens 5 cm je nach verwendeter Pflanze (siehe S. 57)

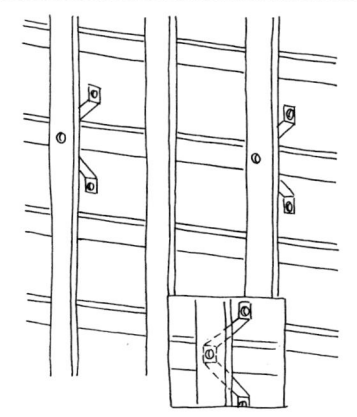

Holzlattengerüste

Geeignet für Schlinger und Winder, Ranker, Spreizklimmer und Spalierobst.
Für Schlinger/Winder: zunächst waagerechte, dann senkrechte Latten montieren (wie in der Zeichnung).
Für Spreizklimmer/Spalierobst: Zunächst senkrechte, dann waagerechte Latten montieren.

Materialhinweise:
- 28 x 46 mm starke Dachlatten
- Befestigungsbügel aus verzinktem Bandstahl, 4 x 30 mm, gebogen, Abstand in der Waagerechten 1–1,5 m, in der Senkrechten 1,5–2 m
- Lattenabstände 30–50 cm

Pflanzung von Klettergehölzen an der Hauswand

Mit dem Stützstab werden die Triebe der Jungpflanze an die Wand (bei Selbstklimmern) bzw. an die Kletterhilfe geführt. Der Pflanzballen schließt mit der Bodenoberfläche ab. Bei Dachüberstand wird der Abstand zur Wand so vergrößert, daß die Pflanzen ausreichend mit Niederschlagswasser versorgt werden (Mindestabstand 30 cm).

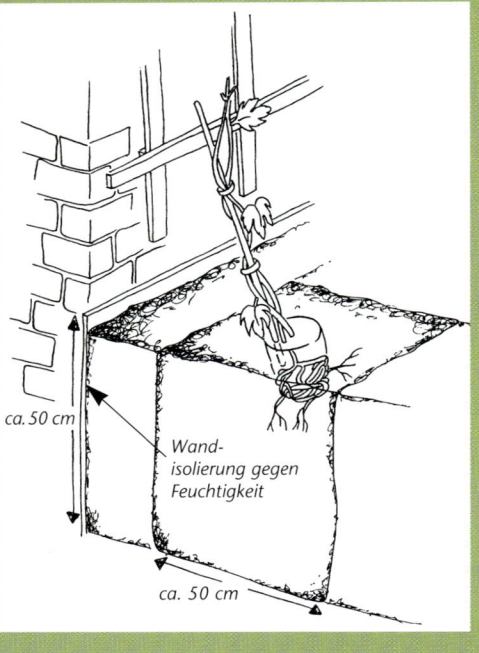

ca. 50 cm

Wandisolierung gegen Feuchtigkeit

ca. 50 cm

Wegen der nötigen Haltbarkeit ist für Holzgerüste imprägniertes Hartholz zu empfehlen. Die Tips zum Holzschutz im Kapitel „Hofgärten" (siehe S. 133) sind unbedingt zu beachten.

Denn es kann nicht Ziel der Begrünung sein, Kletterhilfen und damit auch meist die Bepflanzung schon nach wenigen Jahren zu erneuern! Holz darf insbesondere nie unmittelbar auf Wand oder Boden aufliegen, da sonst Feuchtigkeit eindringt und die Haltbarkeit verkürzen kann. Keinesfalls sollten aber im Interesse der bedrohten Regenwälder tropische Harthölzer Verwendung finden. Heimische Harthölzer wie Eiche, Lärche, Fichte, Kiefer und andere Arten sind sehr gut geeignet und verfügbar. Die Lattenabstände dürfen 50 cm nicht überschreiten. Untereinander werden die Latten mit verzinkten Holzschrauben aus Stahl oder mit Holzschrauben aus Messing verbunden.

Beim Anbringen aller Kletterhilfen ist darauf zu achten, daß ein Wandabstand von mindestens 5–10 cm eingehalten wird. Nur so kann sich zwischen Wand und Bewuchs das gewünschte Luftpolster bilden, und die Pflanzen erhalten den für sie erforderlichen Wachstumsspielraum.

Klettergehölze sind auf Betreuung und Pflege angewiesen. Wässern ist besonders in trockenen Sommern wichtig. Die Vergrößerung des Pflanzabstands zum Haus kann aber die natürliche Bewässerung durch Niederschläge verbessern.

Pflanzung von Klettergehölzen im Straßenraum

Oft genügt es, im Bürgersteig zwei bis drei Gehwegplatten zu entfernen, und schon finden Klettergehölze einen Platz, um am Haus hochzuwachsen. Da der Gehweg meist Teil des öffentlichen Straßenraums ist, muß in solchen Fällen beim zuständigen städtischen Amt eine Sondernutzung beantragt werden. Ist der Bürgersteig aber so breit, daß Fußgänger nicht behindert werden, wird die Genehmigung meist gerne erteilt. Manche Kommunen verlangen aber zusätzliche Schutzmaßnahmen für im Boden liegende Leitungen (deren Beschädigung durch Pflanzenwurzeln jedoch kaum möglich ist). In solchen Fällen können im Handel erhältliche, offene Steinkästen in die Pflanzgruben gesetzt und mit Erde gefüllt werden. Wichtig ist es auch, für Pflanzungen an stark befahrenen Straßen bzw. intensiv genutzten Gehwegen wuchsstarke und robuste Klettergehölze wie Knöterich, Baumwürger und wilden Wein zu bevorzugen. Weniger gefährdet sind die Gehölze, wenn sie in ca. 40 cm hohe Bank- und Trogbeete gepflanzt werden (siehe S. 114). Auch durch Anbringen eines Schutzgitters oder durch Montage eines Holzlattenzaunes um die Pflanzstelle kann der Strauch vor Beschädigungen und Hundeurin geschützt werden.

Pflanzung und Pflege von Klettergehölzen

Die Pflanzung von Klettergehölzen erfolgt am besten im späten Herbst (vom Laubfall bis zum Frosteinbruch) oder im zeitigen Frühjahr (März bis April). Pflanzen mit Ballen lassen sich aber auch noch später pflanzen. Die Pflanzung direkt in das Erdreich ist einer Kübelpflanzung immer vorzuziehen. Allerdings muß bei Pflanzungen am Haus evtl. ein vollständiger Bodenaustausch erfolgen. Befestigte Flächen sind meist mit einem Unterbau aus Schotter oder Bauschutt versehen, der für ein erfolgreiches Gedeihen von Kletterpflanzen ungeeignet ist. Auch bei besseren Bodenverhältnissen ist eine Verbesserung der Aushuberde mit reifem Kompost oder Rindenhumus sinnvoll. Das Pflanzloch wird mindestens 50 cm tief und breit ausgehoben (Wandabstand mindestens 30 cm), bei extrem schlechten Böden eventuell noch größer. An staunässegefährdeten Standorten kann vor der Pflanzung durch Einbringung einer Dränageschicht aus Kies für einen guten Wasserabzug gesorgt werden.

Gegebenenfalls ist auch zu prüfen, ob eine undichte Wand gegen möglicherweise eindringende Feuchtigkeit durch eine Isolierung geschützt werden muß.

Soll eine flächendeckende Begrünung erreicht werden, genügt es, je nach Wuchsstärke, in Abständen von 1,5 bis 3 m zu pflanzen. Im ersten Jahr ist es besonders wichtig, regelmäßig zu wässern (besonders in trockenen Sommern). Die Abdeckung des Wurzelbereiches mit Mulchmaterial oder eine Unterpflanzung mit niedrigen, bodendeckenden Stauden schützt vor Wasserverlusten und wirkt sich wachstumsfördernd aus.

Nach einiger Zeit sind je nach Wuchsstärke auch Schnittmaßnahmen erforderlich. Türen, Fenster und Regenrinnen müssen selbstverständlich freigehalten werden. Dieses ist bei den ausgesprochen schnittverträglichen Klettergehölzen meist problemlos möglich, bei besonders starkwüchsigen Gehölzarten oder bei falscher Verwendung von Selbstklimmern aber im Einzelfall recht aufwendig. Dort, wo aus bestimmten Gründen ein zu starkes Wuchern unerwünscht ist, können schwachwüchsige Arten wie *Clematis*-Hybriden, Geißblatt oder Immergrüne Kriechspindel gepflanzt werden.

In vielen Situationen ist eine Pflanzung in den Boden nicht möglich, aber trotzdem eine Begrünung machbar, wenn Pflanzgefäße aufgestellt oder Trogbeete gebaut werden. Nähere Hinweise dazu sind im Kapitel „Bürgersteig-Gärten" (S. 112) enthalten.

Unmittelbar am Bürgersteig gepflanzte Klettergehölze können durch kleine Lattenzäune geschützt werden.

So soll es sein: Wenn schon ein Parkhaus, dann begrünt! Starkwüchsige Kletterpflanzen wie Blauregen können große Fassadenflächen in grüne und blühende Wände verwandeln!

Spalierobst: Wandschmuck und Obsternte auf kleinster Fläche!

Für Obstbäume fehlt in engen Höfen und kleinen Vorgärten oft der Platz. Obstspaliere an der Hausfassade oder an freistehenden Rankgerüsten lösen das Problem. Auf kleinster Fläche werden Birnen oder Äpfel geerntet (pro m² Wandfläche bis zu 2 kg!) sowie monotone Fassaden belebt. Obstgehölze gehören mit ihrem reichhaltigen Blüten- und Fruchtschmuck zu unseren schönsten Ziergehölzern. In Verbindung mit Spaliergerüsten aus Holz sind sie eine sehr dekorative Form der Fassadengestaltung.

Als anspruchsvolle Kulturpflanzen sind Spalierobstgehölze allerdings auf intensivere Betreuung und Pflege angewiesen, als die wildwachsenden und robusten Klettergehölze. Sorgfältige Wahl der Standorte und Sorten sowie Bodenvorbereitung sind dabei ebenso wichtig wie eine gezielte „Erziehung" der jungen Obstbüsche in den ersten Jahren.

Welche Standorte sind geeignet?

Eine lange Tradition hat der Spalierobstanbau besonders in den für manche Obstarten eher ungünstigen Klimaten. Denn die Gehölze entwickeln sich im Schutze einer warmen Hauswand, die auch noch nachts gespeicherte Wärme abgibt,

An einem stabilen Holzlattengerüst finden Obstgehölze am Haus den nötigen Halt

besser, als in der Umgebung. Besonders geeignete Standorte sind also vollbesonnte Süd-, aber auch noch Südost- und Südwestwände. Bei der Bewertung der Standorte ist es in der Stadt natürlich wichtig, eine mögliche Beschattung durch hohe Nachbargebäude zu berücksichtigen.

Grundsätzlich gilt, daß sich umso anspruchsvollere Obstarten und Sorten anbauen lassen, je stärker der jeweilige Standort besonnt ist und je wärmer er ist. Außerdem muß der Platz einigermaßen windgeschützt liegen, aber auch noch ausreichend belüftet werden. Selbstverständlich sind immissionsbelastete Standorte, beispielsweise an Hauptverkehrsstraßen, zu meiden, damit das Obst ohne Gesundheitsgefährdung verwertet werden kann. Geschützte Standorte sind in der Stadt oft im Bereich größerer Blockinnenhöfe vorhanden, wohingegen Fassaden an Straßen oft weniger geeignet sind.

Geeignete Obstarten und Sorten

In Städten sind besonders Birnen für Spaliere an besonnten Süd- und Südostwänden geeignet. Birnenbüsche lassen sich besonders leicht formieren und vertragen gut die trockenen Standorte an Wänden. Es stehen zudem genügend Sorten zur Verfügung, die das am Spalier gewünschte kurze Fruchtholz bilden sowie qualitativ hochwertiges Obst liefern. Beste Tafelobstsorten wie 'Williams Christ' oder 'Conference' lassen sich an der Hauswand mit gutem Erfolg anbauen!

Da Äpfel bei zu großer Trockenheit und Hitze leiden, kommt für sie nur die Westseite oder ein freistehendes Spalier in Betracht. An ungünstigen Standorten muß mit Mehltaubefall und Schädlingen gerechnet werden.

Die Übersichten (siehe S. 69–70) geben genauere Auskunft über weitere geeignete Obstarten sowie empfohlene Sorten. Als Baumform wird in der Regel auf Buschbäume oder Spindelbüsche (auf schwachwachsender Unterlage veredelt) zurückgegriffen. Sinnvoll ist es, beim Kauf der Gehölze zusätzlich in einer Baumschule Beratungshilfe in Anspruch zu nehmen.

Bei der Sortenwahl ist auch zu beachten, daß viele Obstarten und Sorten nur dann tragen, wenn eine Befruchtung durch den Pollen einer anderen in der Nähe stehenden Sorte möglich ist. Eine Arbeit, die übrigens von Bienen und anderen

Empfehlenswerte Obstsorten für Spaliere

	Eigenschaften	Pflück-reife	Genuß-reife	Bewährte Befruchtersorten (Nr.)
Äpfel				
(1) Berlepsch	saftig, weinsäuerlich, hocharomatisch, mittlere, nicht regelm. Erträge, Unterlage M 9	10	11 - 4	4
(2) Goldparmäne	süß-aromatisch, knackiges Fruchfleisch, frühzeitige und mittlere Erträge, wärmeliebend	9	10 - 12	1
(3) Gravensteiner	sehr saftig, einzigartiges Aroma, mittl. Ertrag, schorfanfällig	8 - 9	8 - 9	1, 2, 4
(4) James Grieve	saftig, süß-säuerlich, krebs- und schorfanfällig, reicher u. regelmäßiger Ertrag, auf M 26 oder M 7 veredelt	9	9 - 10	1, 2
(5) Ontario	saftig, wenig Aroma, besonders lange haltbar, auf M 9 veredelt	10	1 - 5	2, 4
(6) Roter Boskop	würzig-frischer Geschmack, bes. hoher Säuregehalt, Bratapfel, auf M 9 veredelt	10	12 - 3	1, 2, 4
Birnen				
(7) Alexander Lucas	saftig, süß-säuerlich, später schmelzend, mittlere und regelmäßige Erträge	9	10 - 1	8, 10, 11, 13
(8) Clapps Liebling	süß-säuerl., aromatisch, bei frühzeitiger Ernte schmelzend, regelmäßig tragend	8	8 - 9	10, 11, 13
(9) Conference	sehr saftig, süß u. aromatisch, schmelzend, besonders robust u. anspruchslos, ertragssicher	9	9 - 4	10, 11, 12, 13
(10) Gute Luise	süß-saftig, hervorragender Geschmack, reich tragend, leider schorfanfällig	9	9 - 10	8, 9, 11, 12
(11) Köstliche von Charneux	süß, saftig, wohlschmeckend, schmelzend, schorfanfällig	9	10 - 2	10, 13
(12) Vereinsdechants-birne	sehr süß, edles Aroma, anspruchsvoll (auf guten Boden achten!)	10	10 - 11	8, 9, 11, 13
(13) Williams Christ	saftig-würzig, früher und reicher Ertrag, gut für Konservierung	8	8 - 9	8, 11, 12

Pfirsiche:
Grundsätzlich alle Sorten für Wandspaliere geeignet, bevorzugt aber kernechte Sorten
wie z.B. 'Roter Edelstädter' (saftig, aromatisch, hervorragende Einmachfrucht, Reife im September)

Sauerkirschen:
Schattenmorelle: Reife Juli-August, selbstfruchtbar, nach der Ernte schneiden
Morellenfeuer: Reife August, selbstfruchtbar, kein regelmäßiger Schnitt erforderlich

Standorte an Gebäuden und Eignung für Spalierobst

Standort	besonders günstig für:	noch möglich für:	noch geeignet, aber eher ungünstig für:
Südseite vollbesonnt, warm und hell, trocken	Birnen, Pfirsiche	Wein (in warmen Lagen) Aprikosen (in kühlen Lagen)	Quitten, Sauerkirschen
Ostseite Vormittagssonne, witterungsgeschützt, trocken	Quitten, Pfirsiche	Birnen (frühe Sorten) Äpfel und Sauerkirschen (bei guter Bodenfeuchtigkeit)	Aprikosen
Westseite Nachmittagssonne, Wetterseite, feucht	Äpfel (hoher Feuchtebedarf) Sauerkirsche	Aprikosen (in warmen Lagen Westseite besonders günstig) Birnen (frühe Sorten)	Pfirsiche, Quitten
Nordseite beschattet, kühl			Sauerkirschen (Nordost- und Norwestwände)

Blütenbesuchern geleistet wird. Durch möglichst vielfältige Nahrungsangebote (Blütensträucher, Sommerblumen, Obstgehölze und Stauden aller Art) sollten Bienen also nach Kräften gefördert werden! Eine Selbstbefruchtung ist nur bei den meisten Sauerkirschen und Zwetschgen möglich. Bei Apfel und Birne muß hingegen immer eine passende Befruchtersorte vorhanden sein. Oft steht ein solcher Baum schon in der Umgebung, sicherer ist es aber, mit Hilfe der Angaben in der Übersicht die jeweils passende Sorte auszuwählen. Steht beispielsweise eine 3 m lange Wand zur Verfügung, können dort ohne weiteres zwei Birnenbüsche gepflanzt werden, die sich gegenseitig befruchten.

Spaliergerüste

Den nötigen Halt am Haus finden Obstgehölze am besten an einem stabilen Holzgerüst (siehe Hinweise S. 65). In der Praxis haben sich Lattenabstände in der Senkrechten von 50–70 cm und waagerecht von 50 cm bewährt. Montage: Zunächst senkrechte Latten mit jeweils drei Abstandshaltern andübeln, dann waagerechte Latten anschrauben.

Bodenvorbereitung und Pflanzung

Die Hinweise zur Pflanzung von Klettergehölzen an Fassaden (siehe S. 67) gelten im wesentlichen auch für Obstgehölze. Die Ansprüche dieser Kulturpflanzen erfordern aber besondere Sorgfalt und zusätzliche Anstrengungen:

- Die Pflanzabstände betragen je nach Wuchsstärke 100–200 cm.
- Eine zusätzliche Bodenverbesserung durch Komposterde oder Rindenhumus ist unbedingt zu empfehlen.
- Nach dem Aushub wird der Baum im Abstand von ca. 40–50 cm zur Wand schräg eingesetzt.
- Bei der Pflanzung muß die an der Verdickung erkennbare Veredelungsstelle etwa 10 cm über dem Boden bleiben.

Spalierobst erziehen!

Damit sich Obstgehölze am Spalier wie gewünscht entwickeln, sind sie auf Erziehungshilfen angewiesen! Behutsame Schnittmaßnahmen, vor allem aber regelmäßiges Anbinden, sind erforderlich. Ziele dieser Maßnahmen sind u.a.:
- eine Steuerung des Wachstums, damit die Spalierfläche gleichmäßig genutzt wird;
- ein Gleichgewicht zwischen Wachstum und Fruchtbarkeit;
- günstige Lichtverhältnisse für alle Blätter und Früchte;
- gleichmäßige und qualitativ gute Erträge.

Indem jeweils ausgewählte Jungtriebe schräg bis waagerecht angebunden werden, wird das vegetative Wachstum gebremst und die Fruchttriebbildung gefördert. Durch Anbindung an eine stabile Latte werden zudem dünne Zweige in die Lage versetzt, schwere Früchte zu tragen. Schnittmaßnahmen sind vor allem in den ersten Jahren eine unverzichtbare Pflegemaßnahme: An den

Erziehung und Entwicklung von Spalierobst

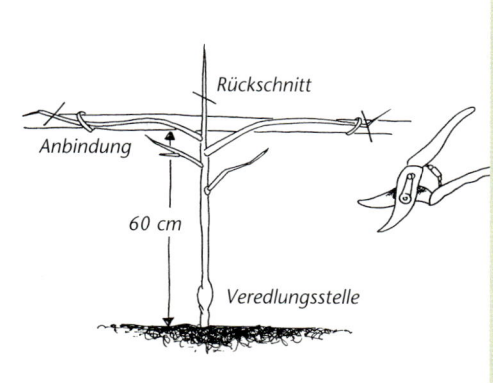

Im ersten Jahr wird der Mitteltrieb zugunsten der Seitentriebe stark zurückgeschnitten. Die an den Latten angebundenen Seitentriebe werden nur leicht eingekürzt.

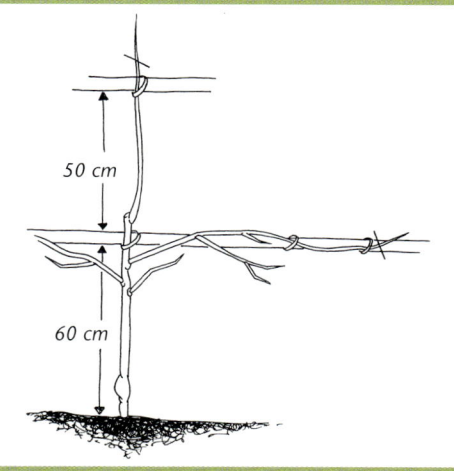

Im nächsten Jahr erfolgt der Rückschnitt des Mitteltriebes kurz über der nächsten Querlatte. Die dann stark austreibenden Seitentriebe werden etwa Ende Juli waagerecht angebunden.

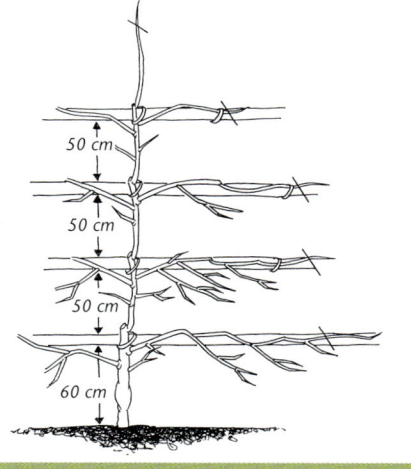

Nach vier Jahren hat sich die Krone bis zu einer Höhe von etwa 2,5 m entwickelt. Je nach Wuchsstärke des Baumes und vorhandener Wandfläche kann jetzt alljährlich eine weitere, 50 cm höher liegende Etage entwickelt werden. Wird eine weitere Höherentwicklung nicht mehr gewünscht, kann durch laufende waagerechte Anbindung der Triebe die Ausbildung senkrechter Holztriebe gebremst bzw. unterbunden werden. Gleichzeitig wird so die Fruchtknospenbildung und damit der Ertrag gefördert.

gewünschten Stellen wird durch stärkeren Rückschnitt die Bildung kräftiger Jungtriebe erreicht. Zudem werden zu dicht stehende Triebe entfernt. Nach wenigen Jahren beschränkt sich die Pflege auf eine vorsichtige Auslichtung der Krone sowie das Anbinden junger Triebe.

Fächerspaliere

Je nach Wuchsstärke der Gehölze und der Größe der Wandfläche können Spaliere in verschiedenen Formen entwickelt werden. Zu den einfachsten zählt das naturnahe Fächerspalier, das auch von unerfahrenen Hobbygärtnern meist leicht gehandhabt werden kann:

• Zunächst werden nach der Pflanzung der Mittel- und zwei Seitentriebe zurückgeschnitten und die Seitentriebe schräg nach oben angebunden, so daß sich der Baum wie ein Fächer entwickeln kann.

• In den nächsten Jahren werden die sich durch den Rückschnitt bildenden kräftigen Triebe jeweils nach rechts und links an den Spalierlatten angebunden. Leitäste und Mitteltriebe nimmt man dabei auf 6–8 Knospen zurück, um einen kräftigen seitlichen Austrieb zu erreichen. Es genügt jeweils alle 50 cm Abstand ein Leitast, der schräg, im Unterschied zum waagerechten Kordon (siehe Skizze S. 71), angebunden wird. Weitere überflüssige Jungtriebe, insbesondere alle ungünstig zur Wand hin oder nach außen wachsenden, werden am Ansatz weggeschnitten. Die an Leitästen gebildeten, an den dickeren Knospen erkennbaren Kurz- bzw. Fruchttriebe bleiben soweit wie möglich verschont.

• Nach etwa drei bis fünf Jahren „Erziehung" beschränkt sich der Schnitt auf eine vorsichtige Auslichtung und Entfernung überalterter Zweige und einzelner, nicht zu starker Rückschnitte bei nachlassendem Ertrag (zur Fruchtbildung). Nur bei Überalterung der gesamten Krone muß gegebenenfalls zur Verjüngung stärker zurückgeschnitten werden.

Soll eine größere Wandfläche mit einem Birnen- oder Apfelspalier ausgenutzt werden, sind Gehölze auf starkwachsender Unterlage zu verwenden. Im Laufe der Zeit kann mit einem solchen Baum eine ganze Hauswand durchaus bis zu einer Höhe von 5 m bedeckt werden. Stark wachsende Unterlagen sind meist so robust, daß sie oft auch noch auf schlechteren Böden gut gedeihen. Die für schwachwüchsige Birnenbüsche verwendeten Quittenunterlagen sind zwar anspruchsvoller, setzen aber dafür wesentlich früher mit Erträgen ein.

Manche Stelle in der Stadt kann auch als gute „Weinlage" genutzt werden! Besonders am besonnten Wandspalier lassen sich robuste Weinreben mit Erfolg anziehen.

Weinanbau in der Stadt?

Daß sich Weintrauben auch außerhalb der typischen, wärmebegünstigten Weinanbaugebiete mit Erfolg anbauen lassen, ist noch viel zu wenig bekannt. Weinreben werden am besten am Spalier gezogen. Als starkwüchsige Klettergehölze brauchen sie recht viel Platz. Für Ernteerfolge sind Rückschnitte im Winter unerläßlich (die Reben tragen am einjährigen Holz). Mit Bauschutt belastete oder unter Staunässe leidende Böden sind nicht geeignet. Weinreben sind pflegebedürftige Kulturpflanzen, an denen – im Gegensatz zu anderen robusten Wildklettergehölzen – auch Krankheiten Probleme bereiten können. Deshalb ist es wichtig, bei der Pflanzenauswahl sehr robuste Sorten auszuwählen. Auf Anfälligkeit gegen Mehltau sollte dabei besonders geachtet werden!

Bewährte Weinsorten für Spaliere am Haus:

Blauer Portugieser, Madame Celine, Früher Malingre, Früher roter Malvasier, Weißer und Roter Gutedel, Dornfelder

Gärten auf Häusern

Die Dächer bieten auf großer Fläche die Möglichkeit, dem Mangel an Natur in der Stadt zu begegnen. Zusätzliche Lebensräume, Erlebnismöglichkeiten und sogar nutzbare Gärten für die Stadt sind auf vielen Dächern möglich.

Dachgärten

Auf das Problem der undichten Flachdächer angesprochen rauft sich auch heute noch so mancher Hausbesitzer die Haare. Daß es aber mit begrünten Flachdächern keine vergleichbaren Probleme gibt, ist viel zu wenig bekannt. Die Begrünung eines Daches kann aufwendige und kostspielige Dachsanierungen überflüssig machen. Und wer schon bei der Gebäudeplanung Begrünungen vorsieht, kann künftigen Problemen wirksam vorbeugen.

Trotz solcher Vorteile ist ein blühender Garten auf dem Dach für viele Menschen jedoch noch kaum vorstellbar. Im heutigen Stadtbild sind Gründächer oder Dachgärten eher eine Ausnahme. Dabei ist der Bedarf an zusätzlichen Grünflächen in den immer stärker belasteten Städten unbestreitbar. Wer möchte als Stadtbewohner schon auf die wohltuende Wirkung von Pflanzen verzichten? Sie lockern das triste Grau der Bauten und Verkehrsflächen auf und verbessern wirksam das oftmals belastende Stadtklima.

Vorteile für Mensch und Natur

Durch die Anlage von Gründächern kann dem Mangel an Natur in den Städten wirksam begegnet werden. Zusätzliche, zum Teil auch privat nutzbare und preiswerte Grünflächen und Gärten werden geschaffen, Lebensräume für die heimische Pflanzen- und Tierwelt und damit Erlebnismöglichkeiten für die Stadtbewohner. Die Fülle der auf dem blühenden Gründach anzutreffenden Schmetterlinge, Bienen oder sonstigen Insekten ist an anderen Orten in der Stadt kaum zu beobachten.

Sind intensiv bepflanzte und nutzbare Dachgärten möglich, entstehen attraktive Erholungsräume. Eine grüne Idylle zwischen Himmel und Erde zum Sonnenbaden und Spielen, Lesen und Plaudern, Wäsche trocknen und Drachen bauen oder einfach nur zum Ausruhen und Träumen. Abwechslungsreiche Bepflanzungen sorgen für eine optisch-ästhetische Belebung des Stadtbildes – die Hochhauswohnung eröffnet Blicke auf eine blühende und grüne Stadtlandschaft!

Auch die „nur" extensiv begrünten Dächer mit ihren trockenresistenten und in vielen Farben blühenden Dachstauden sind eine optische Bereicherung. Solche Begrünungen haben den Vorteil, daß auf Pflegemaßnahmen wie Düngung, Schnitt und Bewässerung weitgehend verzichtet werden kann. Eine dauerhafte, langlebige Vegetationsschicht entwickelt sich und weder Wasserschlauch, Rasenmäher noch Schafe müssen eingesetzt werden, um sie zu erhalten.

Wie jede andere Vegetationsfläche leistet auch der Dachgarten seinen positiven Beitrag zum Stadtklima und zur Luftreinhaltung. So kann ein 100 m² großes Grasdach jährlich etwa 200 kg Schmutz und Staub aus der Luft herausfiltern. Hervorzuheben ist insbesondere die Rückhaltung von Niederschlagswasser. Wasserverdunstung auf großer Fläche wirkt vor allem an heißen Sommertagen angenehm abkühlend. In der Substrat- und Vegetationsschicht von Gründächern werden im Durchschnitt 70–80 % der Niederschlagsmengen zurückgehalten. Bei kleinen Dachflächen, z. B. von Garagen, ist die noch abfließende Wassermenge so gering, daß sie über eine Regentonne mit Überlauf für die Gartenbewässerung verwendet und insgesamt auch in kleinen Gärten natürlich versickern kann.

Auf Wohngebäuden wirken Gründächer wie eine Isoliermatte. Die wärmedämmende Wirkung trägt im Winter dazu bei, Heizkosten zu sparen, während die Hausbewohner bei Sommerhitze von der kühlenden Wirkung der grünen Dachhaut profitieren. Vorteile, die seit Jahrhunderten die Bewohner sowohl im kühlen Nordeuropa wie im heißen Süden zu nutzen wissen. Die Wärmedämmleistung ist dabei abhängig von der Mächtigkeit der Substratschicht und der Vegetationsdicke. Bei den nur ziemlich dünnen Schichten einer extensiven Begrünung ist es deshalb immer ratsam, die Begrünung mit einer Wärmedämmung zu kombinieren.

Fachfirmen bieten inzwischen professionelle und bewährte Begrünungssysteme und auch Materialien für den Eigenbau an. Große Flächen stehen zur Verfügung, um auf diese Weise ein Stück überbaute Fläche für Natur und Mensch zurückzugewinnen! Die in Deutschland potentiell begrünbare Fläche auf Flachdächern von Schulen, Sporthallen, Gewerbebauten, Mietshäusern, Eigenheimen oder Garagen wird auf ca. 2 Milliarden m² geschätzt! Von der Aufstellung von Pflanzen in Kübeln über eine extensive Begrünung mit niedrigen Stauden und Gräsern bis hin zu aufwendigen Dachgärten mit Rasenflächen, Blumen und Sträuchern gibt es eine Vielzahl von Möglichkeiten – und für nahezu jedes Dach eine technisch machbare Begrünungslösung.

Grüne Dächer lösen Dachprobleme!

Kaum eine andere Methode der Flachdachabdeckung kann sich in bezug auf Sicherheit, Dichtigkeit und Lebensdauer mit einem Grün-

Besonders Flachdächer eignen sich gut für eine Begrünung – in diesem Innenhof könnten viele Dachgärten für die Bewohner entstehen.

**Dächer:
Im Winter weiß –
im Sommer grün?**

Dachbegrünungen sind die Dachbedeckungen der Zukunft. Einen Wald auf dem Dach zu haben oder eine wilde Wiese oder einen Gemüsegarten wird selbstverständlich sein. Freie Natur muß überall dort wachsen, wo Schnee und Regen hinfallen. Wo im Winter alles weiß ist, muß im Sommer alles grün sein.

Friedrich Hundertwasser

Ist es nicht wahrhaftig wider aller Logik, wenn eine ganze Stadtoberfläche unbenutzt und der Zwiesprache der Schiefer mit den Sternen vorbehalten bleibt?

Le Corbousier, Architekt

Extensivbegrünungen von Flachdächern: optisch und ökologisch ein Gewinn, bautechnisch kein Problem.

> Eine Dachbegrünung ist eine unglaublich positive Sache. Sie bringt Vorteile, Freude und Wohlbefinden nicht nur jenen, die solch ein grünes Dach nutzen, sondern auch denen, die unter so einem Stück Natur wohnen ein unbeschreibliches Gefühl angenehmer Wärme und Kühlung zugleich, ein Gefühl der Sicherheit überhaupt und einen Geruch wie etwa im Wald.
>
> *Friedrich Hundertwasser*

dach messen! Selbst viele der nur mit einfachen Materialien gebauten und erdbedeckten Berliner Gründächer der Jahrhundertwende sind nach über 80 Jahren immer noch dicht und funktionsfähig. Hingegen mußten z. B. eine Vielzahl von Flachdächern der 60er und 70er Jahre oft schon nach wenigen Jahren saniert werden.

Die höhere Anfälligkeit unbegrünter Dachdichtungen ist einfach zu erklären: Sie sind Witterungseinflüssen weitgehend ungeschützt ausgesetzt. Insbesondere Temperaturunterschiede und UV-Licht machen Dachfolien spröde. Bei einem Gründach ist die Dichtung hingegen unter der Pflanzen- und Substratschicht so wirksam geschützt, daß die Lebensdauer nach Berechnungen etwa um das vierfache verlängert wird. Unter dem Gründach sinkt die Temperatur im Winter kaum unter 0 °C und steigt im Sommer selten über 30 °C an. Auf unbegrünten Dachflächen kann es hingegen zu Temperaturschwankungen von -25 °C im Winter bis +80 °C im Sommer kommen.

Nach bisher durchgeführten Langzeitversuchen und Untersuchungen sowie Erfahrungen mit den seit etwa 20 Jahren eingesetzten Dachdichtungen und Wurzelabwehrfolien ist davon auszugehen, daß die Folien unter der Vegetationsdecke eine Lebensdauer von vielen Jahrzehnten erreichen. Die anzunehmende Lebensdauer von Gründächern wird deshalb heute mit der Haltbarkeit von Ziegeldächern gleichgesetzt.

Ausgangspunkt: Die Belastbarkeit des Daches

Schon eine recht dünne, 5 cm starke Schicht feuchter Erde bringt etwa 80–100 kg/m² zusätzliches Gewicht auf das Dach. Deshalb muß also die Grundlage jeder Begrünungsplanung zunächst die mögliche Belastbarkeit des Daches sein. Wird das Gebäude, das begrünt werden soll, noch errichtet, läßt sich die gewünschte Dachbegrünung und zusätzliche Belastung meist ohne Probleme mit der Tragfähigkeit der Deckenkonstruktion abstimmen. In diesem Fall können, sofern gewünscht, auch noch intensiv nutzbare Dachgärten vorgesehen werden.

Für die Begrünung vorhandener wie geplanter Bauten muß immer eine statische Berechnung der Belastbarkeit zugrunde gelegt werden. Oft genügt dazu ein Blick in die Bauunterlagen, denen immer Statikberechnungen beigefügt sein müssen. Gegebenenfalls sind solche Unterlagen beim Bauverwaltungsamt der Stadt oder der Gemeinde einzusehen. Ist eine statische Berechnung nicht verfügbar, muß sie bei einem staatlich geprüften Statiker oder Architekten eingeholt werden. Eine solche Berechnung gibt die mögliche Belastbarkeit bzw. die „Lastannahme" immer in der Maßeinheit „Newton" (N) bzw. „Kilonewton" (KN) an. Damit wird die jeweils aufgrund der Gewichtsbelastung auf das Dach drückende Energie ausgedrückt. 1 KN entspricht 100 Kilogramm.

Der aus der Statik hervorgehende Spielraum für die zulässige Dachlast darf keineswegs bei einer Begrünung voll ausgeschöpft werden. Zu berücksichtigen ist eine ausreichende Sicherheitsreserve z. B. für Schneelasten und das erforderliche Begehen des Daches.

Mit Hilfe der Gewichtsangaben in der Übersicht (siehe gegenüberliegende Seite) kann dann ein möglicher Dachgartenaufbau entwickelt und das zu beschaffende Material festgelegt werden. Die Zahlen machen deutlich, daß schon bei einer relativ geringen Dachbelastbarkeit von beispielsweise 50 kg/m² einfache Begrünungen mit einer dünnen Vegetationsschicht möglich sind. Fast jedes Flachdach mit einer bereits vorhandenen, meist ca. 5 cm starken Kiesschicht (dies entspricht einer Dachlast von ca. 100 kg/m²) läßt sich nach Entfernen dieser Kiesschicht also ohne weiteres extensiv begrünen!

Geeignete Materialien und Dachbelastung

Material	Belastung
	Auflagedruck pro m² und 1 cm Materialstärke
Sande	20–22 kg
Kies	16–18 kg
Unterboden/Oberboden	16–20 kg
Schwere Gartenerde	18 kg
Ziegelsplitt	14–16 kg
Rindenhumus (-kompost)	11–12 kg
Lavagranulat (Körnung 2–6 cm)	10–13 kg
Mischung Tongranulat/Erde (1:1)	11–14 kg
Blähton	7–8 kg
Wurzelabwehrbahn	1,5–2 kg
Polystyrol-Dränplatten	0,3–0,4 kg
Schutz- und Filtervlies (3 mm)	0,3 kg
Schaumstoff-Vegetationsmatten	4–9 kg
Steinwolle-Vegetationsmatten	6–10 kg
Vegetation: Sedum-Gesellschaft	2 kg
Gräser	5 kg
Sträucher	30–40 kg

Anmerkung:
100 kg entsprechen 1 KN (Kilonewton)

Extensive Begrünung: Schichten und Materialien

Wer sich zum ersten Mal mit Gründächern beschäftigt, wird zunächst oft durch die Vielfalt verschiedener Begrünungstechniken und Materialien verunsichert. Je nach Situation und Begrünung werden z. B. DIN-Dachdichtungen, Dampfsperren, Wärmedämmungen, Wurzelabwehrbahnen, Filter-, Trenn- und Schutzvliese, Dränmatten, Dränsubstrate, Drän-Elemente, verschiedene Substrate für die Bepflanzung, Dachgullys und andere Materialien vorgesehen. In der Tat ist ein dauerhaft funktionsfähiges und dichtes Gründach ohne solche z.T. künstlichen Materialien und ohne einen gewissen technischen Aufwand nicht realisierbar. Aber oft kann dieses Ziel auch mit minimalem Aufwand und nur ganz bestimmten zwingend erforderlichen Funktionsschichten erreicht werden. Die Übersicht (S. 78) gibt einen Überblick über die grundsätzlich möglichen Funktionsschichten und

nennt die jeweils einsetzbaren Materialien. Die nachfolgenden Hinweise können bei der jeweiligen Materialauswahl behilflich sein. Auf Bezugsquellen wird im Anhang hingewiesen (S. 194).

Dachdichtung und Wurzelabwehr

Wurzeln können im Laufe der Zeit auch noch in kleinste Hohlräume und Ritzen eindringen sowie durch Stoffausscheidungen bestimmte Materialien auflösen. Bei der Begrünung vorhandener Gebäude wird deshalb immer geprüft, ob das Material der Dachdichtung als wurzelfest gilt und Schäden durch Pflanzenwurzeln ausgeschlossen werden können.

Nicht wurzelbeständig sind z. B. Beton- und Holzdecken oder die häufig für Flachdächer verwendeten Bitumen-Schweißbahnen. Bei Dachdichtungen aus Kunststoffbahnen kann es sich um wurzelbeständige PVC-Bahnen handeln. Auch Dichtungen aus Synthesekautschuk (EPDM) gelten aufgrund langjähriger Erfahrungen als wurzelfest. Im Zweifelsfall sollten zur Prüfung der Wurzelfestigkeit Herstellerangaben angefordert oder Fachleute befragt werden. Nichtwurzelbeständige Dächer sind grundsätzlich immer mit einer Wurzelabwehrbahn zu versehen. Hierfür stehen folgende Materialien zur Verfügung:

1. EPDM-Kautschukbahnen, 1,5 mm,
besonders robust und beständig.
Vorteil: zugleich als DIN-Dachdichtung zugelassen, d.h. bei Neubauten kann auf zusätzliche Dachdichtung verzichtet werden.
Etwas teurer als PVC, aber umweltverträglicher und ebenso leicht zu verarbeiten.

2. Bitumenschweißbahnen
(PYP- oder APP-Bahnen),
auch als Dachdichtung, die man zusätzlich mit PE-Folien abdeckt. Eher für große Flächen und Ausführung durch Fachfirma geeignet.

3. Polyethylen-Kunststoffolien (PE).
Vorteil: im Vergleich zu PVC umweltverträglicher.
Nachteil: nicht so robust und schlecht zu verlegen (weniger geschmeidig, schwierig im Bereich Dachrand).

4. Kunststoff-Dachbahnen aus PVC.
Vorteile: leicht zu verlegen – auch im Eigenbau, besonders langlebig und robust.
Nachteil: als umweltbelastender Baustoff in der Kritik (siehe Kasten).

Auf PVC verzichten?

Gründächer sollen zur Umweltverbesserung beitragen. Deshalb muß bei der Wahl der Baustoffe besonders auf Umweltverträglichkeit geachtet werden. PVC ist grundsätzlich ein problematischer Baustoff. Nach den neuen Förderrichtlinien des Bundes ist künftig vorgesehen, mit PVC gebaute Gründächer von einer Förderung auszuschließen.
Bei Dachbegrünungen ist Verzicht auf PVC kein Problem. Mit den umweltverträglicheren EPDM-Bahnen steht ein idealer, auch im Eigenbau leicht zu verarbeitender Baustoff zur Verfügung.

Substrat- und
Vegetationsschicht

Filterschicht

Dränschicht

Schutzschicht

Wurzelabwehrschicht

Schutz- und Trennschicht

Dachaufbau mit
Dachdichtung

Je nach Substratdicke und Bewuchs wird nach extensiven und intensiven Begrünungen unterschieden.

Extensives Gründach: Substratschicht ab etwa 4 cm mit niedrigwachsenden, trockenheitsverträglichen und anspruchslosen Moosen und Stauden (wie Sedum-Arten).

Intensives Gründach als Grasdach oder Dachgarten auf Substratschichten von meist über 15–60 cm mit Gräsern, Stauden und Gehölzen.

Kaum in Eigenleistung realisierbar, Zusammenarbeit mit Garten- und Landschaftsbau-Fachfirmen und Landschaftsarchitekten notwendig.

Eine geeignete Mischung verschiedener Substrate bildet die Wachstumsgrundlage für die Pflanzen. Das Substrat muß leicht, strukturstabil und wasserdurchlässig sein, aber auch noch Wasser speichern. Meist handelt es sich um Mischungen aus mineralischen Stoffen wie Blähton und verschiedenen Erden.

Eine Dränmatte aus Nylongewebe, Drän-Elemente oder eine Dränageschicht aus aufgeschüttetem Blähton sorgen für eine wirksame Dachentwässerung. Dränageelemente aus Blähton dienen gleichzeitig auch zur Speicherung eines Teils des Niederschlagswassers.

Schutz-, Trenn- und Filtervliese aus verrottungsfestem Gewebe schützen je nach Lage Folien vor Beschädigungen, verhindern als Filter das Ausschwemmen von Substrat in die Dränage und trennen unverträgliche Dichtungs- und Wurzelabwehrbahnen voneinander.

Wurzelabwehrfolien, die im Einzelfall auch die Funktion der Dachdichtung übernehmen, verhindern ein Vordringen der Pflanzenwurzeln bis zur Dachdichtung und Tragkonstruktion.

Durchlässe und Anschlüsse

An besonders sensiblen Stellen wie Dachgullys und Lichtkuppeln sowie am Dachrand müssen sowohl Dachdichtungen als auch Wurzelabwehrbahn sorgfältig und sicher angeschlossen werden. Je nach Situation ist das nicht immer ganz einfach, aber für fast alle Fälle ist es möglich, auf vorgefertigte Materialien und umsetzbare Anleitungen zurückzugreifen.

So kann der Folienanschluß am Dachrand besonders einfach mit diversen im Handel erhältlichen Klemmprofilen erfolgen. An bereits vorhandenen Aluminium-Profilen und PVC-Durchbrüchen läßt sich die Folie mittels Quellschweißmittel sicher anschweißen. Für Regenwasserabflüsse bietet sich auch der Einbau der mit Klemmdichtungen einfach montierbaren Gullys aus Kunststoff an.

In Zweifelsfällen sollten in jedem Fall Fachleute hinzugezogen werden, da Durchlässe, Öffnungen und Dachränder zu den besonders schwierigen Bereichen gehören, an denen aufgrund von Bau- und Montagefehlern Undichtigkeiten am häufigsten auftreten.

Schutz- und Filterschichten

Für verschiedene Funktionen sind beim Aufbau eines Gründachs dünne Schichten aus dauerhaftem Vlies unverzichtbar. Je nach Funktion werden diese im Handel auch als Schutz-, Trenn-, Polster- oder Filtervliese bezeichnet. Trotz verschiedener Bezeichnungen handelt es sich um das gleiche Material, d.h. um Geotextilien aus Polyester mit einem Gewicht von ca. 300 g/m². Für folgende Funktionen kommen je nach Begrünungsaufbau und übrigen Materialien Vliese in Betracht:

- sofern Wurzelabwehrfolien und Dachdichtungen (z.B. aus Bitumen) miteinander unverträglich sind, als Trennschicht,
- zum Schutz der empfindlichen Dachdichtungs- und Wurzelabwehrfolien vor einer Beschädigung durch unebene Untergründe (z.B. einer Holzdecke) oder scharfkantigen Gegenständen (z.B. Blähton). Nach Bedarf können auch die dickeren „Polstervliese" als Schutzschicht dienen,
- zur Abdeckung von Dränsubstraten und der Vermeidung von Substrateinschwemmungen in die Dränschicht als Filterschicht.

Dachentwässerung und Dränage

Dachgärten sollen Wasser zurückhalten und speichern, doch die Aufnahmefähigkeit eines jeden Speichers ist natürlich begrenzt. Damit Schäden an der Vegetation (durch stauende Nässe) und am Dach (durch zusätzliche Gewichtsbelastung) vermieden werden, muß überschüssiges Wasser abfließen können. Bei allen Flachdächern und nur leicht geneigten Dächern sind deshalb Dränageschichten empfehlenswert. Bei Schrägdächern läßt sich darauf meist verzichten (siehe S. 90). Ein solcher Verzicht ist bei stark geneigten Dächern sogar zwingend, um besonders im oberen Bereich Trockenschäden der Vegetation zu vermeiden.

Das Material der Dränschicht muß grundsätzlich struktur- und verwitterungsstabil sowie so grobporig sein, daß Wasser in den Hohlräumen rasch abfließen kann. Sofern Dachbelastbarkeit und Aufbauhöhe dafür ausreichen, sollten mineralische Dränmaterialien aus Tongranulaten (Blähton wie z.B. „Lecaton") bevorzugt verwendet werden. Blähton-Dränschichten haben gegenüber manchen anderen Dränmaterialien aus Kunststoffen den Vorteil, daß sie sowohl überschüssiges Wasser ableiten, als auch gewisse Wassermengen speichern können, wovon dann in Trockenzeiten die Pflanzen profitieren. Blähton bringt mit ca. 6–8 kg pro m² und cm Substrat nur wenig Gewicht auf das Dach (Kies z. B. ca. 20 kg).

Ebenfalls bewährt haben sich Dränmatten aus Kunststoffen (wie z.B. Polyamid). Die etwa 2 cm dicken, beidseitig mit Schutz- und Filtervlies überzogenen Matten gewährleisten dauerhaft einen sicheren Wasserabfluß, bringen zusätzlichen Schutz für die Wurzelabwehrfolie und sind leicht und rasch zu verlegen. Ihr größter Vorteil: Sie sind so leicht, daß sie das Dach kaum belasten. Da in diesen Matten jedoch kaum Wasser gespeichert wird, muß zur Verbesserung der Wasserversorgung die aufliegende Substratschicht eventuell etwas dicker sein.

Die ebenfalls im Fachhandel als Bestandteil verschiedener Begrünungssysteme erhältlichen, aber z.T. recht kostspieligen Dränplatten und Dränpaletten verbinden die Vorteile der beschriebenen Dränmaterialien miteinander: Ein Teil des Niederschlagswassers wird in z.T. mit Blähton gefüllten Hohlräumen zurückgehalten, überschüssiges Wasser rasch abgeführt. Sie sind besonders für intensivere Begrünungen empfehlenswert.

Substrat- und Vegetationsschicht

Für den jeweils vorgesehenen Pflanzenbewuchs ist der auf dem Dach aufgebrachte „Boden" bzw. die Substratschicht als Wachstumsmedium von entscheidender Bedeutung. Bei der Entscheidung für ein Substrat müssen neben der gewünschten Vegetation auch die Tragfähigkeit des Daches, die Verfügbarkeit des Materials und die geforderten Substrateigenschaften berücksichtigt werden.

Mit Dachgartensubstraten müssen extreme Standortbedingungen mit ausgesprochen dünnen Vegetationschichten realisiert werden. Deshalb sollten sich die Substrate durch folgende Eigenschaften auszeichnen:

- möglichst geringes Eigengewicht,
- hohe Wasseraufnahme- und Wasserspeicherfähigkeit,
- gute Durchlässigkeit und Dränwirkung,
- hohe chemisch-physikalische Beständigkeit (weshalb der Anteil an organischer Substanz 20 % nicht übersteigen sollte),
- eine gewisse Körnigkeit (um Windverwehungen zu vermeiden),
- einen pflanzenfreundlichen pH-Wert von ca. 6,5–7,5,
- bei Planung einer extensiven Begrünung einen eher geringen Nährstoffgehalt.

Diesen Anforderungen werden Substrate, die ausschließlich aus Mutter- oder Rohboden bestehen, nicht gerecht. Gartenerde kann wegen zu hohen Gewichts und zu hohem Humus- und Nährstoffgehalt allenfalls je nach Bepflanzung mehr oder weniger beigemischt werden. Zur Beimischung gut geeignet sind sandige bis schwachlehmige Unterböden, die bei Aushubarbeiten gewonnen werden können.

Als Hauptbestandteil von Substratmischungen werden meist die besonders leichten Tongranulate (wie Blähton), aber auch Lavagranulate oder Bims verwendet. Blähton verfügt über alle oben aufgelisteten positiven Eigenschaften. Er zeichnet sich zudem durch ein gewisses Absorptionsvermögen von Schadstoffen aus und kann als Puffer saure Niederschläge neutralisieren.

Für Extensivbegrünungen wird eine Substratmischung von etwa 50 % Blähton, ca. 20–40 % mineralischem Rohboden und 10–30 % humoser Gartenerde empfohlen. Als Ersatz für Gartenerde

Für die Verkleidung einer Fassade werden immer noch bedenkenlos Millionen investiert, aber für die Bereitschaft eine vergleichsweise geringe Summe für Dachbegrünung locker zu machen, bedarf es meist langwieriger Überredungskünste.

*Uwe Isterling,
Landschaftsarchitekt*

Ab einer Substratschicht von 10–12 cm sind auch Grasdächer möglich, deren Anlage mit Rollrasen am besten von einer Fachfirma ausgeführt wird.

lassen sich Komposterden oder Rindenhumus verwenden. Auf die noch häufig empfohlene Beimischung von Torf sollte man aber verzichten! Der Verbrauch von Torf trägt zur Zerstörung unserer letzten Hochmoor-Biotope bei. Der Torf führt zudem zu einer unerwünschten Versauerung des Substrates.

Substratschichten sollten mindestens 4 cm stark aufgebracht werden. Je anspruchsvoller die Bepflanzung, desto höher kann jeweils der Anteil humus- und nährstoffreicher Erden sein. Blähton, Blähschiefer, Bims und Lavagranulat werden unter verschiedenen Spezialbezeichnungen und in verschiedenen Mischungen im Handel angeboten. Manchen dieser Spezial-Dachgartensubstrate sind auch in unterschiedlichen Anteilen Ton und organische Substanz (z.T. leider auch Torf!) beigemischt. Achten Sie also bei der Bestellung genau auf die Zusammensetzung und fordern Sie von mehreren Firmen Angebote an.

Bei besonders geringer Dachbelastbarkeit können alternativ zu den Substraten auch vorgefertigte Vegetationsmatten bzw. -platten ausgebracht werden. Diese etwa 3–6 cm starken Matten aus Kunststoffgewebe oder Steinwolle und flächig vorgezogener Vegetation (meist Sedumgesellschaften) können gleichzeitig die Funktion einer Schutz-, Drän-, Filter-, Substrat- und Vegetationsschicht übernehmen, also unmittelbar auf der Wurzelabwehrbahn ausgebracht werden. Sie ermöglichen eine sehr rasche und unkomplizierte Begrünung, die aber im Vergleich zu anderen Substraten teurer ist.

Kostspielige Gründächer – ein Vorurteil

Im Vergleich zum konventionellen Flachdach einer Garage oder der einfachen Teerpappen-Abdeckung eines Gartenhauses ist ein mehrschichtig aufgebautes Gründach meist mit höheren Kosten verbunden. Die etwas höhere Anfangsinvestition wird aber durch die zusätzliche Grünfläche, eine Vielzahl anderer Vorteile und insbesondere einer wesentlich längeren Haltbarkeit wieder wettgemacht! Außerdem lassen sich bei der Begrünung von unbewohnten Nebengebäuden die Kosten für Dachdecker und Fachfirmen einsparen: Einige Hersteller bieten preiswerte Selbstbaulösungen an. Das nötige Material für solche einfach aufgebauten, extensiv zu begrünenden Dächer ist einschließlich der Dachdichtung für etwa 50,– bis 70,– DM pro Quadratmeter zu haben (siehe Übersicht). Selbstgebaute Gründächer können damit sogar kostengünstiger sein als die konventionellen Kiesdächer. Die fachgerechte Verarbeitung, die auch von Laien vorgenommen werden kann, ist anhand der Anleitungen in diesem Buch sowie zusätzlicher, von den Herstellern mitgelieferter Beschreibungen problemlos möglich. Das beschriebene Beispiel der Begrünung eines Carport (siehe S. 86) stützt sich auf eine solche, von einer Fachfirma entwickelten Bauanleitung und das entsprechende, hierfür benötigte Material.

Viel Geld kann übrigens gespart werden, wenn schon beim Bau eines Gebäudes die Begrünung mit eingeplant wird. Bei einfachen Nebengebäuden übernimmt beispielsweise die ohnehin erforderliche Wurzelabwehrfolie zugleich die Funktion der Dachdichtung. Die für Dachgärten erforderliche erhöhte Dachbelastbarkeit läßt sich oft ohne großen Mehraufwand erreichen. Bei einem Garagendach aus Stahlbeton kann z. B. mit einer zusätzlichen Investition von nur 15,– DM für zusätzlich einzubauenden Baustahl die statische Voraussetzung für eine intensive Dachbegrünung mit 20–30 cm starker Substratschicht geschaffen werden.

Kosten von Gründächern

(Preise für Material im Jahr 1993, Lieferfirmen
siehe Bezugsquellen S. 194)

Wurzelabwehrbahn (EPDM)	30–40,– DM/m²
Wurzelabwehrbahn (PE, 0,5 mm, doppellagig	15–20,– DM/m²
Wurzelabwehrbahn (PVC)	20,– DM/m²
Schutz-, Trenn- und Filtervlies	4–5,– DM/m²
Dränmatte (mit Vlies)	20–25,– DM/m²
Blähton (5 cm Schicht)	5,– DM/m²
Dachstauden in Multitöpfen (15–20 Stück)	8,– DM/m²
Sedum-Sprossen	4,– DM/m²
Aussaat-Mischungen	1,– DM/m²

Beispiel Carportdach-Begrünung

1. Wurzelabwehrbahn (zugleich Dachdichtung)	20–35,– DM/m²
2. Zwei Vliesschichten	8–10,– DM/m²
3. Blähton (Drän- und Substratschicht)	10,– DM/m²
4. Bepflanzung	8,– DM/m²
5. Sonstiges (Gully usw.)	2,– DM/m²
Gesamtkosten:	**48–68,– DM/m²**

Pflanzen für extensive Gründächer

Die extremen Standortbedingungen auf den Dächern zwingen dazu, die Pflanzen sorgfältig auszuwählen. Der Wechsel zwischen starker Trockenheit und Nässe, ein begrenzter Wurzelraum, extreme Temperaturschwankungen, Wind- und Immissionseinflüsse und eine intensive Sonneneinstrahlung grenzen die Auswahl ein. Zudem muß an die vorgesehene Nutzung bzw. an das Ziel der Begrünung gedacht werden.

Soll sich eine dauerhafte und pflegeleichte extensive Dachvegetation entwickeln, müssen die Pflanzen insbesondere extreme Trockenheit und Sonne vertragen. Sie müssen zudem mit dem geringen Wurzelraum und Nährstoffvorrat gut auskommen und dürfen nicht wind- und frostempfindlich sein. In der Natur gibt es Pflanzen, die sich aufgrund besonderer Anpassungen auf vergleichbaren Standorten, z.B. auf flachgründigen Böden, optimal entwickeln. Dabei handelt es sich überwiegend um Pflanzenarten der sogenannten „Trockenrasengesellschaften".

Sukkulente Pflanzen wie Mauerpfeffer *(Sedum),* Steinbrech *(Saxifraga)* oder Hauswurz *(Sempervivum)* verfügen z. B. über verdickte, wasserspeichernde Blattorgane. Auch Kräuter wie Thymian und manche Gräser sind geeignet und können zusammen mit den verschiedenartig blühenden Sukkulenten zu sehr abwechslungsreichen und bunten Pflanzungen zusammengestellt werden. Ebenfalls zu verwenden sind manche Zwiebelgewächse, da sie ihre grüne und blühende Wachstumsphase meist bis zum Sommer abgeschlossen haben und ihr Laub einziehen. Eine Auswahl geeigneter Pflanzen enthält die Übersicht S. 82.

Die jeweiligen Ansprüche an Licht und Boden sind zu beachten. Auch das Wuchsverhalten ist wichtig: Arten, die sich flächig ausbreiten und somit rasch zur Entwicklung dichter Vegetationsdecken beitragen, sollten bevorzugt werden.

Die genannten Pflanzen sind besonders für extensive Begrünungen auf ziemlich dünnen Substratdecken von 4–10 cm geeignet. Überwiegend gedeihen sie auch auf mächtigeren Schichten, werden hier aber mit der Zunahme des Nährstoffangebotes und des Bodenvorrats zunehmend von stärkerwüchsigen (sich auch z.T. selbst ansiedelnden) Arten verdrängt. Für solch dickere Schichten sind neben vielen Stauden besonders auch Gräser geeignet. Das bekannte Grasdach ist etwa ab einer Substratschicht von 10–12 cm machbar. Die für Schrägdach-Wohngebäude besonders bewährten Grasdächer werden heute durch Auslegen von Rollrasen angelegt. Die Ausführung eines solchen Gründaches wird am besten einer Fachfirma mit entsprechender Erfahrung übertragen.

Extensiver Dachgarten mit scharfem Mauerpfeffer (Sedum acre) und Hauswurz-Arten (Sempervivum). Auf dünner Substratschicht entwickeln sich ästhetisch ansprechende, dauerhafte, trockenheitsverträgliche und sehr pflegeleichte Pflanzengemeinschaften.

Pflanzenauswahl für extensive Dachgärten
(bis ca. 7 cm Substratstärke, sonnige bis halbschattige Standorte)

	Heimische Wildpflanze	Höhe in cm	Blütenfarbe Blütezeit	Bemerkungen
Schnittlauch *Allium schoenoprasum*	●	30–80	purpurrot VI–VII	
Sandkraut *Arenaria grandiflora*	●	10–12	weiß V–VIII	
Katzenpfötchen *Antennaria sp.*		5–10	weiß-rosa V–VI	bilden silbergraue Teppiche
Zwergglockenblume *Campanula chochleariifolia*	●	5–15	hellblau VI–VIII	bilden dichte Rasen
Heidenelke *Dianthus deltoides*	●	5–15	rosa VI–X	rasenähnl. Polster, vertr. keine Konkurrenz
Hungerblümchen, Goldkissen *Draba aizoides*	●	5–10	goldgelb III	polsterbildend, immergrün
Rupprechtskraut *Geranium robertianum*	●	20–30	rosa V–X	rote Herbstfärbung
Kugelblume *Globularia punctata*	●	20–30	violettblau V–VI	mattenbildend
Sonnenröschen *Helianthenum canum*	●	5–10	gelb V–VI	bilden großflächige Polster
Habichtskraut *Hieracium pilosella*	●	5–15	gelb VI–VIII	rasenbildend
Polster-Johanniskraut *Hypericum polyphyllus*		10–15	gelb V–VI	
Sandfingerkraut *Potentilla cinerea*	●	3–6	gelb IV–V	polsterbildend
Krusten-Steinbrech *Saxifraga aizoon*	●	3–5	weiß-rosa	
Scharfer Mauerpfeffer *Sedum acre*	●	5–10	gelb VI–VII	Ausbreitung durch Selbstaussaat, wuchernd
Weißer Mauerpfeffer *Sedum album*	●	5–10	weiß VI–VIII	lockere Rasen bildend
Weihenstephaner Gold *Sedum floriferum 'W.G.'*		10–15	goldgelb VI–VII	polsterbildend
Felsen-Fetthenne *Sedum reflexum*	●	15–30	goldgelb VII	lockere Rasen bildend
Milde Fetthenne *Sedum sexangulare*	●	5–7	gelb VI–VII	ähnlich *Sedum acre*
Immergrünchen *Sedum Hybridum*		10–15	goldgelb VII–VIII	dichte, immergrüne Matten bildend
Echte Hauswurz *Sempervivum tectorum*	●	10–30	rosapurpur VII–IX	dichte Rosetten, Ausbr. durch Tochterpfl.
Hauswurz-Hybriden *Sempervivum var.*		5–30	versch. VII–IX	viele Formen und Farben
Feldthymian *Thymus serphyllum*	●	3–5	lila-rosa V–VIII	flächig-wuchernd, Duft!
Blauschwingel *Festuca glauca*	●	15–30	blau bis blaugrün	horstbildend
Amethyst-Schwingel *Festuca amethystina*	●	20–30	blaugrün	horstbildend
Schafschwingel *Festuca ovina*	●	25	graugrün	horstbildend
Lebendgeb. Schwingel *Festuca vivipara*		10–15	grün	horstbildend, extrem hartes Gras
Schillergras *Koeleria glauca*	●	20–40	blaugrün	
Frühlings-Segge *Carex caryophyllea*	●	10–20	dunkelgr.	lockere Rasen bildend
Vogelfuß-Segge *Carex ornithopoda*	●	10–15	dunkelgr.	horstbildend

Kräuter

Gräser

Pflanzung oder Aussaat?

Wer die nötige Geduld aufbringt, kann auf eine gezielte Ansiedlung von Pflanzen verzichten: Von Natur aus wird sich im Laufe der Jahre vieles von selbst ansiedeln. Aber bis zur Ausbildung der gewünschten geschlossenen Pflanzendecke vergeht natürlich eine längere Zeit. Und viele besonders geeignete, ökologisch und ästhetisch interessante Arten werden fehlen.

Bei den dünnschichtigen Sedum-Extensivbegrünungen hat es sich besonders bewährt, die geeigneten Arten entweder durch Pflanzung oder durch Ausstreuen von Pflanzensprossen gezielt anzusiedeln. Das Ausstreuen von Sprossteilen ist dabei im Vergleich besonders preiswert. Für eine flächendeckende Begrünung genügen dabei etwa 20–30 Sproßteile pro m². Die im Sommer ausgestreuten Pflanzensprosse bilden nach leichter Abdeckung mit feucht gehaltenem Substrat rasch Wurzeln.

Noch rascher und sicherer ist eine Pflanzung vorgezogener Dachstauden und Gräser. Speziell für Dachbegrünungen angezogene Pflanzen können beim Staudengärtner oder Begrünungsspezialisten angefordert werden (siehe Adressen S. 194).

Die mit 4 x 4 cm Ballen in Multitopfplatten angebotenen Jungpflanzen sind besonders preisgünstig und gewährleisten zudem ein sicheres Anwachsen. Es genügen etwa 15–20 dieser Pflanzen pro m². Gepflanzt wird am besten in der Zeit von April bis September. Bei Pflanzung im Spätherbst sind Ausfälle durch Frostschäden nicht auszuschließen.

Bei dickeren Substratschichten (ab etwa 10 cm) kann für eine Ansiedlung von Kräutern und Gräsern auch eine Samenmischung ausgesät werden. Der Fachhandel bietet geeignetes Saatgut für Extensivbegrünungen an, mit denen meist eine Magerrasen-Vegetation angesiedelt werden kann. Die Aussaat erfolgt am besten im Frühjahr (April–Juni) oder im Spätsommer (September) mit einer Saatmenge von etwa 5–8 g/m². Die Fläche wird danach mit einer dünnen Feinsandschicht abgedeckt und in den ersten Wochen feucht gehalten.

Ratsam ist es, die verschiedenen Ansiedlungsmethoden miteinander zu kombinieren:
1. Grundbepflanzung insbesondere mit flächig sich ausbreitenden Arten.
2. Ergänzung durch Ausstreuen von Sprossen und eventuell punktueller Aussaat.
3. Vereinzeltes Nachpflanzen einzelner Arten, die auch durch Aussaat in Töpfen oder auf Beeten selbst angezogen werden können.

Pflege extensiver Dachgärten

Nach der Ausbreitung einer flächendeckenden Vegetation sind Pflegemaßnahmen bei extensiven Dachgärten kaum erforderlich. Nur in den ersten Jahren sollte der Pflanzenwuchs sorgfältig beobachtet und gegebenenfalls gezielt eingegriffen werden. Bei Bedarf ist z.B. in der Anwachsphase eine gezielte Bewässerung erforderlich. Auch unerwünschter Aufwuchs, insbesondere von Gehölzsämlingen (wie Birken oder Ahorn), ist zu entfernen. Keinesfalls darf gedüngt werden: Die durch Niederschläge zugeführten Nährstoffe (insbesondere Stickstoff) genügen völlig, um die Auswaschungsverluste auszugleichen. Ziel aller Pflegemaßnahmen muß es sein, eine stabile, dauerhafte, sich selbst regulierende Pflanzengemeinschaft zu entwickeln.

Dieses gilt grundsätzlich auch für Grasdächer. Bei ausreichender Substratschicht und Einsatz von Spezialsubstraten ist auch in trockenen Zeiten keine Bewässerung nötig: Die typische sommerliche Braunfärbung ist ein völlig natürlicher Vorgang und führt nicht zum Absterben der Pflanzen. Ein durch massive Bewässerung permanent sattgrüner „englischer" Rasen kann nicht das Ziel einer Dachbegrünung sein!

Intensive Dachgärten

Besonders in verdichteten Innenstädten sind intensive „Terrassengärten" auf Bürogebäuden, Wohnblocks oder Garagen eine Chance für ein kleines Stück nutzbaren Grüns inmitten von Beton und Asphalt. Die bekannten Dachgärten von Wien oder Paris zeigen, welch vielfältige Bepflanzungen und Nutzungen auf Dächern möglich sind.

Voraussetzung sind ausreichend belastbare und begehbare sowie durch Brüstungen (mindestens 90 cm) gesicherte Dachflächen. In der Regel muß bei der Baubehörde eine Genehmigung beantragt werden. Der erforderliche Grünaufbau auf einer dichten Dachhaut entspricht grundsätzlich einer Extensivbegrünung (mit Wurzelabwehr-,

Filter-, Drän- und Substratschicht). Wesentlich stärkere Substratschichten von 15 bis 60 cm und nährstoffreichere Substrate ermöglichen aber eine mit kleinen Hausgärten vergleichbare Bepflanzung. Selbst Sträucher, Klettergehölze und kleine Bäume lassen sich bei entsprechender Substratdecke pflanzen. Auch viele Zierpflanzen sowie Gemüse können angezogen werden.

Eine solch anspruchsvolle Vegetation erfordert aber eine recht aufwendige Betreuung und Pflege.

Intensiver Dachgarten

Hoher Bodenaufbau ermöglicht anspruchsvolle Pflanzungen mit Gehölzen.

Substrat- und Vegetationsschicht, mindestens 60 cm

Filterschicht (Vlies)

Dränageschicht, z.B. Blähton, 20 cm

Schutzschicht (Vlies)

wurzelfeste Dachdichtung 2 mm

Trennschicht (Vlies)

Dachkonstruktion

Dachgarten in Gefäßen

Substrat

Filterschicht (Vlies)

Dränageschicht (Blähton)

Insbesondere ist eine Zusatzbewässerung erforderlich. Automatische Bewässerungssysteme bei größeren Intensivdachgärten sind deshalb zu empfehlen. Es empfiehlt sich aufgrund des im Vergleich zum Extensivdach aufwendigeren Begrünungsaufbaus und der hohen Sicherheitsanforderungen einen Fachbetrieb hinzuzuziehen. Dies gilt besonders für die Planung und Anlage anspruchsvoller Dachgärten mit Sitzecken, Wegen, Liegewiesen, Klettergerüsten, Wasserbecken, Spielbereichen und anderen Elementen. Hersteller bieten für flächig angelegte Dachgärten eine Vielzahl bewährter Begrünungssysteme an, auf die zurückgegriffen werden kann.

Scheidet aufgrund statischer Probleme eine ganzflächige Begrünung aus, kann gegebenenfalls an besonders belastbaren Stellen (z. B. im Bereich tragender Mauern) zumindest eine Teilbegrünung mittels Pflanzgefäßen und einzelnen Beeten erfolgen. Pflanzgefäße können auch sinnvoll in die Gestaltung eines ganzflächig begrünbaren Daches integriert werden. Wichtig ist es, auch in den Pflanzgefäßen einen mehrschichtigen Aufbau mit Dränage, Filter- und Substratschicht vorzusehen sowie für einen ausreichenden Wasserabfluß zu sorgen. Wenn unter den Gefäßen keine wurzelfeste Folie verlegt wird, müssen auf Dächern auch Pflanzgefäße durchwurzelungsfest sein. Geeignet sind deshalb besonders Gefäße aus Kunststoff, Beton oder Ton. Die vom Handel für Dachgärten angebotenen Pflanzkastensysteme sind besonders empfehlenswert.

Dachgarten auf dem Lattenrost

Neben technisch aufwendigeren Systemen bietet sich für die Anlage von Dachgärten auch eine eher einfache, aber bewährte Lösung an: Ein stabiles Lattengerüst wird als Unterlage und „Trennschicht" auf dem (auf Dichtigkeit geprüften) Flachdach verlegt. Fußbodenbretter oder spezielle Terrassendielen dienen dann als Unterlage für Sitzbereiche und Wege. Je nach Gestaltungswünschen werden dazwischen auf dem Lattengerüst Pflanzgefäße und Beete angeordnet. Schwere Pflanzgefäße, Hochbeete und die Auflagepunkte des Gerüstes sind so anzuordnen, daß sie immer auf tragenden Gebäudemauern liegen.

Pflanzgefäße bieten je nach Volumen die Möglichkeit, eine breite Palette von Gartenpflanzen auf dem Dach anzusiedeln. Auf einige im Holzgerüst ausgesparte Stellen können auch Flachbeete angelegt werden. Dazu wird jeweils ein entsprechend großes Stück witterungs- und wurzelbeständiger Folie verlegt, über den Rand aus Kantholz hochgezogen und befestigt. Hier wie bei Pflanzgefäßen muß zur Vermeidung von Nässeschäden immer ein Abfluß vorgesehen werden. Für das Holzgerüst werden druckimprägnierte Kanthölzer (4 x 6 cm) im Abstand von 50–70 cm verlegt und fest verschraubt. Je nach vorgesehener Belastung können es auch stärkere Hölzer sein.

Solche Dachgärten auf einem Lattenrost lassen sich teilweise auch in Eigenleistung anlegen. Dort, wo aufwendigere und kostspielige Lösungen ausscheiden, sind sie eine zwar „provisorische", aber einfache und trotzdem attraktive Lösung. Von Vorteil ist zudem, daß in diesem Fall die Dachdichtung besonders wirksam vor einer möglichen mechanischen Beschädigung (durch Pflanzgefäße, Substrate usw.) geschützt wird.

Eine grüne Idylle zwischen Himmel und Erde zum Sonnenbaden und Spielen, Lesen und Plaudern, Ausruhen und Träumen. Auch mit geringem finanziellen und technischen Aufwand sind auf manchem Dach intensiv nutzbare Gärten möglich.

Der Weg zum Dachgarten
Eine Checkliste zur Planung von Dachbegrünungen

Dachbelastbarkeit?	• statische Berechnung gibt Aufschluß über zulässige Dachlast • Neubau: entsprechend den Begrünungswünschen kann die Belastbarkeit ausgelegt werden
Nutzungswünsche? Begrünungsziele?	• je nach Dachbelastbarkeit und Wünschen extensives Gründach oder intensiver Dachgarten
Dachdichtung?	• Dach auf Dichtigkeit und Wurzelbeständigkeit prüfen, Mängel und Schäden durch Fachfirma beseitigen lassen
Genehmigung? Vorschriften?	• bei Bauordnungsbehörde über Bauvorschriften und erforderliche Genehmigung informieren
Finanzhilfe?	• beim Grünflächen- oder Umweltamt über evtl. Fördermöglichkeiten informieren (manche Städte geben Zuschüsse bis zu 10 DM/m²)
Fachfirma oder Selbstbau?	• Extensivbegrünung von flachen und leicht geneigten Dächern auf unbewohnten Gebäudeteilen (Garagen, Schuppen etc.) in Eigenleistung möglich • bei Begrünung von Wohnhäusern, insbesondere der Anlage intensiver Dachgärten Fachfirma hinzuziehen
Material?	• das benötigte Material unter Berücksichtigung von Verschnitt und Überlappungen im Fachhandel bestellen
Zeitpunkt?	• Ausführung der Arbeiten einschließlich Bepflanzung in der Zeit von April bis September
Pflege?	• bei extensiv begrünten Dächern kann nach einigen Jahren nahezu völlig auf Pflege verzichtet werden • in den ersten Jahren Vegetationsentwicklung beobachten und vereinzelt (geringfügig) pflegend eingreifen

Beispiele aus der Praxis

Die extensive Begrünung von Dachflächen ist viel unkomplizierter, als vielfach angenommen! Zahlreiche Hersteller liefern vorgefertigtes Material und Anleitungen, mit denen auch der Hobby-Handwerker absolut fachgerechte und sichere Dachgärten und Gründächer realisieren kann. Selbstbau kann dazu beitragen, die Kosten wesentlich zu senken. Selbstverständlich stehen für komplizierte Ausgangslagen und intensiv zu nutzende Dachgärten die Fachfirmen des Garten- und Landschaftsbaus zur Verfügung. Mit deren Know-How und den angebotenen professionellen Begrünungssystemen läßt sich nahezu jedes nicht mit Ziegeln gedeckte Dach begrünen. Bei der Begrünung von Wohngebäuden, insbesondere den sensiblen, abdichtungstechnischen Arbeiten, empfiehlt sich das Hinzuziehen einer Fachfirma.

Doch in vielen Fällen sind Dachgärten auch in Eigenleistung möglich. Selbstbau bietet sich insbesondere bei den überall in den Siedlungen vorhandenen Flachdächern auf Garagen und Carports oder den meist nur leicht geneigten Dächern von Schuppen und Gartenhütten an. Mit etwas Geschick und Übung im Umgang mit den Materialien ist auch die Flachdachbegrünung größerer Flächen auf Wohn- und Gewerbebauten in Eigenarbeit zu realisieren. Der prinzipielle Aufbau solcher Gründächer ist mit den nachfolgend beschriebenen einfachen Begrünungsbeispielen vergleichbar. Für die bei Wohngebäuden z.T. komplizierten Übergänge zwischen Dachdichtung bzw. Wurzelschutz und Anschlüssen sowie für die Dachrandausbildung bieten Hersteller praktikable Lösungen an. Im Unterschied zu einfachen Gründächern auf Nebengebäuden sind hier nur die DIN-Normen zu beachten und insbesondere eine ausreichende Wärmedämmung vorzusehen.

Beispiel: Begrünung eines Carport

Ausgangssituation: Ein als Holzkonstruktion geplantes Carport soll ein extensives Gründach erhalten. Vorgesehen ist ein pflegeleichtes Sedum-Dach auf einer Substratschicht von 5 cm. Die Dachfläche ist mit etwa 2 Grad nur leicht geneigt und 18 m² groß. Nach der statischen Berechnung ist bei Berücksichtigung einer Sicherheitsreserve (für Schneelasten, Begehung usw.) eine zusätzliche Dachlast von 85 kg/m² möglich. Die tragende Dachkonstruktion besteht aus einer festen, begehbaren Holzdecke aus Rauhspund-Fußbodenbrettern (aus optischen Gründen mit der glatten Seite nach unten verlegt).

Das benötigte Material

Nach Auswertung entsprechender Informationen, Beratung durch eine Lieferfirma und dem Einholen von Angeboten wird das folgende Material bestellt bzw. beschafft (siehe Bezugsquellen S. 194):

1. Wurzelabwehrbahn
EPDM-Folie, 1,5 mm: 24 m²

Da für solche Nebengebäude Dachdichtungen nach DIN-Norm weder vorgeschrieben noch erforderlich sind, übernimmt eine vergleichbar beständige Wurzelabwehrbahn zugleich die Funktion der Dachdichtung. Bei der Berechnung der benötigten Größe ist zu berücksichtigen, daß zur Ausbildung der Dachränder an jeder Seite ein Überhang von etwa 30 cm vorhanden sein muß. Die Folie wird von der jeweiligen Lieferfirma in dem benötigten Maß fertig verschweißt und ausrollbar geliefert.

2. Schutz- und Filtervlies, 3 mm: 24 m²

Ein dünnes Vlies aus verrottungsfestem Polyester wird für zwei unterschiedliche Funktionen eingesetzt. Zum einen wird damit das recht rauhe Holzdach vor Verlegen der Folie komplett abgedeckt. Die Folie wird so vor Beschädigungen geschützt. Zum anderen werden am Dachrand etwa 20 cm breite Vliesstreifen als Filterschicht benötigt, die ein Einspülen von feinem Substrat in die Dränschicht verhindert.

3. Dränmatte: 18 m²

Die Dränmatte aus strukturstabilem, ca. 16 mm starkem Nylongewebe und beidseitiger Vliesabdeckung wird gegenüber einer Dränage aus mineralischem Material (Blähton, Kies) wegen der insgesamt geringeren Dachbelastung bevorzugt. Eine rasche und dauerhafte Dachentwässerung wird gewährleistet, extreme Dachlasten, beispielsweise nach starkem Regen, vermieden (bei stärkerer Dachneigung und höherer Belastbarkeit hätte auf eine Dränageschicht evtl. ganz verzichtet werden können).

Brandschutz beachten!

Unbedingt zu beachten sind bei Dachbegrünungen die jeweiligen Brandschutzbestimmungen. Die folgenden Regelungen der Landesbauordnung von Berlin ähneln denen in anderen Bundesländern (beim Bauordnungsamt oder einem Architekten nachfragen):

Dachabdeckungen müssen widerstandsfähig gegen Flugfeuer sein. Dies wird ohne Prüfung als gegeben vorausgesetzt:
a) bei bewässerten und gepflegten Intensiv–Dachgärten,
b) bei Extensivbegrünungen mit einer Mindestsubstratschicht von 3 cm und einem maximalen Anteil an organischen Bestandteilen (Humus, Pflanzen) von 20 Gewichtsprozent.

Zwischen Vegetationsfläche und Dachöffnungen sowie aufgehenden, mit Fenstern versehenen Fassaden muß ein 50 cm breiter Kiesstreifen vorhanden sein.

4. Dachgully und Fallrohr

Zur Sammlung und Abführung des Niederschlagswassers wird ein einfach zu montierender Einbau-Klemm-Gully verwendet. Ein 70 mm Gully und dazu passendes Fallrohr sind für solch kleine Dachflächen völlig ausreichend. Das Fallrohr wird an eine Regentonne angeschlossen. Das auf dem Dach gefilterte Regenwasser läßt sich so für die Gartenbewässerung verwenden bzw. kann über einen Überlauf in den Garten abfließen und hier natürlich versickern.

5. Substrat: Gemisch Blähton/Erde

Vorgesehen ist eine extensive Begrünung mit anspruchslosen Pflanzen (Mauerpfeffer u. a.). Dafür genügt eine 5 cm starke Schicht eines nährstoffarmen und durchlässigen Substrates. In diesem Fall wird auf die bewährte Mischung von 50 % Blähton, 30 % sandig-lehmigem Unterboden und 20 % Mutterboden (Gartenerde) zurückgegriffen. Unter- und Mutterboden sind auf der Baustelle vorhanden, Blähton wird bei einer Fachfirma für Begrünungen bestellt (0,5 m³). Der hohe Blähton-Anteil sorgt dafür, daß die Dachbelastung im Bereich der Toleranzgrenze bleibt (d. h. wassergesättigt bei etwa 70 kg/m²).

6. Bepflanzung: ca. 300 Dachstauden in Multiplatten

Bei einer Fachfirma werden speziell für Gründächer angezogene Stauden bestellt. Die einjährigen Jungpflanzen verfügen über einen etwa 4 cm starken Ballen, der ein sicheres Anwachsen gewährleistet und für die Pflanzung in dünnschichtigen Substraten nicht verkleinert werden muß. Pro m² werden etwa 15 Pflanzen benötigt. Eine spätere Ergänzung durch gesondert angezogene Pflanzen ist vorgesehen.

Die Arbeitsschritte

Die Verarbeitung des Materials erfolgt auf dem Dach in der genannten Reihenfolge, kann grundsätzlich von einer Person ausgeführt werden (besser zwei) und beansprucht etwa 1–2 Tage.

1. Der Dachgully wird in der dafür vorgesehenen Öffnung montiert, der Klemmring zunächst herausgenommen.

2. Um Begrünungsaufbau und Substrat zu sichern, wird am Dachrand ein 6 x 6 cm starkes Kantholz aufgenagelt (muß wie die übrigen Hölzer des Carports mit einer Holzschutzlasur behandelt worden sein).

Als Substrat wird ein Gemisch aus Blähton, Sand und Erde eimerweise auf das Dach gebracht und mit einer Harke verteilt.

3. Auf dem flächendeckend mit Schutzvlies abgedecktem Dach wird die Wurzelabwehrbahn ausgerollt. An den Rändern bleibt sie etwa 30 cm überstehen. Im Gully läßt sie sich nach Ausschneiden eines entsprechend großen Loches mittels Klemmring befestigen.

4. Die als Rollenware gelieferte Dränmatte wird passend zugeschnitten und so verlegt, daß die jeweils überstehende Vliesabdeckung an den Nahtstellen in Richtung Dachgefälle überlappt. Abfließendes Wasser kann so keine Substratteilchen in die Dränschicht spülen.

5. Sorgfalt und Geschick sind bei der nun folgenden Montage des Dachrandes erforderlich. Etwa 30 cm breite Vliesstreifen werden zunächst zugeschnitten und bereitgelegt. Die Folie wird wie in der Querschnitts-Skizze auf S. 88 veranschaulicht auf dem Kantholz doppelt gefaltet und an der Außenkante mit Dachpappennägel befestigt. Der Vliesstreifen läßt sich nun so von innen in die Falte

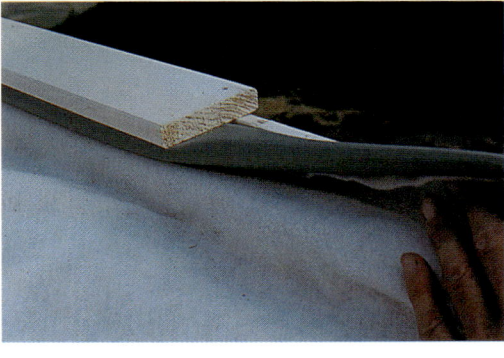

Die Randgestaltung mit einer Holz-Attika erfordert etwas Geschick: Um eine Durchfeuchtung des Holzes zu vermeiden, wird die Folie gefaltet und der Vlies-Randstreifen eingelegt (siehe auch Skizze S. 88).

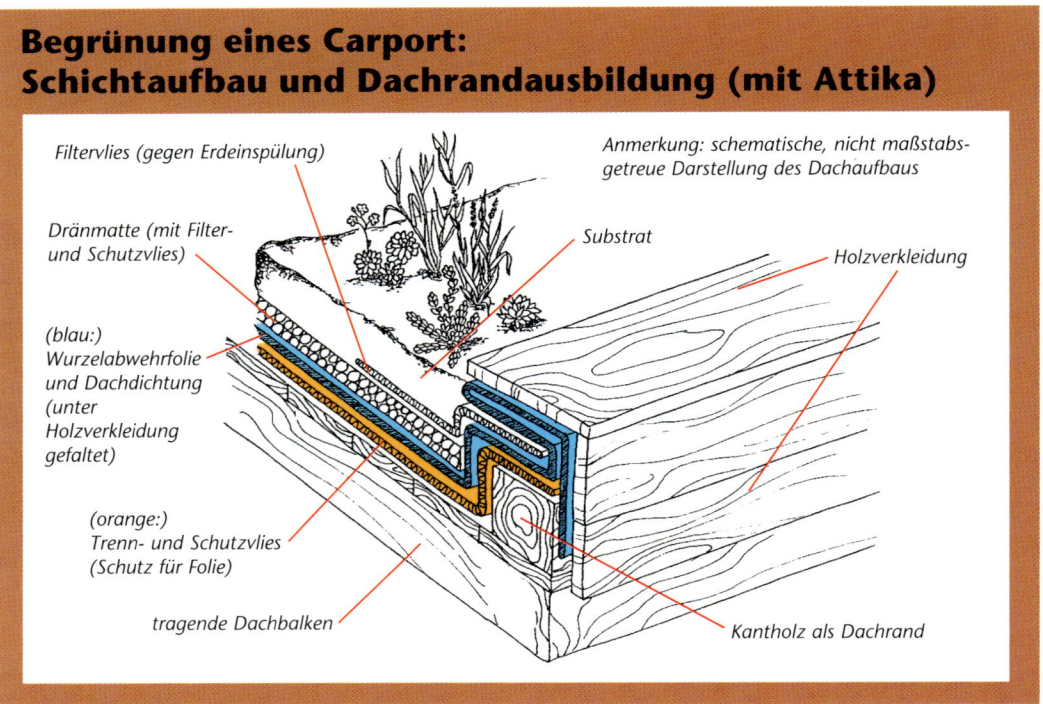

Begrünung eines Carport:
Schichtaufbau und Dachrandausbildung (mit Attika)

Filtervlies (gegen Erdeinspülung)

Anmerkung: schematische, nicht maßstabs-
getreue Darstellung des Dachaufbaus

Dränmatte (mit Filter-
und Schutzvlies)

Substrat

Holzverkleidung

(blau:)
Wurzelabwehrfolie
und Dachdichtung
(unter
Holzverkleidung
gefaltet)

(orange:)
Trenn- und Schutzvlies
(Schutz für Folie)

tragende Dachbalken

Kantholz als Dachrand

Bepflanzungen mit den mit Flachballen angebotenen Dachstauden haben sich bewährt. Pro m² genügen etwa 15 Stauden oder Gräser, die am besten gruppenartig gepflanzt werden.

legen, daß am Rand ein späteres Einspülen von Substrat verhindert wird. So kann zugleich einem Durchfeuchten von Rand- und Abdeckhölzern vorgebeugt werden. An den Ecken läßt sich ein Einschneiden und aufwendiges Verschweißen der Folie vermeiden: Die Spitze der Folie wird dazu zunächst nach oben gezogen. Der sich dabei bildende dreieckige Zipfel läßt sich dann plattdrücken und nach oben über die Attika falten und außen befestigen (siehe Skizze).

6. Sind Folie, Dränmatte und Randvlies fertig verlegt, können die Attika-Bretter der Randverkleidung an- bzw. aufgenagelt werden. So läßt sich die Folie sicher und dauerhaft befestigen (alternativ zur gezeigten Holz-Attika kann die Randausbildung auch mit noch einfacher zu montierenden, im Handel erhältlichen Dachrand-Profilen aus Aluminium oder Kunststoff erfolgen).

7. Das Substrat wird in der vorgesehenen Zusammensetzung gemischt und aufgebracht. Bei den in diesem Fall eher geringen Mengen war die Beförderung auf das Dach mit Hilfe von 10-Liter-Eimern kein Problem. Bei der sorgfältigen Verteilung und Glättung mittels einer Harke ist darauf zu achten, daß die Folie nicht beschädigt wird (besonders wichtig, wenn keine Dränmatte vorhanden ist). Am Dachrand ist es empfehlenswert,

Folienverlegung in Ecken

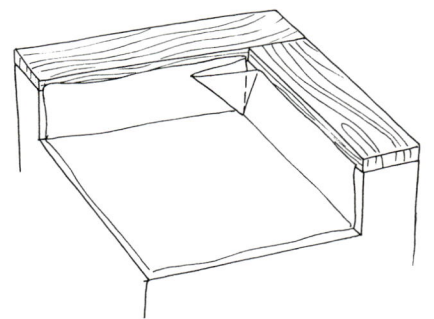

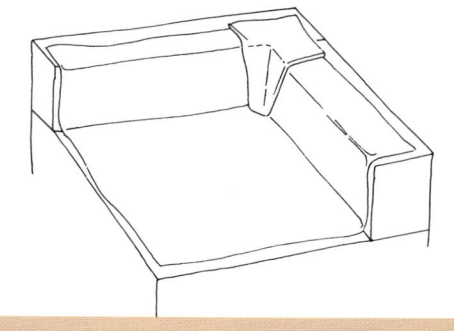

A:
Verschweißen am vorhandenen Dachrand

Folie um ca. 40 Grad nach innen ziehen, entstehende dreieckige Fläche an einer Seitenfläche mit Quellschweißmittel festkleben.

B:
Einbau in Holzattika

Folie in Ecke nach oben ziehen und falten. Dreieckigen Zipfel dann glattdrücken, oben über Attika falten und befestigen. Holzverschalung aufnageln.

einen 20 cm breiten Streifen mit Blähton oder Kies abzudecken (so wird z.B. eine Verschmutzung bei starkem Regen vermieden). Die am Rand hochgezogene Wurzelabwehrfolie muß unbedingt vollständig mit Substrat abgedeckt sein!

8. Bei der Bepflanzung werden etwa 3–4 Pflanzen der gleichen Art gruppenartig angeordnet. Starkwüchsige Arten können so andere nicht so leicht verdrängen. Um eine zu starke Austrocknung und Substratverwehungen zu vermeiden, kann nach der Pflanzung flächig Ziegelsplitt als dünne Mulchschicht aufgebracht werden.

Der geschilderte Gründach-Aufbau hat sich in der Praxis bewährt. Die Anleitung kann, je nach Situation und Material variiert, auch bei anderen flachen oder leicht geneigten Dächern herangezogen werden. Für spezielle Probleme wie den Anschluß von Lichtkuppeln oder anderen Durchbrüchen sind im Handel spezielle Formteile und Anleitungen erhältlich, mit denen ein sicherer Anschluß von Dachdichtung bzw. Wurzelabwehrbahn hergestellt werden kann. Bei höheren Dachaufbauten kann der Dachrand entsprechend angepaßt werden (z. B. mittels stärkerem Kantholz), bei der Begrünung vorhandener Flachdächer sind ausreichend hohe Dachkanten häufig vorhanden und sichere Anschlüsse problemlos möglich.

Das gleiche Carport-Dach zwei Jahre nach der Bepflanzung: Rasch hat sich die Startbepflanzung zu einer dichten Vegetationsdecke entwickelt, in der u.a. gelbblühender Mauerpfeffer dominiert.

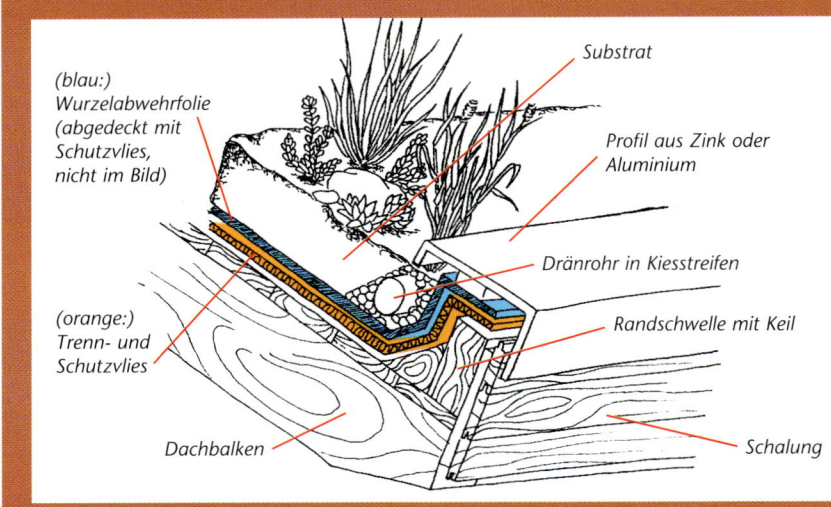

(blau:) Wurzelabwehrfolie (abgedeckt mit Schutzvlies, nicht im Bild)

Substrat

Profil aus Zink oder Aluminium

Dränrohr in Kiesstreifen

Randschwelle mit Keil

(orange:) Trenn- und Schutzvlies

Dachbalken

Schalung

Begrünung eines leicht geneigten Daches

Bei der Begrünung eines geneigten Daches genügt bis etwa 10 Grad Dachneigung eine Dachrandschwelle als Schubsicherung. Niederschlagswasser kann über einem Dränagestreifen am Rand zum Gully abfließen.

Bei stärkerer Dachneigung müssen als zusätzliche Schubsicherung Holzprofillatten (Trapezprofil, ca. 6 x 6 x 15 cm) aufgenagelt werden. Alternativ sorgt auch eine Abdeckung mit „Krallmatten" für Halt.

Beispiel: Gartenhütte mit geneigtem Dach

Eine für die Unterbringung von Gartengeräten und Fahrrädern genutzte Gartenhütte mit einem Holzdach soll begrünt werden. Das einseitig abfallende Pultdach hat eine Neigung von 10 Grad und ist 4 x 5 m groß. Vorgesehen ist eine extensive Begrünung mit einer Substratschicht von 10 cm. Die Dachbelastbarkeit von 150 kg/m² läßt das zu.

Die Begrünung geneigter Dächer ist technisch bis zu Dachneigungen von etwa 35 Grad möglich. Wegen der wirksamen Schubkräfte muß aber ab einer Dachneigung von etwa 15 Grad ein mögliches Abrutschen des Substrates verhindert werden. Dazu können auf der Wurzelfolie Krallmatten verlegt, aber auch quer zum Dach als Schubschwellen Kanthölzer befestigt werden (mit

Durchlässen für die Dachentwässerung). Zudem ist zur Minimierung der Schubkräfte allenfalls eine Substratschicht von bis zu 15 cm möglich. In unserem Fall eines nur leicht geneigten Daches kann auf eine Schubsicherung aber noch verzichtet werden. Es reicht aus, am unteren Dachrand als Schubschwelle ein ausreichend starkes Kantholz fest zu verschrauben.

Im Unterschied zum beschriebenen Flachdach wird bei diesem geneigten Dach auch auf eine flächendeckende Dränage verzichtet. Bei Verwendung eines durchlässigen Substrates (also einer Mischung mit mindestens 50 % Blähton) wird überschüssiges Niederschlagswasser sicher abgeleitet, aber auch noch teilweise zurückgehalten. Dränschichten sind hier eher von Nachteil, da es bei zu starker Entwässerung, insbesondere im oberen Dachbereich, zu Trockenschäden der Vegetation kommen kann. Es genügt also, das sich unten sammelnde Überschußwasser abzuführen. Deshalb wird am unteren Dachrand ein ca. 20 cm breiter Dränstreifen aus Blähton eingebaut, in den mit leichter Neigung in Richtung des Dachgully ein kokosummanteltes Dränrohr verlegt wird. Alternativ kann das Niederschlagswasser aber auch über eine Dachrinne abgeführt werden.

Ansonsten entspricht der Begrünungsaufbau und die Bauweise dem beschriebenen Beispiel einer Flachdachbegrünung. Da mit etwa 10 cm eine viel mächtigere Substratschicht aufgebracht wurde, konnte hier durch Aussaat eine Magerwiese aus Gräsern und Kräutern angesiedelt werden.

Das Abdecken von Dächern mit fertigen Vegetationsmatten ist eine Alternative zur Bepflanzung und ermöglicht eine besonders rasche Begrünung.

Gärten vor Häusern

Selbst wenn zum Haus kein Vorgarten gehört, sind oft schmale Bürgersteiggärten möglich: Für einen kletternden Garten genügt es, wenige Platten oder Pflastersteine zu entfernen und die Gänsekresse wächst schon in Pflasterritzen.

Eingangsgärten

Wie stark unserer Städte inzwischen an Wohnlichkeit und Lebensqualität verloren haben, zeigt sich besonders an der Entwicklung der Vorgärten. Immer mehr kleine Gärten vor der Haustür mußten dem Auto weichen. Wo vor vielen Jahren noch Hausbewohner auf einer Bank unter dem Baum sitzend das Treiben auf der Straße verfolgten, wo Nachbarn sich zu einem Schwatz trafen und Kinder spielten, sind heute meist nur noch Parkplätze oder schmales Restgrün mit abweisenden Nadelgehölzen zu finden. In einer Zeit, in der Straßenräume wieder zu Lebensräumen entwickelt werden, weil sich immer mehr Menschen für mehr Natur und Verkehrsberuhigung einsetzen, sollte auch der Eingangsgarten am Haus wiederentdeckt, naturnah gestaltet und genutzt werden. Und wo eine intensive Nutzung aufgrund lärmender Autos und kleiner Fläche ausscheidet, ist zumindest ein kleiner Mini-Vorgarten möglich. Für Kletterpflanzen am Haus oder einen kleinen Baum findet sich fast immer ein Platz – und das Haus erhält eine grüne und lebendige Visitenkarte!

Eingangsgärten für Bewohner: Praktische Tips

Das Gestaltungsbeispiel macht deutlich, daß auch aus kleinsten Freiflächen vor dem Haus nutzbare Gärten und Erlebnisräume werden können. Die von einem Vorgarten erwarteten wesentlichen Grundfunktionen – wie die Erreichbarkeit von Haustür und Fahrradständer oder das Unterbringen der Mülltonne – können problemlos integriert werden. Wichtig ist nur, bei der Planung mögliche Vorgaben durch Verordnungen oder Satzungen der Stadt zu berücksichtigen. Diese lassen aber meist soviel Spielraum für eine individuelle Gestaltung, Bepflanzung und Nutzung, daß je nach Standortgegebenheiten und Flächengröße die folgenden Gestaltungsideen fast überall umgesetzt werden können.

Ein kleiner Sitzplatz am Eingang

Nach der Arbeit entspannen, die Zeitung lesen, mit den Kindern spielen, das Treiben auf der Straße beobachten, Nachbarn und Freunde treffen: Eine kleine Sitzbank vor der Haustür genügt, um aus dem Vorgarten einen belebten Außenwohnraum zu machen. Besonders in Dörfern haben Sitzplätze am Hauseingang eine lange Tradition. Meist handelt es sich „nur" um eine hölzerne Sitzbank, die besonders an den langen und warmen Sommerabenden zu zwanglosen Gesprächen mit Hausbewohnern und Nachbarn einlädt. Auch in den Städten sollte es zu einer Förderung von Kommunikation und sozialen Beziehungen wieder mehr solcher Plätze geben. Warum also nicht vor einem Mietshaus?

Besonders dort, wo der Hof hinter dem Haus die meiste Zeit des Tages beschattet ist, bietet vielleicht der Vorgarten die Chance zum Sonnenbaden oder für ein Frühstück in der Morgensonne!

Ein befestigter Streifen von 2 m Länge und 1 m Breite genügt bereits, um eine Bank aufzustellen. Solche robusten, wetterfesten und zum Haus passenden Bänke aus Holz werden in großer Auswahl im Fachhandel angeboten, können aber auch preisgünstig selbst erstellt werden. Als zusätzliche einfache Sitzgelegenheit kann eventuell auch ein an der Hauswand angelegtes Bankbeet (siehe S. 114) genutzt werden. Ist mehr Platz vorhanden, lassen sich unter Umständen auch größere Sitzbereiche mit Tischen und Sitzbänken einrichten, die durch etwa 2 m hohe Hecken oder Sichtschutzzäune zur Straße hin abgegrenzt und vor neugierigen Blicken geschützt werden.

Eine kleine Sitzbank vor der Haustür genügt, um aus dem Vorgarten einen attraktiven Außenwohnraum zu machen. Nach der Arbeit entspannen, Bienen und Schmetterlingen auf den Blumen zusehen oder Nachbarn treffen.

Eine begrünte Pergola verbindet

Pergolen aus Holz, begrünt mit Kletterpflanzen, können Hauseingänge, Fassaden und Vorgärten bereichern. Die Anbindung an das Gebäude sorgt für eine harmonische Verbindung zwischen Haus und Garten. Der Eingang wird hervorgehoben und z. B. durch einen Torbogen umrahmt. Ein Sitzplatz erhält ein grünes Dach oder das Haus wird mit Nachbargebäuden oder einer Garage verbunden. Attraktive Klettergehölze mit Blütenpracht, Duftwirkung und Grün geben dem Haus ein unverwechselbares Gesicht.

Der Bau solcher Klettergerüste aus Holz und ihre Begrünung wird in anderen Kapiteln ausführlich beschrieben. Für eine Bepflanzung vor dem Haus sind je nach Standortverhältnissen besonders Geißblatt-Arten, Kletterrosen, Pfeifenwinde oder *Clematis*-Hybriden geeignet.

Vorgärten sind für die Bewohner bestimmt und nicht für die Vorübergehenden. Sie dienen zum Aufenthalt, zum Wohnen und nicht als Ausstattungsstück, das besehen werden soll und das man als Maßstab benutzt zur Beurteilung seines Besitzers in Hinsicht auf seine „Geldschwere".

Harry Maaß, Gartenarchitekt, 1910

Gestaltung und Bepflanzung: Ein Beispiel

Die Ausgangssituation: mittelgroßer Vorgarten an einer wenig befahrenen Straße vor einem Mehrgeschoß-Wohnhaus, 6 m breit, 4 m tief, halbschattiger Standort (Nachmittagssonne).

Gestaltungs- und Bepflanzungsvorschlag:

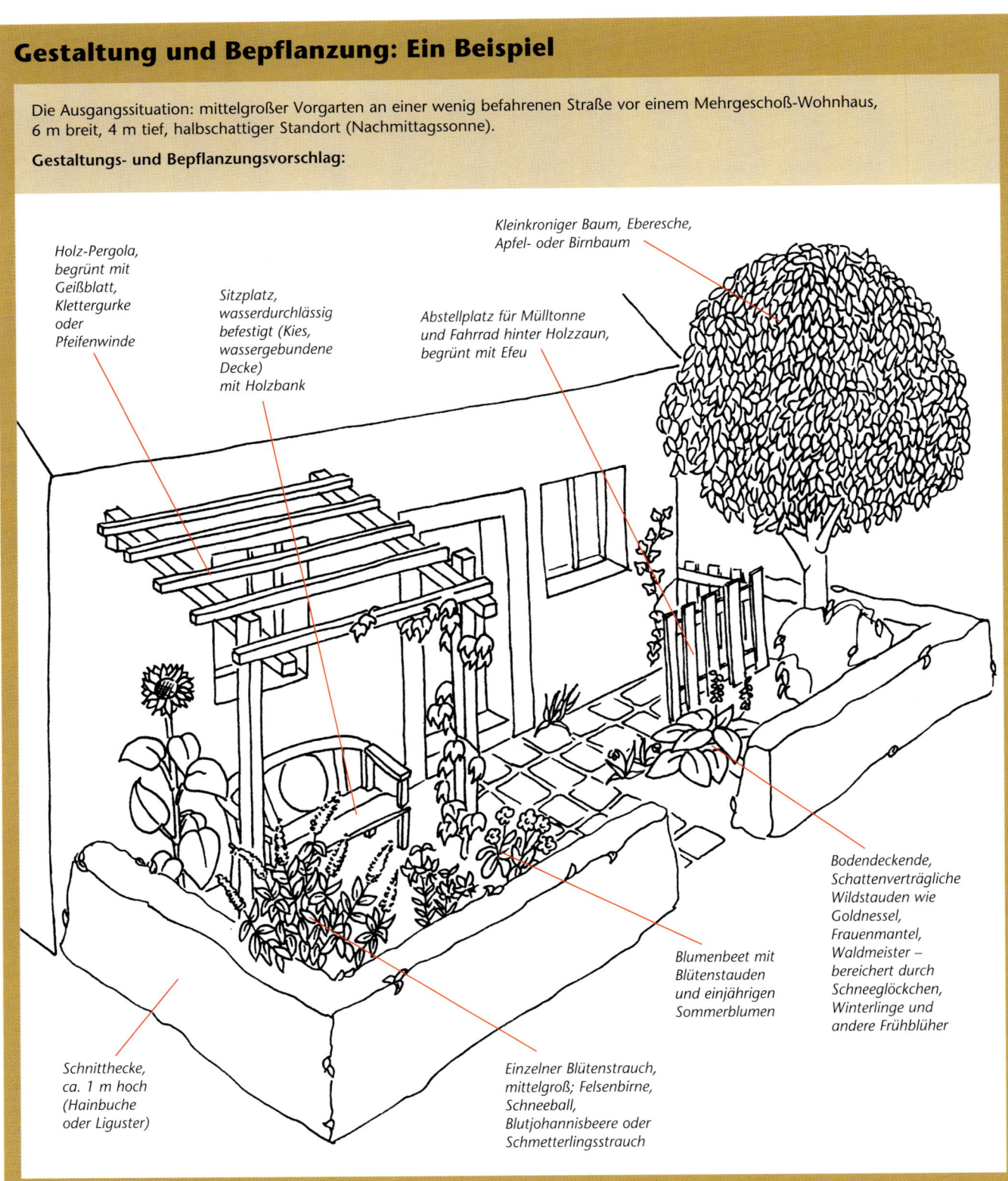

Holz-Pergola, begrünt mit Geißblatt, Klettergurke oder Pfeifenwinde

Sitzplatz, wasserdurchlässig befestigt (Kies, wassergebundene Decke) mit Holzbank

Kleinkroniger Baum, Eberesche, Apfel- oder Birnbaum

Abstellplatz für Mülltonne und Fahrrad hinter Holzzaun, begrünt mit Efeu

Bodendeckende, Schattenverträgliche Wildstauden wie Goldnessel, Frauenmantel, Waldmeister – bereichert durch Schneeglöckchen, Winterlinge und andere Frühblüher

Blumenbeet mit Blütenstauden und einjährigen Sommerblumen

Schnitthecke, ca. 1 m hoch (Hainbuche oder Liguster)

Einzelner Blütenstrauch, mittelgroß; Felsenbirne, Schneeball, Blutjohannisbeere oder Schmetterlingsstrauch

Wege und Zufahrten

Die Erreichbarkeit von Eingang, Garage oder PKW-Stellplatz durch Wege und Zufahrten muß möglich sein. Doch oft wird mit „bewährten" großflächigen Plattenbelägen oder Pflasterungen eine optisch ansprechende und ökologisch verträgliche Vorgartengestaltung verhindert. Stein und Beton sind oft so dominierend, daß das Grün des „Gartens" nur noch die Kulisse bildet. Dabei ist eine Versiegelung des Bodens oft vermeidbar, und wo eine Befestigung zwingend ist, kann auf naturfreundliche Methoden zurückgegriffen werden. Das sichere Begehen oder Befahren eines Weges läßt sich auch gewährleisten, ohne daß dabei das Bodenleben erstickt oder das Versickern von Niederschlagswasser verhindert wird.

Für befahrbare Wege und Stellplätze ist zum Beispiel eine Befestigung durch „Rasenpflaster" gut geeignet: Mit etwa 2–3 cm Fugenabstand verlegte Groß-Pflastersteine bieten in den Zwischenräumen Platz für eingesäte Gräser. Im Laufe der Zeit und bei häufiger Mahd mit dem Rasenmäher wird der Bewuchs so dicht, daß der Eindruck einer dichten Rasenfläche entsteht. Wasser kann versickern, Baumwurzeln können sich im Boden ausbreiten. Zufahrten müssen auch nicht ganzflächig so befestigt werden, es genügen meist zwei ca. 60 cm breite Fahrspuren (weitere Tips siehe S. 128).

Problem Mülltonne

Mülltonnen im Vorgarten sind Störfaktoren, deren Unterbringung in Hausnähe erforderlich ist. Damit sie, wie so häufig, das optische Bild des Vorgartens nicht beeinträchtigen und Nutzungen nicht behindern, gibt es folgende Möglichkeiten:
• Bau einer Unterstellmöglichkeit, z.B. in Anlehnung an eine Gartenmauer, an die Garage oder das Haus.
• Bau einer Sichtschutznische, z.B. aus Kantholz-Palisaden oder Flechtzäunen, die am besten mit Efeu als einer immergrünen und robusten Kletterpflanze begrünt werden. Sofern genügend Platz vorhanden ist, ist auch eine Abpflanzung mit immergrünen Sträuchern wie Eibe, Stechpalme *(Ilex)*, Liguster oder Feuerdorn zu empfehlen.

Zäune „mit Zwischenraum, hindurchzuschau'n!"

Je nach Größe und Nutzung ist eine Einfriedung des Vorgartens durch eine Hecke oder einen Zaun zweckmäßig. Abgrenzungen sollten sich gut in die Umgebung einfügen, also zu Haus und Anpflanzungen passen. Geschmacklose, zu massive und monotone Zäune und Abgrenzungsmauern können einem ganzen Straßenzug ihren Stempel aufdrücken! Dafür gibt es leider in den Wohngebieten schon viel zu viele Negativbeispiele. Im Einzelfall kann es sogar besser sein, ganz auf Abgrenzungen zu verzichten und die kleine Vorgartenfläche gemeinsam mit den unmittelbaren Nachbarn zu nutzen. Oft bietet der Vorgarten aber nur dann individuell nutzbare Aufenthalts- und Spielräume, wenn Grenzen deutlich werden. Für Kontakte und Gespräche mit den Nachbarn ist der Gartenzaun kein Hindernis!

Wird eine Abgrenzung gewünscht, sind besonders Schnitthecken als naturnahe Lösung zu bevorzugen. Für niedrige bis hohe Sichtschutzhecken gibt es jeweils geeignete robuste, schnittverträgliche Gehölze wie Hainbuche oder Liguster. Auch blühende Hecken aus Ziersträuchern wie Zierquitte oder Blutjohannisbeere (die trotz Schnitt blühwillig sind) sind möglich. Weitere Hinweise zur Anlage und Pflege von Hecken finden sich auf Seite 158.

Niedrige Holzlattenzäune ermöglichen Blicke aus dem Garten und in den Garten und lassen sich besonders gut in das Gestaltungsbild von Haus, Garten und Straßenraum integrieren. Die Anlage eines Blumenbeets hinter dem Zaun, eine Begrünung mit einjährigen Kletterpflanzen sowie ein Blumenstreifen vor dem Zaun bieten sich an.

Das Glück des täglichen Nachhausekommens. Ein paar Schritte können das entscheiden. Ob man empfangen wird. Oder nur geschluckt. Ein kleiner Hausbaum, ein paar Büsche können einen Mantel bilden gegen alle Störungen von draußen. Schattenräume und Geborgenheit. Platz zum Sitzen und Spielen.

Dieter Wieland

Der Lattenzaun

Es war einmal ein
Lattenzaun,
mit Zwischenraum,
hindurchzuschaun.

Ein Architekt,
der dieses sah,
stand eines Abends
plötzlich da –

und nahm den
Zwischenraum heraus
und baute draus
ein großes Haus.

Der Zaun indessen
stand ganz dumm,
mit Latten
ohne was herum.

Ein Anblick gräßlich
und gemein.
Drum zog ihn
der Senat auch ein.

Der Architekt jedoch
entfloh
nach Afri- od- Ameriko.

Christian Morgenstern

Sollen Kontakte zwar begünstigt, aber auch ein gewisser Schutz vor unerwünschtem Besuch (z. B. Hunde) vorhanden sein, bieten sich neben niedrigen Hecken auch Holzzäune an. Offene Gitter- oder Holzlattenzäune betonen beispielsweise die Grenzen und vermitteln einen gewissen Schutz, ermöglichen aber auch Blicke aus dem Garten und in den Garten. Allen Gartenbesitzern wird aber unbedingt der Verzicht auf die verbreiteten „Jägerzäune" ans Herz gelegt! Mit ihren über Kreuz verlaufenen Latten wirken sie viel zu unruhig und aufdringlich. Eine ansprechende optische Wirkung wird hingegen mit Zäunen erzielt, bei denen die Holzlatten senkrecht angeordnet sind. „Ein Lattenzaun mit Zwischenraum, hindurchzuschau'n" (Christian Morgenstern). Solche „Stakettenzäune" lassen sich fast immer sehr gut in das Gestaltungsbild von Haus, Garten und Straßenraum integrieren. Ein Blumenbeet kommt z. B. besonders zur Wirkung, wenn es an den Lattenzaun anschließt. Eine zusätzliche punktuelle Begrünung mit blühenden einjährigen Kletterpflanzen wie Wicke, Feuerbohne oder Trichterwinde bietet sich da an und bringt zusätzliche Farbe in den kleinen Garten vor der Tür.

Im Handel werden Holzlattenzäune als vorgefertigte Elemente angeboten, die sich leicht montieren lassen. Aber auch der Selbstbau eines Zaunes ist nicht schwierig und senkt die Kosten. Die Pfosten werden dabei am besten stabil mittels ca. 60–80 cm tiefen Betonfundamenten verankert.

Bewährt hat sich eine Montage in Stahlfüßen, die im Betonsockel verankert sind. Der Pfostenabstand kann 2–3 m betragen. Zwei Querriegel und die Latten werden für die gewünschten Abstände und Höhen zugeschnitten. Latten können oben rund, pfeilförmig, spitz oder spitzbogenartig geformt sein. Vor der Montage werden die Hölzer mit Lasuren oder Naturharzfarbe behandelt (siehe zum Holzschutz Seite 133), damit eine vollständige Imprägnierung gewährleistet wird. Riegel und Latten lassen sich dann annageln. Der Abstand zwischen den Latten sollte nicht über 7–8 cm hinausgehen, damit Kinder sich nicht einklemmen und verletzten können.

Lattenzäune

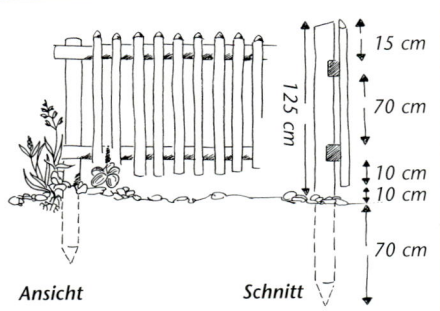

Einfacher Lattenzaun (Stakettenzaun)
- geschälte Halbhölzer, 6–8 cm,
  auf Riegel genagelt
- Pfosten aus Rund- oder Kanthölzern,
  10 x 10 cm, oben abgeschrägt

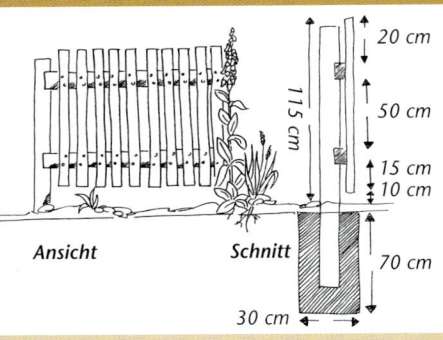

Profillattenzaun
- gehobelte Latten, 8 x 3 cm,
  oben leicht angeschrägt
- Pfosten aus Kanthölzern, 10 x 10 cm,
  im Betonfundament

Steht genügend Platz zur Verfügung, kann auch im Vorgarten ein geschützter Sitzplatz hinter einem begrünten Rankgerüst angelegt werden.

Pflanzideen für Eingangsgärten

Erst Pflanzen machen das Stückchen Land vor dem Haus zum Garten. Blätter, Blütenschmuck und der Duft der Stauden und Gehölze entscheiden darüber, ob daraus ein beliebter Aufenthaltsort und Erlebnisraum wird. Im Sommer auf einer Bank sitzend, sich an blühenden Pflanzen erfreuen, Bienen und Schmetterlinge beobachten – fast überall in der Stadt ist das möglich, wenn anstelle der Nadelgehölz- und Cotoneaster-Rabatten wieder Wildgehölze, Blütenstauden und Sommerblumen gepflanzt würden!

Sträucher für Vorgärten

Aufgrund ihrer Blütenpracht oder Herbstfärbung sind für Vorgärten besonders empfehlenswert:

- Felsenbirne (*Amelanchier ovalis*)
- Kornelkirsche (*Cornus mas*)
- Hasel (*Corylus avelana*)
- Schneeball-Arten (*Viburnum lantata, V. opulus*)
- Weinrose (*Rosa rubiginosa*)
- Schmetterlingsstrauch (*Buddleja*)

Auch einzelne nichtheimische Arten wie Flieder, Blutjohannisbeere, Sommerflieder oder Zaubernuß sind eine Bereicherung vor dem Haus. (nähere Hinweise siehe Gehölzlisten S. 140)

Ausschlaggebend für die Pflanzenwahl ist neben dem vorhandenen Platz vor allem der Grad der Besonnung. Für sonnige bis halbschattige Standorte kann auf eine besonders große Auswahl an Pflanzen zurückgegriffen werden, doch auch schattige Flächen unter großen Bäumen oder an Hausnordseiten lassen sich durch attraktive Blütenpflanzen beleben (siehe S. 102). Gehölze bilden das raumbildende „Gerüst". Wo der Platz reicht, sollte ein Hausbaum nicht fehlen (siehe S. 104). Fast immer reicht die Fläche auch für einzelne größere oder kleinere Sträucher. Gehölze sollten möglichst zu einer Gruppe gepflanzt ein kleines Gebüsch bilden – als Unterschlupf für Tiere, aber auch als Spielgebüsch für Kinder. Blühende, ökologisch bedeutsame Laubsträucher – insbesondere heimische Wildarten – sollten bevorzugt werden.

Auf Kleinstrasenflächen wird vor dem Haus besser verzichtet. Sie sind als Spielfläche hier meist kaum zu nutzen und sehr pflegeaufwendig. Für

eine Fläche von wenigen m² einen Rasenmäher anzuschaffen lohnt sich kaum. Ein geschickt bepflanztes Blumenbeet mit Stauden und Sommerblumen, eventuell bereichert durch einzelne kleine Ziersträucher (Zierquitte oder Schmetterlingsstrauch), bringt wesentlich mehr Leben vor das Haus und ist weniger aufwendig in der Pflege als ein Rasen. Eine große Auswahl robuster, schöner Stauden, Gräser und Sommerblumen steht dafür zur Verfügung (siehe Liste S. 99, Tips zur Staudenpflanzung finden sich auf S. 143). Hinter einem abgrenzenden Holzlattenzaun wirken bunte Blumenbeete mit Margeriten, Rittersporn, Löwenmaul oder Herbstastern besonders reizvoll.

Ein geschickt bepflanztes Blumenbeet mit Stauden und Sommerblumen bringt wesentlich mehr Leben vor das Haus als ein Rasen.

Niedrige Blütensträucher wie der Schmetterlingsstrauch (Buddleja) eignen sich gut für kleine Vorgärten. Im Sommer können hier Falter wie der Kleine Fuchs (im Bild) wunderbar beobachtet werden.

Anlage eines Blumenbeetes

Pflanzbeispiel für ein Beet in einem sonnigen oder schattigen Vorgarten

Schritt 1

1. Einzelne Sträucher als Gerüst

sonnig: 1 Flieder   schattig: 1 Hasel
       3 Bibernellrosen   3 Alpenjohannisbeeren

2. Klettergehölze zur Wandbegrünung

sonnig: 2 Clematis-   schattig: 2 Kletter-
       Hybriden   hortensien
       1 Blauregen   1 Pfeifenwinde

3. Hohe Leitstauden und Gräser als Gerüst der Staudenpflanzung
(einzeln oder zu 2–3 in kleinen Gruppen)

sonnig: Rittersporn, Alant   schattig: Waldgeißbart, Schaublatt,
       Sonnenhut,   Frauenfarn,
       Reitgras   Rasenschmiele

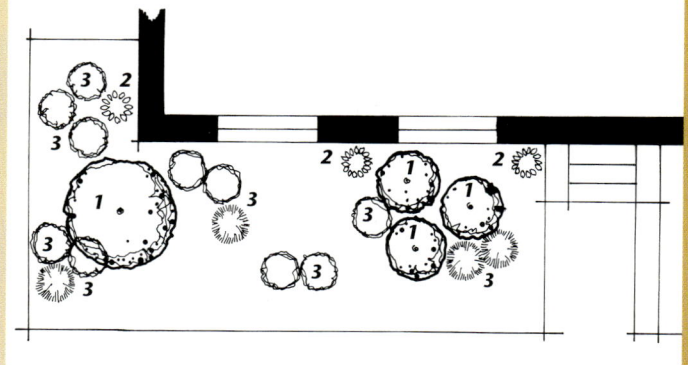

Schritt 2

4. Weitere mittelhohe bis hohe Stauden und Gräser
(hohe u. frühblühende im Hintergrund, einzeln oder in Gruppen)

sonnig: Glockenblumen   schattig: Goldfelberich, Akelei
       Sommer-Margeriten   Pracht-Storchschnabel
       Sommersalbei, Dost   Indianernessel

5. Frühlingsblüher und weitere Schattenpflanzen
(im Schutz der Gehölze)

z.B. Maiglöckchen, Buschwindröschen, Christrose, u.a. (ziehen nach
Blüte Laub ein, Ergänzung durch sommergrüne u. blühende Schattenstauden wie Goldnessel und Gedenkmein ist deshalb sinnvoll)

6. Flächendeckende, niedrige Stauden und Gräser
(Gruppenpflanzung)

sonnig: Steinkraut, Nelkenwurz   schattig: Lungenkraut, Immergrün
       Habichtskraut   Schattensegge
       Blut-Storchenschnabel   Frauenmantel

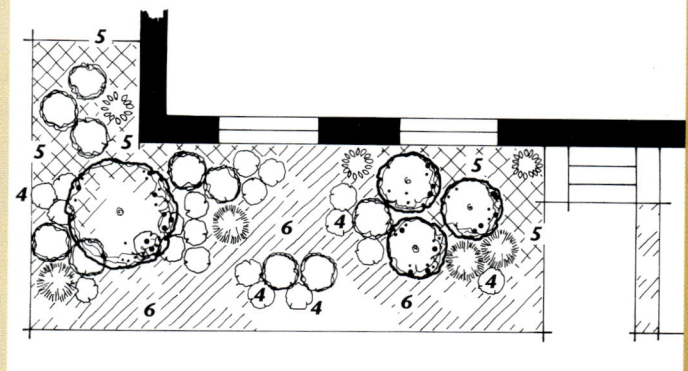

Schritt 3

7. Blumenzwiebeln (in kleinen Gruppen)
z.B. Schneeglöckchen, Blaustern, Märzenbecher, Winterling

8. Einjährige Kletterpflanzen zur Berankung des Gartenzaunes
z.B. Wicke, Trichterwinde, Feuerbohne, Kapuzinerkresse

9. Sommerblumen
Aussaat oder Pflanzung in Lücken der Staudenpflanzung
(im Vordergrund)

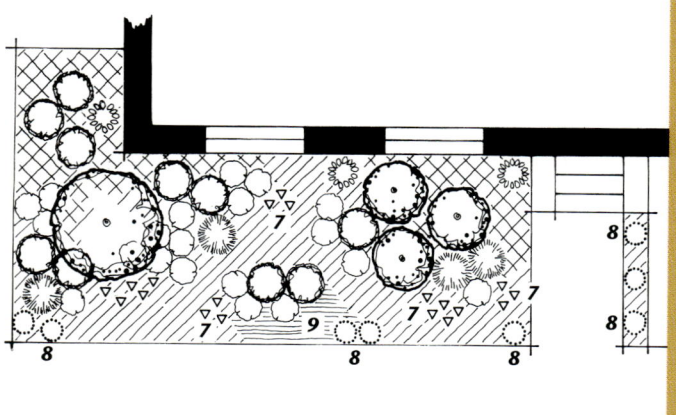

Pflanzen für sonnige Blumenbeete
(Standort z. B. an der Südseite eines Hauses, vor der Terrasse oder einer Hecke)

Niedrige, bodendeckende Stauden

Blaukissen (*Aubrieta*-Hybriden)	5–10 cm, IV–V, blau, lila u. a., wertvolle Nektarpflanze für Schmetterlinge
Steinkraut (*Alyssum*-Arten)	15–25 cm, IV–V, gelb
Blut-Storchschnabel (*Geranium sanguineum*)	30 cm, V–VIII, karminrot, wüchsiger Flächendecker,
Nelkenwurz (*Geum coccineum*)	25 cm, V–VII und IX, signalrot
Habichtskraut (*Hieracium aurantiacum*)	5–35 cm, VII–VIII, orangerot,
Schleifenblume (*Ibiris saxatilis*)	10 cm, IV–V und IX, weiß, immergrün, buschiger Zwergstrauch
Steinsame (*Lithospernum purpureo-caerulum*)	30 cm, VI–VII, rot/blau, wüchsiger Flächendecker
Fingerkraut (*Potentilla annua*)	15 cm, VI–VII, goldgelb
Leimkraut (*Silene schafta* 'Splendens')	10 cm, VII–IX, rosa, rasenartiger Wuchs
Hornveilchen (*Viola cornuta*)	15 cm, VI–VII, dunkelblau

Mittlere bis hohe Blütenstauden

Herbstastern (*Aster novae-angliae*)	80–150 cm, IX–X, dunkelviolett u. a., flächige Ausbreitung, Bienen- und Schmetterlingspflanze
Glockenblumen (*Campanula glomerata* u. a.)	15–70 cm je nach Art und Sorte, blau, violett u. a.
Margeritte (*Chrysanthemum leucanthemum*)	50–60 cm, V–VI, weiß, versät sich selbst, (Wiesen-Margeritte)
Spornblume (*Centrantus ruber*)	60 cm, VI–VII, karminrosa, verträgt trockene Böden, Schmetterlingspflanze
Mädchenauge (*Coreopsis verticillata*)	60 cm, VI–VIII, gelb
Rittersporn (*Delphininum*-Hybriden)	120–180 cm, VI–VII und IX, blau, nach erster Blüte zurückschneiden für zweite Blüte
Feinstrahl (*Erigeron x hybridus*)	60 cm, VI–VII und IX, weiß, nach erster Blüte zurückschneiden
Sonnenbraut (*Helenium*-Hybriden)	70–120 cm, VI–IX, goldgelb, u. a. früh- und spätblühende Sorten

Ysop *(Hyssopus officinalis)*	50–60 cm, VII–IX, violett, Gewürz- und Nektarpflanze
Alant *(Inula helenium)*	150 cm, VII–VIII, gelb, attraktive Solitärstaude vor Gehölzen oder Mauern, braucht viel Platz
Prachtscharte *(Liatris spicata)*	80 cm, VII–X, violett-rosa, wertvolle Nektarpflanze für Schmetterlinge, anspruchsvoll
Moschusmalve *(Malva moschata)*	60 cm, VII–IX, hellrosa
Indianernessel *(Monarda x hybrida)*	100 cm, VII–IX, lachsrot
Katzenminze *(Nepeta x faassenii)*	70 cm, VI–IX, weiß, Nektarpflanze, verträgt gut trockenen Boden, Wildform *N. cataria* schwer zu bekommen
Dost, Wilder Majoran *(Origanum vulgare)*	40 cm, VI–IX, rosa-lila, Gewürzkraut, Nektarpflanze, flächige Ausbreitung, Trockenheit vertragend
Orientalischer Mohn *(Papaver orientalis)*	70–90 cm, VI–VII, rot
Sonnenhut *(Rudbeckia-Hybriden)*	70–150 cm, VIII–IX, goldgelb, Nektarpflanze
Fetthenne *(Sedum telphinum)*	50 cm, IX–X, rostrot, wertvolle Schmetterlingspflanze (letzter Nektar vor dem Winter)
Sommersalbei *(Salvia nemorosa)*	50 cm, VI–VII, dunkelviolett
Ehrenpreis *(Veronica incana)*	30 cm, VI–VII, blau

Gräser
(aufgrund ihrer Anspruchslosigkeit insbesondere für durchlässige, trockene Beete vor Terrassen, an Böschungen oder auf Mauern geeignet)

Blaustrahlhafer *(Avena sempervirens)*	30–100 cm, VI–VIII, horstartiger Wuchs
Reitgras *(Calamagrostis x acutiflora)*	100–150 cm, VII–VIII, horstartiger Wuchs
Blauschwingel *(Festuca glauca)*	20–40 cm, V–VII, blaugrün, horstartig
Bärenfellschwingel *(Festuca scoparia)*	20–40 cm, VI–VII, polsterförmiger Wuchs
Federborstengras *(Pennisetum compressum)*	80–90 cm, VIII–IX, horstartiger Wuchs, bevorzugt nährstoffreichere Böden
Schillergras *(Koeleria glauca)*	15–30 cm, horstartig-buschiger Wuchs
Büschelhaargras *(Stipa capillata)*	30–80 cm, VI–VIII, zierlich, horstartiger Wuchs

Zweijährige Sommerblumen
(Vorkultur im Vorsommer oder Pflanzen kaufen)

Goldlack *(Cheiranthus cheiri)*	15–50 cm, IV–VI, orange-goldgelb
Bartnelke *(Dianthus barbatus)*	25–50 cm, VII–VIII, verschiedene Farben, versät sich selbst
Roter Fingerhut *(Digitalis purpurea)*	60–70 cm, VI–VIII, rosarot, Nektarpflanze für Hummeln, versät sich, Giftpflanze
Vergißmeinnicht *(Myosotis)*	15–40, IV–V, blau, versät sich selbst
Königskerze *(Verbascum)*	150–250 je nach Art, VII–VIII, gelb, Nektarpflanze, versät sich selbst

Einjährige Sommerblumen
(gut geeignet für Aussaat oder Pflanzung zwischen Stauden, z.T. Vorkultur auf Fensterbrett oder Pflanzen kaufen)

Löwenmaul *(Antirrhinum majus)*	20–40 cm, VII–X, verschieden, Aussaat ab IV oder Pflanzung
Kornrade *(Agrostemma githago)*	30–100 cm, VI–VII, rosa, gefährdetes Ackerwildkraut, Aussaat ab IV, Frostkeimer, Nektarpflanze
Kornblume *(Centaurea cyanus)*	30–90 cm, VII–X, blau, Nektarpflanze, versamt sich selbst
Ringelblumen *(Callendula officinalis)*	25–50 cm, VII–XI, goldgelb, Bienen- und Heilpflanze, Aussaat ab IV, versamt sich selbst
Cosmea, Schmuckkörbchen *(Cosmea bipinnatus)*	100–150 cm, VI–XI, verschiedene Farben, Aussaat IV–V
Sonnenblume *(Helianthus annus)*	50–300 cm je nach Sorte, VI–X, goldgelb u.a., Aussaat ab IV
Bechermalve *(Lavatera trimastris)*	60–80 cm, VII–X, rosa, Aussaat ab Mitte IV
Zier-Tabak *(Nicotiana)*	50–80 cm, V–IX, verschiedene Farben, Pflanzung ab Mitte V, Vorkultur auf Fensterbank
Bienenfreund *(Phacelia)*	40–90 cm, VI–IX, blau, wertvolle Bienen- und Gründüngungspflanze, Aussaat III–VIII
Studentenblume *(Tagetes)*	15–70 cm je nach Sorte, V–XI, goldgelb u.a., Pflanzung ab IV, Vorkultur oder Pflanzen kaufen

Schattenplätze bieten die Chance, eine an Lichtmangel angepaßte und besonders pflegeleichte Pflanzengemeinschaft aus robusten Flächendeckern wie Efeu oder Waldsteinie sowie aus attraktiven Frühlingsblühern anzusiedeln.

Schattenplätze – Ärgernis oder Chance?

Wo Licht ist, ist immer auch Schatten. Enge Hinterhöfe oder schmale Vorgärten in der Stadt sind oft überwiegend beschattet. An der Nordseite von mehrgeschossigen Bauten oder unter großen Bäumen lassen sich die vielen, zumindest teilweise auf Besonnung angewiesenen Pflanzen nicht verwenden. Schattenplätze grenzen also die Pflanz- und Gestaltungsmöglichkeiten ein, sie können aber auch eine Chance sein! Denn für die Natur sind Schattenplätze nie ein Problem – jeder kann das bei einem Spaziergang in einem Laubwald erleben. Besonders im Frühling bis zur Belaubung der Bäume bietet die Vielfalt der Frühblüher wie Buschwindröschen und Schlüsselblumen ein buntes Bild, das dann im Sommer vom eher zartem Grün der Farne, Gräser und Schattenstauden abgelöst wird. Viele krautige Pflanzen, aber auch Sträucher sind an Lichtmangel gut angepaßt, vertragen die Wurzelkonkurrenz durch Bäume und den Tropfenfall.

Pflanzen für Schattenplätze

Sträucher:

- Stechpalme (*Ilex aquifolium*)
- Eibe (*Taxus baccata*)
- Hasel (*Corylus avelana*)
- Echte Mispel (*Mespilus germanica*)
- Wild-Johannisbeeren (*Ribes alpinum, Ribes nigrum*)
- Gemeiner Schneeball (*Viburnum lantata*)
- Pfaffenhütchen (*Euonymus europäus*)

Klettersträucher:

- Pfeifenwinde (*Aristolochia macrophylla*)
- Efeu (*Hedera helix*), auch als Bodendecker ✽
- Kletterhortensie (*Hydrangea petiolaris*)
- Geißblatt, Jelängerjelieber (*Lonicera caprifolium*)
- Immergrünes Geißblatt (*Lonicera henryi*)

Frühblühende Schattenstauden:

- Buschwindröschen (*Anemone nemorosa*)
- Großes Windröschen (*Anemone sysvestris*)
- Maiglöckchen (*Convallaria majalis*)
- Winterling (*Eranthis hyemalis*)
- Schneeglöckchen (*Galanthus nivalis*)
- Waldmeister (*Galium odoratum*)
- Christrose (*Helleborus niger*)
- Leberblümchen (*Hepatica nobilis*)
- Märzbecher (*Leucojum vernum*)
- Narzissen (*Narzissus* spec.)
- Schlüsselblume (*Primula veris, P. elatior*)
- Immergrün (*Vinca minor*), Halbstrauch, wintergrün ✽
- Duftveilchen (*Viola odorata*)
- Waldsteinie (*Waldsteinia geoides*) ✽

Sommerblühende Schattenstauden:

- Frauenmantel (*Alchemilla mollis*) ✽
- Günsel (*Ajuga reptans*) ✽
- Wald-Geißbart (*Aruncus dioicus*)
- Wald-Akelei (*Aquilegia vulgaris*)
- Waldglockenblume (*Campanula latifolia*)
- Wald-Storchschnabel (*Geranium* spec.) ✽
- Goldnessel (*Lamiastrum galeobdolon*) ✽
- Lungenkraut (*Pulmonaria angustifolia*) ✽

Anmerkung:
✽ ausgezeichneter Bodendecker

Nach dem Vorbild des Laubwaldes lassen sich auch auf der Hausnordseite oder unter Bäumen interessante und erlebnisreiche Pflanzengemeinschaften ansiedeln. Unter einem Hausbaum können sich zum Beispiel einige Schattensträucher zu einem dichten Gebüsch entwickeln. Ist der Platz knapp, genügen auch ein bis zwei kleinere Sträucher. Ob unter Baum oder Gebüsch – immer bietet es sich an, mit bodendeckenden Wildstauden dauerhafte und pflegeleichte Blumenbeete anzulegen. Blütenstauden wie Frauenmantel, Lungenkraut, Günsel oder Goldnessel breiten sich am Boden flächendeckend aus, entwickeln sich auch im Wurzelfilz der Gehölze gut und kommen selbst im Schatten zur Blüte. Einzelne höhere Stauden wie Waldgeißbart, Astilben oder Eisenhut können die Bepflanzung ergänzen. Von besonderem Reiz ist an solchen Stellen zudem die Ansiedlung von Frühjahrsblühern (auch zwischen den immer- oder sommergrünen Wildstauden). Schneeglöckchen, Winterling, Blausternchen oder Maiglöckchen verwandeln von Februar bis Mai den Schattenplatz in ein sehr attraktives Blumenbeet – immer wieder kommen neue Pflanzen zur Blüte, wechseln die Aspekte. Wichtig ist: Die angebotenen, in der Liste (siehe S. 102) genannten Schattenpflanzen sind als Wald- bzw. Gebüschpflanzen auf einen naturnahen Boden angewiesen. Damit sich ein solch humoser, lockerer „Waldboden" entwickeln kann, muß unter Gehölzen unbedingt das Herbstlaub als Streuschicht am Boden liegen bleiben (siehe S. 111). Fehlen Bäume oder Sträucher, kann der Boden immer wieder mit einer dünnen Schicht organischen Mulchmaterials (grober Kompost, Gehölzhäcksel) abgedeckt werden.

Wildblumen und Stauden an Zaun und Mauer

Wenn möglich, sollte bei der Planung eines Vorgartens sogar der schützende Zaun oder die Hecke um 10 bis 20 cm zurückgenommen werden, damit sich am Straßenrand ein schmaler Wildkrautstreifen entwickeln kann. Manch eine interessante Pflanze keimt dann dort, andere besonders attraktive Wildkräuter können auch durch Aussaat oder Pflanzung gezielt angesiedelt werden. Hunderte von Bienen und Hummeln werden angelockt und erfreuen sowohl Kinder als auch Erwachsene, wenn

Wiesenmargeritten, Fingerhut und andere Wildstauden finden auf einem Blumenstreifen an der Mauer oder dem Zaun einen Platz. Ein Lebensraum für Hummeln und Bienen. Möglichkeit für Kinder und Erwachsene, heimische Natur zu erleben. Und eine optische Bereicherung des Vorgartens.

Wildstauden am Zaun

Die folgenden wildwachsenden Blütenstauden eignen sich gut für einen Blumenstreifen am Zaun oder vor einer Mauer. Sie können durch Aussaat oder Pflanzung angesiedelt werden, siedeln sich als typische Stadtpflanzen zum Teil aber auch von selbst an.

- Färberkamille *(Anthemis tinctoria)*
- Knäuelglockenblume *(Campanula glomerata)*
- Flockenblume *(Centaurea jacea)*
- Schöllkraut *(Chelidonium majus)*
- Rainfarn *(Chrysanthemum vulgare)*
- Margeritte *(Chrysanthemum leucanthemum)*
- Heidenelke *(Dianthus deltoides)*
- Roter Fingerhut *(Digitalis purpurea)*
- Natternkopf *(Echium vulgare)*
- Schmalblättriges Weidenröschen *(Epilobium angustifolium)*
- Blutstorchschnabel *(Geranium sanguineum)*
- Johanniskraut *(Hypericum perforatum)*
- Rosenmalve *(Malva alcea)*
- Nachtkerze *(Oenothera biennis)*
- Wilder Majoran *(Origanum vulgare)*
- Wiesensalbei *(Salvia pratensis)*
- Seifenkraut *(Saponaria officinalis)*
- Großblütige Königskerze *(Verbascum densiflorum)*

Vorgärten sind mehr als nur ein Bettvorleger, an dem man Tag für Tag die Fransen kämmt. Und mehr als teure Leistungsschauen von teuren Prestigepflanzen. Denn immer ist Platz für einen Baum. Und Bäume schaffen Räume.

Dieter Wieland

Vor dem Eingang findet sich fast immer Platz für einen Baum. Eine Ergänzung durch schattenverträgliche Sträucher und Stauden bietet sich an.

z. B. vor dem Haus Katzenminze, Thymian, Steinkraut, Nachtkerze, Johanniskraut, Mauerpfeffer, Fingerhut oder andere Wildstauden wachsen. Der Fachhandel bietet inzwischen sowohl Saatgut als auch Jungpflanzen von Wildstauden an (siehe Anschriften S. 194)

Warum also nicht einmal mit Wildkräutern am Gartenzaun oder Eingang als Visitenkarte eine positive Einstellung zur Natur zum Ausdruck bringen? Warum nicht durch attraktive Blüher im Vorgarten Nachbarn auf den Wert von Wildstauden hinweisen und zum Nachahmen motivieren? Die Bilder zeigen, daß solche „Wildgärten" bei geschickter Gestaltung und gezielter Bepflanzung zudem nicht unbedingt den Eindruck „ungepflegter" Gärten hinterlassen müssen, in jedem Fall aber das Straßenbild bereichern!

Kein Eingangsgarten ohne Hausbaum!

Zwischen Bäumen und Menschen bestehen seit altersher tiefe Beziehungen. Kaum ein Wohnhaus wurde früher ohne Hausbäume gebaut. Fast immer waren es heimische Laubbäume, die als Symbol für das Leben der Hausbewohner und als „Erkennungszeichen" gepflanzt wurden. Diese Hausbäume gaben dem Haus ein unverwechselbares, freundliches Gesicht, sorgten für Schutz und Geborgenheit, ermöglichten das intensive Erleben der Jahreszeiten und boten vielen Tieren Lebensmöglichkeiten.

Viele bauliche Eingriffe und veränderte Wertvorstellungen haben die alten Hausbäume vielfach verdrängt. Wo noch ein Restgarten vor dem Haus verblieben ist, wurden dem Modetrend entsprechend meist nur niedrig wachsende, nichtheimische Nadelgehölze oder Bodendecker gepflanzt. Eine solche, eher abweisende Bepflanzung paßte besser in das gewünschte Bild einer sauberen, pflegeleichten und sterilen Wohnumwelt. Wie stark dadurch Wohngebiete an Wohn- und Lebensqualität verloren haben, kann jeder bei einem sommerlichen Spaziergang unter dem Laubdach eines Parkes oder einer Allee nachempfinden! Je nach Jahreszeit kann man sich hier an der Blütenpracht des Kirschbaumes erfreuen, den unverwechselbaren Duft der Lindenblüten genießen, dem Summen tausender Insekten lauschen oder von den Früchten der Obstbäume kosten!

Spürbar ist die klimamildernde Wirkung der Stadtbäume: Bis zu 500 l Wasser verdunstet ein großer Baum pro Tag und entzieht dabei seiner Umgebung viel Wärme. Das Laubdach wirkt zudem wie ein Staub- und Schadstofffilter: Luft unter Bäumen enthält bis zu 70 % weniger Staubteilchen als die Luft einer baumlosen Straße.

Straßenzüge erhalten durch Bäume eine zum Aufenthalt einladende Atmosphäre. Mit dem Laubbaum vor dem Haus wird das Wechselspiel der Jahreszeiten unmittelbar erlebbar. Auch eine Vielzahl von Tieren werden angelockt, insbesondere, wenn es sich um heimische Baumarten handelt. Laubbäume machen den Vorgarten zu einem Erlebnisraum „zum Anfassen": Unter dem Baum findet sich Raum für gemütliche und geschützte Sitz- und Spielplätze. Am Laubbaum können Schaukeln oder Hängematten befestigt werden und Kinder können hineinklettern (wer von uns Älteren hat nicht in seiner eigenen Kindheit mit Begeisterung in Bäumen gespielt?). Unter dem Baum kann auch ein Stück des Weges verlaufen, oder es können dort Fahrräder abgestellt werden. In welchen mit Omorikafichten, Atlaszeder oder Zwergkoniferen einfallslos bepflanzen Vorgärten gibt es solche Nuzungsmöglichkeiten?

Leider scheint die Zeit, als wie selbstverständlich anläßlich von Hochzeit oder der Geburt eines Kindes ein Baum gepflanzt wurde, vorbei zu sein. Warum eigentlich? Ein Blick in unsere Vorgärten zeigt doch, daß gerade dort, wo aufgrund begrenzten Platzes eine intensive Gartennutzung oft ausscheidet und wo Straßenbäume oft auch fehlen, zumindest ein kleiner Laubbaum gepflanzt werden könnte. Baumarten wie Ebereschen und Feldahorn oder Obstbäume wie Birnen entwickeln kleinere, schlanke Kronen und passen auch bei nur schmalen Grünstreifen meist noch vor das Haus.

Einen Hausbaum pflanzen

Bäume werden für die Zukunft gepflanzt. Sie sollen sich gesund und kräftig entwickeln und ein hohes Alter erreichen. Auch in voller Höhe und Breite dürfen sie kein Störfaktor sein, also keine Nutzungen in Frage stellen und in ihrer Entwicklung nicht durch Gebäude oder Straßen eingeengt werden.

Die Wahl des Hausbaumes muß deshalb mit Bedacht getroffen werden. Nicht jede Baumart paßt zum Haus, zum vorgesehenen Standort und wird sich ausgewachsen mit dem oft eingeengten Luftraum und einem ungünstigen Boden zufrieden geben.

Anhand folgender Fragen kann geprüft werden, welcher Baum in Betracht kommt:

- Handelt es sich um einen vollsonnigen, halbschattigen oder schattigen Standort?
- Wie groß ist der zur Verfügung stehende Platz und Luftraum, in den der Baum hineinwachsen soll?
- Gibt es Nutzungen, die der Baum vollausgewachsen durch Schattenwirkung beeinträchtigen kann?
- Welche Grenzabstände sind bei der Pflanzung zu beachten?
- Soll mit besonders reich blühenden und fruch-

tenden oder im Herbst bunt gefärbten Blättern ein optischer Akzent gesetzt werden?
- Bei einem Obstbaum: Wie kann das Obst verwertet werden?
- Wie soll die Fläche unter dem Baum genutzt werden? Ist z. B. ein Sitz- oder Spielplatz vorgesehen, der beschattet werden soll, muß ein Hochstamm mit relativ dichtem Laubdach ausgewählt werden (z. B. auch ein Obstbaum). Soll noch möglichst viel Licht zum Haus durchdringen, wird die Wahl eher auf lichtere, schmalkronige Bäume wie z. B. Sorbus-Arten (Eberesche u. a.) fallen.

Eine Frage ist für die Entwicklung des Baumes besonders wichtig: Wird er mit der vorhandenen Fläche offenen Bodens auskommen? Oft wird bei Baumpflanzungen leider nicht bedacht, daß gesunde Bäume über ein Wurzelwerk verfügen, daß vom Ausmaß her etwa der Breite ihrer Krone entspricht. Die offen gehaltene „Baumscheibe" sollte also immer möglichst groß sein. Optimal ist eine Baumscheibe, die in etwa der Kronenbreite entspricht. Sind Befestigungen unter dem Baum für Sitzplätze oder Wege unvermeidlich, sollte das Versickern von Wasser durch breite Fugen im Pflaster oder naturnahe Befestigungen (wie wassergebundene Decken) ermöglicht werden. Allzuviele Stadtbäume sind zu einem sicheren Tod verurteilt, nachdem ihre Baumscheibe mit Asphalt und Beton versiegelt wurde.

> Die Seele wird von Pflastertreten krumm. Mit Bäumen kann man wie mit Brüdern reden, und tauscht bei ihnen seine Seele um
>
> *Erich Kästner*

Warum nicht vor dem Haus anstelle der beliebten Omorika-Fichte wieder einen Obstbaum pflanzen? Von der Blüte bis zur Ernte Jahreszeiten erleben. Unter dem Baum sitzen und spielen. Im Baum klettern oder an starken Ästen eine Schaukel aufhängen. Und im Herbst Äpfel und Birnen ernten.

Bäume für Stadtgärten

Baumart	Höhe	Kronen-breite	Licht-anspruch	einheimische Wildart	attraktive Blüte/ Bienenweide	Früchte bedeutsam	attraktive Herbstfärbung	verträgt gut Stadtklima und Luftbelastung	lichte Krone: gut geeignet für Höfe	Bemerkungen
Großbäume, 20–30 m hoch										
Spitzahorn (Acer platanoides)	20–30 m	15–20 m	○–◑	X	X		X	X	X	trockenheitsresistent raschwüchsig
Bergahorn (Acer pseudoplatanus)	20–35 m	15–20 m	○–◑	X	X		X	X		raschwüchsig
Sandbirke (Betula pendula)	20–25 m	6–8 m	○	X	X		X		X	extrem anspruchslos (Pfl. mit Ballen im Früh-jahr) Flachwurzler behindert Pfl. d. Umgebung
Esche (Fraxinus excelsior)	25–35 m	15–20 m	◑–●	X			X		X	schwere, ausreichend feuchte Böden, raschwüchsig
Stieleiche (Quercus robur)	25–35 m	20–40 m	○–◑	X				X	X	streusalzfest
Robinie (Robinia pseudoacacia)	20–25 m	10–15 m	○–◑		X			X	X	extrem anspruchslos
Winterlinde (Tilia cordata)	25–30 m	12–18 m	○–◑	X	X			X		streusalzempfindlich
Mittelgroße und kleine Bäume, 5–20 m hoch										
Feldahorn (Acer campestre)	8–15 m	5–8 m	○–●	X	X		X	X		trockenheits- und salzverträglich
Eschenahorn (Acer negundo)	15–20 m	8–10 m	○–◑				X	X	X	Sorte 'Variegatum' weißbunt belaubt, 5–7 m hoch
Kugelahorn (Acer platanoides 'Globosum')	6 m	3–5 m	○–◑				X	X		für enge Straßen und Plätze
Hainbuche (Carpinus betulus)	15–20 m	8–10 m	○–◑	X						salzverträglich
Italienische Erle (Alnus cordata)	10–15 m	5–6 m	○–◑					X	X	trockenheits- und salzverträglich raschwüchsig
Grauerle (Alnus incana)	15–20 m	6 m	○–◑	X	X	X			X	
Scharlachdorn (Crataegus coccinea)	5–7 m	3–5 m	○–◑		X	X	X	X		
Apfel-Dorn (Crataegus carrierei)	5–7 m	3–5 m	○–◑		X	X	X	X		
Rotdorn (Crataegus laevigata 'Pauls Scarlet')	5–7 m	2–3 m	○–◑		X		X	X	X	
Pflaumenblättriger Weiß-dorn (Crataegus prunifolia)	5–6 m	3–5 m	○–◑		X	X	X	X		
Baumhasel (Corylus colurna)	15–20 m	6–8 m	○		X	XE		X		langsamwachsend
Ulme (Ulmus x hollandica 'Commelin')	15–20 m	6–8 m	○					X	X	weitgehend immun gegen Ulmenkrankheit, raschwüchsig, liebt schwerere Böden

Bäume für Stadtgärten

Baumart	Höhe	Kronenbreite	Lichtanspruch	einheimische Wildart	attraktive Blüte/Bienenweide	Früchte bedeutsam	attraktive Herbstfärbung	verträgt gut Stadtklima und Luftbelastung	lichte Krone: gut geeignet für Höfe	Bemerkungen
Blumenesche (*Fraxinus ornus*)	6–10 m	4–6 m	○–◑		X		X	X	X	
Wildapfel (*Malus sylvestris*)	5–10 m	3–5 m	○	X	X	XE			X	
Zieräpfel (*Malus sargentii, M.*-Hybriden)	4–8 m	2–5 m	○		X	XE	X	X	X	verschiedene Sorten u. Blütenfarben, nur Sämlinge entwickeln sich baumartig
Zitterpappel (*Populus tremula*)	10–20 m	5–10 m	○	X				X	X	extrem anspruchslos, bildet Wurzelausläufer
Berg-Kirsche (*Prunus sargentii*)	15–18 m	7–12 m	○–◑		X		X	X	X	wenig anspruchsvoll, eine der schönsten Kirschen
Schnee-Kirsche (*Prunus subhirtella*)	4–5 m	3–4 m	○				X	X	X	reichblühend, meist strauchartig
Eberesche, Vogelbeere (*Sorbus aucuparia*)	8–15 m	5–6 m	○–◑	X	X	XE	X		X	trockenheits- und salzverträglich,
Pyramiden-Eberesche (*S. aucuparia* 'Fastigiata')	7–9 m	2–3 m	○–◑		X	X	X		X	für besonders enge Höfe u. Straßen
Großlaubige Mehlbeere (*Sorbus aria* 'Magnifica')	6–12 m	5–6 m	○–◑		X	X	X	X		veredelt, deshalb Wildtriebe entfernen
Eßbare Eberesche (*S. aucoparia* var. *moravica*)	12–15 m	7–8 m	○–◑		X	XE	X	X	X	veredelt, deshalb Wildtriebe entfernen
Oxelbeere (*Sorbus x intermedia*)	10–12 m	7–8 m	○–◑		X	X	X	X		streusalzfest, verträgt extremes Stadtklima
Eibe (*Taxus baccata*)	10–15 m	8–10 m	○–●	X		XG		X		immergrün, langsamwachsend

Großsträucher (können sich baumartig entwickeln)

Baumart	Höhe	Kronenbreite	Lichtanspruch	einheimische Wildart	attraktive Blüte/Bienenweide	Früchte bedeutsam	attraktive Herbstfärbung	verträgt gut Stadtklima und Luftbelastung	lichte Krone: gut geeignet für Höfe	Bemerkungen
Goldregen (*Laburnum anagyroides*)	5–7 m	3–4 m	○		X	G			X	giftige Samen
Echte Mispel (*Mespilus germanica*)	3–6 m	2–4 m	○–●	X	X	XE		X		
Birnbaum, Holzbirne (*Pyrus communis*)	3–8 m	2–4 m	○	X	X	X		X		

sowie Felsenbirne, Kornelkirsche, Weißdorn, Hasel und Flieder (nähere Angaben zu diesen Gehölzarten in der Liste S. 140)

Veredelte Obstbäume (Halb- und Hochstämme, robuste, starkwüchsige Sorten)

Baumart	Höhe	Kronenbreite	Lichtanspruch	einheimische Wildart	attraktive Blüte/Bienenweide	Früchte bedeutsam	attraktive Herbstfärbung	verträgt gut Stadtklima und Luftbelastung	lichte Krone: gut geeignet für Höfe	Bemerkungen
Birne	12–15 m	6–8 m	○		X	X				
Apfel	10–12 m	8–12 m	○		X	X				
Zwetschge	8 m	6 m	○		X	X				
Sauerkirsche	6 m	4 m	○		X	X				
Süßkirsche	12–14 m	10–12 m	○		X	X				
Quitte	2–3 m	2 m	○		X	X				meist strauchig

Bäume pflanzen heißt, seinen Träumen von einer besseren Welt Gestalt und Leben zu verleihen.

Russel Page

Trotz oftmals ungünstiger Standorte findet sich bei sorgfältiger Suche fast immer ein geeigneter Baum für das Haus! Schön wäre es sicher, wenn bei der Wahl auch wieder mehr die traditionellen starkwüchsigen Hausbaumarten wie Linde oder Eiche berücksichtigt werden könnten. Mit den oft riesigen Kronen und ihrer Blattmasse sind Großbäume für das Leben in der Stadt besonders wichtig. Findet sich also in einem großen Vorgarten, an der Straße oder zwischen Häusern ein ausreichend großer Platz, sollte die Chance zu einer Pflanzung großer Bäume genutzt werden!

Die Vogelbeere oder Eberesche (Sorbus aucoparia) mit ihrer schlanken und lichten Krone eignet sich sehr gut für kleine Vorgärten oder Höfe.

In den meisten Fällen wird der Platz für solch starkwüchsige Bäume aber nicht reichen. Zu bedenken ist dabei auch, daß die im Alter 20–30 m breiten Baumkronen manch andere Nutzungswünsche zunichte machen können. Die Liste auf der Vorseite macht aber deutlich, daß eine große Auswahl kleinwüchsiger Baumarten zur Verfügung steht, die sich als Stadtbäume bewährt haben. Ausgewählt wurden robuste Arten, die Stadtklima und Luftbelastung meist gut vertragen. Die Angaben über Standortansprüche, Wuchsverhalten und ökologische Bedeutung können bei der Auswahl des Hausbaumes eine Hilfe sein.

Baumpflanzung Schritt für Schritt

Baumpflanzungen sollten sorgfältig vorbereitet und durchgeführt werden, damit gutes Anwachsen, eine gesunde Entwicklung und ein hohes Alter möglich werden. Die folgenden praktischen Tips sollen dazu beitragen.

Pflanzzeit

Laubgehölze werden am besten im Herbst nach dem Laubfall gepflanzt. Grundsätzlich kann der Zeitraum von Ende Oktober bis März für Pflanzungen genutzt werden, sofern der Boden frostfrei ist. Eine Herbstpflanzung erleichtert dem Baum aber das Anwachsen, da noch im Winterhalbjahr die Wurzelneubildung einsetzt und die meist trockene Frühjahrszeit so besser überstanden wird. Immergrüne Gehölze werden hingegen zur Vermeidung einer winterlichen Austrocknung bereits im Spätsommer gepflanzt.

Standortwahl und Grenzabstände

Am Standort benötigt der Baum eine ausreichend große, offene Baumscheibe (vgl. S. 116). Auf ausreichenden Abstand zu Gebäuden (mindestens 3 m, damit sich die Krone frei entwickeln kann) und der Nachbargrenze ist zu achten. Grenzabstände werden durch das im jeweiligen Bundesland gültige Nachbarrechtsgesetz geregelt. Meist müssen bei starkwachsenden Bäumen (wie z. B. Linden) 4 m, bei allen übrigen Bäumen (auch Obstbäumen) 2 m Abstand zwischen Stamm und Grundstücksgrenze eingehalten werden. Am Straßenrand kann dieser Abstand meist reduziert werden (bis auf 1 m), da Baumpflanzungen heute von den Kommunalverwaltungen gewünscht und gefördert werden. Hier übernimmt der Hausbaum ja zugleich auch die Funktion eines Straßenbaumes. Bei sehr schmalen Vorgärten empfiehlt es sich, eine Baumpflanzung mit den Nachbarn abzustimmen und eventuell gemeinsam auf der Grenze zu pflanzen.

Bei der Standortwahl unbedingt zu berücksichtigen sind die fast überall vor Häusern im Boden liegenden Versorgungsleitungen. Für die Verlegung neuer Leitungen oder Reparaturen kommt es hier immer wieder zu Aushubarbeiten, durch die

Baumwurzeln beeinträchtigt werden. Zwischen Leitungssträngen und der Pflanzstelle ist also immer ein möglichst großer Abstand (je nach Baumgröße mindestens 1–3 m) einzuhalten.

Pflanzenmaterial

Für Einzelbaumpflanzung in Vorgärten eignen sich am besten Hochstämme, die von den Baumschulen mit einem 180 cm langen, geraden und fehlerfreien Stamm angeboten werden. Der Baum sollte über einen Stammumfang in 1 m Höhe von mindestens 10–12 cm verfügen. Flächen unter Hochstämmen können später gut z.B. für Sitzplätze oder Spielflächen genutzt werden. Wird ein weiter unten verzweigter Kletterbaum gewünscht oder zwischen Sträucher gepflanzt, kann auch auf die billigeren Heister zurückgegriffen werden. Vor allem Sträucher, aber auch viele Baumarten werden als zweimal verpflanzte und besonders reich verzweigte Heister angeboten. In anderen Größen und Stammlängen sind Obstbäume verfügbar: als Busch (ca. 40–60 cm Stammhöhe unterhalb der Krone), Halbstamm (100–120 cm Stammlänge) und Hochstamm (160–180 cm Stammlänge). Für die Einzelpflanzung von Obstbäumen am Haus eignen sich Hochstämme besonders gut, für Kletterbäume auch die ebenso starkwüchsigen Halbstämme. Sollen auf kleiner Fläche im Hof oder im Mietergarten verschiedene Obstarten angebaut werden, sind Büsche besser geeignet.

Pflanzgrube

Der Baum benötigt eine Pflanzgrube, die etwa doppelt so groß wie der Umfang seines Wurzelwerkes sein sollte. Für einen Jungbaum genügt eine Grube von 100 x 100 cm Breite und 50 cm Tiefe. Beim Aushub tieferer Gruben für schon ältere Bäume ist darauf zu achten, daß der dunkle, humusreiche Oberboden und der hellere Unterboden (sofern vorhanden) gesondert gelagert und später in der vorgefundenen Schichtung wieder eingefüllt werden. Würde humusreicher Boden in tiefere Bodenschichten (unter 50 cm Tiefe) gelangen, könnten die Baumwurzeln durch bei Zersetzungsprozessen freigesetzte Gase Schaden erleiden. Aus dem gleichen Grund muß auch auf die oftmals empfohlene Zugabe von frischem Mist oder nur angerottetem Kompost ganz verzichtet werden. Zweckmäßig ist es aber, den Oberboden durch Beigaben von verrotteter Komposterde zu verbessern. Wer auf Zukauf von Erden und Bodenverbesserungsmitteln angewiesen ist, kann sich dabei auch auf die im Handel erhältlichen Kompost- und Rindenhumus-Produkte stützen. Der aus verrotteter Nadelholzrinde gewonnene Rindenhumus ist qualitativ mit guter Komposterde vergleichbar und zeichnet sich z.B. durch recht hohen Humus- und Nährstoffgehalt sowie einen günstigen pH-Wert aus. Unbedingt verzichten sollte man aber auf Torf, der aufgrund niedriger pH-Werte zur Bodenversauerung beiträgt und für dessen Gewinnung die letzten (bedrohten) Hochmoore abgetorft werden.

Untergrund prüfen

Baumwurzeln entwickeln sich später über das Ausmaß der Pflanzgrube hinaus und dringen dabei auch in größere Tiefen vor (Pfahlwurzler wie beispielsweise Birnbäume bis zu 5 m tief!). Oftmals sind aber die Böden in Hausnähe durch Baumaschinen oder Bauschutt-Ablagerungen so verdichtet, daß sie für Wurzeln undurchdringlich geworden sind. Nach Aushub der Pflanzgrube muß deshalb unbedingt der Untergrund geprüft werden. Sofern mit einem kaum in den Boden zu treibenden Spaten verhärtete Bodenschichten festgestellt werden, sind diese (notfalls mit einer Spitzhacke) zu lockern, um ein späteres Verkümmern der Bäume zu verhindern. Im Extremfall kann ein kompletter Austausch des Bodens bis in tiefere Schichten erforderlich sein.

Anbinden unverzichtbar!

Bis ein Baum mit seinem Wurzelwerk einen festen Halt im Boden gefunden hat, vergehen oft mehrere Jahre. Das Anbinden ist also eine unverzichtbare Starthilfe. Bei einer Pflanzung mit Ballen wird der Pfahl nach dem Einsetzen des Baumes schräg eingeschlagen. Meist haben die zu pflanzenden Bäume aber keine Wurzelballen, so daß der Pfahl vor dem Einsetzen des Baumes ca. 50 cm tief in den Boden der Pflanzgrube eingeschlagen werden kann. Sein oberes Ende muß bei Hochstämmen etwa unterhalb der Krone abschließen. Angebunden wird dann mit einem Kokosstrick, der in Form einer Acht gebunden und am Pfahl verknotet oder festgenagelt wird. Wichtig ist, die Anbindung später regelmäßig zu überprüfen und nach Bedarf zu lockern.

> Pflanz einen Baum. Und kannst Du auch nicht ahnen, wer einst in seinem Schatten tanzt. Bedenk o Mensch, es haben Deine Ahnen, eh sie Dich kannten, auch für Dich gepflanzt
>
> *Max Weber*

Baumpflanzung

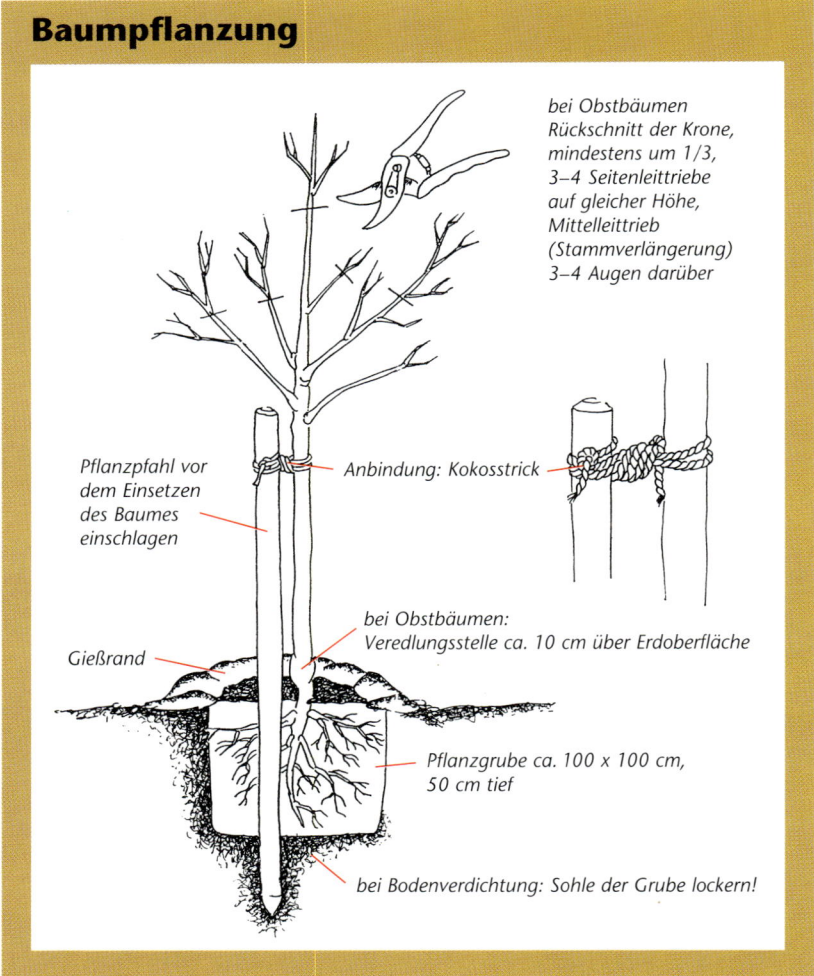

bei Obstbäumen Rückschnitt der Krone, mindestens um 1/3, 3–4 Seitenleittriebe auf gleicher Höhe, Mittelleittrieb (Stammverlängerung) 3–4 Augen darüber

Anbindung: Kokosstrick

Pflanzpfahl vor dem Einsetzen des Baumes einschlagen

bei Obstbäumen: Veredlungsstelle ca. 10 cm über Erdoberfläche

Gießrand

Pflanzgrube ca. 100 x 100 cm, 50 cm tief

bei Bodenverdichtung: Sohle der Grube lockern!

3. Bei veredelten Obstgehölzen muß die Veredlungsstelle mindestens eine Handbreit über dem Erdboden bleiben. So wird verhindert, daß die aufveredelte Sorte selbst Wurzeln bildet (Grundlage für das Wachstum ist die meist aus der Wildform bestehende „Unterlage").

4. Beim Füllen der Pflanzgrube mit Erde müssen alle Hohlräume zwischen den Wurzeln ausgefüllt werden. Durch Rütteln des Baumes, vorsichtiges Antreten und gleichzeitiges Einschlämmen wird guter Bodenkontakt mit den Wurzeln erreicht.

5. Ein ca. 15–30 cm hoher Gießrand etwa am Rand der Pflanzgrube erleichtert die besonders in den ersten Monaten unverzichtbare Bewässerung, denn ausreichend große Wassermengen können angestaut werden.

6. Zur optimalen Pflege des Bodens wird der Bereich der Baumscheibe am besten mit Laub, Rasenschnitt, grobem Kompost, Rindenmulch oder Gehölzhäcksel abgedeckt („gemulcht"). Die etwa 5–10 cm dicke Schicht sollte solange erneuert werden, bis das Laub des Baumes für eine natürliche Mulch- bzw. Streuschicht sorgt. So wird eine zu starke Austrocknung und Verkrustung des Bodens vermieden und der Boden bleibt locker und humos.

Pflanzschnitt: Bei Obstbäumen unverzichtbar

Um die gewünschte gesunde und kräftige Entwicklung des Jungbaumes zu „starten", sollte bei der Pflanzung neben einem behutsamen Wurzelschnitt (insbesondere dem Wegschneiden beschädigter Wurzelteile) ein Rückschnitt der Krone um ca. 1/3 vorgenommen werden. Nur bei Baumarten, die sich, wie z.B. Ahorn, über Spitzenkospen aufbauen, muß darauf verzichtet werden (im Zweifelsfall in der Baumschule nachfragen!). Bei Obstbäumen ist ein solcher erster Erziehungsschnitt unverzichtbar, denn er legt als „Gerüstbildner" den Grundstock für die gesamte weitere Entwicklung des Baumes. Ziel ist es dabei, durch einen kräftigen Rückschnitt und Wegschnitt von Konkurrenztrieben (vgl. Skizze) ein tragfähiges Kronengerüst zu entwickeln. Ein die Stammverlängerung bildender Leitast und drei bis vier Seitenäste werden dazu zurückgeschnitten, andere Seitenäste entfernt. Bei Obstgehölzen wird dieser Erziehungsschnitt in den folgenden drei bis fünf Jahren wiederholt.

An Straßenrändern empfiehlt sich die Anbindung an drei Pfählen (im Dreieck angeordnet und mit Hölzern verbunden), da der Baum so besser geschützt ist.

Pflanzung

1. Pflanzen ohne Ballen werden einen Tag vor der Pflanzung in Wasser gestellt, damit sich die Wurzeln vollsaugen können.

2. Bäume dürfen nicht in die Pflanzgrube versenkt werden! Für alle aus Samen vermehrten Gehölze ist hohes Pflanzen lebenswichtig. Der Wurzelhals schließt deshalb etwa mit der Oberkante der Pflanzgrube ab. Ein Wurzelballen sollte sogar ca. 3 cm über der Erdoberfläche stehen. Wichtig ist, das Ballenleinen oben aufzuschneiden und etwa 10 cm weit zu entfernen.

Laub – ein Problem?

Laubabwerfende Bäume sind für viele Menschen offenbar ein Problem: Das alljährlich zu Boden fallende Herbstlaub wird als eine Störung der Gartenordnung empfunden, sorgsam zusammengeharkt und teilweise über die Müllabfuhr entsorgt. Zur Vermeidung solcher Störungen finden sich dann in den Vorgärten nur noch die „sauberen" Nadelgehölze.

Zweifellos sollte Laub von Gehwegen oder dem Rasen entfernt werden, doch für das Säubern von Flächen in Gebüschen oder auf Baumscheiben gibt es kaum einen vernünftigen Grund. Vielmehr hat die Laubschicht sowohl ökologische wie gärtnerische Vorteile:

- Das Bodenleben lebt vom Laub. Im Stoffkreislauf wird das Laub zu Humus und Nährstoffen für die Pflanzen umgebaut.
- Der Boden wird vor Austrocknung geschützt.
- Die Pflege wird erleichtert, da der Boden natürlich locker und humos bleibt und unerwünschte Kräuter unterdrückt werden.
- Nützliche Tiere wie Laufkäfer oder Igel (die von Bodentieren leben und in der Laubschicht überwintern) werden gefördert.
- Attraktive Frühlingsblüher wie Schneeglöckchen oder Buschwindröschen sind auf einen naturnahen „Waldboden" mit Laubschicht angewiesen.

Laub gehört zum Boden: es fördert das Bodenleben, schützt vor Austrocknung und erleichtert die Pflege. Aus gärtnerischer wie aus ökologischer Sicht gibt es keinen vernünftigen Grund dafür, Herbstlaub unter Sträuchern zu entfernen.

Für Naturfreunde ist die Laubschicht unter Gehölzen, aus der schon im Spätwinter erste Frühblüher hervorbrechen, auch eine ästhetische Bereicherung. Wer Laub am Boden stattdessen als unschön empfindet, sollte sich einmal fragen, ob damit nicht ein überzogener Ordnungssinn zum Ausdruck kommt. Auch eingespielte Gewohnheiten lassen sich auf der Basis einer positiven Einstellung zur Natur ändern!

Die Unverbesserlichen

„Das ist ja alles schön und gut. Aber jetzt werden überall Bäume gepflanzt: in den Vorgärten, auf dem Bürgersteig, sogar auf der Straße, auf Schulhöfen, auf Parkplätzen, auf Dächern und ich weiß nicht wo. Und was das immer kostet: Loch buddeln, Erde austauschen, die Pfähle, zum Schluß der Baum. Und der muß immer ordentlich gegossen werden.
Wenn die Leute vom Gartenamt das machen, dann geht's ja noch. Aber wenn wir alles selber machen sollen, – nee! Und die Autos können nicht mehr überall parken. Und wenn sie dann endlich Platz zwischen und unter zwei Bäumen gefunden haben, wird der ganze Lack kaputtgemacht. Im Sommer tropft dieses klebrige Zeugs von den Blättern und dann kommt der Vogeldreck noch dazu. Und richtig los geht's dann im Herbst. Immer Laub harken. Also ich weiß nicht, die Bäume machen doch nur Arbeit und Dreck."

Laubsäcke

Für ein schöneres Berlin. Für eine saubere Umwelt. Um wieviel schöner, um wieviel sauberer? Durch uns, begreife das doch, mit Hilfe der Laubsäcke. (...)

Das Laub geht aufrecht die Straßen entlang. Das Laub könnte was wollen. (...)

Das Laub der Bäume, eingesackt in Laubsäcke, wartet an Baumstämmen auf den Abtransport. Das Laub spricht. Es spricht miteinander. Das habe ich gehört.

Günter Bruno Fuchs

Entwickeln sich optimal unter einer Laubschicht: Schneeglöckchen und andere Frühblüher.

Bürgersteig-Gärten

Straßen sind nicht nur Verkehrsadern, sondern auch Lebensräume für Stadtbewohner. Insbesondere in verkehrsarmen Wohngebieten können hier Fußgänger, Radfahrer, spielende Kinder, Stadtbäume und sogar Wildkräuter zu ihrem Recht kommen. Platz für Zufahrten zu den Häusern und parkende Autos bleibt da noch genügend, wie zahllose Verkehrsberuhigungsprojekte gezeigt haben. Aber auch auf dem Bürgersteig einer Hauptstraße oder am Hauseingang ist meist Platz für Natur.

Ein Anfang: Blumentöpfe und Pflanzkübel

Für das Aufstellen einiger Blumentöpfe am Eingang oder eines Pflanzkübels an der Hauswand findet sich fast überall ein Platz. Schon an sehr vielen Mietshäusern hat die Belebung des Straßenraumes auf diese Weise erfolgreich angefangen. Blumen oder kleine Gehölze in Gefäßen können hier ein Zeichen setzen. Töpfe oder Kästen lassen sich in einer geschützten Ecke unmittelbar am Eingang oder auf der Außenfensterbank aufstellen. Soll der Bürgersteig oder die Wand beispielsweise mit Blumen, Sträuchern und eventuell auch Klettergehölzen belebt werden, müssen es schon größere Pflanzgefäße aus Stein, Ton oder Holz sein. Hier sollte mindestens ein halber Quadratmeter bzw. ein Gefäß mit einem Volumen von mindestens 80–100 l genutzt werden können, damit auch Gehölzen ausreichend Erde zur Verfügung steht.

Leider passen viele vom Handel angebotene Betongefäße aus ästhetischer Sicht weniger gut vor das Haus und zu den Pflanzen. Gefäße aus Naturmaterial sind hingegen fast immer gut geeignet. Angeboten werden z. B. Tongefäße, Sandsteintröge und Holzbehälter in verschiedenen Größen und Formen. Massive Holzgefäße können leicht selbst zusammengebaut werden. Auch halbierte Holzfässer sehen sehr schön aus, haltbarer sind aber Gefäße aus gebranntem Ton, Stein oder Eternit (Faserzement, asbestfrei). Verfügbar sind zudem inzwischen auch Beton-Tröge mit einem ansprechenden, naturnah wirkenden Design (so z. B. Lavabeton-Tröge in Größen bis zu 120 x 80 x 60 cm). Findet sich im nahen Baumarkt kein passender Behälter, empfiehlt es sich, bei den im Anhang angegebenen Bezugsquellen Informationen einzuholen.

Die Gefäße sollten so schwer sein, daß sie nicht ohne weiteres entfernt werden können. Am Rande des Bürgersteigs oder der Baumscheibe aufgestellte Pflanzkübel können so auch dazu beitragen, daß der Mißbrauch solcher Flächen als Parkplätze unterbleibt. Dort, wo kein offener Boden an der Fassade zur Verfügung steht, bietet der Kübel die Chance, die Wand durch Kletterpflanzen zu beleben. Geeignet sind neben allen einjährigen Arten vor allem schwachwachsende Klettergehölze (siehe S. 59–61).

Für das Aufstellen einiger Töpfe und Pflanzgefäße findet sich fast überall Raum.

Furchtbare Vorstellung:
Eine Stadt ohne Grün.

Steinerne Masse, ohne daß der Wechsel der Jahreszeiten sichtbar und erlebbar wäre

Gina Angress

Schwere Pflanzgefäße am Straßenrand bieten Platz für kleine Sträucher und Bäume.

Bankbeet an der Hauswand

Ziegel-Mauerwerk

*Isolierung
zur Wand
(Dachpappe
o. ä.)*

*Dränage aus
Blähton,
abgedeckt
mit Vlies
(ca. 10 cm)*

Isolierung nur bei Bedarf

Dränagerohr bei Bedarf

Die Wand des Beetes kann außer mit Ziegeln auch mit Natursteinen oder Hölzern gebaut werden. Die Dränage ist nur bei versiegelten Böden nötig. Besser ist es natürlich, den Boden vorher zu entsiegeln und den Untergrund zu lockern.

Gemauerte Bankbeete am Haus können mit Blütenstauden, niedrigen Sträuchern oder Klettergehölzen abwechslungsreich bepflanzt werden.

Es genügt ein Plattenstreifen

Obwohl Bürgersteige als auch Gehwege zum öffentlichen Straßenraum gehören, ist es oft möglich, an der Hauswand einen schmalen Streifen nach Aufnahme der Platten oder Pflastersteine für Grün zu nutzen. Ist der Weg breit genug, wird vom zuständigen Amt der Stadt dafür meist die erforderliche Sondernutzungserlaubnis erteilt. Ein Streifen von 50 cm Breite und 1 m Länge genügt schon, um ein kleines Beet für an der Fassade hochwachsende Klettergehölze anzulegen. Solche Flachbeete sind am Wegrand meist aber starken Belastungen ausgesetzt, und Pflanzen haben es schwer, sich dort zu halten. Klettergehölze müssen insbesondere in den ersten Jahren durch Schutzgitter oder Absperrungen geschützt werden. Auch sollten robuste und anspruchslose sowie wuchsstarke Arten wie z. B. Knöterich, Wilder Wein, Waldgeißblatt oder Baumwürger bevorzugt werden.

Ein Bankbeet an der Hauswand

Für anspruchsvollere Pflanzungen hat sich an der Hauswand die Anlage von etwa 50–80 cm hohen Bank- oder Trogbeeten bewährt. Solche Bankbeete, deren Rand auch als einfache Sitzmöglichkeit zu nutzen ist, können auf unterschiedliche Weise gebaut werden:

- Bau eines gemauerten Trogbeetes aus Ziegel oder Betonsteinen (besonders haltbar und massiv).
- Aufschichtung von Natursteinen mit Lehm zu Trockenmauern (um Zerstörungen vorzubeugen, die obere Steinschicht vermauern).
- Rundhölzer palisadenartig eingelassen (Durchmesser 10–12 cm, Länge 100–150 cm, 50 cm tief im Boden).
- Kanthölzer oder Schwellen flach aufgeschichtet und verschraubt.

Wichtig ist es, daß zwischen Beet und Hauswand eine wasserundurchlässige Isolierschicht eingebaut wird (z. B. Dränplatten, zweilagiger Sperrputz o. ä.). Ansonsten besteht die Gefahr, daß Feuchtigkeit über die Hauswand in Innenräume eindringt. Auch bei Flachbeeten ist gegebenenfalls eine Isolierung erforderlich. Wird beim Aushub durchfeuchtetes Mauerwerk festgestellt, muß vor der Pflanzung eine Trockenlegung und Sanierung erfolgen.

Gehölze für Bankbeete und Gefäße

Bei ausreichendem Volumen lassen sich Bankbeete oder große Gefäße mit kleinen Blütensträuchern bepflanzen. Die folgenden Gehölze eignen sich dafür besonders gut:

Für sonnige bis halbschattige Standorte
- Sommerflieder *(Buddleja)*: 1–2 m hoch, verschiedene Sorten und Farben
- Besenheide *(Caluna vulgaris)*: bis 0,5 m
- Zierquitten *(Chaenomeles)*: je nach Art und Sorte 0,5–2 m hoch, rote Blüte, lassen sich auch am Spalier ziehen
- Gelber Blasenstrauch *(Colutea asborescens)*: bis 1 m
- Forsythie *(Forsythia)*: bis ca. 2 m, gelber Frühblüher
- Ginster *(Genista*, verschiedene Arten): bis 1 m, gelbblühend.
- Sanddorn *(Hippophae rhamnoides)*: bis 3 m, beerentragend, (zweihäusig!), sehr anspruchslos
- Bibernellrosen und andere niedrige Wildrosen *(Rosa spinosissima, Rosa nitida* u. a.)

Halbschattige bis schattige Standorte
- Felsenbirne *(Amelanchier)*: im Kübel bis 3 m, sonst größer, Frühblüher, eßbare Beeren, Herbstfärbung, auch für sonnige Plätze
- Buchsbaum *(Buxus sempervirens)*: 1–2 m, alte Bauerngartenpflanze, auch für volle Sonne
- Pfaffenhütchen *(Euonymus europaea)*: bis 3 m, giftige Beeren
- Johanniskraut *(Hypericum calycinum)*: niedriger Halbstrauch, bis 0,5 m hoch, gelbblühend, auch in der Sonne
- Liguster *(Ligustrum vulgare)*: bis 3 m
- Mahonie *(Mahonia aquifolium)*: etwa 1 m, immergrün, gelbblühend
- Stechpalme *(Ilex)*: im Alter über 5 m, im Kübel meist niedriger, immergrün, giftige Beeren
- Alpenjohannisbeere *(Ribes alpinum)*: 1–2 m

Nach Möglichkeit sollten an der Fassade auch Klettergehölze berücksichtigt werden. Insbesondere zur Umrahmung des Eingangs sind beispielsweise Kletterrosen und Geißblatt-Arten gut geeignet. Am Fuß der Gehölze sollten auch Blumen nicht fehlen, wobei je nach Lichtverhältnissen und Beetgröße fast alle Sommerblumen und robusten Gartenstauden gepflanzt werden können. Ob Bankbeet, Blumentopf, Pflanzkübel oder ein richtiger Vorgarten: Auch in der Stadt können wir fast immer Freunde und Gäste am Eingang mit Blumen empfangen!

Auch bei wenig Sonne vor dem Haus sind bunte Blumenbeete auf Bankbeeten möglich: Der Goldfelbrich (Lysimachia punctata – Bildmitte) und die Glockenblume (Campanula poscharskyana – vorne) bevorzugen halbschattige bis schattige Standorte.

Wildkräuter bereichern den Straßenrand!

Besonders kleine Vorgärten und schmale Grünstreifen zwischen Haus und Straße sind leider immer noch ein sehr beliebtes Betätigungsfeld für Ordnungsfanatiker. Ein übertriebener Sauberkeitssinn führt dazu, daß bis in die letzten Winkel und Pflasterritzen all das beseitigt wird, was Straßenränder beleben könnte. Daß dabei viele ausgesprochen interessante, schöne und nützliche Wildpflanzen unnötigerweise beseitigt werden, ist in einer Zeit gewachsenen Umweltbewußtseins kaum noch verständlich.

Die Blutjohannisbeere eignet sich gut für die Bepflanzung von Bankbeeten und großen Kübeln in sonniger Lage. Mitten in der Stadt können auf ihren Blüten im April die früh ausfliegenden Königinnen der Hummeln beobachtet werden.

Die Benutzbarkeit des Gehweges wird nicht in Frage gestellt, wenn in den Ritzen wachsende Wildkräuter wie das Seifenkraut (Saponaria officinalis) – eine alte Kulturpflanze – toleriert werden.

Pflanzen für Spalten und Ritzen in Mauern

- Hundskamille
  (Anthemis cupananiana)
- Gänsekresse
  (Arabis caucasia)
- Gelber Lerchensporn
  (Corydalis lutea)
- Zimbelkraut
  (Cumbalaria muralis)
- Sonnenröschen
  (Helianthenum)
- Steinbrech-Arten
  (Saxifraga)
- Scharfer Mauerpfeffer
  (Sedum acre)

Eine ausreichend große, naturnah bepflanzte Baumscheibe ist besonders wichtig.

Manche der Pflanzen, die heute durch solch übertriebene Pflege aus der Stadt verbannt werden, genossen noch vor einigen Jahrzehnten ein hohes Ansehen. Viele wurden als Heil- und Gewürzpflanzen geschätzt und genutzt, wie z.B. Eisenkraut, Schöllkraut, Beifuß und Johanniskraut. Fast alle bereichern auch als attraktive Blüher das Straßenbild, setzen optische Akzente und sind als Nahrungspflanze für Bienen und andere Blütenbesucher von Bedeutung. Warum sollen wir also Löwenzahn, Wegwarte, Königskerze oder Wegmalve am Straßenrand oder vor dem Gartenzaun beseitigen? Sie stören an solchen Stellen allenfalls das Ordnungsempfinden mancher Menschen, gefährden aber keine Nutzungen und auch andere Gefahren gehen nicht von ihnen aus! Im Gegenteil fördert ein wenig Wildwuchs an der Straße und im Vorgarten den Erlebnisreichtum des Wohnumfeldes. Dies gilt auch für die Pflasterritzen von Gehwegen und Plätzen. Die Benutzbarkeit befestigter Flächen wird doch nicht in Frage gestellt, wenn die in den Ritzen wurzelnden Überlebenskünstler, wie z.B. Mauerpfeffer oder Steinkraut, geduldet werden. Auch ältere Abgrenzungsmauern aus Bruch- und Ziegelsteinen sind oft ein Refugium für seltene Wildpflanzen (siehe Kasten).

Patenschaft für Straßenbäume

Ein Straßenbaum vor der Haustür ist oft das einzige Stück „Garten", von dem Stadtbewohner profitieren. Als Gegenleistung hierfür können die Bewohner den Bäumen zumindest das Überleben zwischen Lärm und Abgasen, Asphalt und Beton ein wenig erleichtern. Ob im Rahmen einer „Baumpatenschaft", wie sie von vielen Städten angeboten wird, oder in Eigeninitiative: Die folgenden Anregungen können dazu beitragen, daß Hausbewohner ein Stück Mitveranwortung für das Leben ihrer Straßenbäume übernehmen können.

Wichtig ist die Pflege der oft von Autos beeinträchtigten Baumscheibe. Der Boden sollte locker, durchlässig und humos sein. Optimal ist eine Bepflanzung mit bodendeckenden und standortgerechten Blumen und Stauden. Statt empfindlicher Zierpflanzen sind dafür standortangepaßte und robuste Wildpflanzen, die sich flächendeckend ausbreiten, besser geeignet (siehe Übersicht rechts).

Baumpaten

Ich heiße Pirko, bin zwar erst 9 Jahre alt, aber ich bin schon seit 1 1/2 Jahren Baumpate. Ich pflege die Platane vor unserem Haus. Sie ist der einzige Baum in unserer Straße. Anfangs schmissen viele Leute Müll in den Pflanzkübel. Dann habe ich Geranien, Primeln und Efeu unter die Platane gepflanzt. Ich muß die Blumen und den Baum immer gießen, dann die Erde lockern, den Müll beseitigen und Dünger streuen. Im Herbst schneide ich die bis zum Boden hängenden Efeuranken ab, und die Blätter von der Platane fege ich zusammen und werfe sie in den Pflanzkübel. Im Winter hänge ich einen Meisenring an einen Ast, und im Frühjahr pflanze ich neue Blumen.
Ich bin gerne Baumpate!

(aus: Mehr Grün in der Stadt, Düsseldorf 1986)

Anwohner können im Rahmen einer Patenschaft ein Stück Mitverantwortung für ihre Hausbäume übernehmen – Kinder sind meist mit Begeisterung dabei!

In den trockenen Sommermonaten sind Stadtbäume auf eine zusätzliche Bewässerung angewiesen. Einige Eimer Wasser müssen es dann allerdings schon sein, damit die Hilfe wirkt! Selbstverständlich wird Spül- und Wischwasser dafür nicht verwendet. Auch die Wagenwäsche am Straßenrand kann den Bäumen durch versickernde Öle und andere Gifte schaden. Viele Städte haben solche Umweltsünden bereits verboten. Bei Verstößen bewirkt vielleicht ein freundlicher Hinweis, daß künftig besser eine Waschanlage benutzt werden sollte.

Streusalz war schon verantwortlich für den Tod unzähliger Stadtbäume. Das im Boden gelöste und angereicherte Salz wird von den Bäumen aufgenommen und zerstört das Zellgefüge der Blätter. Salzschäden lassen sich im Sommer an den von den Rändern her braun verfärbten und dann vorzeitig abfallenden Blättern erkennen. Viele Bäume leiden noch heute an den im Laufe vieler Jahre im Boden angereicherten Salzen, auch wenn heute in den meisten Kommunen Streusalz nur noch beschränkt eingesetzt werden darf. Neben dem

Als robuster und blühender Bodendecker eignet sich das Kleine Immergrün (Vinca minor) besonders gut für die Bepflanzung der Baumscheibe.

Bodendeckende und robuste Wildpflanzen für Baumscheiben

(schattenverträgliche, konkurrenzstarke Pflanzen, die sich flächendeckend ausbreiten und das Laub gut aufnehmen)

- Frauenmantel (*Alchemilla mollis*)
- Wald-Storchschnabel (*Geranium* spec.)
- Efeu (*Hedera helix*), immergrüner Kletterstrauch
- Taubnessel (*Lamium maculatum*)
- Goldnessel (*Lamiastrum galoebdolon*), gelbblühend
- Gedenkemein (*Omphalodes verna*)
- Lungenkraut (*Pulmonaria angustifolia*)
- Immergrün (*Vinca minor*), blaue Blüte, Halbstrauch
- Golderdbeere, Waldsteinie (*Waldsteinia geoides*)

Zusätzlich können einzelne Frühblüher wie Narzissen, Schneeglöckchen oder Blausterne die Baumscheibe bereichern.

Vor der Pflanzung von Bäumen sollte bedacht werden, wieviel Platz der Baum später einmal beanspruchen wird und ob die Versorgung mit Licht, Wasser und Nährstoffen am vorgesehenen Standort gewährleistet ist. In Zweifelsfällen ist immer ein Fachmann hinzuziehen. Die Pflanzung sollte immer fachgerecht und sorgfältig durchgeführt werden.

konsequenten Verzicht auf Salzausbringung ist es auch wichtig, daß der im Straßenbereich mit Salz in Berührung gekommene Schnee nicht unter einem Baum gelagert wird.

Zu einer Patenschaft sollte auch die genaue Beobachtung des Baumes durch den Paten gehören. Sind z.B. auffällige Krankheiten festzustellen? Ist es eventuell zu einer Beschädigung durch parkende Autos gekommen? Muß die Baumanbindung erneuert werden? Wird bei Bauarbeiten gegen die Vorschriften des vorbeugenden Baum-

Straßenbäumen vor dem Haus wird das Leben vielfach sehr schwer gemacht – versiegelte Baumscheiben sorgen oft für den frühzeitigen Tod.

schutzes verstoßen (DIN 18920 „Schutz von Bäumen bei Baumaßnahmen"), indem z.B. der Stamm nicht genügend vor Beschädigung geschützt, Wurzeln verletzt oder Bauschutt auf der Baumscheibe gelagert wird? In diesen Fällen ist das für die Pflege der Straßenbäume zuständige Garten- oder Grünflächenamt auf Hinweise angewiesen, damit rechtzeitig geholfen werden kann.

Auch Vorschläge zur Verbesserung der Lebensbedingungen der Straßenbäume (wie z.B. eine Vergrößerung der Baumscheibe) sollten an das zuständige Amt herangetragen werden. Geplante Verkehrsberuhigungs- und Wohnumfeldmaßnahmen (in deren Rahmen Bürger angehört werden und Einfluß nehmen können) sollten genutzt werden, um mehr Platz für Straßenbäume und anderes Grün zu bekommen. Haben Sie aber auch den Mut, bei einer aktuellen Gefährdung „Ihrer" Bäume sofort zu handeln: Als erster Schutz für Baum und Baumscheibe kann z.B. ein rasch aufzustellendes, schweres Pflanzgefäß dienen.

Straßenbäume selbst pflanzen?

Die Pflanzung von Straßenbäumen ist eine Aufgabe der für das öffentliche Grün zuständigen Stellen der Stadtverwaltung – die Unterstützung und Mitwirkung von Anwohnern wird aber meist gerne gesehen. Wie beschrieben, gibt es dafür viele Möglichkeiten. Weniger sinnvoll ist es aber, daß Anwohner selbst „ihre" Straßenbäume pflanzen. Vielmehr gibt es gute Gründe dafür, die Durchführung von Baumpflanzungen an Straßen den Fachleuten des Gartenamtes oder einem Fachbetrieb zu überlassen:

- Die Planung von Straßenbaumpflanzungen ist sehr aufwendig, eine Vielzahl städtischer Stellen wie Stadtwerke (Versorgungsleitungen), Tiefbauamt (Verkehrssicherung) oder die Post (Kabel) sind dabei zu beteiligen.
- Die Kosten sind recht hoch: Kräftige Straßenbäume, die wegen der exponierten Lage mindestens schon einen Stammumfang von 14 cm haben sollten, kosten zwischen 250,– und 500,– DM je nach Art. Hinzu kommen die Kosten für die Pflanzung und die Pflege.
- Ohne Maschineneinsatz sind die Pflanzungen meist kaum durchführbar.
- Die Pflanzung muß besonders fachgerecht und sorgfältig durchgeführt werden, damit ein gutes Gedeihen an den meist ungünstigen Standorten möglich wird.

Gärten zwischen Häusern

Zwischen Straßen und Häusern sind lebendige Gartenhöfe wichtige Oasen nicht nur für Menschen.

Gartenhöfe

Wer schon einmal an einem Sommertag von der heißen Straße durch eine Toreinfahrt in einen Hinterhof mit Bäumen, Sträuchern und Blumen getreten ist, der hat gespürt, wie wichtig die Gartenflächen hinter dem Haus sind. Nicht nur Ruhe vor dem Verkehrslärm, grüne Blätter und bunte Blüten, auch kühle Luft und Schatten sind hier zu finden. Schon durch einen größeren Baum entsteht im Innenhof ein erfrischendes, waldähnliches Klima. Beispielsweise verdunstet eine Linde täglich bis zu 500 l Wasser. Sie feuchtet dabei die Luft an und verhindert so, daß sich die Umgebung stark aufheizt. Kein Wunder, daß die kleinen Oasen für die Bewohner und Bewohnerinnen der umliegenden Häuser eine große Bedeutung haben. Da ist Raum für sommerliche Gartenfeste und Geburtstagsfeiern. Kinder spielen hier ungestört. Nachbarschaftsplausch, Sonnenbad, Kaninchenhaltung, Buchlektüre im Freien, das und noch vieles mehr ist in interessant gestalteten und vielfältig bepflanzten Hinterhöfen möglich.

Wer jetzt an die Teppichstange, die Mülltonnen und Fahrräder des eigenen Hinterhofes mit seinem Betonboden denkt, braucht nicht nur von Bäumen und Blumen zu träumen. Mit Phantasie und Eigeninitiative haben Mieter, Mieterinnen und Hauseigentümer es vielerorts geschafft, solch einen trostlosen Hof in eine lebendige Oase inmitten von Mauern und Straßen zu verwandeln. Warum soll das dann nicht auch beim Hof des eigenen Wohnhauses möglich sein? Alleine geht es sicher nicht. Es lohnt sich, Gespräche mit den Mitbewohnern und Hauseigentümern zu führen. Kaum jemand wird ernsthaft etwas gegen Pflanzen und Bänke im Hinterhof haben. Vorbehalte werden wohl eher dem „Lärm" der im Hof spielenden Kinder oder den feiernden Nachbarn gelten. Bei der gemeinsamen Planung der Hofveränderung lassen sich Bedenken aber ausräumen. Wenn dann die Umgestaltung mit einer Pflanzaktion und einem Hoffest abgeschlossen wird, genießen wohl alle das Ergebnis der gemeinschaftlichen Anstrengung.

Starthilfen – Anfang ohne Schwierigkeiten

Von selbst begrünt sich kein Hinterhof. Arbeit, Zeit und Geld müssen schon eingesetzt werden. Trotzdem ist Scheu nicht angebracht, denn es gibt Hilfen. Viele Großstädte haben bei den Garten- und Grünflächenämtern oder aber bei den Ämtern für Stadtplanung und Stadterneuerung Beratungsstellen für die Wohnumfeldverbesserung und damit auch für die Veränderung von Hinterhöfen eingerichtet (siehe Adressen S. 194). Dort gibt es meist Mitarbeiter und Mitarbeiterinnen, die die Organisation, Planung und Durchführung der Umgestaltung mit Rat und Tat unterstützen. Tips zur Bepflanzung und bautechnische Hinweise geben die Fachleute gerne. Meist sind sie auch Ansprechpartner für die Beantragung von Fördermitteln.

In vielen Städten wie München, Nürnberg, Hannover, Braunschweig, Köln, Karlsruhe oder Dortmund gibt es neben idealer auch materielle Hilfe. Je nach Stadt wird die Hofgestaltung mit 40,– DM bis 80,– DM/pro m² gefördert. Der Zuschuß liegt in der Regel bei 65 % der Gesamtkosten. Trotzdem müssen Mieter, Mieterinnen und Eigentümer nur selten etwas aus der eigenen Tasche

hinzuzahlen. Die Eigenleistungen der Aktiven beim Pflanzen werden nämlich mit 10,– bis 15,– DM/pro Stunde und Person angerechnet. Mieter wie auch Eigentümer können diese Mittel beantragen.

Da bleibt nur noch die Frage nach der Zeit. Etwas Geduld ist schon nötig, denn von heute auf morgen ist nicht alles machbar. Von der ersten Idee bis zur Fertigstellung vergeht meistens ein Jahr. Planung braucht Zeit, und Anträge müssen von den zuständigen Stellen bearbeitet werden. Die Phase, in der dann tatsächlich gebaut und gepflanzt wird, ist eigentlich die kürzeste. Die verschiedenen Bauaktionen nach Feierabend und an Samstagen beanspruchen selten mehr als 3 Monate. Für manche Arbeiten ist die Unterstützung durch eine Firma sinnvoll. Der Spaß am eigenen Hof ist aber am größten, wenn viel selbst gemacht wird. Pfiffige Heimwerker und Heimwerkerinnen werden sich unter den Nachbarn schon finden.

Platz im Hinterhof

Wäsche trocknen, Müll wegbringen, Fahrräder abstellen - viel mehr ist auf einem befestigten Hinterhof nicht möglich. Der Hof kann jedoch mehr sein. Von den Interessen der Mieter, Mieterinnen und Hauseigentümer hängt es ab, was aus dem Hof wird. Dabei ist zu berücksichtigen, daß sich die Interessen mit dem Alter und durch Umzüge von Hausbewohnern verändern können.

Heute verstehe ich es auch nicht mehr, warum wir jahrelang auf die Mülltonnen in einem tristen, vernachlässigten Hinterhof geschaut und uns nicht längst den grünen Hof geschaffen haben wie er jetzt schon seit einem Jahr besteht.

Bewohner der Orleanstraße 6-8 in München

Eine geschützte Ecke mit Sand und Holzklötzen, ein bepflanzter Hügel – viel mehr ist nicht nötig, denn der ganze Hof ist ja Spielraum.

Für Nutzgärten reicht in den Gärten zwischen den Häusern der Platz nicht aus. Sitzplätze und Spielgelegenheiten sind meist wichtiger.
Wer nicht auf frische Kräuter und Salat verzichten will, der kann an einer geschützten Stelle zumindest eine 1,20 m x 5,00 m große Gemüse- und Kräuterecke anlegen.
Die Kräuterspirale ist eine andere Möglichkeit für ein Kräuterbeet auf kleinem Raum. (siehe S. 124)

Es müssen immer wieder kleine Veränderungen möglich sein. Mal wird eine Sandgrube, eine Spielhütte oder eine Schaukel nötig, mal ist das gärtnerische Interesse groß und Beetflächen werden intensiv genutzt. Die Umgestaltung eines Hofes allein nach einem Interessenschwerpunkt ist also völlig verkehrt. Bevor es konkret wird, werden hier Wahlmöglichkeiten vorgestellt.

Platz zum Spielen

Spielgeräte sind immer nur Ersatz für naturnahe Spiellandschaften. Deshalb ist als erstes zu überlegen, ob im Hof Platz vorhanden ist für eine Hainbuche als Kletterbaum oder ein Gebüsch aus Weiden, Hartriegel und Hasel zum Verstecken. Eine Sandgrube, Holzstücke als bewegliches Spielmaterial, eine kleine Hütte oder eine Schaukel bie-

Weidenhütte

Wie wäre es mit einer lebendigen Weidenhütte statt einem Spielhaus oder einer Pergola aus Fichtenholz? An einem sonnigen Platz von mindestens 4 m² entsteht eine wachsende Laube innerhalb von 5 Jahren. Gebraucht werden dazu 7 Weiden (Salix viminalis, Salix daphnoides), deren Zweige sehr biegsam sind. Im einen Kreis von 2,5 m Durchmesser gepflanzt, entwickeln sie sich zu einem Weidenhaus, wenn die Äste oben in der Kreismitte bogenförmig mit einem dünnen Weidenzweig zusammengebunden werden. Die immer wieder verflochtenen Seitenzweige der verschiedenen Pflanzen machen das Haus nach ein paar Jahren sogar bekletterbar.
Scheint die Sonne im Hof weniger als den halben Tag, dann wachsen die Weiden nicht richtig. Da ist dann ein geflochtenes Weidenzelt eine Möglichkeit. Über den Kontakt zu Naturschutzverbänden oder Naturschutzbehörden kann das Baumaterial – Weidenäste- und zweige von Pflegeschnitten an Kopfweiden – besorgt werden. Mindestens 7 etwa 2,5 m lange Äste in einem Kreis von 1,5 - 2 m Durchmesser schräg in den Boden gesteckt und am Kreuzungspunkt zusammengebunden ergeben das zeltartige Grundgerüst. Wie bei einem Korb entstehen die Zeltwände, indem dünne Zweige zwischen den „Zeltstangen" verflochten werden. Beide Möglichkeiten sind für Kinder und Erwachsene ein Erlebnis, denn es gibt wohl niemanden, dem Budenbauen keinen Spaß macht.

ten dann zusätzliche Spielmöglichkeiten. So ist der Hof für jüngere Kinder, die noch die Nähe zur Wohnung brauchen, interessant. Älteren Kindern wird der Hof zu eng, wenn sie sich schrittweise die Hausumgebung aneignen. Für sie sind keine besonderen Angebote notwendig. Der Hof als ruhiger Rückzugsbereich reicht dann schon aus.

Platz zum Sitzen und Reden

Tisch und Stühle sind schnell aufgestellt, wenn das Wetter schön ist. Zum Auskosten eines sonnigen Wintertages kann trotzdem eine feste Bank, die Sommer und Winter über draußen im Hof steht, sinnvoll sein. Ansonsten ist es aber kaum nötig, feste Bänke und Tische im Hof zu montieren.

Wichtiger ist es, für Sichtschutz zu sorgen, denn niemand sitzt gerne im Hof auf dem Präsentierteller. Bäume mit lichter Krone (z. B. Esche, Zuckerahorn, Vogelbeere) und berankte Pergolen bieten Schutz. Zwar nehmen sie etwas Sonne weg, aber was nützt ein sonniger Sitzplatz, der nicht genutzt wird, weil er voll einsehbar ist. Der Bereich des Sitzplatzes sollte befestigt sein, damit Tisch und Stühle fest stehen. Damit sechs Menschen Platz finden, wird eine Fläche von etwa 6 m² gebraucht. Ausgesucht wird eine Ecke, die behaglich erscheint und keine zwanghafte Geselligkeit bewirkt. Eine Bank neben der Tür kann richtig sein, ein Platz für Tisch und Stühle an derselben Stelle möglicherweise völlig verkehrt.

Platz zum Gärtnern

Selbst im schattigsten Hinterhof können Bäume, Sträucher und Stauden wachsen. Zwar ist die Ernte von Obst, Gemüse und Salatkräutern nur möglich, wenn die Sonne zumindest den halben Tag lang in den Hof scheint, doch bleiben viele Möglichkeiten, angefangen vom Kompost bis zum kleinen Teich.

Bäume im Hof können zu guten Freunden werden, wenn unter ihnen gespielt, gefeiert und geredet wird. Sträucher teilen Nischen und Ecken ab, bieten Sichtschutz für Sitzplätze und Versteckmöglichkeiten, oder bei Pflanzung von Johannisbeersträuchern auch eßbare Früchte. Bäume und Sträucher brauchen allerdings etwas Platz. Vor allem in kleinen Höfen sind deshalb Kletterpflanzen an Mauern und Pergolen unverzichtbar, wenn es im Hof grünen und blühen soll. Überall ist Platz für Stauden, Gräser und Farne. Schattige Höfe können üppigen, waldartigen Charakter bekommen. Bei dichter Bepflanzung und Verwendung von bodendeckenden Stauden ist der Pflegeaufwand der Staudenflächen nicht hoch. Solange nicht großräumig Beton und Pflaster aufgebrochen werden können, sind Pflanzen in Kästen und Kübeln bereits ein erster Schritt zum Gärtnern im Hof.

Eine Rasenfläche zum Sonnenbaden und Spielen ist der Traum vieler Hofgärtner und Hofgärtnerinnen, doch erst bei einer Fläche von 100 m² ist sie auch wirklich nutzbar. In kleinen Höfen macht die Anlage eines Rasens deshalb wenig Sinn, zumal diese Höfe meist auch schattig sind. Eine strapazierfähige Grasnarbe mit dichtwachsenden Gräsern entwickelt sich aber nur in sonnigeren Höfen. Nur da, wo der Rasen wirklich genutzt wird, lohnt sich die Anlage. Denn besonders in den Sommermonaten muß spätestens alle 14 Tage gemäht werden und für eine reine Zierfläche lohnt der Pflegeaufwand nicht. Eine Wiese oder eine bodendeckende Staudenpflanzung sind in diesem Fall interessante, blütenreiche Alternativen zum einfach grünen Rasen. Saatgutmischungen für Wildwiesen sind im Fachhandel erhältlich.

Platz für Sport

Fußballspiele – dafür sind die meisten Höfe zu klein. Und da der aufgeregte Lärm durch den ganzen Wohnblock hallt, ist das Ganze für Spieler und Anwohner kein rechter Spaß. Es gibt aber andere Möglichkeiten für Sport im Hinterhof, die von Erwachsenen und Kindern gern genutzt werden und nicht viel Raum brauchen. Für Federball und Boccia reicht eine kleine Rasenfläche. Eine Tischtennisplatte steht besser auf einem befestigten Untergrund, auch wenn sie transportabel ist und nur zeitweise draußen aufgebaut wird. Sowohl Erwachsene als auch Kinder nehmen diese Gelegenheiten gerne wahr.

Platz zum Basteln

Sägen, Schleifen, Hämmern, Streichen – so manche Heimwerker- oder Reparaturarbeit wird nicht gerne in der Wohnung oder im Keller ausgeführt. Eine befestigte Arbeitsfläche im Hof, auf der die Sägeböcke oder das umgedrehte Fahrrad fest stehen und die einen Strom- und Wasseranschluß

Bänke als Sitzplatz fast für's ganze Jahr. An warmen Tagen werden zusätzlich Tische und Stühle herausgeholt.

Preisgekrönter Schattenhof – üppiges Wachstum wurde hier im Gartenwettbewerb belohnt. In Städten ohne Förderprogramm ist die Teilnahme eine Chance, finanzielle Unterstützung zu erhalten.

Kräuterspirale

Eine Kräuterspirale braucht nicht viel Platz, bietet unterschiedliche Standorte für verschiedene Küchenkräuter sowie Lebensraum für Mauerpflanzen und Kleintiere. Die Steine werden dabei wie bei Naturstein-Trockenmauern ohne Mörtel bzw. Zement, allenfalls mit Hilfe lehmiger Erde aufgeschichtet. Standort: Überwiegend sonnig.

Materialbedarf: (bei einem Durchmesser von ca. 2 m)
- ca 0,5–1 m³ abgeplattete Natursteine zum Aufschichten der Umfassungsmauern, evtl. auch gebrauchte Ziegel
- ca. 1 m³ grober Schotter oder Kies (im Inneren der Spirale kann auch Abbruchmaterial verwendet werden)
- ca. 2 m² Teichfolie oder ein wasserdichter Kübel für die Feuchtstelle
- Sand, Gartenerde, Kompost und etwas Lehm nach Bedarf

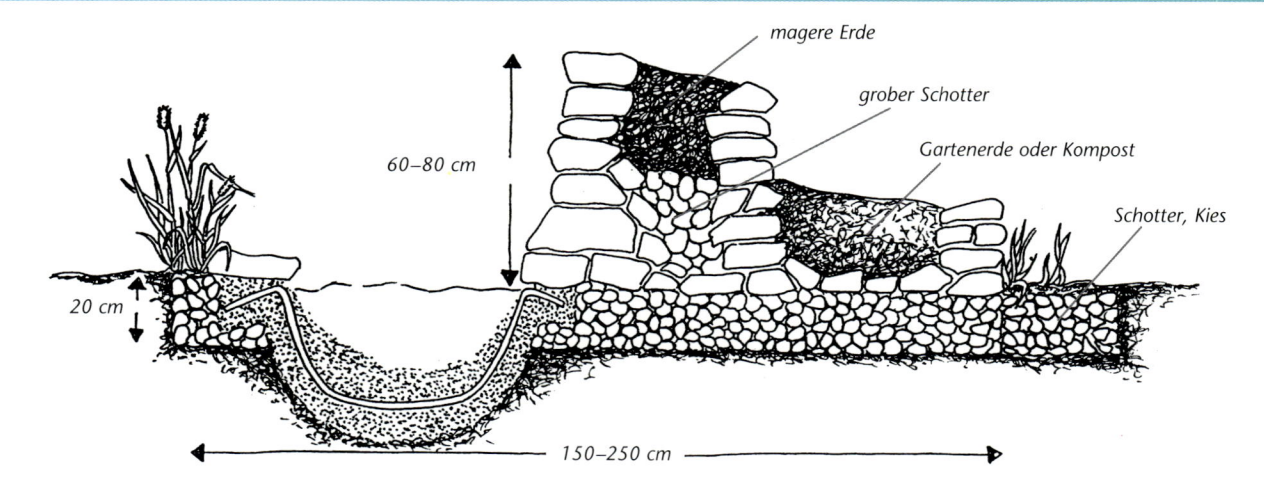

magere Erde

grober Schotter

Gartenerde oder Kompost

Schotter, Kies

60–80 cm

20 cm

150–250 cm

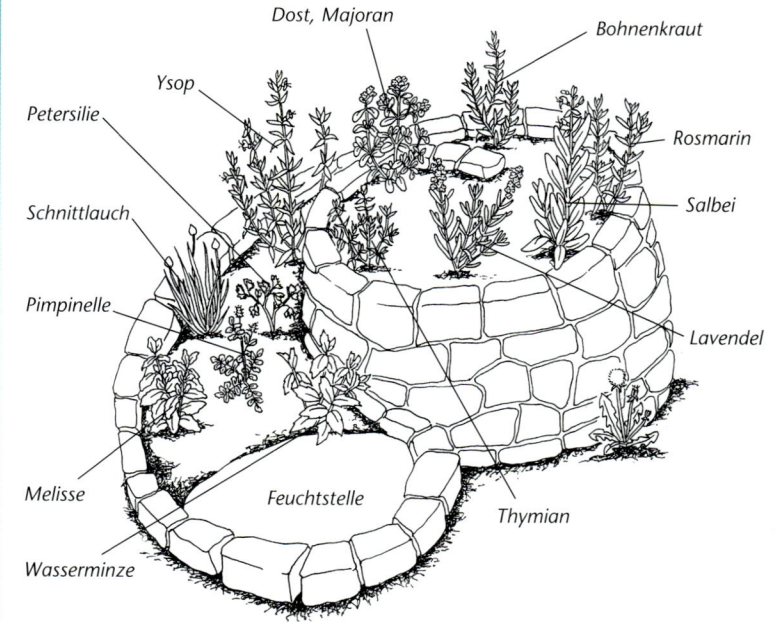

Dost, Majoran

Bohnenkraut

Ysop

Petersilie

Rosmarin

Schnittlauch

Salbei

Pimpinelle

Lavendel

Melisse

Feuchtstelle

Thymian

Wasserminze

Zunächst wird in einem Kreis von mindestens 1,50 m Durchmesser der Oberboden etwa 20 cm tief abgegraben. Der ausgehobene Bereich bekommt eine Schotterfüllung. Auf der Südseite beginnend wird eine allmählich bis auf etwa 80 cm ansteigende Spirale lose aufgeschichtet. Als Füllung dient in den höheren Bereichen Schotter oder Schutt, der etwa 20 cm hoch mit einem Oberboden-Sand-Gemisch abzudecken ist. Die tieferen Bereiche werden mit Oberboden gefüllt. Dort finden Küchenkräuter wie Pfefferminze, Melisse, Petersilie und Estragon einen Platz. Die höheren Stellen eignen sich für Thymian, Salbei oder Lavendel. Am Fuß der Spirale kann mit Ton, Folie oder einem Kübel ein kleiner Feuchtstandort angelegt werden, in dem Kräuter wie Wasserminze und Brunnenkresse einen Platz finden. Es ist möglich, auch einjährige Kräuter wie Basilikum, Kerbel und Bohnenkraut auf der Spirale anzusäen. Ihre Form und die Kräutervielfalt macht sie zu einem interessanten kleinen Nutzgarten.

hat, kommt da gerade recht. Spezielle Einrichtungen, wie beispielsweise eine Reparaturgrube für Autos, sind aber wenig sinnvoll. Nur selten sind alle Hausbewohner und Hausbewohnerinnen daran interessiert, und bei einem Mieterwechsel stehen solche Einrichtungen dann plötzlich verlassen da.

Platz für Wäsche, Müll und Teppichklopfen

Teppichklopfen – das tun nur noch wenige. Aber Wäschetrocknen und Müllwegbringen - das sind auch in einem umgestalteten Hof wichtige Tätigkeiten. Ein extra ausgewiesener Platz, so wie es früher häufig der Fall war, ist zum Wäschetrocknen allerdings nicht notwendig. Eine herausnehmbare Wäschespinne oder ein Pfosten, von dem fächerförmig Leinen zu Haken in der Hauswand laufen, verwandelt einen Sitzplatz oder Spielrasen so lange in einen Trockenplatz, bis die Wäsche trocken ist.

Ein Platz für Mülleimer wird dagegen immer gebraucht. Die Mülltonnen müssen aber nicht im Hof dominieren. Sie können in einer Ecke hinter Mauern, Holzwänden oder einem Rankgerüst, an denen Kletterpflanzen wachsen, verschwinden. Es ist darauf zu achten, daß der Weg beim Abfalleimerleeren, aber auch bei der Müllabfuhr, nicht zu lang wird.

Nicht jedes Haus verfügt über einen Fahrradraum, in dem die Räder trocken untergebracht sind. Oft stehen die Räder deshalb im Hof. Ein Platz für Fahrräder ist dann bei der Umgestaltung unbedingt einzuplanen. Geeignet sind wenig nutzbare Ecken und Nischen. Begeisterte Radfahrer und Radfahrerinnen, für die das Fahrrad ein Alltagsverkehrsmittel ist, werden eine Pergola oder besser noch ein begrüntes Dach als Wetterschutz zu schätzen wissen. Um möglichst viele Fahrräder platzsparend unterzubringen, empfiehlt sich der Einbau von Fahrradständern. Sie werden in verschiedenen Ausführungen angeboten. Stabile, platzsparende und leicht handhabbare Ständer sind das Richtige für den eigenen Hof.

Platz für Tierhaltung

Die Zeiten, in denen der Festtagsbraten im Hinterhof gemästet wurde, sind noch gar nicht so lange her. In einigen Höfen entpuppen sich die

Geordnet abgestellte Fahrräder machen Platz frei für Gärten, Spielen und Sitzen im Hof.

Platz für eine Regentonne

Leitungswasser ist für das Gießen der Staudenbeete und das Beregnen des Rasens viel zu schade. Regenwasser ist auch wegen des geringeren Kalkgehalts günstiger für die Pflanzen.

Mit einer Regentonne (etwa 300-500 l) unter dem Regenfallrohr läßt sich Wasser von den Dachflächen (Regenseite beachten!) auffangen. Allerdings ist es angesichts von Staub und Dreck auf den Dächern empfehlenswert, nach langen Trockenzeiten das anfangs abfließende Wasser nicht zu sammeln. Mit einfachen Einbauteilen für das Regenfallrohr kann die Wasserentnahme per Hand entsprechend reguliert werden. Diese Bauteile werden von verschiedenen Firmen hergestellt (siehe Bezugsquellenverzeichnis S. 194) und sind oftmals auch in Baumärkten erhältlich. Spezialanfertigungen liefert der Dachdecker.

An der Regentonne ist eine Dränage aus Kies oder Schotter zum Versickern überfließenden Wassers vorzusehen. Ein Überlauf zum Regenfallrohr bzw. zur Kanalisation dient dem selben Zweck.

alten Schuppen bei genauem Hinsehen als ehemalige Kleintierställe. Heute hat die Tierhaltung im Hof meist einen anderen Grund: Stadtkinder sollen die Möglichkeit zum Naturkontakt haben. Für Kaninchen, Meerschweinchen und Brieftauben ist kein eigener Schuppen nötig. Kleine Ställe in einem

Bei Platzmangel hilft der Schritt in die 2. Etage, Gartenraum zu gewinnen. Dort oben ist es meist auch sonniger.

abgegrenzten Hofbereich genügen völlig. Aus hygienischen Gründen gehören Hunde nicht in den Hof. Da eigene und fremde Katzen schnell die Sandkiste verunreinigen, sollte diese über Nacht abgedeckt werden.

Kontakt zu Tieren entsteht in einem vielfältig bepflanzten Hof bereits von ganz allein. Vögel singen oder nisten in den Bäumen und Sträuchern, (siehe auch Nistkästen S. 177) Schmetterlinge und Bienen suchen Nahrung in den Blüten. In einem Holzhaufen findet ein Igel Unterschlupf. Vielfältiges Leben ist zu beobachten.

Platz zum Arbeiten

Handwerksbetriebe und kleine Büros sind keine Seltenheit in den Hinterhöfen. Sie bringen Arbeitsplätze in den Stadtteil und sind manchmal echte Treffpunkte. Solange sie kaum Lärm und Abgase verursachen oder große Lagerflächen brauchen, sind Betriebe kein Hinderungsgrund für die Umgestaltung des Hofes zu einem Aufenthaltsbereich. Schließlich profitieren auch die Mitarbeiter und Mitarbeiterinnen in den Pausen von einem lebendigen Hof. Es sind jedoch Absprachen nötig: wo wird Material gelagert, wann kommen Lieferwagen? Konflikte müssen nicht sein. Manchmal ist

Wechselnutzung eine Lösung. Tagsüber genutzte Arbeitsbereiche werden nach Feierabend von Kindern und Erwachsenen in Besitz genommen.

Platz zum Parken

Autos sind nicht auf jedem Hof zu finden, aber Parkplätze und Garagen sind dort keine Seltenheit. Gibt es keine Ausweichmöglichkeit auf der Straße, müssen die Anwohner mit den Autos leben. Manchmal kann auch durch eine Veränderung der Stellplatzanordnung etwas Platz geschaffen werden, beispielsweise, wenn das Zuparken der Einfahrten erlaubt ist. Ansonsten ermöglichen nur genaue Parkabsprachen eine Hofnutzung. Tagsüber steht dann der Hof Kindern und Erwachsenen zur Verfügung. Abends und nachts stehen dort die Autos. Die Umgestaltungsmöglichkeiten sind zwar eingeschränkt, aber Kletterpflanzen, Pergolen, Bäume und ein Bodenbelag, in dessen Ritzen etwas wächst, können auch solch einem Hof eine freundliche Atmosphäre geben. Und wenn alles nichts hilft, bleibt noch der Weg in die zweite Etage. Aus Garagendächern können Terrassengärten werden, und auch unterhalb eines begehbaren Holzdecks haben Autos Platz.

Platz zum Planschen und Platz für die Hängematte – die Liste der Ideen ließe sich noch beliebig verlängern. Die Vielfalt der Möglichkeiten macht es notwendig, bewußt das richtige für den eigenen Hof auszuwählen.

Eine Hilfe ist es, zunächst den eigenen Hof genau anzusehen. Wo sind Türen und Fenster, wo sind Gullis und Gitter der Kellerfenster. Wird der alte Schuppen noch gebraucht? Ist der Hof sehr klein, besteht die Möglichkeit, sich mit den Bewohnern und Bewohnerinnen des Nachbarhauses oder der Nachbarhäuser zusammen zu tun. Mehrere kleine Höfe können zusammen einen nutzbaren Hof ergeben, der für alle ein Gewinn ist.

Die Überlegung, was wir wollen, kommt als zweites. Wie wird der Hof bislang genutzt? Welche Wünsche gibt es? Wieviel befestigte Fläche wird noch gebraucht? Eine Umfrage hilft hier weiter. Dabei haben alle die Möglichkeit, sich zu äußern, ohne daß die Ideen und Wünsche sofort hinterfragt werden. So stellt sich heraus, wofür Platz notwendig ist. Beim Aufzeichnen und Markieren der Wünsche auf dem Hofboden ist schnell zu sehen, ob der Raum für alles reicht. Dann muß man sich entscheiden, wofür im Hof Platz sein soll.

Lebensraum Wasser

Ein kleiner Teich reicht schon aus, um das vielfältige Leben im Wasser beobachten zu können. Wasserläufer, Libellen und Gelbrandkäfer finden selbst mitten in der Stadt den Weg zum feuchten Lebenselement. Eine sonnige Stelle ist allerdings unverzichtbar, denn die meisten Wasserpflanzen, wie Froschlöffel, Sumpfiris, Kalmus oder Igelkolben, sind sonnenhungrig und brauchen mindestens den halben Tag Sonne im Hof. Platz muß für den Teich natürlich auch übrig sein.

Bei Folienbauweise ist ein Teich mit frostfreier Tiefenzone, die den Wassertieren das Überwintern ermöglicht, schon ab einem Durchmesser von 3 m möglich. Das Loch wird ausgehoben und dabei direkt dreistufig modelliert. Nachdem der Untergrund mit Sand und Schutzvlies abgedeckt ist, läßt sich die Folie (1 mm starke schadstofffreie Teichfolie (siehe Bezugsquellen S. 195) auflegen. Bevor das Wasser eingelassen wird, kommt ein nährstoffarmes Sand-Kies-Gemisch auf die Stufen. Hier hinein werden die Wasserpflanzen gesetzt. Damit der Teich nicht zu schnell zuwächst, ist maximal eine Pflanze pro Meter Uferlinie sinnvoll.

In Tonbauweise muß ein Teich mit frostfreier Tiefenzone mindestens einen Durchmesser von 5 m haben. Der Baustoff erlaubt nämlich nur flache Böschungen mit Neigungen von 1:2, besser 1:3. Beim Teichaushub wird der Untergrund entsprechend modelliert. Eine mindestens 15 cm dicke Tonschicht bildet die Teichdichtung. Es werden Tonelemente angeboten (siehe Bezugsquellen S. 195), die den Einbau leicht machen. Mit losem Ton aus der Tongrube der nahegelegenen Ziegelei ist das etwas schwieriger. In jedem Fall muß der Ton schichtweise sorgfältig maschinell verdichtet werden. Aufgelegtes Jutegewebe, z.B. von alten Kartoffelsäcken, kann im Uferbereich verhindern, daß sich Trockenrisse bilden und Wasser abläuft.

Eine mindestens 5 cm starke Sand-Kies-Schicht deckt den Ton ab und hält ihn besonders in der Uferzone feucht. Sie sorgt auch dafür, daß beim Wassereinlassen keine Tonteilchen das Wasser trüben. Bepflanzt wird der Teich am besten noch vor dem Wassereinfüllen.

Der Folienteich ist empfindlich gegenüber Zerstörungen, und ein Lebensraum entsteht hierbei nur durch Einbringen naturfernen Materials. Der Tonteich ist in seiner Bauweise dagegen etwas komplizierter. In jedem Fall sind Teiche in großen Höfen möglich. Es ist jedoch genau abzuwägen, ob der Platz nicht besser für andere Hofeinrichtungen genutzt wird. Die Unfallgefahr für kleine Kinder sollte nicht unterschätzt werden. Nicht alles, was möglich ist, ist auch sinnvoll. Das Lebenselement Wasser kann auch durch einen Mini-Teich in der Tonne (siehe S. 50), eine Vogeltränke, eine Matschecke oder eine Gartendusche im Hof erlebbar sein.

Bauen im Hof

Abbrechen eines Schuppens, aufreißen von Asphalt – am Anfang der Hofumgestaltung stehen meist zerstörerische Arbeiten. Darin liegt aber die Grundlage für den Neubeginn, denn viele Materialien sind wiederverwendbar. Den Ziegeln vom Mauerabbruch wird der Mörtel abgeklopft und sie ergeben dann eine Trockenmauer, die Beetkanten oder den neuen Bodenbelag. Die Brocken des mit der Spitzhacke zerbrochenen Betonbodens sind als Untergrund kleiner Hügel, für die Füllung einer Kräuterspirale oder als Unterbau neuer Wege geeignet. Die alten Platten und Pflastersteine können genauso wiederverwandt werden wie Holzbalken oder eine Leiter, die nun ein Rankgerüst bilden. Wenn der eigene Hof nicht genug Baustoffe liefert, lassen sich durch Kontakt zu Baustellen weitere gebrauchte Materialien beschaffen. Die Verwendung von Altmaterialien spart nicht nur Geld, sondern ergibt oftmals auch die phantasievollsten Lösungen. Weitere Materialien, wie Schrauben, Leim und Nägel, müssen dann natürlich noch zugekauft werden.

Wege und Plätze

Oft ist der Hof nur der Einfachheit und Sauberkeit halber vollständig betoniert, asphaltiert oder verbundsteingepflastert. Dabei ist die massive Befestigung, die kein Wasser versickern läßt, längst nicht überall nötig. Bei genauem Hinsehen finden sich viele Stellen, die nicht befestigt sein müßten oder an denen die tatsächliche Nutzung auch einen stärker durchlässigen Belag erlauben würde. Teilweise, in stark benutzten oder befahrenen Bereichen, kann der alte Belag zunächst erhalten bleiben. Besser ist es aber, den vorhandenen Belag im gesamten Hof aufzubrechen und den Boden zu entsiegeln. Durchlässige Materialien, die Wasser versickern lassen, können undurchlässige ersetzen. Abhängig von der Abwassersatzung der jeweiligen Stadt kann eine derartige Entsiegelung zu einer Verminderung der festgesetzten Abwassergebühr führen. Gerade in kleinen Höfen bleibt der Anteil der befestigten Flächen erfahrungsgemäß noch relativ hoch. Dort bestimmt der Bodenbelag das Erscheinungsbild des Hofes weiterhin entscheidend mit.

Vielfältige Beläge für Wege und Plätze entstehen bei der Verwendung gebrauchten Materials.

Die Auswahl des Bodenbelages für Wege und Plätze erfolgt nach Gesichtspunkten, die denen beim Kauf eines Kleidungsstücks ganz ähnlich sind:
• Bei welchen Gelegenheiten wird der Weg oder Platz benutzt?
• Wie haltbar ist das Material?
• Paßt der Belag zu den in der Umgebung vorhandenen Baustoffen?
• Was gefällt den Hofnutzern am besten?

Rasen

Ein kurz gemähter Rasenstreifen reicht schon für selten begangene Wege innerhalb einer Wiese aus. Er verhindert hier, daß die Wiesengräser plattgetrampelt werden und schlecht mähbar sind. Tisch und Stühle können für ein paar Tage auf dem Rasen stehen, ohne daß gleich kahle Stellen entstehen. Für einen Dauersitzplatz ist Rasen jedoch kein geeigneter Untergrund.

Rindenmulch

Grobe Rindenstücke ergeben einen angenehm weichen Bodenbelag, der das Wasser gut ableitet, so daß niemand nasse Füße bekommt. Rindenmulch ist besonders für gelegentlich genutzte Wege, wie z. B. zwischen Gemüsebeeten, geeignet. Auf eine 10 cm starke Schotterschicht

werden 5-10 cm Rindenmulch aufgebracht. Damit sich das Material nicht überall verteilt, sind feste Wegekanten sinnvoll, wie z. B. etwa 10 cm starke Rundhölzer, die auf den Schotter aufgelegt werden. Rindenmulch ist über Betriebe des Garten- und Landschaftsbaus, u. U. auch über Forstämter erhältlich. Da sich Rindenmulch mit der Zeit zu Humus abbaut, muß etwa alle 3–5 Jahre Material nachgefüllt werden.

Rasenpflaster

Großpflastersteine aus Naturstein (etwa 10 cm breit, 18 cm lang und 10 cm hoch) oder Betonsteine gleicher Größe sind ein ausgezeichneter Belag für befestigte Hofflächen. Die Natursteine sind neu nicht billig, aber oftmals können sie gebraucht über Baustellen oder den Anzeigenmarkt günstig beschafft werden. Fußwege, Zufahrten und Parkplätze lassen sich damit befestigen und in den 2-4 cm breiten Fugen kann noch Gras wachsen. Aufgrund der Größe verschieben sich die Steine durch Frost oder Pflanzenwurzeln kaum. Es entsteht ein gut begehbarer, sehr belastbarer Belag, der in der Regel jedoch von einer Fachfirma hergestellt werden muß. Der Umgang mit Natursteinen braucht nämlich etwas Erfahrung. Außerdem ist besonders bei Zufahrten und Parkplätzen ein Unterbau von 15 cm Kiessand oder Schotter sinnvoll, der verdichtet werden muß. Darauf sind die Steine in einem 10 cm starken Sandbett zu verlegen. Als Füllung für die Fugen empfiehlt sich ein Sand-/Erdegemisch, in das Grassamen direkt zugegeben werden.

Rasenpflaster ist nicht zu verwechseln mit Rasengittersteinen, die häufig auf Feuerwehrzufahrten zu finden sind. Sie sollten im Hof nicht verwendet werden, auch nicht auf Parkplätzen. Die Oberfläche ist sehr holperig. Außerdem wächst das Gras in den kleinen Erdkammern zwischen den Betonelementen nur schlecht.

Pflaster

Gebrauchte oder neue Naturpflastersteine, Tonklinker oder Betonsteine – mit diesen Materialien lassen sich, allein oder in Kombination miteinander, Flächen abwechslungsreich befestigen.

Besonders attraktiv und dauerhaft schön sind Pflasterungen mit Natursteinen. Leider sind sie recht teuer, doch oft ist es möglich, gebrauchte

Steine günstiger zu bekommen. Der Kontakt zu Baustellen oder ein Blick in die Anzeigenseiten der Zeitungen hilft eventuell weiter.

Ein ebenfalls natürliches Material sind die aus Ton gebrannten Pflasterklinker, die im Gegensatz zu den Natursteinen recht ebene Flächen ergeben und leicht zu verlegen sind. Auch hier kann auf gebrauchtes Material, wie beispielsweise Abbruchziegel, zurückgegriffen werden.

Müssen neue Steine gekauft werden, sind Tonklinker oder Betonsteine am preisgünstigsten. Ihren schlechten Ruf haben Betonsteine längst nicht immer verdient, denn im Handel ist eine Fülle unterschiedlichster Steine erhältlich, zum Teil auch mit weniger streng wirkenden, abgerundeten Kanten. Genau wie Tonklinker sind sie leicht zu verlegen.

Damit Pflasterflächen auf Dauer möglichst eben bleiben, empfiehlt es sich, die Steine auf einem tragfähigen Untergrund zu verlegen. Eine 15 cm dicke Schicht Kies oder groben Schotters (Körnung 0/32 mm) wird dazu mit einer Rüttelplatte verdichtet. Sie verhindert, daß die Steine bei Frost hochfrieren und Stolperkanten entstehen. Solch ein tragfähiger Unterbau ist besonders bei befahrenen Wegen und Plätzen notwendig. Die Steine selbst werden dann auf einem 5 cm starken, mit einem Brett glattgezogenen Sand- oder Splittbett verlegt. Nachdem Sand in die Fugen eingefegt ist, wird die Fläche abgerüttelt.

Das Anlegen von Pflasterflächen erfordert Maschineneinsatz und vor allem bei Natursteinverwendung handwerkliches Können. Besonders bei umfangreicheren Pflasterarbeiten in großen Höfen wird daher die Einschaltung einer Fachfirma erforderlich sein.

Bei kleinen Flächen ist die Ausführung aber auch in Eigenarbeit möglich: Häufig gibt es hilfreiche Nachbarn mit Pflastererfahrungen. Es besteht auch die Möglichkeit, für das eigentliche Pflastern stundenweise einen Handwerker zu beschäftigen und die aufwendigen „Handlangerdienste" selbst zu übernehmen. Auch die Rüttelplatte ist kein Problem, sie kann bei entsprechenden Firmen ausgeliehen werden.

Auf Sitzplätzen und seltener begangenen Wegen, also dort wo mögliche Stolperkanten kein Hindernis darstellen, reicht es aus, die Steine nur auf einem 5 cm starken Sandbett zu verlegen. Diese Flächen können in jedem Fall selbst hergestellt werden.

Die rechteckigen Pflastersteine lassen sich sogar in Kurven verlegen. Bei der Planung muß also nicht der rechte Winkel die Idee beschränken. In jedem Fall aufpassen beim Rütteln: Der fertige Belag liegt danach 1–2 cm tiefer.

Pflaster aus Holzabschnitten arbeitet durch Wettereinfluß sehr stark und wird uneben. Da es zudem bei Regen leicht rutschig ist und nur eine relativ kurze Lebensdauer besitzt, muß es den Hofnutzern schon sehr gut gefallen, um die Nachteile auszugleichen.

Platten

Platten aus Naturstein oder Beton ergeben wohl die glattesten Hofflächen. Für Kleinkinder, die ihre Dreiräder oder Roller ausprobieren, kann solch eine Fläche notwendig sein. Auf eine verdichtete 10 cm starke Schicht aus Kies (Körnung 0/32 mm) wird ein 5 cm starkes Sandbett aufgebracht, auf

Gräser und Kräuter wachsen in den Fugen, Wasser kann versickern und gut begehbar ist Rasenpflaster außerdem. An häufig benutzten Stellen bleibt das Gras kurz.

Möglichkeiten des Wegebaus

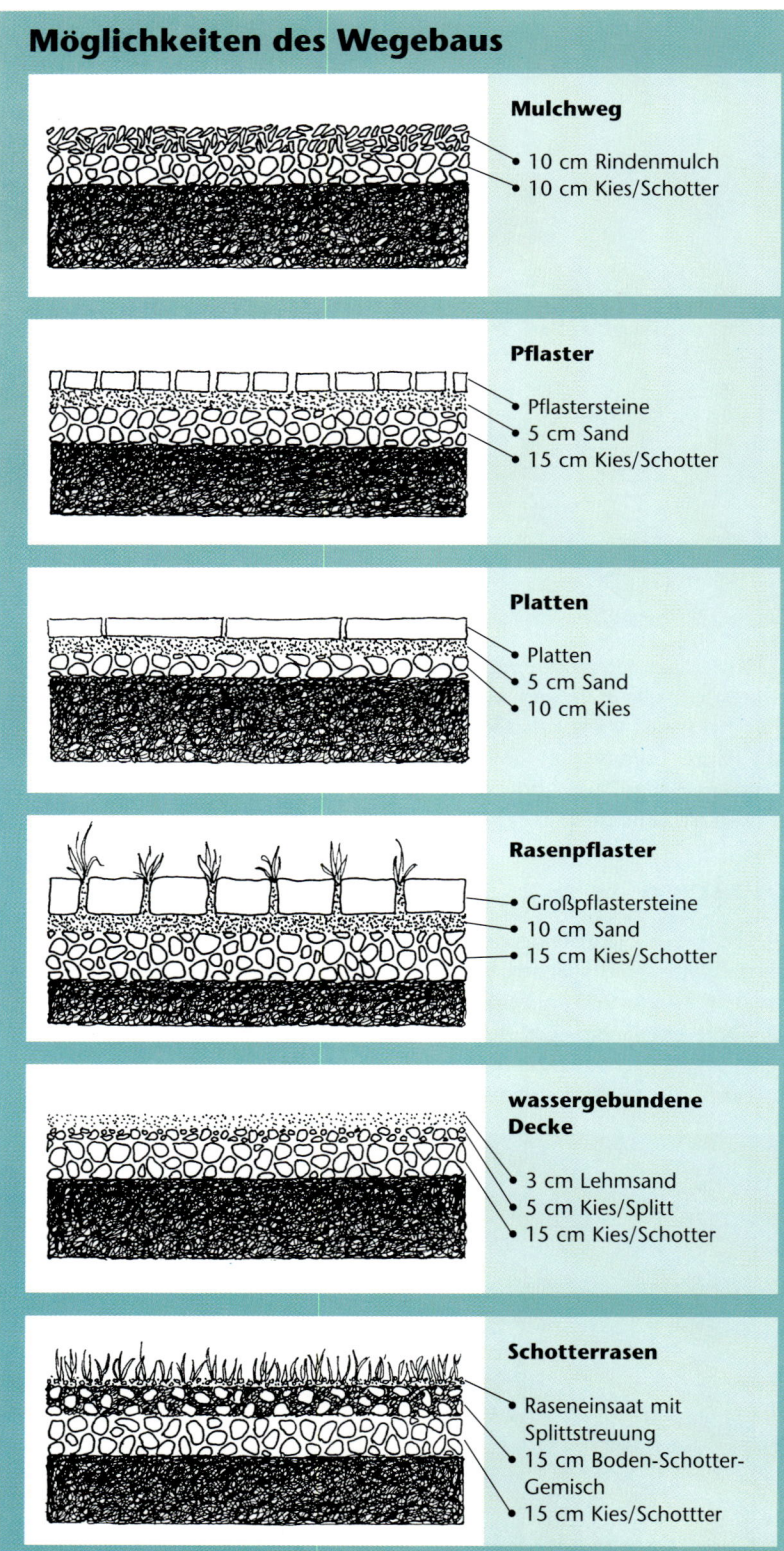

Mulchweg
- 10 cm Rindenmulch
- 10 cm Kies/Schotter

Pflaster
- Pflastersteine
- 5 cm Sand
- 15 cm Kies/Schotter

Platten
- Platten
- 5 cm Sand
- 10 cm Kies

Rasenpflaster
- Großpflastersteine
- 10 cm Sand
- 15 cm Kies/Schotter

wassergebundene Decke
- 3 cm Lehmsand
- 5 cm Kies/Splitt
- 15 cm Kies/Schotter

Schotterrasen
- Raseneinsaat mit Splittstreuung
- 15 cm Boden-Schotter-Gemisch
- 15 cm Kies/Schottter

dem anschließend die Platten verlegt werden. Plattenbeläge lassen nur wenig Wasser versickern, so daß eine Entwässerung notwendig ist. Gullis mit Anschluß an die Abwasserleitung können eingebaut werden. Besser ist es aber, die Platten so zu verlegen, daß das Regenwasser in die Pflanzflächen abfließt. Durch Kombination von Plattenbelag mit Pflaster oder Rasenpflaster wird die Fläche wasserdurchlässiger und interessanter. Für seltener genutzte Flächen kann es auch ausreichen, die Platten nur in ein 5 cm starkes Sandbett zu verlegen. Auf längere Zeit sind Stolperkanten dann nicht auszuschließen.

Wassergebundene Decke und Schotterrasen

In großen Höfen sind diese, früher von den vielverwandten Splitt- oder Kieswegen bekannten Beläge eine gute Lösung. Für Fußwege, Zufahrten und Spielflächen ist die wassergebundene Decke eine strapazierfähige, wasserdurchlässige Oberfläche. Je nach Belastung aufgebaut aus mehreren Schotter- und Splittschichten und einer Deckschicht aus Lehmsand o.ä. bleibt die Ausführung jedoch eine Sache von Fachfirmen.

In Höfen, die tagsüber Aufenthaltsraum von Kindern und Erwachsenen sind und nachts den Autos als Parkraum dienen, kann Schotterrasen ein lebendiger Belag sein. Dazu wird ein Gemisch aus Schotter und Erde (3:1) in einer Stärke von etwa 15 cm auf einer 15 cm starken Schottertragschicht von einer Firma eingebaut. Ist das Gras ausgesät und Splitt aufgestreut, ist nur noch das Abwalzen der Fläche notwendig. Es entwickelt sich eine strapazierfähige Rasenfläche, die gemäht werden muß. In stark befahrenen Bereichen ist Rasenpflaster allerdings die bessere Lösung.

Bauhinweise

Die Herstellung der Wege und Plätze beginnt mit der Entfernung des alten Belages. Ist eine Wiederverwertung geplant, muß er sorgfältig gelagert werden. Unter Umständen besaß der alte Belag einen Sand- und Schotterunterbau. Diese Schichten können teilweise direkt als Unterbau des neuen Belages genutzt werden. Meist ist es jedoch sinnvoll, auch diese Materialien aufzunehmen und bis zum Wiedereinbau getrennt zu lagern. Nachdem die zukünftigen Wege- und Platzflächen mit

Pflöcken und Tauen abgesteckt sind, muß der Boden in Höhe des zukünftigen Wegeaufbaus (bei den dargestellten Bauarten zwischen 15 und 30 cm) ausgehoben werden. Fundamente für Mauern oder Pergolenpfosten, die innerhalb der befestigten Flächen liegen, sind anschließend herzustellen. Der Aushub von Wegen und Fundamenten sollte für Boden-Modellierungen im Hof genutzt werden. Das hilft, Transportkosten zu sparen. Anschließend werden die neuen Beläge am besten von Firmen oder zumindest mit Unterstützung von Fachleuten eingebracht. Das ist zwar teurer, erspart aber Frust. Denn der Ärger ist groß, wenn der mühevoll hergestellte Belag mit Unterbau schon nach dem ersten Winter nicht mehr eben, sondern holperig ist.

Vor allem befahrbare Wege und Plätze brauchen feste Begrenzungen aus in Beton gesetzten Pflaster- oder Kantensteinen. Sie verhindern, daß die Steine nach außen in die angrenzenden Pflanzflächen gedrückt werden. Diese Wegekanten müssen noch vor dem Bau der Wege fertiggestellt sein.

Das gilt auch für Treppen und Stufen. Sie sollten jedoch weitgehend vermieden werden, um keine unnötigen Hindernisse für Rollstühle und Kinderwagen zu errichten.

Pergola

Das Wort Pergola kommt aus dem Lateinischen und bezeichnet einen offenen Laubengang. In südlichen Ländern sorgen diese Gartenbauwerke bei praller Sonne für Schatten. Im Hinterhof wird jeder Sonnenstrahl freundlich begrüßt. Hier hat die Pergola die Aufgabe, für Sichtschutz zu sorgen. Denn niemand setzt sich gerne in den Hof, wenn alle Tätigkeiten aus den umliegenden Häusern heraus genau beobachtet werden können. Da gibt das lockere Dach, an dem sich Kletterpflanzen entlangranken, ein Gefühl von Sicherheit. Eine Pergola, die sich an bestehende Gebäude oder Bauteile anlehnt, wird gerne angenommen. Wenn sie zwei Häuser verbindet, eine Nische oder Ecke beschirmt oder einen Durchgang markiert, hat sie eine klare Funktion. Eine zugige oder extrem dunkle Ecke ist für einen Sitzplatz ungeeignet. Eine Pergola macht solch eine Stelle kaum zu einem besseren Sitzplatz. Hier ist sie als optische Abschirmung und kleiner Wetterschutz über Fahrradständer oder Mülltonnen sehr viel wichtiger.

Material

Baumaterialien sind Stein, Stahl und Holz, wobei die Holzbauweise die gebräuchlichste ist. Egal, welche Materialien verwendet werden, immer besteht die Pergola aus drei wesentlichen Bauteilen:
- den senkrechten Stützen oder Pfosten: bei Kantholzpergolen z. B. 10 x 10 cm oder 12 x 12 cm stark; bei Rundholzpergolen z. B. 12 cm Durchmesser,
- den waagerechten Trägern oder Unterzügen: bei Kantholzpergolen z. B. 10 x 10–12 cm, 6 x 18 cm oder 6 x 12 cm; bei Rundholzpergolen z. B. 12 cm Durchmesser,
- den querlaufenden Auflagen oder Oberhölzern: bei Kantholzpergolen z. B. 4 x 6 cm, 6 x 10 cm, 6 x 12 cm; bei Rundholzpergolen z. B. 8 cm Durchmesser.

Die Unterzüge können auch auf vorhandene Hofmauern aufgelegt oder an Hauswänden befestigt werden, so daß Pfosten teilweise überflüssig sind. Die Bauweisen variieren stark. Je nach Abmessungen der Bauteile erscheint die Pergola leicht oder massiv. Die Maße der Oberhölzer und ihre Abstände untereinander entscheiden darüber, ob eine Pergola licht ist oder ob sie Schatten wirft. Immer muß die Pergola eine ausreichende Stabilität besitzen, um Kletterpflanzen und Schneelasten zu tragen oder den Wind auszuhalten. Erreicht

Pergolen schützen vor neugierigen Blicken von oben. Mit Kletterpflanzen berankt gliedern sie den Hof in Nischen und Ecken.

Pergola

Kantholzpergola

solider Sichtschutz, sowohl freistehend,
als auch in Verbindung mit Mauern oder Hauswänden

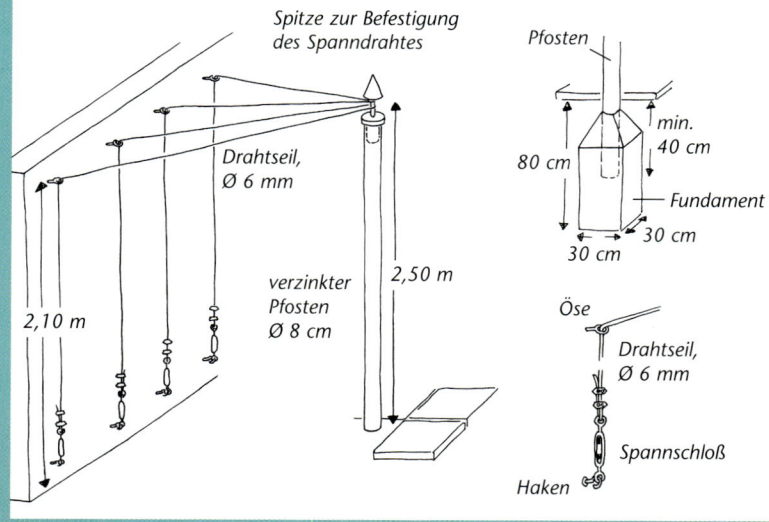

Drahtseilpergola

einfache, preisgünstige Alternative zur Holzpergola, wenn Mauern oder
Hauswände zur Befestigung der Spanndrähte zur Verfügung stehen.

wird die Stabilität durch die richtige Materialstärke (siehe oben). Gleichzeitig sind einige Grundregeln zu beachten:

- der Pfostenabstand sollte maximal etwa 3,00 m betragen;
- die Unterkante der Unterzüge sollte bei 2,30 m Höhe liegen;
- die Steifigkeit gegen seitlich auftretende Kräfte wie Winddruck oder sich anlehnende Menschen läßt sich zum Beispiel durch unterschiedliches Einspannen der Pfosten in die Bodenanker oder Aussteifung der Ecken durch Verschrauben mit zwei versetzten Schrauben erreichen.

Soll die Pergola gleichzeitig auch Träger für eine Schaukel sein, müssen Materialien und Konstruktion entsprechend stabiler gewählt werden.

Im Handel werden Pergolen als Bausatz angeboten, bei denen diese konstruktiven Hinweise natürlich berücksichtigt sind. Der eigene Hof mit seinen Nischen, Ecken und krummen Wänden braucht jedoch meist eine Maßanfertigung, so daß die Hofnutzer und Hofnutzerinnen kaum um diese Überlegungen herumkommen.

Bauhinweise

Voraussetzung für eine stabile, haltbare Pergola ist eine genaue Planung. Am besten wird die Stelle, an der die Pergola stehen soll, genau ausgemessen und aufgezeichnet. Einzutragen sind z. B. auch die Höhen von Hofmauern und Fensteröffnungen in der Hauswand, wenn geplant wird, diese als Pfostenersatz zu nutzen. Mit etwas Tüftelei läßt sich dann die geplante Pergola einzeichnen. Der Vorteil liegt darin, daß sich Anzahl und Abmessungen der benötigten Balken ablesen lassen und es einfach ist, Art und Anzahl der benötigten Materialien wie Schrauben, U-Eisen oder Wandverankerungen zu bestimmen. Der Zuschnitt der Balken wird dann am besten bei einem Zimmermann oder einer Schreinerei in Auftrag gegeben. Die Skizze macht den Handwerkern das Zusägen leicht, und die Hofnutzer bekommen die passende Pergola fast wie einen Bausatz geliefert. Es bleibt noch genug zu tun:

Vorbereiten

- Verbindungslöcher zur Befestigung der Metallschuhe bohren,
- Schraublöcher zur Verbindung des Pfostens mit dem Unterzug bohren,

- Pfostenköpfe und Hirnholzseiten der Unterzüge und Oberhölzer abschrägen,
- Oberhölzer mit Ausschnitten zum „Aufkämmen" (Aufstecken) auf die Unterzüge versehen.

Imprägnieren
- Naturharzöle als Holzschutzmittel auftragen,
- Hirnholzseiten besonders intensiv behandeln, u.U. auch mit etwas Klarlack.

Fundamente
- Löcher 30 x 30 x 80 cm ausheben,
- Fundamentbeton herstellen und einfüllen,
- etwa 50 cm lange Rohrstücke mit 10-15 cm Durchmesser als Aussparungen für Metallschuhe einsetzen,
- den Beton so hoch einfüllen, daß der Bodenbelag über das gesamte Fundament hinweggehen kann,
- Beton feststampfen.

Grobmontage
- Metallschuhe an Pfosten montieren, dabei darauf achten, daß zwischen U-Eisen und Holz 1 cm Platz bleibt, damit sich kein Wasser sammelt. Pfosten in die Fundamentaussparungen einsetzen,
- Unterzüge anbringen, jedoch nicht endgültig festschrauben, zwei Oberhölzer auflegen,
- das Ganze mit der Wasserwaage ausrichten, mit Latten stabilisieren,
- Fundamentaussparungen mit Beton füllen.

Montage
- Schrauben festziehen,
- Oberhölzer komplett anschrauben.

Bepflanzung
- Kletterpflanzen, bevorzugt Schlinger und Ranker, pflanzen,
- an den Pfosten Spanndrähte oder leiterartige Rankgitter anbringen (siehe S. 65).

Anmerkungen zum Holzschutz

Holz ist ein natürlicher Baustoff, der nicht jahrelang aussieht, wie am ersten Tag. Aber solange das Holz atmen kann, immer wieder abtrocknet und nicht unmittelbar mit dem Boden in Berührung kommt, widersteht es selbst unbehandelt der Witterung recht gut. Entscheidend ist bereits die Wahl des Holzes. Fichtenholz ist zwar preisgünstig, doch Kiefernholz ist schon deutlich haltbarer. Empfehlenswert ist im Außenbereich auch die Verwendung von Lärche oder Eiche. Tropische

---

Folgende Kletterpflanzen sind für die Pflanzung an Pergolen besonders geeignet:

Pfeifenwinde	*Aristolochia durior*
Baumwürger	*Celastrus orbiculatus*
Anemonenwaldrebe	*Clematis m. rubens*
Jelängerjelieber	*Lonicera caprifolium*
Knöterich	*Polygonum aubertii*
Weinrebe	*Vitis*-Arten
Blauregen	*Wisteria sinensis*

Diesen Pflanzen erleichtern in den ersten Jahren Spanndrähte das Erklimmen der Pergola. Kletterrosen und die *Clematis*-Hybriden sind auf ein zusätzliches Rankgerüst angewiesen und brauchen regelmäßige Unterstützung durch Anbinden.

Harthölzer, wie das dauerhafte Bongossi, sollten aus Gründen des Schutzes der tropischen Regenwälder nicht verwendet werden. Der Gewinn von Natur am eigenen Wohnort soll schließlich nicht zur Naturvernichtung an anderer Stelle beitragen.

Die Möglichkeiten des konstruktiven Holzschutzes erhöhen die Haltbarkeit des Holzes erheblich, denn nur wenn Holz dauerhaft feucht wird, können sich Pilze entwickeln und es zerstören. Hölzer sind als entrindete, unregelmäßige Rundhölzer aufgrund der geringen Größe der äußeren Poren weniger empfindlich gegen Witterungseinflüsse als gesägte und gehobelte Kanthölzer oder gleichmäßig rundgehobelte Hölzer (Palisaden oder ähnliches). Bei Rundhölzern und Kanthölzern sind Oberflächen so zu gestalten, daß Wasser abfließen kann. Die Hirnholzoberfläche des Pfostenkopfes einer Pergola oder eines Zaunes sind abzuschrägen. Ecken und Stöße und selbst Schraublöcher sind so auszubilden, daß sich kein Wasser sammeln kann. Sollen Hölzer in die Erde eingelassen werden, wie beispielsweise bei Pergolen und Zaunpfosten, Spielgeräten oder Holzschwellen, ist der Bereich auf der Grenze zwischen Erde und Luft besonders gefährdet. Ein Fundament aus Magerbeton – eine Mischung aus grobem Kiessand mit geringem Sandanteil, Zement und wenig Wasser – hält die Hölzer, läßt aber hier Wasser abfließen. Bei Pergolen empfiehlt es sich, die Hölzer 5-10 cm über der Erde enden zu lassen und die Verankerung im Fundament beispielsweise mit feuerverzinkten Metallschuhen vorzunehmen. Das Holz kommt dadurch gar nicht mit Erde in Berührung.

Holzschutz mit chemischen Mitteln kommt erst an dritter Stelle. Er soll Pilze und Insekten abwehren, schadet durch giftige Bestandteile u. U. aber Menschen und Pflanzen. Empfohlen werden kann hier nur eine zweimalige Holzbehandlung mit Naturharzöllasuren, die das Holz wasserabweisend machen. Das Holz behält seine Atmungsfähigkeit, denn die Lasuren ziehen in das Holz ein und können dadurch nicht wie Lacke abwittern. In Kombination mit konstruktivem Holzschutz sichert diese Behandlung eine auch für den Außenbereich ausreichende Haltbarkeit.

Lediglich bei belasteten Holzkonstruktionen, wie beispielsweise bei Dachstühlen oder einem Carport, sind die Hölzer zusätzlich mit pilzabwehrenden Borsalzen (10%ige Lösung) zu imprägnieren. Da die Salze wasserlöslich sind, erfolgt die Imprägnierung tunlichst vor dem Auftrag der Lasuren. Mögliche Auswaschungen sind dadurch jedoch nicht völlig zu verhindern.

Die Verwendung der oft empfohlenen kesseldruckimprägnierten Hölzer ist ziemlich kritisch zu sehen. Die dort benutzten Salze enthalten teilweise Schwermetalle, wie Chrom und Zink, außerdem Arsen. Selbst wenn diese Stoffe bei sachgerechter Behandlung weitgehend im Holz fixiert sind, ändert das nichts an der Tatsache, daß die getränkten Hölzer, wenn sie ausgedient haben, aufgrund

der Inhaltsstoffe zum umweltbelastendem Sondermüll werden. Bei Palisaden mit Erdanschluß entsteht beispielsweise schon nach 8-10 Jahren Sondermüll. Teilweise werden schon Ersatzstoffe für die Chromsalze zur Imprägnierung eingesetzt. Deshalb sind die genauen Herstellerangaben zu beachten. Über die Eigenschaften der neuen Imprägnierungsmittel liegen noch keine genauen Erfahrungen vor.

Sitzgelegenheiten

Nur an warmen Tagen werden die Stühle und Tische im Hof genutzt. Das Heraustragen ist kein Problem, wenn ein Raum nahe der Hoftür als Lager zur Verfügung steht.

Eine feste Holzbank die Sommer und Winter draußen bleibt, sollte trotzdem im Hof stehen. Gespräche an einem warmen Wintertag oder ruhiges Beobachten von spielenden Kindern im Hof sind dann ohne Transportaufwand möglich. Die Bank sollte bequem sein und zum Sitzen einladen. Der Fachhandel und Baumärkte bieten Holzbänke recht preisgünstig an. Selbstbau ist möglich, erfordert aber handwerkliches Geschick.

Neben solch einem komfortablen Sitzmöbel sind auch strapazierfähige Sitzgelegenheiten notwendig, die eher zufällig wirken. Stammabschnitte von 20 oder 30 cm Höhe können herumgeschoben und herumgerollt werden. Darauf herumhüpfen und -laufen vertragen sie ebenso. Damit sind sie ideale Sitzgelegenheiten für kleinere Kinder.

Eine Leiter ist der erste Schritt zwei Höfe miteinander zu verbinden. Mauerdurchbrüche erleichtern den Nachbarschaftskontakt. Es ist jedoch nicht sinnvoll, die Mauern völlig zu entfernen, dann verlieren die Höfe ihre einladende, private Atmosphäre.

Grillstelle

Ein gemauerter Grill oder ein befestigter Feuerplatz mit einem Dreibein für Schwenkbraten regt dazu an, den Hof tatsächlich zu nutzen. Für Feste und Feiern sind das wichtige Einrichtungen.
Als Baumaterial für einen Grill eignen sich Tonklinker aus dem Wegebau, die der Hitze besser standhalten als Mauerziegel. Ein Fußabtretgitter kann zum Grillrost werden. Für ein offenes Feuer sollte ein gepflasterter Untergrund vorhanden sein, damit sich das Feuer nicht ausbreiten kann. Würstchen und Grünkernbratlinge schmecken von einem transportablen Grill aber genauso gut.

Auch Baumstämme, Holzbohlen, Ziegelsteine oder Findlinge kommen in Frage, selbst wenn sie nicht alle bewegt werden können.

Spielgelegenheiten

Bäume, Sträucher, Äste, Holzklötze, Sand und Wasser – viel mehr wird nicht unbedingt zum Spielen im Hof gebraucht. Ein Sandhaufen kann einfach aufgeschüttet werden. Den Kindern gefällt das wohl am besten, aber es empfielt sich doch, den Sand etwas in Grenzen zu halten. Das bedeutet nicht zwangsläufig die bekannte eckige Sandkiste. Wird in der geplanten Rasenfläche an einer sonnigen Stelle eine Mulde herausmodelliert, entsteht eine interessante Sandfläche. Flache Steine oder Balken dienen darin als Sandtische. Der Untergrund der Grube muß etwas verfestigt werden, damit der Sand aus hygienischen Gründen etwa alle zwei Jahre problemlos ausgetauscht werden kann. Eine einfache Methode ist das 2 cm hohe Aufbringen von Feinkalk auf den vorhandenen Boden. Nachdem er etwas eingearbeitet und leicht angefeuchtet ist, wird die Grubensohle verdichtet. Eine andere Möglichkeit ist die Befestigung mit groben, wasserdurchlässigem Magerbeton (siehe S. 131). Da der Sand nicht vernässen darf, wenn er gut bespielbar sein soll, sind Sandkisten direkt auf Asphalt oder mit Plastikboden ungünstig.

Sind Spielgeräte im Hof unverzichtbar, müssen beim Selbstbau geltende Normen (DIN 7926) eingehalten werden:

- Stabile Ausführung und ausreichende Fundamente sollten selbstverständlich sein.
- Bis zu einer möglichen Sturzhöhe von 1 m ist jeder Untergrund möglich. Sind die Geräte höher, ist in der Regel ein stoßdämpfender Belag, beispielsweise aus 20 cm Sand oder Rindenmulch, nötig.
- Abgefaßte Kanten, gerundete Ecken und sorgfältige Verschraubungen verhindern Verletzungen. Vorstehende Teile und Stellen, an denen Finger eingeklemmt werden können, sind zu vermeiden.

Weitere Informationen zum Spielgerätebau finden sich in der Fachliteratur (siehe S. 195). Von Firmen vorgefertigte Geräte entsprechen diesen Vorgaben, sind jedoch nicht ganz billig. Der Spielwert von einfachen preisgünstigen Klettergerüsten ist leider meist gering. Ein Spielgebüsch oder ein Wei-

Spielgebüsche

Verwunschene Winkel und versteckte Ecken – ein Gebüsch bietet Kindern viele Spielmöglichkeiten. Verstecken spielen, Zelte bauen, Flöten schnitzen, Blattstrukturen entdecken, kleine Tiere aufspüren, das alles und noch viel mehr ist zwischen Sträuchern und Bäumen möglich. Eine Fläche von mindestens 50 m² sollte es allerdings schon sein. Sie wird dicht mit robusten Sträuchern und Bäumen bepflanzt, die es aushalten, wenn mal ein Ast abknickt. 2-3 Pflanzen pro m² sind notwendig. Zwischen den Pflanzen wird Wiesensamen ausgesät. Noch interessanter wird ein Spielgebüsch, wenn kleine Hügel aufgeschüttet und Äste oder Stammabschnitte als loses Spielmaterial eingebracht werden.

Geeignete Pflanzen:

Purpurweide	*Salix purpurea*
Korbweide	*Salix viminalis*
Salweide	*Salix caprea*
Birke	*Betula pendula*

Auch für schattige Höfe:

Hasel	*Corylus avellana*
Holunder	*Sambucus nigra*
Kornelkirsche	*Cornus mas*
Alpenjohannisbeere	*Ribes alpinum*
Hainbuche	*Carpinus betulus*

Es sollten 2 x verpflanzte Pflanzen in einer Mindesthöhe von 1m verwendet werden. Nach der Herbstpflanzung ist es günstig, dem Gebüsch bis Ostern Zeit zum Einwachsen zu lassen.

Kindersand

Das schönste für Kinder
ist Sand.
Ihn gibt's immer
reichlich
Er rinnt unvergleichlich
zärtlich durch die Hand.

Weil man seine Nase
behält,
wenn man auf ihn fällt,
ist er so weich.
Kinderfinger fühlen,
wenn sie in ihm
wühlen,
nichts und das
Himmelreich. (...)

Joachim Ringelnatz

denzelt sind deshalb eine gute Alternative. Egal, wie die Entscheidung ausfällt – Spieleinrichtungen müssen regelmäßig auf Schäden und Verletzungsgefahren hin überprüft werden.

Pflanzen im Hof

Eine 100 Jahre alte Buche mit ihrem Laub und den Früchten im Herbst ist ein sorgsam zu hütender Schatz im Hof. Nicht zuletzt deshalb, weil erst 2 700 junge Buchen eine vergleichbare Leistung für das Stadtklima bringen würden. Im Gegensatz zum Abriß von vorhandenen baulichen Strukturen steht deshalb bei den Pflanzen die Erhaltung des

Bestandes am Anfang der Hofgestaltung. Das gilt nicht nur für große, alte Bäume. Auch Stauden und Ziersträucher, die Überbleibsel vergangener Hofnutzung, sollten nicht einfach entfernt werden. In der Regel lassen sie sich leicht umpflanzen und sind so in das neue Konzept integrierbar. Vielfach haben sich Holunder, Ahorn, Brennesseln und Löwenzahn von ganz allein im Hof einen Platz erobert. Sie können als wilde Ecke und Lebensraum von Tieren oder als Spielgebüsch mit Versteckmöglichkeiten erhalten bleiben. Voraussetzung für die Erhaltung ist eine genaue Bestandsaufnahme. Wildpflanzenbestände, Bäume und Sträucher, die nicht umgesiedelt werden können, sind in einem Plan genau einzutragen. Ihre Standorte werden bei der Planung dann direkt berücksichtigt. Das spart Geld, denn es müssen weniger neue Pflanzen gekauft werden. Es spart aber auch Zeit, denn bis neugepflanzte Bäume und Sträucher die Größe und Bedeutung der vorhandenen erreichen, dauert es Jahre.

Pflanzenstandort Hof

Licht, Luft, Wasser und Boden – ohne diese unverzichtbaren Lebensgrundlagen ist Pflanzenwachstum gar nicht möglich. Nicht alle Lebensgrundlagen sind im Hof gleichermaßen erfüllt. Sicher, Luft ist immer da. Mit dem Wasser kann es im Regenschatten von Gebäuden aber so knapp werden, daß diese Flächen für Bepflanzungen gar

Baumschutz

Alte Bäume soll man nicht verpflanzen - so lautet ein Sprichwort. Für Menschen gilt es vielleicht, für Bäume aber in jedem Fall, auch wenn es Maschinen für die Baumverpflanzung gibt. Das bedeutet, daß Bäume bei der Planung berücksichtigt werden müssen und nur bei Um- und Anbauten an Häusern schon mal gefällt werden dürfen. Um leichtfertige Entscheidungen gegen Bäume zu verhindern, gelten in vielen Städten Baumschutzsatzungen. In der Regel sind danach alle Bäume in der Stadt geschützt, die in einer Höhe von 1 m über dem Boden einen Stammumfang von 60 cm besitzen. Für Obstbäume gilt diese Regelung nur selten. Garten und Grünflächenämter oder Bauordnungsämter entscheiden über eingereichte Fällanträge. Die Fachleute können auch mit Rat und Adressen weiterhelfen, wenn Bäume morsch erscheinen. Oft macht eine Behandlung durch einen Baumchirurgen den Baumerhalt möglich.

nicht in Frage kommen. Auf unterkellerten Höfen fehlt es an Boden, und nur die Umwandlung in einen Dachgarten oder das Aufstellen von Kästen und Kübeln schafft Platz für Pflanzen. Licht ist in der Regel ein Mangelfaktor. Sonnige Höfe mit 7 Stunden direktem Sonnenlicht gibt es nur selten. Folgende Fragen sind bei der Planung der Bepflanzung also zu klären:

- Wieviel Licht bekommt der Hof im Sommer und Winter? Welche Stellen liegen im Schatten von Gebäuden und Mauern?
- Welche Beschaffenheit hat der Boden? Ist er sandig, lehmig oder hat er vollständig unter Asphalt oder Pflaster gelegen? Liegen Kellerräume im Untergrund?
- Wieviel Regen fällt im Hof? Bleiben Stellen trocken? Gibt es einen Wasseranschluß?
- Wie groß ist der Platz für Pflanzen? Reicht er für große oder nur für kleine Bäume? Können sich Sträucher ohne weitere Schnittmaßnahmen frei entwickeln?
- Welche Funktionen sollen die Pflanzen übernehmen? Sollen sie Sichtschutz bieten, Früchte oder Schnittblumen liefern oder Räume abgrenzen?
- Wo liegen die Vorlieben der Hofnutzer und Hofnutzerinnen? Wieviel Zeit darf für Pflegearbeiten anfallen?

Die Lichtverhältnisse sind der entscheidende Standortfaktor im Hof, doch auch dem Boden und der Bodenvorbereitung ist Aufmerksamkeit zu schenken. Meist war der Boden unter Asphalt, Beton oder Pflastersteinen versteckt. Die oberste nährstoffhaltige Schicht, der Oberboden, wurde entfernt, Schotter und Sand aufgetragen. Durch die befestigten Flächen versickerte kaum Wasser, so daß der darunterliegende Boden völlig austrocknet. Für Pflanzen sind die entsiegelten Hofflächen deshalb nur selten ideale Standorte, zumal im Untergrund oft auch noch Bauschutt zu finden ist. Teilweise gibt es in vorhandenen Pflanzflächen tieferliegende, durch Baumaschinen verdichtete Bodenschichten, die Wasser stauen und das Pflanzenwachstum behindern, wenn sie nicht aufgerissen werden. In manchem Hof wurde Erde eingefüllt. Das Material, beispielsweise Schlacke, ist unter Umständen mit Schadstoffen belastet. Bei einem entsprechenden Verdacht sollten das zuständige Umweltamt eingeschaltet und Bodenproben genommen werden (siehe S. 194).

Bodenvorbereitung ist in den meisten Höfen notwendig. Bodenbeläge mit Unterbau und Bauschutt sind im Bereich der zukünftigen Pflanz-flächen zu entfernen. Nicht wiederverwertbare Materialien können zu Hügeln aufgeschichtet werden, allerdings nicht auf dem wertvollen Ober-boden. Dieser ist im Hügelbereich, aber auch im Bereich zukünftiger Wege- und Platzflächen 20 cm hoch abzutragen und sorgfältig seitlich zu lagern. Nachdem die zukünftige Oberfläche grob ausge-formt und gelockert ist, wird Oberboden 20 cm hoch auf die zukünftigen Pflanzflächen aufge-tragen. Reicht der vorhandene Boden nicht aus, muß weiterer Oberboden über Firmen des Garten- und Landschaftsbaus beschafft werden. Lehmiger Boden wird durch Zugabe von Sand wasserdurch-lässiger. Lehm verbessert die Wasserhaltefähigkeit sandiger Böden (siehe S. 159).

Bodenbearbeitung sollte in keinem Fall nach längeren Regenfällen oder bei starkem Regen erfol-gen. Der Boden ist dann entsprechend feucht, wird schnell verdichtet und in seiner Struktur derart verändert, daß Pflanzen Wachstumsschwierig-keiten bekommen.

Bei Rasen- und Wiesenflächen ist eine weitere Bodenverbesserung und Düngung überflüssig, sie macht nur eine größere Mahdhäufigkeit notwen-dig. Flächen für Bäume, Sträucher und Stauden sollten jedoch durch Zugabe von Rindenhumus oder Komposterde mit organischen Bestandteilen angereichert werden. Daneben empfiehlt es sich, etwa 100–200 g organischen Dünger, beispiels-weise Bio-Garten-Azet, einzuarbeiten. Eine Ver-besserung des Humus- und Nährstoffgehaltes ist auch mit Stallmist oder Pferdeäpfeln möglich.

Wer genau wissen will, wie es um den Hof-boden bestellt ist, kann Bodenproben zu den land-wirtschaftlichen Untersuchungsstellen einschicken (Adressen siehe S. 194). Der Untersuchungsbe-richt gibt dann genaue Hinweise zur Bodenver-besserung.

Unter Asphalt, Beton und Pflaster haben im Hof nur wenige Bodenorganismen überlebt. Sie sind für ein reiches Pflanzenwachstum jedoch not-wendig, denn erst sie zersetzen Materialien wie Blätter, Rindenhumus und Hornspäne zu pflanzen-verfügbaren Nährstoffen. Deshalb ist es wichtig, den Boden zu beleben. Besonders hilfreich ist die Einsaat einer Gründüngung (siehe S. 160). Pflanzen wie Bitterlupine, Gelbsenf und andere beschatten den Boden und erhöhen seinen Humusgehalt durch ihre organische Substanz. Sobald zwei Monate zwischen Bodenvorbereitung und Pflanzung der

Bäume, Sträucher und Stauden liegen, lohnt sich eine Zwischenbegrünung der Pflanzflächen mit Gründüngungspflanzen. Erdklee, Platterbse, Gelb-senf, Winterraps, Inkarnatklee, Rothenburger oder Landsberger Gemenge sowie Ölrettich sind geeig-nete Gründüngungspflanzen, die fast ganzjährig ausgesät werden können.

Rasen oder Wiese

Die Entscheidung zwischen Rasen und Wiese wird erst bei Höfen mit mehr als 200 m² Fläche not-wendig. In kleinen, aber auch in schattigen Höfen ist weder das eine noch das andere sinnvoll. Denn Rasen und Wiese brauchen Sonne und Platz. Die Nutzungsmöglichkeiten sind ganz unterschiedlich. Die Strapazierfähigkeit einer Rasenfläche mit ihren regelmäßig geschorenen Gräsern macht sie zu idealen Plätzen für Spiel, Sport und Erholung.

Eine Wiesenfläche mit hohen Gräsern und blühenden Kräutern ist Lebensraum nicht nur für blütenbesuchende Insekten. Die Nutzung bei Spiel und Sport hält sie jedoch nur direkt nach der Mahd im Juni/Juli und/oder September/Oktober aus. In der Zwischenzeit ist es zwar möglich, sich einmal kurz daraufzulegen, danach richten sich die Gräser wieder auf, ansonsten ist sie aber eher etwas zur Beobachtung.

Die Zuchtrosen und das Gänseblümchen

Auf der Wiese sprach man von den Reisen der Zuchtrosen und ihren Preisen.

Da fragte das Gänseblümchen: „Und wie kommt unsereiner zu seinem Rühmchen?"

Peter-T. Schulz

Der Blumenrasen ist ein Kompromiß zwischen Rasen und Wiese. Obwohl regelmäßig gemäht und häufig betreten, bieten hier Gänseblümchen, Ehrenpreis und Löwenzahn Nahrung für blütenbesuchende Insekten.

Die Kornelkirsche ist im März ein erster Frühlingsbote. Im Herbst sind die roten Früchte eßbar und eignen sich für die Marmeladenherstellung.

Dennoch muß niemand im eigenen Hof auf den Lebens- und Erlebnisraum Wiese verzichten, selbst wenn Rasen wichtiger ist. An den Randbereichen der Rasenfläche, am Fuß von Mauern und am Rand von Strauchpflanzungen schafft ein 1 m breiter Wiesenstreifen einen Übergang. Wird der Rasen nicht gedüngt und nur etwa alle 4 Wochen gemäht, sind blühende Kräuter, wie Wiesenschaumkraut, Hahnenfuß, Ehrenpreis und Gänseblümchen, schnell zu beobachten. Dann ist selbst der strapazierfähige Rasen ein Lebensraum.

Rasenflächen oder Wiesen werden am besten im August und September angesät. Dann stehen die feuchten Herbst- und Wintermonate bevor, und die Wurzeln können sich bis zu den ersten trockenen Frühlings- und Sommertagen gut entwickeln. Vorbereitet wird die Fläche durch Lockern des Bodens in den oberen 20 cm. Die ebene Fläche, aber auch Hügel, werden glatt geharkt, das Saatgut aufgestreut (bei Rasen etwa 25 g/m²; bei Wiese etwa 5 g/m²). Es empfiehlt sich, die Samen mit Sand (1:3) zu mischen, dann fällt die gleichmäßige Aussaat leichter und die Samen fallen nicht zu dicht. Flaches Einharken verhindert das Austrocknen des Samens. Anschließend wird die Fläche gewalzt oder mit unter die Füße gebundenen Brettern festgetreten. In den ersten 3–4 Wochen muß die Fläche unbedingt feucht gehalten werden, damit die Samen keimen. Bei Rasen ist der erste Schnitt notwendig, wenn die Pflanzen etwa 10 cm hoch sind. Ist im Hof Rasen vorhanden, der in Wiese umgewandelt werden soll, dann genügt es, mehrere quadratmetergroße Rasenstücke abzuheben. Auf dem offenen Boden entwickeln sich anliegende Samen oder ausgebrachtes Saatgut. Innerhalb von etwa 5 Jahren entsteht eine artenreiche Wiesenfläche, wenn gleichzeitig die Mahdhäufigkeit reduziert wird.

Bäume

Leicht ist es nicht, sich vorzustellen, wie groß frisch gepflanzte Bäumchen von 2–3 m Höhe einmal werden können. Eine kleine Eiche geht 30 m in die Höhe und 40 m in die Breite. Sicher, das dauert wohl 100 Jahre, aber soviel Zeit ist bei der Baumpflanzung schon einzuplanen. Bäume sind schießlich keine Wegwerfartikel, die einfach entfernt werden, wenn sie zu groß geworden sind. Die Platzfrage steht deshalb am Anfang der Wahl des richtigen Baumes für den eigenen Hof oder Garten. Ein Hof von 20 m² ist einfach zu klein für einen Baum. Bäume entwickeln sich unter der Erde nämlich genauso kräftig wie über der Erde und brauchen entsprechenden Wurzelraum. Große Bäume, wie Eichen und Linden, finden daher nur Platz in Höfen mit mindestens 100 m² Fläche.

Es gibt aber auch noch die kleineren Bäume und baumartige Sträucher. Für sie ist auch in kleineren Höfen Platz. In jedem Fall dürfen die Bäume dem Hof und den anliegenden Fenstern nicht zuviel Licht wegnehmen. Geeignet sind deshalb besonders Bäume mit lichter Krone, wie z. B. die Vogelbeere. Weitere Hinweise zu geeigneten Bäumen und zur Baumpflanzung siehe S. 105.

Sträucher

Egal, ob als eindrucksvoller Einzelstrauch oder in Gruppen gepflanzt: Sträucher gliedern den Hof in Teilräume. In Form einer freiwachsenden oder geschnittenen Hecke können sie eine lockere

Abgrenzung zu Nachbargrundstücken bilden. Genau wie Bäume sind sie Gehölze, das heißt, die Äste verholzen und sterben dadurch im Winter nicht ab. Sie verzweigen sich jedoch vom Boden aus relativ gleichmäßig und werden dadurch etwa so breit wie hoch.

Neben den Lichtverhältnissen ist der zur Verfügung stehende Platz deshalb das entscheidende Auswahlkriterium. Sträucher sind lebendig, sie richten sich nicht nach Wegekanten und anderen räumlichen Vorgaben. Sie wachsen genau wie Menschen solange bis sie ausgewachsen sind. Unnötige Schnittmaßnahmen lassen sich nur vermeiden, wenn vorgesehener Platz und die Wuchsgröße der Sträucher aufeinander abgestimmt sind. Die Mindestbreite für eine freiwachsende Hecke im Hof ist deshalb 3 m. Hier können sich kleinere Sträucher, die in Abständen von 1 m ein oder zweireihig gepflanzt werden, frei entwickeln. Ein schmaler Streifen mit Wildkräutern, Gräsern und Stauden stellt den Übergang zu benachbarten Wegen oder Rasenflächen her. Eine geschnittene Hecke braucht weniger Platz, ist aber aufgrund des regelmäßig erforderlichen Schnittes nur in kleinen Höfen empfehlenswert (mehr über geschnittene Hecken siehe S. 157). Selbst dann sollte aber geprüft werden, ob ein Rankgerüst oder eine Pergola mit Kletterpflanzen nicht die einfachere Möglichkeit ist, Sichtschutz und Raumbildung zu erreichen.

Die Größenangaben der Sträucherliste erleichtern die Auswahl für den eigenen Hof. Werden Sträucher und auch Bäume mit ihrer möglichen Größe in eine Hofskizze eingetragen, läßt sich schnell feststellen, ob die ausgewählten Pflanzen die Chance haben, sich ungestört zu entwickeln. Blüten als erste Frühlingsboten, eßbare Früchte im Herbst, Bienengesumm und Vogelgezwitscher – das sind Hofträume, die dann Wirklichkeit werden.

Ein paar Worte zu den so beliebten Nadelgehölzen und immergrünen Sträuchern: Es fällt kein Laub und sie bieten Sichtschutz auch im Winter. Das wird oft als Vorteil empfunden. Die Pflanzung von Nadelgehölzen ist jedoch wenig sinnvoll. Sie sind in der Stadt besonders anfällig für Schadinsekten (siehe S. 164). Bei genauerem Hinsehen entfällt auch der Hauptgrund für die Pflanzung immergrüner Sträucher. Im Frühjahr, Sommer und Herbst, den Hauptnutzungszeiten des Hofes, sind die Laubgehölze belaubt und bieten ausreichenden Sichtschutz vor neugierigen Blicken. Im Winter wird jedoch kaum Sichtschutz gebraucht.

Für den zusätzlichen, kaum benötigten Sichtschutz im Winter ist ein hoher Preis zu zahlen. Nicht nur, weil die immergrünen Gehölze etwas teurer sind. Ihnen fehlt die Lebendigkeit der Sträucher, die durch Laubaustrieb, Blüten, Früchte und Herbstfärbung den Wechsel der Jahreszeiten anzeigen. Immergrüne Sträucher sind deshalb nur sparsam und wohlüberlegt zu pflanzen. Das dadurch reichlicher anfallende Herbstlaub muß kein Problem sein. In einem kleinen Laubhaufen zwischen Sträuchern findet vielleicht sogar ein Igel Unterschlupf.

Pflanzung von Sträuchern

Beste Pflanzzeit für Sträucher ist ebenso wie bei Bäumen (siehe auch S. 105) der frühe Herbst mit frostfreien Tagen im Oktober und November. Die Pflanzen entwickeln dann über die feuchten Herbst- und Wintermonate bereits Wurzeln, so daß die Wasser- und Nährstoffversorgung gesichert ist, wenn die ersten wärmeren Frühlingstage kommen. Rechtzeitig, ca. 1-2 Monate vor dem gewählten Pflanztermin, sollten die Gehölze bei einer nahegelegenen Baumschule bestellt werden. Sie wachsen am besten an, wenn sich Boden und Klima des Anzuchtstandortes nicht stark von den Bedingungen vor Ort unterscheiden. Damit eine sorgfältig geplante und angekündigte Pflanzaktion nicht platzt, ist ein Abhol- oder Liefertermin zu vereinbaren.

Voraussetzung für gutes Wachstum ist der Pflanzschnitt von Wurzeln und Ästen. Damit die meist ballenlosen Sträucher von ihrem spärlichen Wurzelwerk ausreichend mit Wasser versorgt werden, sind die Äste etwa um ein Drittel zu kürzen. Obwohl es schwerfällt, die Sträucher kleiner werden zu sehen, lohnen sie es durch kräftigeren Austrieb. Zusätzlich müssen nur noch beschädigte und überlange Wurzeln abgeschnitten werden.

Ist der Boden locker und gut vorbereitet, genügt für Sträucher ein Pflanzloch nur wenig größer als das Wurzelwerk. Dort hinein wird der Strauch gesetzt. Nachdem Erde eingefüllt ist, wird sie mit dem Fuß vorsichtig angetreten. Meist ist dann noch etwas Erde nachzufüllen. Bei Sträuchern, die einen Ballen haben, der in Jute eingeschlagen ist, muß das Ballentuch geöffnet werden, bevor das Loch gefüllt wird. Nur einzeln stehende oder baumartige Sträucher sollten an einen Pfahl angebunden werden. Angießen ist dann eigentlich der letzte Schritt des Pflanzvorganges.

Der Baum

Der Baum vor unserm
Mietenhaus
hat sehr viel dicke
Blätter.
Bei Sonne kann man
drunterstehn
und auch bei
Regenwetter. (...)

Der Baum vor unserm
Mietenhaus
soll allen Kindern
nützen.
Das Schild, das es
verbieten tut,
liegt heute in den
Pfützen.

Peter Maiwald

Sträucher für Stadtgärten (mittelgroß bis groß)

Sträucher über 3 m	Höhe	Licht	Blüte (Farbe,-zeit)	Früchte (Farbe, Reifezeit)	heimisch	Bemerkungen
Feuerahorn *Acer ginnala*	bis 6 m	○ – ◑	grüngelb 5	unscheinbar		leuchtend rote Herbstfärbung
Felsenbirne *Amelanchier canadensis*	bis 8 m	○ – ◑	weiß 4 – 5	schwarzrot, eßbar 8 – 9		orangerote Herbstfärbung, Bienenweide
Kornelkirsche *Cornus mas*	bis 6 m	○ – ●	gelb 2 – 4	rot, eßbar 8 – 10	X	Bienenweide
Hasel *Corylus avellana*	bis 5 m	○ – ●	gelb 2 – 3	braun, eßbar 8 – 10	X	Bienenweide
Weißdorn *Crataegus monogyna*	bis 8 m	○ – ◑	weiß 5 – 6	dunkelrot, eßbar 9 – 10	X	Nahrungspflanze für Bienen und Schmetterlinge, dornig, Vogelschutzgehölz
Ölweide *Eleagnus angustifolia*	bis 6 m	○	unscheinbar	gelblich, eßbar 9 – 10		dornig, Bienenweide
Pfaffenhütchen *Euonymus europaeus*	bis 6 m	◑	unscheinbar	rosaorange, giftig 8 – 10	X	karminrote Herbstfärbung
Sanddorn *Hippophae rhamnoides*	bis 7 m	○	unscheinbar	orangerot, eßbar 9 – 10	X	dornig, Früchte reich an Vitamin C, bilden sich, wenn ♀- und ♂-Pflanzen gesetzt werden, bevorzugt sandige Böden
Stechpalme *Ilex aquifolium*	10 - 15 m	◑ – ●	weiß 5 – 7	rot, giftig 9 – 10	X	immergrün, Blätter stachelig, Bienenweide
Liguster *Ligustrum vulgare*	bis 5 m	○ – ◑	gelblich-weiß 6 – 7	schwarz, giftig 8 – 9	X	wintergrün, fruchtet kaum im Schatten, kleinwüchsige Sorte 'Lodense' bis (50 cm) blüht und fruchtet nicht
Kreuzdorn *Rhamnus cathartica*	bis 6 m	○ – ◑	unscheinbar	schwarz, giftig 9 – 11	X	sehr anspruchslos, dornig
Salweide *Salix caprea*	bis 8 m	○	gelblich 3 – 4	unscheinbar	X	nur männliche Pflanzen zeigen die auffälligen Kätzchen, Bienenweide
Korbweide *Salix viminalis*	bis 10 m	○	unscheinbar	unscheinbar	X	gut geeignet für den Bau von Weidenhütten, Zweige Material für Korbflechterei
Schwarzer Holunder *Sambucus nigra*	bis 7 m	○ – ●	weiß 6 – 7	schwarzblau, eßbar 8 – 9	X	sehr anspruchslos, auch die Blüten sind in Bierteig gebacken eßbar
Flieder *Syringa vulgaris*	bis 7 m	○	lila, weiß 5	unscheinbar		treibt Wurzelausläufer
Wolliger Schneeball *Viburnum lantana*	bis 5 m	○ – ◑	weiß 5 – 6	rot, schwarz, giftig 8 – 9	X	bevorzugt trockene, kalkhaltige Böden
Sträucher bis 3 m						
Berberitze *Berberis thunbergii*	bis 3 m	○ – ●	gelb 5 – 6	blauschwarz 8 – 9		immergrün, dornig
Sommerflieder *Budleia davidii*	bis 3 m	○	lila, weiß 7 – 8	unscheinbar		stark duftend, als Nektarpflanze für Schmetterlinge bedeutsam, etwas frostempfindlich
Buchsbaum *Buxus sempervirens*	1 – 8 m	○ – ●	unscheinbar	unscheinbar		immergrün, langsamwüchsig, auch kleinbleibende Sorten z.B. 'Suffruticosa' (bis 1 m) erhältlich
Jap. Zierquitte *Chaenomeles japonica*	1 – 2 m	○ – ◑	rot, rosa, weiß 4 – 5	gelbgrün, eßbar 8 – 11		dornig
Gelber Blasenstrauch *Colutea arborescens*	bis 3 m	○	gelb 7 – 8	grünbraun, giftig 8 – 10		
Roter Hartriegel *Cornus sanguinea*	3 – 4 m	○ – ◑	weiß 5 – 6	blauschwarz 8 – 10	X	sehr anspruchslos leuchtend rote Herbstfärbung
Deutzie *Deutzia scabra*	bis 3 m	○ – ◑	rosa 6 – 7			
Forsythie *Forsythia x intermedia*	2 – 3 m	○	gelb 4 – 5			blüht an Trieben des Vorjahres

Sträucher für Stadtgärten (klein bis mittelgroß)

Name	Höhe	Licht	Blüte	Frucht		Bemerkungen
Zaubernuß *Hamamelis mollis*	2–4 m	○–◑	gelb-rot 1–3	unscheinbar		bevorzugt durchlässige Böden, goldgelbe Herbstfärbung, Zweige zum Vortreiben im Zimmer geeignet
Efeu *Hedera helix*		◑–●	erst im Alter	erst im Alter	X	Bodendecker oder Kletterpflanze
Gartenhortensie *Hydrangea macrophylla*	2–3 m	○–◑	blau, rosa 6–7			frostempfindlich, treibt jedoch wieder gut aus bevorzugt frische Böden
Japanstechpalme *Ilex crenata*	2–3 m	○–◑	unscheinbar	schwarz-rot, giftig 9–10		immergrün, langsamwüchsig
Ranunkelstrauch *Kerria japonica*	bis 2 m	○–◑	gelb 5–6			grüne Zweige, treibt Wurzelausläufer
Gemeine Heckenkirsche *Lonicera xylosteum*	3–4 m	○–●	weiß 5–6	dunkelrot, giftig 8–9	X	niedrigwüchsige Sorte 'Clavey's Dwarf' nur bis 1 m
Falscher Jasmin *Philadelphus x virginalis*	2–3 m	○–●	weiß 6			
Fingerstrauch *Potentilla fruticosa*	0,5–1,5 m	○	gelb 5–8			immergrün
Lorbeerkirsche *Prunus laurocerasus*	1–3 m	○–●	weiß 5–6	rot, schwarz 7–8		immergrün
Schlehe *Prunus spinosa*	3–4 m	○–◑	weiß 4–5	blauschwarz, eßbar 9–10	X	dornig, Vogelschutzgehölz, Bienenweide
Alpenjohannisbeere *Ribes Alpinum*	bis 3 m	◑–●	gelblichgrün 4–5	rot 6–7	X	Bienenweide
Johannisbeere *Ribes rubrum, nigrum*	1–2 m	◑–●	gelblichgrün 4–5	rot, schwarz, eßbar 6–7	X	Formen der Gartenjohannisbeere, die Zuchtform 'Josta' liefert besonders große Früchte
Blutjohannisbeere *Ribes sanguineum*	2–3 m	○–◑	dunkelrot 4–5			Bienenweide
Stachelbeere *Ribes uva-crispi*	bis 1 m	◑	unscheinbar	grünlichgelb, eßbar 6–7	X	dornig
Weinrose *Rosa rubiginosa*	2–3 m	○	rosa 6	rot 8–9	X	stachelig, das Fruchtfleisch der Hagebutten ist eßbar
Hechtrose *Rosa rubrifolia*	2–3 m	○	rot 6–7	rot 8–9	X	stachelig, Blätter blau-rot bereift das Fruchtfleisch der Hagebutten ist eßbar
Bibernellrose *Rosa spinosissima*	bis 1 m	○	weiß 5–6	schwarz 9–10	X	stachelig, treibt Ausläufer, bevorzugt sandige Böden, Hagebutten-Fruchtfleisch ist eßbar, rote Herbstfärbung
Brombeere *Rubus fruticosus*	bis 3 m	○–●	weiß-rosa 6–8	blauschwarz, eßbar 7–11	X	stachelig wuchert zu undurchdringlichen Gebüschen
Zimt-Himbeere *Rubus odoratus*	bis 2 m	◑	rosarot 6–8	rot 7–9		stark duftende Blüten treibt kurze Ausläufer
Öhrchenweide *Salix aurita*	1–2 m	○–◑	gelblich 3–4	unscheinbar	X	bevorzugt feuchte, saure Standorte
Purpurweide *Salix purpurea*	bis 3 m	○–◑	rötlich 3–4	unscheinbar	X	sehr robust, gut geeignet für Spielgebüsche
Traubenholunder *Sambucus racemosa*	2–4 m	○	gelbgrün 4–5	rot 6–9	X	Früchte nach dem Kochen ohne Kerne eßbar
Spitzblättr. Spierstrauch *Spirea x arguta*	bis 2 m	○–◑	weiß 4–5			blüht an Trieben des Vorjahres
Gemeine Schneebeere *Symphoricarpus racemosus*	bis 2 m	○	weiß-rosa 6–8	weiß 9–10		besser bekannt als „Knallerbsen-Strauch"
Gewöhnl. Schneeball *Viburnum opulus*	2–4 m	○–◑	weiß 5–6	rot 9–10	X	rote Herbstfärbung, Früchte schwach giftig, bevorzugt feuchte Standorte, die Sorte 'Sterile' fruchtet nicht
Weigelie *Weigelia florida*	2–3 m	○–◑	rot 6			

Sträucher richtig pflanzen

Ablauf der Pflanzung von Sträuchern ohne Ballen

1.

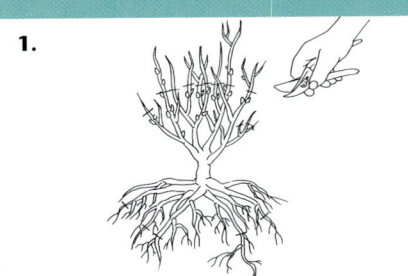

- Äste des Strauches um ein Drittel kürzen. Schnitt direkt über einer Knospe.
- Unmittelbar vor der Pflanzung abgeknickte, überlange, beschädigte und besonders starke Wurzeln abschneiden.

2.

- Das Pflanzloch wird etwas größer als das Wurzelwerk ausgehoben.
- Den geschnittenen Strauch bis zum Wurzelhals einsetzen.

3.

- Mit Humus (Komposterde, Rindenhumus) verbesserte Erde möglichst lückenlos einfüllen.

4.

- Erde gleichmäßig festtreten, so daß die Wurzeln guten Bodenkontakt bekommen und anschließend wässern.

5.

- Ein kleiner Wall verhindert, daß Gießwasser wegfließt.
- Boden um den Strauch mit Mulchmaterial abdecken (Gehölzhäcksel, Rindenmulch, Rasenschnitt u.a.) oder Gründüngung einsäen.

Zur Bodenpflege empfiehlt sich die Aussaat von Gründüngungspflanzen wie z. B. Klee. Genauso sinnvoll ist eine Bodenabdeckung mit Mulchmaterial aus gehäckselten Ästen, wie es oftmals bei den Grünflächenämtern abgegeben wird. Reiner Rindenmulch von Nadelhölzern ist weniger gut geeignet, er kann sogar das Wachstum behindern. Gründüngung und Mulchmaterial schaffen den Sträuchern in Heckenstreifen und Gebüschen einen freien Wuchsraum.

Im ersten Jahr ist Wässern die Hauptpflegearbeit. Ein Pflegeschnitt darf erst nach 5–10 Jahren notwendig werden. Ausnahmen sind lediglich Obstbäume und Beerenobststräucher. Bei Sträuchern werden alte Äste herausgenommen, um neue Triebe zu fördern. Die Gestalt der Sträucher sollte bei den Schnittmaßnahmen erhalten bleiben. Kompletter Rückschnitt aller Hofsträucher ist keinesfalls erforderlich.

Es empfiehlt sich, Pflanzarbeiten im Hof im Rahmen von einer Pflanzaktion am Wochenende durchzuführen. Dann können viele mitarbeiten, und das Interesse am Wachsen und Pflegen der Sträucher bleibt groß.

Das Wetter ist jedoch nicht berechenbar. Muß der Pflanztermin deshalb verschoben werden, überstehen die Pflanzen eine Wartezeit von mehr als zwei Tagen nur im Einschlag. An einer schattigen, windgeschützten Stelle werden Gräben ausgehoben, in die die Pflanzen zu setzen sind. Nur wenn die Wurzeln nach dem Verfüllen voll bedeckt sind, überstehen die Pflanzen die Wartezeit unter Umständen sogar den ganzen Winter ohne Schäden.

Geeignete Pflanzgrößen:

Bäume:
3 x verpflanzt mit einem Stammumfang von 10–12 cm oder größer.

Baumartige Sträucher:
3 x verpflanzte Solitärsträucher mit Höhen von 100–200 cm oder größer.

Sträucher für freiwachsende Hecken und Gebüsche:
2 x verpflanzt mit einer Höhe von 80–150 cm.

Pflanzen für geschnittene Hecken:
1 x verpflanzt mit 5–7 Trieben.

Kletterpflanzen:
2 x verpflanzt mit Topfballen.

In jedem Fall sollten die Pflanzen zu Beginn der Aktion sorgfältig an ihren zukünftigen Standorten ausgelegt werden. Denn nur durch das Auslegen ist allen klar, wo was hin soll, und bei der Pflanzung können viele aktiv werden.

Stauden, Gräser, Farne

Stauden bringen mit ihren Blüten und Düften nicht nur Farbe in den Hof, sie locken auch Blütenbesucher wie Schmetterlinge und Hummeln an. Während Bäume und Sträucher das Gerüst einer Pflanzung bilden, setzen Stauden zusätzliche Akzente. Vom bodenkriechenden Pfennigkraut bis zum 2 m hohen Waldgeißbart gibt es Stauden in allen Größen und Formen. Ihnen gemeinsam ist, daß sie nicht verholzen. Dadurch sind von einigen im Winter nur die trockenen Blütenstände und die Triebspitzen fürs nächste Frühjahr zu sehen. Andere zeigen auch im Winter grüne Blattpolster. Zusammen mit Gräsern und Farnen, die ebenfalls die meist sparsame Sonne im Hof gut vertragen, entstehen üppige Pflanzenteppiche, die kein Stückchen Boden freilassen. Das sieht nicht nur gut aus, es ist auch der beste Schutz für den Boden und läßt unerwünschten Wildkräutern keinen Platz.

Geeignet für den Hof sind besonders robuste Wildstauden wie Glockenblumen und Lungenkraut oder Stauden mit Wildcharakter. In Schönheit und Blütenreichtum stehen sie den Beetstauden wie Rittersporn und Phlox in nichts nach. Es braucht jedoch niemand Angst zu haben, daß bei den Wildstauden nach ein paar Jahren die Wuchsfreudigkeit nachläßt und erst durch Teilung des Wurzelstockes wieder angeregt werden muß. Der Pflegeaufwand ist bei den Wildstauden deshalb gering. Lediglich im Frühjahr empfiehlt es sich, die toten Triebe zurückzuschneiden. Je nach Größe werden 6-12 Stauden pro m² gepflanzt. Es empfiehlt sich, die einzelnen Arten in 3er oder 5er Gruppen zusammenzusetzen, bodendeckende Stauden können auch in größeren Gruppen gepflanzt werden. Die großwüchsigen Stauden stehen am besten einzeln hinter den niedrig wachsenden. Dadurch können sich die Pflanzen gut entwickeln und bedrängen sich nicht gegenseitig. Weitere Hinweise zur Staudenpflanzung und für Stauden, die sich für sonnige Standorte eignen siehe S. 99.

Gepflanzt wird am besten im frühen Herbst (Oktober) oder im Frühjahr, gleichzeitig mit oder kurz nach der Baum- und Strauchpflanzung. Der rechtzeitige Kontakt mit einer Staudengärtnerei der Umgebung lohnt sich, denn die Gärtnerei kann dann fehlende Pflanzen besorgen. Die Pflanzung selbst ist einfach. Die Stauden werden an ihren geplanten Standorten ausgelegt. Mit einer Handschaufel wird ein Loch in Größe des Topfballens der Stauden ausgehoben. Nachdem die Staude im Loch sitzt, wird Erde angefüllt und angedrückt. Danach fehlt nur noch das Angießen.

Hofveränderung Schritt für Schritt

Patentrezepte gibt es nicht. In einem Haus wohnen viele Menschen, in einem anderen wenige. Mal haben Leute zwei linke Hände, mal trauen sie sich vieles selbst zu . Auch Größe, Lage und Nutzung jedes einzelnen Hofes entscheiden mit darüber, was überhaupt möglich ist. Die Ausgangssituation an jedem Hof ist anders, dennoch hat sich die Abfolge von folgenden Arbeitsschritten bewährt. Ohne sich genau daran zu halten, hilft sie doch auf dem Weg zum lebendigen Hof weiter.

Idee

Die Idee zur Umgestaltung des Hofes geht oft von einer Person aus. Ob Hauseigentümer oder Mieter, die treibende Kraft muß Unterstützung gewinnen. Alleine ist es nicht zu schaffen. Zwar werden „nie" alle Beteiligten bei der Hofgestaltung gleichermaßen mitmachen. Es ist jedoch wichtig, die Aktivitäten auf eine möglichst breite Basis zu stellen.

Gespräche

Ein erster Schritt ist immer das Gespräch. Im Hausflur, auf der Straße, im Hof läßt sich unter Nachbarn oder Hauseigentümern meist erste Unterstützung finden. Mögliche Vorbehalte, Unkenntnis und Ablehnung werden so deutlich. Das gibt erste Hinweise auf die notwendige Überzeugungsarbeit. Gespräche mit Nachbarn können ganz neue Lösungen ermöglichen. Vielleicht

Stauden, Gräser und Farne für schattige Standorte

Stauden	Höhe	Blütenfarbe, -zeit	Licht-anspruch	heimische Wild-pflanze	Bemerkungen
Eisenhut *Aconitum napellus*	110 cm	blau 7 – 8	○–●	X	giftig bevorzugt frische Böden
Kriechender Günsel *Ajuga reptans*	15 cm	lilablau 4 – 5	◐–●	X	immergrün, bevorzugt frische Böden für Flächenpflanzung
Frauenmantel *Alchemilla mollis*	30 cm	grünlichgelb 6 – 7	○–◐		anspruchslos für Flächenpflanzung
Japananemone *Anemone tomentosa*	bis 150 cm	weiß, rosa 7 – 9	○–◐		
Buschwindröschen *Anemone nemorosa*	10 cm	weiß 3 – 5	◐–●	X	zieht im Sommer ein benötigt humusreichen Boden mit Fallaub
Akelei *Aquilegia vulgaris*	50 cm	violettblau 5 – 6	◐	X	samt sich leicht aus bevorzugt kalkhaltige Böden
Waldgeißbart *Aruncus dioicus*	bis 200 cm	weiß 6 – 7	◐–●	X	sehr dauerhaft, männliche und weibliche Pflanzen unterschiedlich, sät sich selbst aus
Haselwurz *Asarum europaeum*	10 cm	braun 4 – 6	◐–●	X	immergrün, für Flächenpflanzung bevorzugt frische, lehmige Standorte
Waldmeister *Asperula odorata*	15 cm	weiß 5 – 6	◐–●	X	wintergrün, für Flächenpflanzung vor der Blüte Maibowlengewürz
Kaukasus-Vergißmeinicht *Brunnera macrophylla*	50 cm	blau 4 – 5	○–◐		bis in den Winter grün belaubt für Flächenpflanzung
Knäuelglockenblume *Campanula glomerata*	60 cm	lilablau, weiß 6 – 7	○–◐	X	ausbreitungsstark
Waldglockenblume *Campanula latifolia*	bis 150 cm	lilablau, weiß 6 – 7	◐–●	X	
Pfirsichblättrige Glockenblume *Campanula persicifolia*	80 cm	blau 6 – 8	◐	X	
Silberkerze *Cimicifuga cordifolia*	bis 200 cm	weiß 8 – 10	◐–●		bevorzugt frische Böden
Maiglöckchen *Convallaria majalis*	20 cm	weiß 5 – 5	◐–●	X	für Flächenpflanzung
Lerchensporn *Corydalis lutea*	25 cm	gelb 5 – 9	◐	X	
Tränendes Herz *Dicentra spectabilis*	60 cm	rosa-weiß 5 – 6	◐		vergilbt bereits nach der Blüte
Fingerhut *Digitalis purpurea*	bis 150 cm	rot, gelb, weiß 6 – 7	○–●	X	giftig, zweijährig samt sich selbst aus
Gemswurz *Doronicum caucasicum*	40 cm	gelb 4 – 5	○–◐		
Elfenblume *Epimedium pinnatum*	30 cm	gelb 5 – 6	◐		wintergrün, bevorzugt frische Böden ausbreitungsstark, für Flächenpflanzungen
Balkan-Storchschnabel *Geranium macrorrhizum 'Spessart'*	30 cm	weiß-rosa 6	◐–●		wintergrün für Flächenpflanzung
Pracht-Storchschnabel *Geranium x magnificum*	60 cm	blauviolett 6 – 7	○–◐		leuchtend rote Herbstfärbung
Riesen-Weißrandfunkie *Hosta crispula*	bis 70 cm	helles lila-blau 7	◐–●		Blätter mit weißem Rand bevorzugt frische Böden
Lanzenblatt-Funkie *Hosta lancifolia*	30 cm	violett 8	◐–●		bevorzugt frische Böden
Goldnessel *Lamium galeobdolon*	25 cm	gelb 4 – 7	◐–●	X	wintergrün, ausbreitungsstarker Bodendecker, anspruchslos
Kreuzkraut *Ligularia pryzewalski*	bis 160 cm	gelb 8 – 9	○–◐		bevorzugt frische Böden
Steinsame *Lithospermum purpuro-caeruleum*	30 cm	rot-blau 6 – 7	○–◐	X	kalkhaltige, trockene Böden bevorzugt für Flächenpflanzungen
Pfennigkraut *Lysimachia nummularia*	5 cm	gelb 5 – 7	◐	X	bevorzugt frische Böden

Name	Höhe	Blüte / Zeit	Licht		Bemerkung
Goldfelberich *Lysimachia punctata*	bis 80 cm	gelb 6 – 8	◐ – ●		ausbreitungsstark
Gedenkmein *Omphalodes verna*	20 cm	blau 4 – 5	◐ – ●	X	für Flächenpflanzung
Schlüsselblume *Primula veris*	15 cm	gelb 4 – 5	◐ – ●	X	bevorzugt frische Böden
Kugelprimel *Primula denticula*	30 cm	weiß, violett 3 – 4	◐ – ●		bevorzugt frische Böden
Lungenkraut *Pulmonaria angustifolia*	20 cm	blau 4 – 5	◐	X	für Flächenpflanzung lehmige Böden bevorzugt
Schaublatt *Rodgersia podophylla*	bis 160 cm	weiß 6 – 7	◐ – ●		große zierende Blätter
Schattensteinbrech *Saxifraga umbrosa*	20 cm	weiß-rosa 5 – 6	◐ – ●		immergrün
Schaumblüte *Tiarella cordifolia*	20 cm	weiß 5 – 6	◐ – ●		für Flächenpflanzung bevorzugt frische, humose Böden
Immergrün *Vinca minor*	15 cm	blau 4 – 6	◐ – ●	X	immergrüner Halbstrauch für Flächenpflanzung
Waldsteinie *Waldsteinia ternata*	10 cm	gelb 4 – 5	◐ – ●		für Flächenpflanzung

Gräser

Name	Höhe	Zeit	Licht		Bemerkung
Riesen-Waldsegge *Carex pendula*	bis 150 cm	5 – 6	◐ – ●	X	wintergrün bevorzugt leicht saure Böden
Waldsegge *Carex sylvatica*	40 cm	6 – 7	◐ – ●	X	wintergrün für Flächenpflanzung
Schattensegge *Carex umbrosa*	20 cm	4 – 6	◐	X	wintergrün für Flächenpflanzung
Rasenschmiele *Deschampsia caespitosa*	bis 100 cm	6 – 8	○ – ●	X	schön überhängende Blütenstände
Haarmarbel *Luzula pilosa*	25 cm	5 – 7	◐	X	wintergrün bevorzugt saure, humose Böden
Waldmarbel *Luzula sylvatica*	40 cm	4 – 5	◐	X	wintergrün, für Flächenpflanzung bevorzugt saure, humose Böden
Nickendes Perlgras *Melica nutans*	bis 60 cm	5 – 6	◐	X	bildet lockere hellgrüne Rasen
Flattergras *Milium effusum*	50 cm	5 – 7	○ – ●	X	
Pfeifengras *Molinia caerulea*	100 cm	8 – 10	○ – ●	X	leuchtend gelbe Herbstfärbung bevorzugt saure Böden

Farne

Name	Höhe	Zeit	Licht		Bemerkung	
Frauenfarn *Athyrium filix-femina*	bis 100 cm	–	◐ – ●	X		
Wurmfarn *Dryopteris filix-mas*	bis 100 cm	–	◐ – ●	X	wintergrün	Alle Farne bevorzugen frische, humusreiche Böden, Falllaub sollte um die Farne herum liegenbleiben.
Trichterfarn *Matteucia struthiopteris*	80 cm	–	◐ – ●	X	breitet sich durch Ausläufer aus	
Tüpfelfarn *Polypodium vulgare*	30 cm	–	◐ – ●	X	wintergrün, für Flä.-pflanzung bevorzugt durchlässige Böden	
Schildfarn *Polystichum setiferum*	80 cm	–	◐ – ●	X	wintergrün	

Zwiebel- und Knollenpflanzen

Name	Höhe	Blüte / Zeit	Licht		Bemerkung
Winterling *Eranthis hyemalis*	10 cm	gelb 2 – 3	◐ – ●	X	samt sich aus
Schneeglöckchen *Galanthus nivealis*	10 cm	weiß 2 – 3	◐ – ●	X	
Märzenbecher *Leucojum vernum*	20 cm	weiß 2 – 3	◐ – ●	X	
Blaustern *Scilla siberica*	15 cm	blau 4	○ – ◐		

Bevor es richtig losgeht, können Sommerblumen und Stauden in Kübeln und Kästen den Hof in einen Garten-Hof verwandeln.

macht erst ein Mauerdurchbruch oder die Zusammenlegung mehrerer kleiner Höfe eine Begrünung möglich.

Es lohnt sich, bei der eigenen Stadt, bei den zuständigen Garten und Grünflächenämtern oder Ämtern für Stadtplanung sowie Stadterneuerung so früh wie möglich nach Förderprogrammen, Antragsunterlagen und Informationsmaterial nachzufragen. Das nimmt dem Vorhaben im Hof etwas von dem Charakter einer ausgefallenen Idee und hilft bei der Überzeugungsarbeit.

Information

Eine Besichtigung bereits umgestalteter Höfe und ein Erfahrungsaustausch mit den Hofnutzern und Hofnutzerinnen bringt Ideen für die eigene Planung. Adressen sind meist über die städtischen Ansprechstellen zu bekommen. Vielleicht können auch Fachleute aus den Ämtern oder aus beratenden Vereinen oder Verbänden zu einem Diavortrag eingeladen werden. Jedenfalls ist es zunächst wichtig, Ideen zu sammeln. Denn in vielen Köpfen hat sich die Vorstellung „das geht ja doch nicht", „das können wir nicht" festgesetzt. Überzeugende Beispiele helfen, solche Vorstellungen zu überwinden. Gleichzeitig wird so die Vielfalt der Möglichkeiten deutlich. Ziel muß es sein, für jeden einzelnen Hof eine maßgeschneiderte Lösung zu entwickeln, die sich an der Situation vor Ort orientiert. Altbekanntes aus Parks, Kleingärten und Spielplätzen kann nicht einfach in den Hof übertragen werden.

Bestandsaufnahme

Am Anfang steht die Bestandsaufnahme. Dazu ist es sinnvoll, beim Katasteramt einen Planauszug vom eigenen Hof zu beschaffen. Zumindest Hauskanten und Grundstücksgrenzen sind dort richtig eingetragen. Wird der Plan auf einen Maßstab 1:100 oder 1:50 (1 cm im Plan entsprechen 100 cm oder 50 cm in Wirklichkeit) mit dem Fotokopierer hochvergrößert, ergibt das eine ausreichende Planunterlage. Bereits vorhandene Eingänge, Lichtschächte von Kellerfenstern, Gullis, Schuppen, Fahrradständer, Bäume oder Wildwuchsbestände lassen sich im Hof ausmessen und maßstabsgerecht im Plan eintragen.

Der Griff zum Fotoapparat ist manchmal eine Hilfe. Beim Blick durch das Objektiv fallen Kleinigkeiten ins Auge, die sonst übersehen werden. Außerdem können den Antragsunterlagen Fotos beigelegt werden und es ist später noch möglich, anderen zu zeigen, wie es vorher ausgesehen hat.

Planung

Gemeinschaftlich wird dann überlegt, wie der Hof jetzt genutzt wird, welche Nutzungen beibehalten werden und welche neu hinzukommen sollen. Nur wenn alle Mieter und Mieterinnen, alle Kinder, alle älteren Leute und auch alle eher zurückhaltenden Unbeteiligten gefragt werden, wird es ein Hof für alle. Denn ohne bösen Willen gehen im Planungseifer schnell manche Interessen unter.

Ein einfacher Fragebogen hilft herauszufinden, wo die Interessen liegen, ob die alte Teppichklopfstange noch gebraucht wird und ob Beete für Gemüse und Kräuter gewünscht sind. Es sollte dabei auch abgefragt werden, ob eine Bereitschaft besteht, bei der Umsetzung mitzuarbeiten und sich an Pflegearbeiten zu beteiligen. Solche Fragen werden frei und ehrlich beantwortet, wenn die Bögen anonym bleiben. Nur auf diese Art ist es möglich, das Konzept für den Hof so zu entwickeln, daß sich nicht alle Beteiligten durch Arbeit überfordern und den Spaß am eigenen Hof verlieren.

Anschließend können dann Bäume, Sitzplatz, Beerenobststräucher, Wäschespinne und Sandgrube maßstabsgerecht aus Papier ausgeschnitten und auf dem Hofplan hin- und hergeschoben werden. So lassen sich Vor- und Nachteile der einzelnen Lösungsvorschläge schnell feststellen. Liegt der Sitzplatz oder die Sandgrube voll im Schatten? Steht die Wäschespinne so im Wind, daß die Wäsche wegfliegt? Ist Platz für einen großen Baum, ein Spielgebüsch, eine Rasenfläche? Was ist leicht zu ändern, wofür ist der Aufwand sehr groß? Oftmals fällt es schwer, sich vorzustellen, wie es draußen im Hof aussehen wird. Dann ist es eine Hilfe, die Ideen im Hof mit Kreide aufzuzeichnen, mit gestreutem Sand zu markieren oder sogar mit herausgestellten Tischen, Stühlen, Sonnenschirmen und Topfpflanzen auszuprobieren. Aus den erarbeiteten Lösungen wird dann die „beste", „schönste", „einfachste", vor allem aber benutzungsfreundlichste ausgewählt. Sie dient dann als Grundlage für die weiteren Arbeitsschritte, sollte aber immer noch, besonders beim Bauen, veränderbar bleiben.

Unterstützung bei der Planung geben die städtischen Ansprechstellen. In einigen Städten wie z.B. Braunschweig, Dortmund und München helfen spezielle Vereine bei der Planung und der Organisation einer Hofveränderung. In manchen Fällen ist der Rat von Fachleuten unbedingt notwendig, beispielsweise, wenn ein Garagendach in eine begehbare Dachterrasse umgewandelt werden soll oder wenn nicht alle Arbeiten in Eigenleistung ausgeführt werden können. In diesem Fall sind detaillierte Pläne notwendig. Die Erstellung solcher Pläne liegt im Aufgabenfeld von Garten- und Landschaftsarchitekten (Adressen siehe S. 194). Je nach Bedarf sollten Sie weitere Fachleute einschalten. Ihre Einbeziehung verursacht zwar zusätzliche Kosten, aber ihr Wissen kann helfen, Fehler im Vorfeld zu vermeiden und damit eventuelle Folgekosten zu sparen. Die anfallenden Planungskosten werden in der Regel in entsprechenden Förderprogrammen ebenfalls bezuschußt. Die Bewohner sind jedoch die Experten vor Ort, das sollten sie sich und den außenstehenden Beratern ruhig sagen.

Anträge, Genehmigung

Jetzt wird klar, wofür ein Plan gebraucht wird. Zunächst hilft er, Vorstellungen und Wünsche abzustimmen. Er macht es aber auch möglich, andere über das Vorhaben zu informieren. Bei der Beantragung von Zuschüssen ist das besonders wichtig.

In den meisten Städten ist deshalb dem Förderantrag ein Plan oder eine Skizze beizulegen. Angaben zu den entstehenden Kosten sind eben-

Damit alle mit der Umgestaltung einverstanden sind, wird sorgfältig geplant und eifrig diskutiert.

Wehrhafte Pflanzen

Dornen, Stacheln, Brennhaare, Gerbstoffe, Giftstoffe – diese und andere Abwehrmechanismen haben sich entwickelt, um Pflanzen vor Tierfraß zu schützen. Die Schutz„einrichtungen", wie beispielsweise die Brennhaare der Brennnessel, zeigen oft auch Wirkung beim Menschen. Aber müssen deshalb alle Brennnesseln verschwinden? Besser ist es, den richtigen Umgang mit den „wehrhaften Pflanzen" zu lernen. Sie kommen schließlich vielerorts im Lebensumfeld von Kindern vor.

Einige giftige Sträucher sind für kleine Höfe, die vollständig zum Spielen genutzt werden, nicht geeignet. Auch in Spielgebüschen und neben Beerenobststräucher sollten sie nicht gepflanzt werden:

Seidelbast *(Daphne mezereum)*
Pfaffenhütchen *(Euonymus europaeus)*
Goldregen *(Laburnum anagyroides)*
Stechpalme *(Ilex aquifolium)*

Vor allem die giftigen Früchte dieser Sträucher verführen Kinder leicht dazu, diese in den Mund zu stecken. Tollkirsche, Fingerhut, Herbstzeitlose, Aronstab und Eisenhut sind Stauden, die im Hof besser nicht gepflanzt werden sollten. Dornen und Stacheln machen Sträucher zu besonders geschützten Vogelnistplätzen. In der Regel sind sie ungefährlich. Die Stacheln der Rosen setzen sich Kinder gerne als „Nashörner" auf die Nase. Christusdorn *(Gleditsia triacanthos)* und manche Weiß oder Rotdornarten *(Crataegus carrierei, C. coccinea, C. crusgalli)* entwickeln jedoch bis zu 8 cm lange Dornen. Im Hof sollten diese Arten keinen Platz finden.

falls erforderlich, und auch für die Schätzung der Kosten ist ein Plan eine gute Grundlage. Je genauer über die Vorhaben informiert werden kann, desto einfacher ist die Entscheidung über den Antrag. In der Regel besteht der Antrag selbst aus einem Fragebogen, in dem Angaben zur Situation und dem Vorhaben einzutragen sind. Daneben sind die Förderbedingungen schriftlich anzuerkennen, und bei einem Mieterantrag ist eine Einverständniserklärung des Eigentümers oder der Eigentümerin erforderlich. Folgende Förderbedingungen gelten in den meisten Städten:

- Der Hof muß zu einem mindestens zweigeschossigen Haus gehören, in dem mindestens drei Wohnungen liegen.
- Kosten für Entrümpelung, Abbruch, Neuanlage, Planung oder Beratung werden übernommen.
- Die umgestalteten Freiflächen unterliegen einige Jahre (in der Regel 10-15 Jahre) einer Nutzungsbindung. Innerhalb dieser Zeit muß der Hof als Freifläche nutzbar bleiben.
- Werden die Kosten der Hofbegrünung voll durch den Zuschuß und die Selbsthilfe der Mieter abgedeckt, darf die Verbesserung des Wohnumfeldes weder direkt noch indirekt zu Mieterhöhungen führen.
- Mit Bau und Pflanzung darf erst begonnen werden, wenn die Mittelbewilligung schriftlich erteilt ist. Nur mit Zustimmung der Antragsstelle darf schon vorher begonnen werden. Die Zustimmung ist jedoch nicht gleichbedeutend mit einer Mittelbewilligung. Diese Regelung kann zu Wartezeiten führen. Daher ist es sinnvoll, so früh

Gemeinsame Wochenendaktionen bringen die Umgestaltung voran. Ein realistischer Zeitplan hilft Dauerbaustellen zu vermeiden.

wie möglich Kontakt mit der zuständigen Antragsstelle aufzunehmen, selbst wenn die Unterlagen noch längst nicht komplett sind.

- Der Zuschuß wird nach Abschluß der Hofarbeiten ausgezahlt, wenn der Antragsstelle die Rechnungen und Belege vorliegen. Über die Selbsthilfearbeiten ist mit Angabe der Personenzahl und der Arbeitsstunden genau Buch zu führen, damit sie einberechnet werden können. In einigen Städten sind entsprechend dem Baufortschritt Vorauszahlungen möglich. Das macht große Vorausfinanzierungen überflüssig. Nach Absprache kann in manchen Fällen das Kautionskonto für die Vorfinanzierung genutzt werden.

Ausräumen

Geht es dann endlich los, sind Räumarbeiten der erste Schritt. Müll muß abgefahren werden. Schutt vom Schuppenabriß kann den Unterbau von Bodenmodellierungen bilden. Asphalt oder Betonböden können unter Umständen zermahlen als Wegeunterbau verwendet werden. Ansonsten gehören Asphaltreste auf den Sondermüll. Alle wiederverwendbaren Materialien sollten bis zum Wiedereinsatz sorgfältig gelagert werden. Reicht der Platz im eigenen Hof nicht aus, hilft vielleicht ein Gespräch mit den Nachbarn im Nebenhaus weiter, und es ist möglich, ihren Hof zeitweise als Lagerfläche zu nutzen.

Vergabe von Arbeiten

Gemeinsames Planen, Bauen und Pflanzen macht nicht nur Spaß, es entstehen dabei oft auch die phantasievollsten Lösungen. Schritt für Schritt im eigenen Tempo werden die Ideen in die Tat umgesetzt. Die Bausituatuion im Hof regt dann immer wieder zu neuen Überlegungen und Arbeitsschritten an. So bleibt ein Hof über Jahre lebendig, kann sich veränderten Interessen und wechselnden Hausbewohnern anpassen, und es identifizieren sich alle Aktiven mit dem eigenen Hof.

Nicht jeder hat jedoch Lust zum Selberbauen, und manche Arbeiten erfordern Erfahrungen. Fachfirmen des Garten- und Landschaftsbaus können dann helfen. Eine Arbeitserleichterung ist das besonders bei Wegebauarbeiten, wenn Maschineneinsatz notwendig wird. Die Vorfertigung der Pergolenhölzer übernimmt am besten ein Zimmerer oder die Holzhandlung. Ein Plan hilft dabei, den

Firmen zu vermitteln, welche Arbeiten wie und mit welchen Materialien auszuführen sind. Von verschiedenen Firmen werden Angebote eingeholt und nach dem Preis-Leistungsvergleich werden die Arbeiten vergeben. Das günstigste Angebot muß nicht das Beste sein. Manche Firmen haben Erfahrung mit Selbsthilfeprojekten und lassen Interessierte mitarbeiten.

Terminplanung ist wichtig, damit die Eigen- und Fremdarbeiten in sinnvoller Reihenfolge durchgeführt werden. Immer muß genügend Zeit für die Eigenleistungen eingeplant werden, sonst passiert es schnell, daß die Vorarbeiten, wie der Wegeaushub, noch nicht fertig sind, wenn die Firma mit ihren Leuten im Hof steht. Die Arbeiten der Firmen sind hinterher zu prüfen und abzunehmen. Erst wenn klar ist, daß nichts zu beanstanden ist und keine Nachbesserungen notwendig sind, wird der überprüfte Rechnungsbetrag gezahlt.

Bauen und Pflanzen

Einfach loslegen – damit ist es nicht getan. Reihen sich die einzelnen Arbeitsschritte nicht sinnvoll aneinander, kann bereits Fertiggestelltes durch weitere Arbeiten beschädigt werden. Nach dem Ausräumen des Hofes ist deshalb zunächst in den Bereichen zukünftiger Wegeflächen noch vorhandener Oberboden abzuheben und sorgfältig zu lagern. Abstecken und Ausheben der Wegeflächen schließt sich an. Fundamente, beispielsweise für Pergolen, werden danach ausgehoben und gegossen. Erst wenn die befestigten Flächen fertiggestellt sind, lohnt es sich, Pergolen aufzustellen, das Gelände zu modellieren, Oberboden anzudecken und mit der Bodenvorbereitung zu beginnen. Vorsicht ist geboten, wenn noch Großbäume oder andere sperrige Teile angeliefert werden sollen. Durch die Pergola ist eine noch notwendige Zufahrt schnell verbaut. Mit der Pflanzung der Bäume, Sträucher und Stauden schließen dann meist die Bau- und Pflanzarbeiten ab. Hier besteht einmal eine gute Gelegenheit, Kinder intensiv einzubeziehen. Die Arbeiten sind leicht durchführbar, und Kinder beobachten die Entwicklung mit viel Interesse.

Bei der Planung und Terminierung des Baubeginns sollten Sie die Ferienzeiten berücksichtigen. Wenn man von der Tatsache ausgeht, daß der günstigste Pflanzzeitpunkt im Oktober/November liegt, empfiehlt es sich, frühestens nach den Osterferien oder auch erst nach den Sommerferien mit

Sind Stauden und Sträucher an Ort und Stelle ausgelegt, können viele mithelfen, die Pflanzen in den Boden zu setzen.

den Arbeiten zu beginnen. Nur so lassen sich Dauerbaustellen, aber auch ungemütlich kalte Winterarbeit vermeiden. Fördermittel sollten dann bereits zum Jahresanfang beantragt werden, damit der Bewilligungsbescheid rechtzeitig vor Baubeginn eintreffen kann.

Abrechnung

Nach Abschluß der Arbeiten muß der Antragsstelle die Fertigstellung schriftlich mitgeteilt werden. Belege und Rechnungen müssen dort ebenfalls vorgelegt werden. Die Höhe des Zuschusses ist nämlich abhängig von den tatsächlich entstandenen Kosten. Nachweise über den Stundenaufwand bei Eigenleistungen gehören zu den einzureichenden Unterlagen. Über einem derartig trockenen Arbeitsschritt am Schluß der Umgestaltung sollte das Feiern nicht vergessen werden. Ein Hofeinweihungsfest mit Musik, Tanz, Essen und Trinken gehört unbedingt zur Hofveränderung dazu und fördert den Zusammenhalt der Hofgemeinschaft.

Pflege

Die Fertigstellung ist der Beginn einer neuen Phase im Hofleben. Der veränderte Hof muß nun seine Qualitäten im Alltag beweisen. Vielleicht sind kleine Veränderungen nötig. Davon sollte niemand zurückschrecken, schließlich haben alle Beteiligten gelernt, daß nichts statisch ist und sich selbst ein häßlicher Hof verändern läßt. Deshalb ist es auch nicht sinnvoll, den Hof durch aufwendige Pflege im einmal erstellten Zustand zu halten. Die Pflanzen wachsen, der Rasen wird dicht.

Haftpflicht- und Unfallversicherungsschutz

Während des Bauens und Pflanzens kann bei kleinen Aktionen kaum etwas passieren. Bei größeren Aktionen mit vielen Beteiligten empfiehlt es sich, eine objektbezogene Versicherung abzuschließen. Sie ist nicht sehr teuer und nimmt die Angst vor möglichen Risiken.

Rechtsfragen

Von Land zu Land, von Stadt zu Stadt gelten andere Regelungen zu Pflanzabständen an Nachbargrundstücken, zu Kinderspielplätzen und Stellplätzen oder zur Abwasserableitung. Der Hof kann auch im Geltungsbereich eines Bebauungsplans liegen. Unter Umständen haben die dort getroffenen Regelungen Einfluß auf die Gestaltungsmöglichkeiten des Hofes. Es ist sinnvoll, bei der Stadt oder der Antragsstelle danach zufragen, um Schwierigkeiten zu vermeiden.

Im Einzelfall sind besondere privatrechtliche Regelungen notwendig. Die Zusammenlegung von Höfen wird beispielsweise am besten in einem sogenannten Gestattungsvertrag zwischen den Eigentümern vereinbart.

„Unkräuter" sind auch Pflanzen

Pflege muß sein – besonders in den ersten drei Jahren nach der Pflanzung brauchen Stauden und Sträucher Schutz vor wuchernden Nachbarn. Diese Pflanzen sind ziemlich unbeliebt. Sie deshalb als „Unkräuter" zu bezeichnen, ist etwas hart. Denn nur die Tätigkeit der Menschen und ihre Zielvorstellungen machen diese Pflanzen zu ungebetenen Gästen im Hof oder Garten. Ohne Disteln haben aber Schmetterlinge, wie z.B. der Kleine Fuchs, keine Nahrungsgrundlage. Eine wilde Ecke sollte deshalb den ungebetenen Gästen etwas Platz lassen. Manche entpuppen sich als interessante Blütenpflanzen. Aus Vogelmiere, Melde, Scharbockskraut und Gänseblümchen läßt sich sogar mit Essig und Öl ein vitaminreicher Frühlingssalat komponieren. Lediglich bei Giersch, Ackerwinde und Quecke ist Vorsicht geboten. Zwar können auch diese Pflanzen „weggegessen" werden, sie verbreiten sich jedoch stark durch Wurzelausläufer. Oft hilft nur Ausgraben und Entfernen der Ausläufer. Der Kompost ist für sie nicht der richtige Platz, denn manche Sproßabschnitte sind noch nach der Kompostierung austriebfähig.

Nur in den ersten Jahren ist es notwendig, den Sträuchern und Stauden Platz freizuhalten und die Krone der Obstbäume „zu erziehen". Ist der Boden dann erst einmal zugewachsen, sind kaum mehr Eingriffe nötig. Da Ordnungs- und Sauberkeitsvorstellungen aber auch gärtnerische Erfahrungen der Hofnutzer und Hofnutzerinnen unterschiedlich sind, hilft es, die Pflegearbeiten genau abzusprechen. Es sollte Klarheit darüber bestehen, ob beispielsweise Laub kompostiert oder zwischen den Sträuchern als Laubdecke verteilt wird und wie häufig der Rasen zu mähen ist.

Gartenhöfe – Praxisbeispiele

Beispiel 1

Der Hof gehört zu einem Mietshaus mit sechs Wohnungen. Genau wie die meisten Höfe der Umgebung ist der knapp 120 m² große Hof völlig von einem Betonboden bedeckt. Zwei Schuppen nehmen 30 m² Fläche ein. Mülltonnen und Wäscheleinen sind die einzigen Anzeichen einer Nutzung. Über den Hausflur kann der Hof von allen Mietern betreten werden.

Die Initiative geht von zwei Mietern aus. Alle sechs Mietparteien sind an einer Umgestaltung interessiert. Schon früh gibt der Hauseigentümer, der nicht selbst im Haus wohnt, sein Einverständnis und seine Bereitschaft, die Vorfinanzierung zu übernehmen. Die Mieter nutzen das Beratungsangebot eines nahegelegenen Vereins und erarbeiten mit diesem und einer von der Stadt eingesetzten Betreuerin bei einer Hausversammlung, an der auch der Hauseigentümer teilnimmt, Hofskizzen. Über wesentliche Grundelemente und die Zuordnung besteht schnell Einigkeit, so daß eine Gestaltungsskizze und ein Pflanzplan angefertigt werden können. Auf dieser Grundlage lassen sich Kosten und benötigte Arbeitsstunden kalkulieren. Die fünf sehr engagierten Mietparteien wollen die Maßnahme weitestgehend in Selbsthilfe umsetzen.

Der Betonboden soll in weiten Bereichen aufgebrochen und ein Schuppen entfernt werden. Gewünscht wird eine befestigte Sitzfläche, ein Sandkasten, zwei Pergolen, von denen eine die Mülltonnen bedecken soll, und abwechslungsreiche Pflanzungen mit einer kleinen Rasenfläche.

Die Bewilligung des Antrages wird nach sechs Monaten im November 1983 erteilt. Da die Beratungskosten zunächst nicht als Nebenkosten anerkannt sind, protestieren die Mieter. Sie erhalten die Nachbewilligung erst im Juni 1984. Diese lange Wartezeit erklärt sich aus Abstimmungsproblemen, die mittlerweile nicht mehr bestehen.

Die lange Wartezeit hat die Motivation zwar etwas gebremst, dennoch geht es dann nach den Sommerferien flott voran. Innerhalb von drei Monaten, von September bis November, wird gebaut und gepflanzt. In 355 Arbeitsstunden entsteht aus der Betonwüste eine kleiner Hofgarten. Das hört sich viel an. Es heißt aber nur, daß fünf Personen jeweils acht Samstage etwa acht Stunden gearbeitet haben. Natürlich hängt die Organisation von den einzelnen Arbeitsschritten ab. Die Materialanlieferung entpuppt sich als Problem. Es ist für die Aktiven nicht leicht, Firmen zu finden, die Material nach 17.00 bis 18.00 Uhr oder samstags anliefern. Nur dann können die Mieter aber die Materialien sofort in den Hof schaffen, so daß eine baustellenartige Abriegelung an der Straße überflüssig ist. Trotz der Verzögerungen, die dadurch entstehen, daß Arbeitsschritte, wie Kies auffüllen, Sand verteilen, Steine verlegen lieferabhängig sind, kommen die Arbeiten rasch voran. Im November schließt die Bepflanzung die Hofarbeiten ab.

Beispiel 2: Hinterhof in Düsseldorf

Ausgangssituation:
Ein 110 m² großer Hinterhof, der durch sonnenabgewandte Lage und alten Baumbestand in den Nachbarhöfen schattig ist. Obwohl vom Erdgeschoß aus eine direkte Zugangsmöglichkeit besteht, ist der Hof bislang ungenutzt. Ein Betonweg führt unmittelbar an der Wand entlang zum Kellerabgang. In Teilbereichen wachsen Sträucher und Efeu.

Zielsetzung:
Der Hof soll durch einen Sitzplatz für die Bewohner nutzbar werden.
Interesse des Hausherrn ist eine naturnahe Gestaltung mit Lebensraum für verschiedene Pflanzen und Tiere.

Gestaltung:
Der Sitzplatz mit Pflanzspirale und Pergola macht den Hof zu einem angenehmen Aufenthaltsort. Rote Klinker stehen als Baumaterial im schönen Kontrast zum Grün der Pflanzen. Die zerhackte alte Betonfläche bildet den Unterbau des Erdwalls und muß nicht abtransportiert werden. Ein Kiesstreifen und Holzstämme schaffen unterschiedliche Lebensräume.

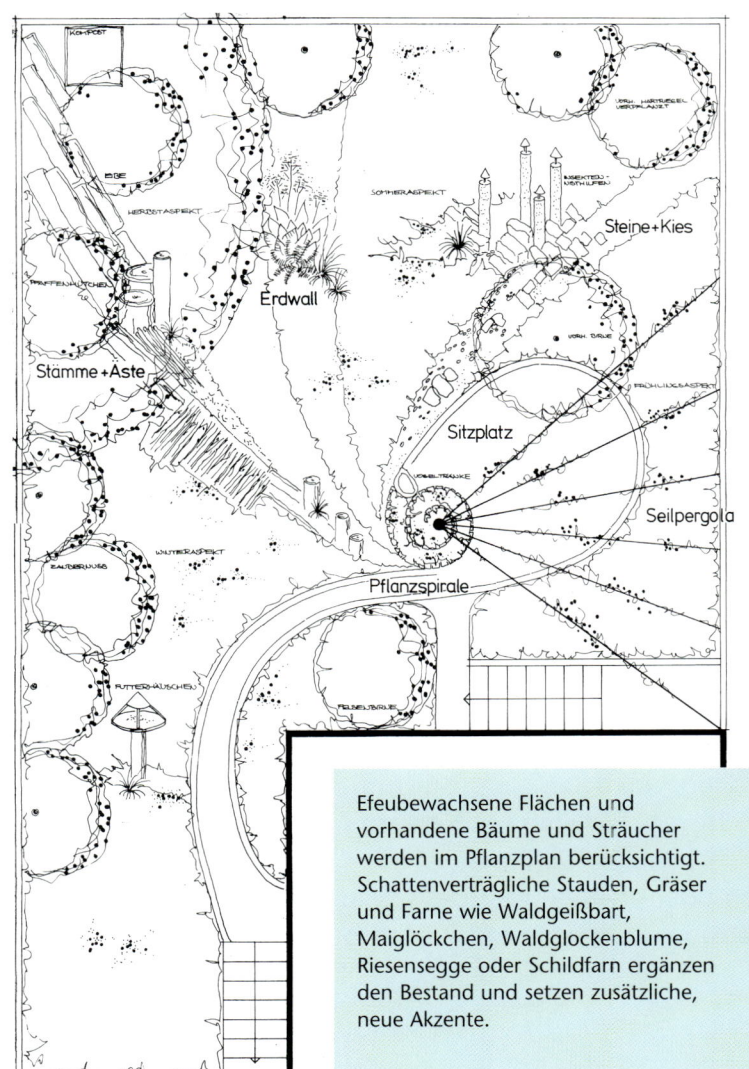

Efeubewachsene Flächen und vorhandene Bäume und Sträucher werden im Pflanzplan berücksichtigt. Schattenverträgliche Stauden, Gräser und Farne wie Waldgeißbart, Maiglöckchen, Waldglockenblume, Riesensegge oder Schildfarn ergänzen den Bestand und setzen zusätzliche, neue Akzente.

Aus der Pflanzspirale wächst neben Stauden auch der Pfosten der Drahtseilpergola heraus. Berankt mit Waldrebe und Immergrüner Heckenkirsche sorgt diese einfache Pergola für Sichtschutz von oben. Es entsteht ein Platz für Mensch und Natur.

Mietergärten

Blumen, Gemüse und Kräuter in einem eignen Garten anziehen – für die meisten Mieter ist das kaum vorstellbar. „Grün" ist zwar häufig auf großer Fläche vorhanden, doch meist nur monoton gestaltet und kaum nutzbar. Allenfalls einige Gehölze, Wäschestangen und Sandkästen lockern die kurzgeschorenen Rasenflächen auf. Dabei gibt es viele Möglichkeiten, aus diesem Abstandsgrün attraktive und vielfältig nutzbare Freiräume für die Bewohner zu machen. Mit Spielbereichen, Gehölzanpflanzungen und Sitzecken werden daraus Anlagen für eine Vielzahl gemeinschaftlicher Nutzungen, die in privaten Gärten kaum möglich sind. Teile ungenutzter Grünflächen können auch als „Mieter- und Bewohnergärten" für eine individuelle gärtnerische Nutzung zur Verfügung gestellt werden. Dafür gibt es inzwischen viele positive Beispiele. Besonders das Interesse der Familien mit Kindern ist groß, ein kleines Stück Land als Garten zu nutzen. Und auch die öffentlichen oder privaten Hausbesitzer stehen der Idee heute oft positiv gegenüber und helfen bei der Realisierung.

Voraussetzungen

Zunächst ist zu prüfen, ob überhaupt ungenutzte und geeignete Grünflächen zur Verfügung stehen. Über ausreichend große „Abstandsgrünflächen" verfügen insbesondere die oft in 4–6-geschossiger Bauweise angelegten Wohnsiedlungen der 50er und 60er Jahre. Schwieriger ist die Anlage von Mietergärten meist in stärker verdichteten Siedlungen der 70er Jahre sowie in Altbauwohngebieten der „Gründerzeit". Bei Neubauten werden heute in der Regel Mietergärten zumindest an den Erdgeschoßwohnungen mit eingeplant.

Bei vorhandenen älteren Wohnblocks bietet sich meist eine Umnutzung der vorhandenen großen Rasenflächen zu Gärten an. Je nach örtlicher Situation sind dabei grundsätzlich die folgenden privaten Grünflächen möglich:

1. Mietergärten für Erdgeschoßbewohner, die als „Terrassengärten" unmittelbar der jeweiligen Wohnung zugeordnet werden und von der Wohnung aus zugänglich sind. Für solche Terrassen sollte jeweils eine Fläche von 30–45 m² in der Breite der Wohnung zur Verfügung stehen.

2. Mietergärten für Obergeschoßwohnungen, die am besten auf einer größeren Fläche zusammenliegend im geschützten Blockinnenbereich angelegt werden. Optimal ist für solche Parzellen eine Fläche von ca. 60–80 m². Fehlt es an ausreichender Freifläche, lassen sich für Obergeschosse auch auf den oft vorhandenen Tiefgaragen kleine Mietergärten als „Dachgärten" anlegen. Auch dafür gibt es viele positive Beispiele.

3. Vorgärten, die jeweils von einer Familie betreut und gepflegt werden.

Terrassengärten am Erdgeschoß

Ein der Erdgeschoßwohnung zugeordneter kleiner Terrassengarten ist oftmals ohne größere Erschließungs- und Umgestaltungsmaßnahmen möglich. Eine Fläche von etwa 5–8 m Tiefe in der Breite der Wohnung genügt dafür und ist an mehrgeschossigen Wohnblocks oft vorhanden. Als einzige aufwendige, aber sehr sinnvolle Baumaßnahme ist die Schaffung eines Zugangs von der Wohnung in den Garten wichtig. Häufig verfügen

Große, meist ungenutzte Abstandsgrünflächen, die sich für die Anlage von Mietergärten eignen, stehen oft an Mehrgeschoß-Mietshäusern der 50er und 60er Jahre zur Verfügung.

Den Erdgeschoßwohnungen lassen sich kleine Terrassengärten zuordnen. Liegt die Terrasse wie in diesem Fall über dem Niveau des Innenhofes, kann sie durch eine Naturstein-Stützmauer abgegrenzt und durch eine Steintreppe erschlossen werden.

Terrassengärten am Erdgeschoß sollten von der Wohnung aus erreicht werden. In Hannover-Garbsen wurden dazu die vorhandenen Balkone über eine Holztreppe mit dem Garten verbunden.

Ein wenige Meter breiter Streifen vor der Terrasse genügt für einen kleinen Blumen- und Kräutergarten, in dem auch die Regentonne einen Platz findet.

Der Raum für einen Garten muß nicht größer sein, als der Parkplatz von drei, vier Autos. Und trotzdem kann daraus eine Oase werden

Dieter Wieland

Mietergärten für Obergeschoßbewohner zwischen den Häusern werden vor allem als Nutzgärten für Gemüse, Kräuter, Obst und Blumen eingerichtet. Eine Fläche von 60–80 m² sollte für die einzelnen Parzellen zur Verfügung stehen.

aber auch Erdgeschoßwohnungen über einen Balkon, so daß die künftige Terrassentür schon vorhanden ist. In solchen Fällen hat es sich bewährt, den Balkon durch eine Holztreppe mit der meist tiefergelegenen Terrasse zu verbinden (siehe Bildbeispiel S. 153).

Die etwa 30–50 m² große Fläche einer Mieterterrasse sollte so gestaltet werden, daß ein intensiv nutzbarer und geschützter Außenwohnraum entsteht. Im Mittelpunkt steht da als wichtigstes Element natürlich der Sitzplatz, der am besten mit Natursteinen, Betonsteinen oder Platten befestigt wird. Wie bei Sitzplätzen im Vorgarten oder im Hinterhof bietet sich eine Bereicherung durch eine laubenartig gebaute und begrünte Pergola an (näheres siehe S. 131). Die grüne Laube sorgt hier für den gewünschten Sichtschutz.

Ist genügend Platz vorhanden, kann der gesamte Terrassengarten auch durch eine ausreichend hohe Sichtschutzhecke abgegrenzt werden. Oft wird aber – im Interesse der Offenheit des Innenhofes – die Höhe solcher Hecken oder Zäune vom Vermieter auf etwa maximal 1 m beschränkt. In solchen Fällen sind niedrige Schnitthecken oder Lattenzäune eine gute Lösung der „Grenzfrage" (praktische Tips zu Abgrenzungen siehe S. 158). Irgendeine Form der Abgrenzung der privat nutzbaren Gärten von Gemeinschaftsflächen muß es aber in jedem Fall geben, sonst sind Ärger und Streitigkeiten vorprogrammiert.

Neben dem mit etwa 10 m² ausreichend großen Sitzplatz und einer Abgrenzung bleibt noch genügend Platz für eine abwechslungsreiche Bepflanzung. Vieles ist möglich, nur auf die Pflanzung von Bäumen und Großsträuchern wird an dieser Stelle besser verzichtet, um die Nutzung der angrenzenden Terrassengärten nicht zu beeinträchtigen. Für größere Gehölze findet sich an anderer Stelle sicher noch genügend Platz. Die wenigen Quadratmeter Fläche vor der Terrasse werden besser für ein kleines Gemüse- und Kräuterbeet, Blumen und kleine Sträucher genutzt. Am Haus kann zusätzlich durch das Aufstellen einzelner Gefäße Platz für Pflanzen geschaffen werden. Für Familien mit kleinen Kindern wird auch die kleine Spielecke mit Sandhaufen am Haus wichtig sein. Bei der Vielzahl möglicher Wünsche kann es schnell Platzprobleme geben. Deshalb ist es wichtig, zunächst anhand einer Skizze ein Konzept für die Gestaltung und Bepflanzung zu entwickeln (siehe auch „Eingangsgärten" und „Gartenhöfe").

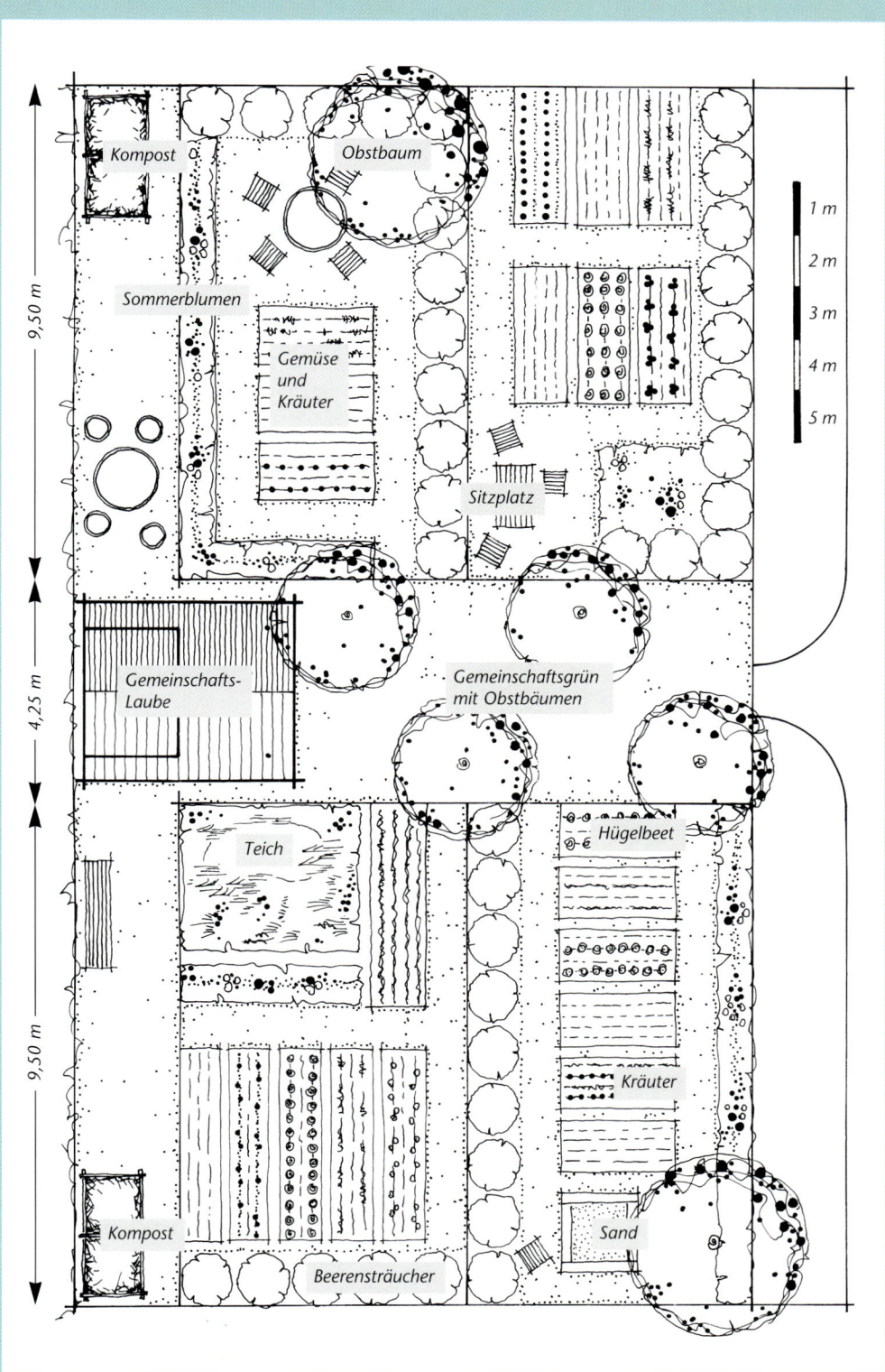

Bewohnergärten mit vier Parzellen und Gemeinschaftseinrichtung in der Siedlung Hasenbergl-Nord (München). Eine Gerätehütte wird in Verbindung mit einem überdachten Sitzplatz als Gemeinschaftslaube genutzt.

Kompost

Obstbaum

Sommerblumen

Gemüse und Kräuter

Sitzplatz

1 m
2 m
3 m
4 m
5 m

9,50 m

4,25 m

9,50 m

Gemeinschafts-Laube

Gemeinschaftsgrün mit Obstbäumen

Teich

Hügelbeet

Kräuter

Kompost

Sand

Beerensträucher

Nutzgärten für Obergeschoßbewohner

Für Bewohnerinnen und Bewohner der Obergeschoße können Mietergärten als einzelne Parzellen am besten auf einer zusammenhängenden Fläche abseits der Häuser angelegt werden. Die Parzellen sollten in sonniger bzw. zumindest halbtags besonnter Lage liegen und möglichst wenig durch Verkehrslärm, Staub und Abgase beeinträchtigt sein. Platz für mehrere Parzellen, also eine Fläche von mindestens 500 m² sollte verfügbar sein. Je nach vorhandener Fläche würde schon für kleinste Nutzgärten mit Kräutern, Blumen und Gemüse jeweils ein Beet von 20 m² genügen. Besser zu nutzen und beliebter sind aber etwas größere Parzellen von etwa 60–80 m² pro Familie, die auch schon Platz bieten für einen geschützten Sitzplatz, Beerenobst und eventuell sogar einige kleine Obstbäume.

Das Beispiel zeigt, wie solche Parzellen gestaltet werden können. Bewährt hat sich für Mietergärten, bei denen es sich ja vorwiegend um Nutzgärten handelt, eine einfache geometrische Grundstruktur. Die meist rechteckige, durch niedrige Hecken oder Zäune abgegrenzte Fläche wird durch einen etwa 1 m breiten Hauptweg erschlossen, der auf einem kleinen Sitzplatz endet. Die einzelnen Beete lassen sich dann quer zum Hauptweg anordnen und durch schmale Pfade erschließen. Am Sitzplatz können ein Wasseranschluß sowie die Unterbringungsmöglichkeit für Gartengeräte vorgesehen werden. Wie bei dem skizzierten Beispiel (siehe S. 155) kann beides aber auch zentral für mehrere Parzellen eingerichtet werden.

Wege und Sitzplätze

Eine Möglichkeit zum Ausruhen, Entspannen und Beobachten des Gartenlebens darf besonders in Mietergärten, die abseits der Häuser liegen, nicht fehlen. Bereits ein kleiner Sitzplatz von etwa 3 x 3 m genügt, um einen Tisch mit zwei Bänken oder vier Stühlen aufzustellen. Die Fläche wird am besten mit Platten, Pflastersteinen oder Holzpflaster dauerhaft befestigt. Da die Wohnung nicht weit entfernt ist, muß der Platz nicht unbedingt überdacht sein. Eventuell kann auch ein gemeinschaftlich für mehrere Gärten gebauter überdachter Sitzplatz mitgenutzt werden.

Schön ist es, wenn der kleine, offene Sitzplatz zumindest von einem schützenden Rankgerüst umgeben wird. Durch geschickte Bepflanzung mit Klettergehölzen entwickeln sich daraus im Laufe der Zeit zum Aufenthalt einladende grüne Lauben. Als Wind- und Sichtschutz können zumindest einseitig Zaunelemente in die Pfosten eingehängt werden, die sich ebenfalls begrünen lassen.

Weitere Wege können ebenfalls befestigt werden. Neben wassergebundenen Decken bietet sich dafür als einfache naturnahe Lösung eine Abdeckung mit Kies oder Rindenmulch auf einem geschotterten Unterbau an. Die Bewirtschaftung und Pflege der angrenzenden Beete wird erleichtert, wenn der Weg durch Kanthölzer oder Kantsteine eingefaßt wird. Auch die einzelnen Beete können so abgegrenzt werden (weitere praktische Tips zum Bau von Wegen und Plätzen auf S. 128).

Auf Rasen verzichten

Selbst kleinste Stadtgärten werden oft phantasielos mit eintönigen Rasenflächen versehen, die meist kaum genutzt werden. Ziel einer Umnutzung von Rasenflächen an Mietwohnanlagen sollte es natürlich nicht sein, die großen Rasenflächen durch kleine, abgezäunte, private Rasen zu ersetzen. Sicher werden Rasenflächen als Liege- und Spiel-„wiese" benötigt und können für diesen Zweck als Gemeinschaftsgrünfläche vorgesehen werden. Weitere Kleinst-Rasen im Mietergarten sind aber meist entbehrlich. Außerdem sollte diese kleine Fläche sinnvoller genutzt werden. Meist wird es sich deshalb um Nutzgärten handeln, in denen Familien für ihren Eigenbedarf Küchenkräuter, Gemüse, Obst und Blumen anziehen, sich in ihrer Freizeit kreativ betätigen und Natur erleben können! Neben den Blumen- und Gemüsebeeten muß es natürlich einen kleinen Aufenthaltsbereich geben, doch der Platz für Rasen kann besser für Obststräucher, einige kleine Ziersträucher oder den Komposthaufen genutzt werden.

Unterbringung der Gartengeräte

Gartengeräte sollten zur Vermeidung häufiger Transporte möglichst an Ort und Stelle untergebracht werden können. Beim Garten am Haus bietet sich dafür der Keller an, doch schon bei 50 m

Entfernung sind ständige Transporte lästig. Für Gärten abseits der Häuser wurde 1987 auf der Düsseldorfer Bundesgartenschau eine einfache und praktikable Lösung vorgestellt: Jeder der hier etwa 60 m² großen Mietergärten verfügt über eine 2 x 1 m große, etwa 60 cm hohe, wasserdicht verschließbare Gerätekiste aus witterungsbeständigem Holz. Diese massiven, mit Schlössern zu sichernden Kisten stehen jeweils auf dem Sitzplatz und können gleichzeitig als Sitzbank genutzt werden.

Soll neben den Geräten aber eventuell auch eine Schubkarre oder ein Fahrrad untergestellt werden, muß schon eine kleine Hütte vorhanden sein. Vorteilhaft ist es, solche Hütten gemeinschaftlich mit Gartennachbarn zu bauen und zu nutzen. Die Verbindung mit einem überdachten Sitzplatz bietet sich dabei an. Sind für die einzelnen Parzellen Hütten vorgesehen, sollten bestimmte Größenordnungen nicht überschritten werden. Eine Grundfläche von etwa 4 m² bzw. ein umbauter Raum von 2–3 m³ genügen völlig, um die nötigen Geräte, Tisch und Stühle unterzustellen. Die Gartengemeinschaft sollte sich im Einvernehmen mit dem Eigentümer auf eine Maximalgröße für Lauben verständigen und diese in Gartenordnung und Nutzungsverträgen festschreiben. Sonst besteht die Gefahr, daß die knappen Grünflächen mit Bungalows zugebaut werden. Aufgrund der Nähe zur Wohnung sollten die Hütten ausschließlich zur Unterbringung notwendiger Geräte genutzt und nicht als Zweitwohnsitz mißbraucht werden.

Wasseranschluß unverzichtbar

Gärtnern ohne Gießen ist kaum denkbar. Rasenflächen oder robuste Strauchhecken können vielleicht trockene Sommer ohne großen Schaden überstehen. Wer aber im kleinen Nutzgarten mit Erfolg Gemüse und Blumen anziehen will, muß besonders im Frühjahr und Sommer nach Bedarf zusätzlich wässern. Muß das Wasser eimerweise in den abseits des Hauses liegenden Garten geschleppt werden, wird einem der Spaß am Gärtnern sicher rasch verleidet. Ein Wasseranschluß in gut erreichbarer Nähe ist also unverzichtbar. Anschlüsse sollten schon bei der Planung der Gesamtanlage an zentralen Stellen so eingeplant werden, daß mit 40-m-Schläuchen alle Parzellen erreicht werden können. Bei der Nutzung sollte dann ein sparsamer Umgang mit dem kostbaren Naß selbstverständlich sein.

Schmale Schnitthecken aus Hainbuche haben sich zur Abgrenzung kleiner Gärten besonders bewährt. Hier grenzen sie die Terrassengärten von den gemeinschaftlich genutzten Flächen ab.

Abgrenzungen

Eine gewisse Abgrenzung der Parzellen voneinander ist nötig. Optimalen Sichtschutz bieten Hecken. Doch für breite und hohe Sichtschutzhecken auf einem nur wenige Meter breiten Mietergarten ist oft kein ausreichender Platz vorhanden. Grundsätzlich empfiehlt es sich auch, die Form der Abgrenzungen untereinander mit den Nachbarn abzustimmen und gemeinsam auszuführen oder von einem qualifizierten Fachbetrieb ausführen zu lassen. Wird der Bau von Zäunen jedem Mieter selbst überlassen, entstehen erfahrungsgemäß oft nur behelfsmäßige und das Gesamtbild der Anlage störende Abzäunungen.

Je nach örtlicher Situation gibt es für die Abgrenzung der Gärten verschiedene Möglichkeiten:

Hecken

Mehrere Parzellen werden zu Gemeinschaftsanlagen zusammengefaßt, die durch höhere Schnitthecken oder sogar breitere Wildgehölzhecken eingefaßt werden. Höhere und breitere, freiwachsende Hecken als Wind-, Sicht- und Imissionsschutz sind unbedingt empfehlenswert, wenn die Anlage an eine stark befahrenen Straße angrenzt. Hierfür eignen sich besonders robuste Wildgehölze wie Schlehe, Weißdorn, Hartriegel, Hasel und Gemeiner Schneeball (weitere Arten siehe S. 140).

Pflanzung und Schnitt geformter Hecken

Pflanzgraben ausheben, Schnur spannen und Heckensträucher danach ausrichten. Gartenerde, mit Humus verbessert, einfüllen und gut festtreten, dann gut angießen und zurückschneiden.

In der Regel genügt es, einmal jährlich im Herbst oder Frühjahr zu schneiden. Nur bei stärker wüchsigen Arten wie z. B. Hainbuche oder Rotbuche, die auf einer relativ niedrigen Höhe gehalten werden sollen, empfiehlt sich ein zweiter Schnitt etwa Mitte bis Ende Juni.

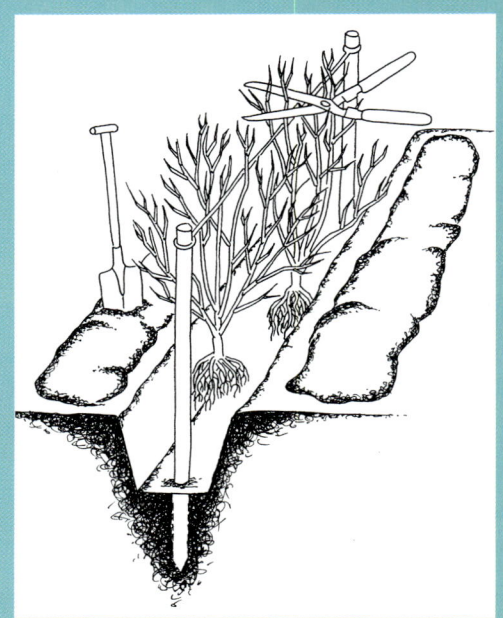

Hecken werden trapezförmig geschnitten, um eine Verkahlung im unteren Bereich zu vermeiden.

Höhere Schnitthecken bieten sich je nach Situation auch zur Abgrenzung von Mieterterassen am Haus an. Für solche, bis zu 2 m hohen Hecken haben sich Hainbuche, Weißdorn und Liguster besonders bewährt. Weniger bekannt, aber nicht ohne Reiz ist die Möglichkeit, dafür Blütensträucher wie Forsythie oder Kornelkirsche zu verwenden. Etwa zwei Pflanzen pro laufenden Meter werden hierzu einreihig gepflanzt. Je nach Wuchsstärke muß 1–2 mal im Jahr geschnitten werden (siehe Skizze oben).

Kleine Parzellen können besser durch niedrige, 60–120 cm hohen Schnitthecken voneinander abgegrenzt werden. Neben Hainbuche und Liguster sind dafür besonders schwächerwüchsige Heckensträucher wie Berberitze und Alpen-Johannisbeere geeignet (siehe Übersicht). Bei niedrigen Hecken werden 3–4 Pflanzen pro laufenden Meter einreihig gepflanzt.

Niedrig wachsende Ziersträuchern wie Zierquitte, Deutzie oder Forsythie (Sorte 'Minigold') können als etwa 1–2 m breite, freiwachsende Blütenhecken die Abgrenzung bilden (Pflanzabstand 80 cm). Besonders empfehlenswert für kleine Mietergärten ist es auch, entlang der Grenzen Beerensträucher zu pflanzen. Solche Hecken sorgen für Sichtschutz, optische Bereicherung und tragen zugleich zur Obstversorgung der Familie bei. Die Beerensträucher werden dazu einreihig auf einem mindestens 1 m breiten Streifen gepflanzt. Himbeeren werden dabei an Spanndrähten oder Latten gezogen. Johannisbeeren, Stachelbeeren und Jostasträucher können sowohl an Drähten als auch freiwachsend Hecken bilden. Gepflanzt wird im Abstand von etwa 70–80 cm. Am Draht gezogen wird der Strauch mit jeweils 3–5 Gerüstästen entwickelt (die übrigen wegschneiden), die jeweils im Winter leicht eingekürzt und angebunden werden sollten.

Holzlattenzäune

Holzzäune aus Profillatten wirken ansprechend und sind recht einfach zu bauen (siehe S. 96). Sofern stattdessen den einfachen Maschendraht-Abgrenzungen der Vorzug gegeben wird, sollten diese unbedingt mit Kletterpflanzen begrünt werden. Besonders geeignet sind dafür einjährige Kletterer wie Wicken, Feuerbohne, Kapuzinerkresse und Trichterwinde (siehe S. 49). Blühende Zäune können eine zusätzliche Bereicherung des kleinen Gartens sein!

Grundsätzlich sollten Abgrenzungen zwischen den Parzellen eine bestimmte Höhe, auf die sich alle Nutzer verständigen, nicht überschreiten. Hecken von über 2 m Höhe können die Nutzung der Nachbarparzelle beeinträchtigen und provozieren eventuell nachbarschaftlichen Streit. Im Bereich des Sitzplatzes kann es durchaus etwas mehr Sichtschutz geben, doch im übrigen Garten sind Einblicke und Kontaktmöglichkeiten durchaus gewünscht. Zäune und Hecken an den Grenzen auf etwa 150 cm Höhe zu begrenzen hat sich durchaus bewährt.

Woran man bei der Planung und Anlage von Zäunen ebenfalls denken sollte ist die Tatsache, daß ein Betonsockel oder ein zu dichter Draht das Wechseln von Tieren – z. B. eines Igels – von eine Parzelle in die andere verhindern kann und somit deren Bewegungsfreiheit beeinträchtigt.

Bewährte Heckengehölze

	Eignung für:			Anmerkungen
	niedrige Schnitthecken 60–120 cm	mittelhohe bis hohe Schnitthecken 120–200 cm	unregelmäßig geschnittene Blütenhecken	
Berberitze (Berberis thunbergii)	•	•	100–200 cm	schöne Früchte
Buchsbaum (Buxus sempervirens)	•	•		immergrün
Hainbuche (Carpinus betulus)	•	•		Laub haftet im Winter lange
Japanische Zierquitte (Chaenomeles japonica)	•		bis 100 cm	blüht auch bei Schnitt
Kornelkirsche (Cornus mas)		•		blüht auch bei Schnitt
Weißdorn (Crataegus monogyna)	•	•		Vogelschutzhecken
Deutzie (Deutzia gracilis)			bis 70 cm	
Rotbuche (Fagus silvatica)		•		Laub haftet im Winter lange
Forsythie, Goldlöckchen (Forsythia x intermedia, Sorten 'Minigold'	•	•	ca. 120 cm	blüht auch bei Schnitt
und 'Spectabilis')		•	bis 200 cm	blüht auch bei Schnitt
Liguster (Ligustrum vulgarea 'Atrovirens')	•	•		immergrün, giftige Beeren
Mahonie (Mahonia aquifolium 'Apollo')		•	bis 100 cm	immergrün
Glanzrose (Rosa nitida)			bis 70 cm	
Weinrose (Rosa rubiginosa)		•	bis 200 cm	
Alpenjohannisbeere (Ribes alpinum)	•			
Spierstrauch (Spirea albiflora 'Anthony Waterer')	•		bis 80 cm	
Eibe (Taxus baccata)	•	•		immergrün, giftige Beeren

Bodenvorbereitung – Grundlage gärtnerischer Erfolge

Der Boden als Wurzelraum sowie als Wasser- und Nährstoffspeicher ist die entscheidende Wachstumsgrundlage für Pflanzen. Kümmern Gartenpflanzen, ist die Ursache oft im Boden zu suchen. Fehlende Nährstoffe und Kalkmangel, eine zu saure Bodenreaktion, staunasser Boden oder Wassermangel aufgrund unzureichender Speicherfähigkeit – all das kann gärtnerische Bemühungen in Frage stellen. Für die Anlage eines Nutzgartens sollte ein humoser, an der dunklen Färbung erkennbarer fruchtbarer Boden vorhanden sein. Der Untergrund muß wasserdurchlässig sein, denn stauende Nässe aufgrund von Bodenverdichtungen besonders auf Neubaugrundstücken kann das Wachstum stark beeinträchtigen. Nach dem Umbruch der Grasnarbe könnte also eine zusätzliche Tiefenlockerung erforderlich sein.

Ernteerfolge im Nutzgarten hängen vor allem von einem intakten Bodenleben ab. Durch Einsaat von Gründüngung, Abdeckung des Bodens mit Pflanzenresten (Mulchen) und Komposterde wird das Bodenleben gefördert und der Boden naturgemäß gedüngt.

Eine Bodenuntersuchung durch ein Untersuchungsinstitut (siehe Anschriften S. 194, dort Merkblatt anfordern) gibt Aufschluß über wichtige Bodeneigenschaften wie:
• Bodenart (sandiger, schluffiger oder toniger Boden),
• Humusanteil (Grundlage der Fruchtbarkeit),
• pH-Wert (aufgrund saurer Niederschläge meist zu niedrig),
• Nährstoffversorgung (Stickstoff, Kalium, Phosphor, Spurenelemente).

Mittels einer einfachen „Fingerprobe" erhält man Hinweise auf die Bodenart: Dazu wird der Boden nach gleichmäßiger Durchfeuchtung zwischen den Fingern geknetet und zerrieben. Sind einzelne Körner als Teilchen spürbar und sichtbar, handelt es sich um einen sandigen Boden. Trotz aller Knetversuche wird sich in diesem Fall die Probe nicht verkleben lassen, während mit einem lehmigen und tonigen Boden durchaus Wurfgeschosse geformt werden können. Zwischen den Fingern sind beim Zerreiben einzelne Tonteilchen praktisch nicht spürbar, während sich Schluff samtartig-pulvrig anfühlt und nicht bindig wirkt. Meist haben wir es mit einem Mischboden zu tun, bei dem Sand, Schluff oder Ton dominieren. Einseitig

tonige „schwere" Böden oder sandige „leichte" Böden sind jeweils von Nachteil: Tonböden neigen zur Vernässung und Verschlämmung und sind schwer zu bearbeiten, Sandböden können Wasser und Nährstoffe kaum speichern. Optimal sind sandige Lehm- oder lehmige Sandböden mit hohem Humusanteil.

Der für die Bodenfruchtbarkeit wichtige Humus entsteht durch die Tätigkeit von Bodenlebewesen. Daß es sich beim Boden um einen Lebensraum mit einer Vielzahl von Organismen handelt, sollte jeder bedenken, der ein Stück Land bewirtschaftet! Wer weiß schon, daß allein in einer Handvoll Gartenerde neben durchschnittlich einem Regenwurm noch mehrere Milliarden weiterer Tiere und Pflanzen leben können. Das sind vor allem die für unsere Auge nicht sichtbaren Mikroorganismen wie Bakterien und Pilze, ohne die der Stoffkreislauf der Natur nicht funktionieren kann und kein Pflanzenwachstum möglich wäre. Wichtige Konsequenz für den Garten: Um das Bodenleben und die Bodenfruchtbarkeit zu fördern, müssen die für die Rotte und den Aufbau von Humus zuständigen Lebewesen nach Kräften gefördert, also vor allem mit organischen Pflanzenresten als Nahrung versorgt werden.

Bevor mit dem Anbau anspruchsvoller Kulturpflanzen begonnen wird, sollte deshalb zur grundlegenden Bodenverbesserung Gründüngung eingesät werden. Der Boden wird so gelockert, vor Verschlämmung geschützt und mit Humus angereichert. Für eine tiefgründige Verbesserung sind besonders tiefwurzelnde Pflanzen wie Bitterlupine, Gelbsenf oder Ölrettich geeignet. Geht es um eine kurzfristige und besonders rasche Begrünung, ist Bienenfreund zu empfehlen. Soll neben der Humusbildung gezielt die Nährstoffversorgung verbessert werden, können Schmetterlingsblütler eingesetzt werden: Lupinen und Wicken reichern mit Hilfe von Knöllchenbakterien den Boden mit Stickstoff an.

Möglichst schon im Sommer sollten Flächen für die künftigen Gärten gelockert und zunächst mit Gründüngung eingesät werden, damit diese „Medizin für den Boden" noch zur Wirkung kommt. Der Boden wird tief gelockert, das Bodenleben aktiviert, die Oberfläche bis zum Frühjahr durch die Vegetation und die im Winter je nach Frosthärte absterbenden Pflanzen geschützt. Im nächsten Frühjahr ist der Boden dann so locker und humos, daß die Nutzung mit guter Aussicht auf raschen Erfolg beginnen kann!

Kompostieren im Behälter – praktische Lösung für Stadtgärten!

Einfacher Holz-Silo
(Stecksystem)

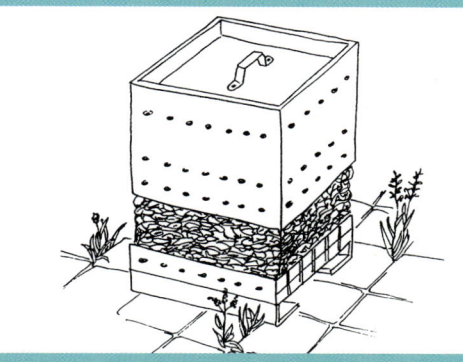

Wachsender Kompost mit „Mücke"-
Behälter.
Ist der Behälter voll, lassen sich die
Wände abnehmen und an anderer Stelle
wieder aufbauen und erneut füllen.

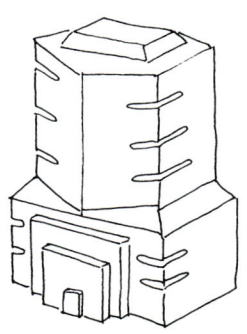

Eine besonders rasche Rotte ermöglicht
der „Thermokomposter" aus Kunststoff.
Unten kann die fertige Komposterde
entnommen werden.

Zwei Behälter sind von Vorteil:
Nach der Sammlung wird das Material in
den zweiten Behälter umgefüllt, wo es zu
Kompost verrottet.
Im ersten Behälter wird dann erneut
Material gesammelt.

Auch bei der späteren Bewirtschaftung des Gartens sollte der Boden immer wieder einmal gezielt mit organischem Material verbessert werden. Zwischenzeitlich brachliegende Flächen können Gründüngung als „Zwischenfrucht" aufnehmen. Mit organischem Mulchmaterial wie Rasenschnitt, Gehölzhäcksel oder feinem Stroh lassen sich brachliegende Flächen in den Beeten, unter Beerensträuchern oder Obsthecken abdecken („mulchen"). Zudem kann Komposterde oder angerotteter Kompost den Boden verbessern, so daß zusätzliche Bodenverbesserung und Düngung mit Handelsdüngern meist entbehrlich ist.

Kein Stadtgarten ohne Kompost!

Ein Kompostplatz an zentraler Stelle zwischen den Wohnblocks oder jeweils ein kleiner Kompostsilo im Bewohnergarten sollte eine Selbstverständlichkeit sein. Angesichts wachsender Müllberge ist die Verwertung der im Haushalt und Garten anfallenden organischen, verrottbaren Stoffe eine Notwendigkeit. Zweckmäßig sind Gemeinschaftskompostanlagen aus mehreren nebeneinander angeordneten Holz-Silos. Für einzelne kleine Parzellen genügt es, jeweils kleine Holzbehälter aufzustellen. Die als Stecksystem angebotenen, ca. 80 x 80 cm großen Silos, sind eine einfache Lösung. Ebenso leicht aufzustellen, aber kostspieliger, sind Komposter aus Kunststoff. Die sogenannten „Thermokomposter" gewährleisten durch gute Isolierung eine besonders rasche Rotte. Für Standorte, die eventuell leicht als Müllhaufen mißbraucht werden, sind sie eine „saubere" Lösung.

Kompostierung ist übrigens einfacher, als vielfach angenommen! Bei Beachtung einiger wesentlicher Grundsätze wird auch der Laie damit keine Probleme haben: Entscheidend ist, daß sich die für die Rotte verantwortlichen Lebewesen optimal entwickeln können. Eine ausreichende Belüftung ist besonders wichtig, sonst kann es zu Fäulnis und damit zu Geruchsbelästigungen kommen. Deshalb darf der Boden niemals betoniert oder anderweitig verdichtet werden, Wasser muß vielmehr versickern und Bodenlebewesen zuwandern können. Störend wirkt auch eventuell eine einseitige Materialzusammensetzung. Hoher Anteil sehr feuchter Stoffe (z. B. frischer Rasenschnitt) führt zu Luftmangel und Fäulnis. Frisches Material wie Gemüseabfälle und Rasenschnitt sollte deshalb jeweils mit zerkleinertem Holz oder Papier vermischt werden. Grundsätzlich lassen sich alle organischen Stoffe kompostieren, also auch Holz (zerkleinert), Papier (wegen Schadstoffgehalt kein farbig bedrucktes), Eierschalen, Kaffeefilter und vieles mehr. Wertvolle Rohstoffe werden so verwertet, bleiben dem Stoffkreislauf erhalten und ermöglichen zugleich eine naturgemäße Düngung und Humusversorgung im Nutzgarten.

Gemüse- und Kräuterbeete

Bei geschickter Aufteilung und Kulturfolge kann die kleine Fläche des Mietergartens vom späten Frühjahr bis in den Herbst hinein den Gemüse- und Kräuterbedarf einer kleinen Familie decken! Der Platz ist zwar knapp, aber durch Fruchtfolge und Anbau in Mischkulturen ist eine optimale

Kompostplatz mit verschiedenen Kompostmieten:
Kein „Müllplatz", sondern „Rohstoffverwertungszentale" des Gartens!

Anbaukalender für Gemüse und Küchenkräuter

	März	April	Mai	Juni	Juli	August	September	Oktober	November
Blattgemüse									
Endiviensalat			A			E bis 12 ⇨			
Feldsalat						A			E bis ⇨
Kopfsalat	A: 3 – 5		P: 4 – 7	E: 5 – 9					
Spinat	A	E				A		E	
Fruchtgemüse									
Buschbohnen			A		E				
Erbsen – Markerbse		A		E					
Schalerbse	A		E						
Gurken			A		E				
Stangenbohnen			A	E					
Tomaten	A (F)		P		E				
Zucchini	A (F)		P	E					
Lauch und Zwiebeln									
Knoblauch	P					E / P			
Porree	A (KK)		P				E bis 3		
Saatzwiebeln	A					E			
Steckzwiebeln	P			E					
Kohlgemüse									
Grünkohl		A		P					E bis 3
Kohlrabi – früh	A (WK)	P			E				
Kohlrabi – spät		A		P		E			
Kopfkohl, Blumenk. früh	A (WK)		P		E				
Kopfkohl, Blumenk. spät		A		P			E		
Rosenkohl		A		P				E bis 2	
Wurzelgemüse									
Kartoffeln		P			E				
Möhren – früh	A				E				
Möhren – spät		A				E			
Pastinaken		A							E bis 3
Radieschen		A: 4 – 7	E: 5 – 9						
Rettich	A: 3 – 7		E: 5 – 10						
Rote Bete		A					E		
Sellerie	A (WK)		P					E	
Küchenkräuter									
Basilikum		A (F)	A		E				
Boretsch, Bohnenkraut		A		E					
Dill		A		E					
Dost (Oregano), mehrj.			A		E				
Fenchel		A				E			
Kerbel	A		E						
Majoran (einjährig)			A		E				
Petersilie (zweijährig)	A, P		E						
Schnittlauch (mehrjährig)	A, P		E						

A: Aussaat, P: Pflanzung, E: Ernte, F: Fensterbank (evtl. Gewächshaus), WK: warmer Frühbeetkasten, KK: kalter Frühbeetkasten

Nutzung möglich. Eine naturgemäße Düngung und vorbeugende Pflanzenschutzmaßnahmen tragen dazu bei, daß gute Ernten möglich sind. An dieser Stelle fehlt der Platz, um den Anbau der möglichen Kulturen ausführlich zu beschreiben. Dazu gibt es Bücher über Nutzgärten und biologisches Gärtnern, auf die im Anhang hingewiesen wird und die unerfahrene Hobbygärtner zu Rate ziehen können (siehe S. 196). An dieser Stelle genügt deshalb eine Zusammenfassung der wichtigsten praktischen Ratschläge für einen Nutzgarten:

- Eine übersichtliche Beetaufteilung und gute Erreichbarkeit erleichtert die Bearbeitung, Pflege und Ernte. Etwa 100–120 cm breite Beete mit ca. 30 cm breiten Pfaden haben sich bewährt. Während ein breiter Hauptweg trittfest befestigt werden sollte, genügt für die Pfade zwischen den Beeten eine naturnahe Abdeckung mit Rindenmulch oder Gehölzhäcksel (wodurch hier auch die meist unerwünschten Wildkräuter unterdrückt werden).

- Mehrjährige Kräuter wie Thymian, Lavendel, Melisse, Salbei, Liebstöckl, Estragon und Majoran werden am besten in einem Streifen entlang des Hauptweges gepflanzt. Zusammen mit Blütenstauden und Sommerblumen entwickelt sich hier eine optisch ansprechende Wegeinfassung.

- Gründliche Bodenvorbereitung und naturgemäße organische Humusversorgung und Düngung sind die beste Voraussetzung für ein gesundes Pflanzenwachstum.

- Die Beachtung der jeweils optimalen Saat- und Pflanzzeiten ist besonders wichtig (vgl. Übersicht). Ein besonders warmer März darf z. B. nicht dazu verführen, die Termine vorzuverlegen, da noch bis etwa Mitte Mai mit Kälte und Nachtfrösten gerechnet werden muß.

Mischkulturen – optimale Nutzung und Pflanzenschutz

Nicht nur die günstige Ausnutzung des knappen Platzes spricht dafür, Beete im Nutzgarten mit verschiedenen, jeweils zueinander passenden Gemüsearten und Küchenkräutern anzulegen. Solche „Mischkulturen" haben weitere Vorteile; die folgenden praxiserprobten und empfehlenswerten Kulturen machen das deutlich:

- Pflanzenarten können entsprechend ihrem jeweiligen Wuchsverhalten und ihren individuellen Ansprüchen so miteinander kombiniert werden, daß sie sich gegenseitig fördern. Flachwurzelnde Erdbeeren können z. B. mit den Tiefwurzlern Knoblauch oder Zwiebeln kombiniert werden (in den Reihen abwechselnd pflanzen). Der Boden wird optimal durchwurzelt und die Duftwirkung von Zwiebel oder Knoblauch kann die Gefährdung der Erdbeeren durch schädliche Pilze vermindern.

- Mit einer Vielzahl möglicher Kombinationen kann eine solche gegenseitige Förderung und Schutzwirkung durch Duftstoffe und Wurzelausscheidungen zur Wirkung kommen. Werden z. B. Kohlpflanzen immer im Wechsel mit Sellerie oder einem stark duftenden Küchenkraut (wie Dill) gepflanzt, kann Kräuterduft sogar Schäd-

---

Pflanzenschutz: Auf Gift verzichten – aber wie?

Auch „Schädlinge", wie die zu Recht unbeliebten Blattläuse, sind Teil der Natur und können meist ohne Schaden für die Pflanzen toleriert werden. Denn eine Vielzahl „nützlicher" Helfer wie der Marienkäfer sind in der Regel zur Stelle, bevor die Läuse zum Problem werden.

Werden zudem die Möglichkeiten vorbeugender ökologischer Pflanzenschutzmaßnahmen ausgeschöpft, kommt es kaum noch zu solchen Problemen. Dazu hier einige wichtige Tips (mehr darüber im „Arbeitsbuch Naturgarten" – siehe Literaturtips S. 196):

- Robuste und widerstandsfähige Pflanzenarten auswählen und am richtigen Standort pflanzen;
- überdüngte Pflanzen sind empfindlicher – deshalb gezielt nach Bedarf düngen und organische Langzeitdünger verwenden;
- Saat- und Pflanzzeiten beachten;
- im Nutzgarten wird durch Fruchtwechsel, Mischkulturen und Abwehrpflanzen Schädlingsbefall und Krankheiten vorgebeugt;
- Stärkung des ökologischen Gleichgewichts durch naturnahe Gartengestaltung, vielfältige Bepflanzungen und gezielte Förderung von „Nützlingen"(Nisthilfen);
- Pflanzen, die gegen Krankheitserreger (besonders Pilze) empfindlich sind, regelmäßig mit biologischen Stärkungsmitteln gießen oder spritzen (z.B. Schachtelhalmbrühe gegen Mehltau);
- kritischer Befall mit Schadinsekten über der Toleranzgrenze läßt sich oft erfolgreich „biotechnisch" bekämpfen: z.B. Raupen absammeln oder Lockfallen (Wellpappkragen an Obstbäumen) anbringen, Pflanzen gegen Blattläuse mit starkem Wasserstrahl abspritzen, befallene Triebe abknipsen oder Zweige zurückschneiden;
- im Notfall kann auf umweltverträgliche Hilfsmittel zurückgegriffen werden: gegen Blattläuse z.B. 2%ige Schmierseifenlösung spritzen (20 ml/l Wasser).
- Vorsicht ist auch bei der Verwendung sogenannter „Bio-Spritzmittel" angebracht! Diese sind zwar überwiegend biologisch abbaubar, aber für Mensch und Tier nicht immer ungiftig. Der bekannte Wirkstoff „Pyrethrum" tötet z.B. nicht nur Blattläuse, sondern auch nützliche Insekten. Scheint eine Verwendung solcher Mittel unumgänglich, unbedingt genau die Packungshinweise beachten und nur biologisch abbaubare Präparate kaufen. Mittel, die keiner Giftklasse zugeordnet sind und Nützlinge schonen, sind in der Regel unbedenklich.

---

linge vertreiben. Kohlweißlinge orientieren sich beispielsweise bei der Eiablage am Duft ihrer Wirtspflanze, können also eventuell den Kohl nicht finden, weil ein viel stärker duftendes Kraut in der Nähe steht.

- Viele Gemüsepflanzen fördern sich gegenseitig und können auf dem Beet beieinander stehen (Reihenweise oder in der Reihe je nach Kultur): Lauch oder Zwiebel mit Möhren, Radies und Rettich mit Kohlarten, Möhren, Lauch oder Bohnen mit Tomaten, Gurken mit Bohnen usw.
- Fast alle einjährigen Küchenkräuter können in Gemüsebeete integriert werden: Basilikum und Dill im Gurkenbeet tragen z. B. zur Mehltauabwehr bei. Der starke Geruch von Kerbel zwischen Salat wehrt Schnecken ab. Knoblauch kann ebenso wie im Erdbeerbeet auch mit Tomaten, Gurken oder Roten Rüben kombiniert werden. Bohnenkraut zwischen Buschbohnen dient der Wachstumsförderung, Aromaverbesserung und dem Schutz vor der Schwarzen Bohnenlaus.
- Viele Küchenkräuter locken als gute Nektarquellen blütenbesuchende Insekten an, die auch für die Befruchtung der Gemüsepflanzen sorgen. Wo möglich werden deshalb neben den oben genannten weitere Kräuter in die Beetreihen gesät oder gepflanzt wie z. B. Boretsch (versät sich selber). Auch attraktive Sommerblumen wie Tagetes und Ringelblumen wirken aufgrund von Wurzelausscheidungen positiv und sollten im Beet nicht fehlen.

Erdbeeren

Auf den Genuß frischer Erdbeeren sollte im Mietergarten nicht verzichtet werden, zumal ihre Kultur kaum Probleme bereitet. Da es sich von Natur aus um Waldpflanzen handelt, ist ein lockerer und humoser Boden nötig. Zwischen den Reihen wird der Boden deshalb am besten mit Gemüseresten, grobem Kompost oder Stroh gemulcht. Gut geeignet sind auch passend geschnittene Pappstreifen, die zunächst mit Hölzern am Boden gehalten werden (Wildkräuter werden gut unterdrückt und Früchte nicht so leicht verschmutzt).

Im Spätsommer ist die beste Zeit für die Neuanlage eines Erdbeerbeetes. Der Reihenabstand beträgt 40–50 cm, in der Reihe genügen Pflanzabstände von 25–30 cm. Nach etwa drei Jahren läßt der Ertrag nach. Deshalb werden am besten alljährlich für 1/3 der Fläche neue Reihen

mit selbstangezogenen Jungpflanzen angelegt (auf Flächen, die vorher mit anderen Kulturen bebaut wurden). Auf frei werdenden Flächen sollten dann mehrere Jahre keine Erdbeeren angebaut werden, damit sich der Boden erholen kann.

Probleme mit Schadstoffen

Wer stolzer Besitzer eines kleinen Mietergartens ist, möchte sich natürlich möglichst ohne belastende Umwelteinflüsse wie Lärm, Staub und Abgase im Freien betätigen sowie ohne Gefährdung der Gesundheit das angebaute Obst und Gemüse verzehren! Doch Gärten in der Stadt sind keine Inseln. Ob durch eine stark befahrene Straße, eine Industrieanlage oder sogar eine im Boden verborgene Altlast – fast überall muß mit Umweltbelastungen gerechnet werden. Schon bei der Planung von Bewohnergärten sind deshalb besonders belastete Standorte zu meiden. Untersuchungen von Boden- und Pflanzenproben geben Aufschluß über mögliche Gefährdungen. Proben können dazu an Forschungsinstitute gesandt werden (Anschriften siehe S. 194). Merkblätter über die Entnahme von Bodenproben sind dort erhältlich. Untersuchungen auf Schadstoffe sind aber z.T. recht teuer. Besteht der Verdacht auf Belastung des Bodens, sollte deshalb vom Eigentümer oder der Kommune die Durchführung einer Untersuchung gefordert werden.

Mischkulturen im Gemüsebeet sind ein Beitrag zum vorbeugenden Pflanzenschutz. Sellerie (Bildmitte) neben Kohlpflanzen trägt mit seinem Duft dazu bei, Kohlweißlinge zu vertreiben. Auch Kräuter wie Borretsch, Kapuzinerkresse und Tagetes (rechts unten) beeinflussen das Wachstum von Gemüsepflanzen positiv.

Zu-Frieden sein mit dem, was gerade wächst. Ich verschwende meine Energien nicht länger damit, mich über die verlausten Bohnen, die Rettiche und Möhren voller Maden zu ärgern. Mir bleiben genügend Bohnen und Erbsen. Auf die kleinen Giftkriege im Garten kann ich verzichten. Ich weiß, das Gift, das ich versprühe, kommt irgendwann auf mich selbst zurück.

Brigitta Klotz

Ein besonderes Problem sind oftmals Schwermetalle wie Blei oder Cadmium, da sie an Blattoberflächen abgelagert und in Pflanzen und Boden angereichert werden. Als biologisch nicht abbaubare, aber ab einer bestimmten Konzentration giftige Schadstoffe, gelangen sie dann über die Nahrungskette in unseren Körper. Werden durch eine Bodenuntersuchung zu hohe Schwermetallwerte im Boden festgestellt, ist es zweckmäßig, sich zunächst bei einem Institut beraten zu lassen. Es muß nicht unbedingt zu einem völligen Verzicht gärtnerischer Nutzungen kommen (denn in den Städten sind fast alle Böden zumindest minimal belastet), aber Beschränkungen können erforderlich sein. Dazu geben Behörden und Institute Merkblätter mit Anbau- und Verzehrempfehlungen heraus. Ratsam kann es sein, auf Gemüsearten, die zur Anreicherung von Schwermetallen neigen, wie z.B. Spinat, zu verzichten. Generell sollten Obst, Gemüse und Kräuter vor dem Verzehr gründlich gereinigt werden. Der Verzicht auf besonders schwer zu reinigende Kulturen wie Grünkohl, Blumenkohl, Wirsing, Broccoli, Feldsalat, Erdbeeren und Küchenkräuter kann angebracht sein. Ein Tip: Küchenkräuter stattdessen in einer geschützten Ecke auf dem Balkon anziehen.

Gärten an Straßen können sehr wirksam durch eine breite, ca. 3–4 m breite Hecke aus Wildsträuchern vor Autoabgasen und Staubeintrag geschützt werden. Besonders geschützt und für Nutzgärten geeignet sind die Gärten in den großen Innenhöfen von Blockbauten. Von den folgenden Vorsorgemaßnahmen sollte aber immer Gebrauch gemacht werden:

- Das meist stark belastete Laub der Straßenbäume kann an Ort und Stelle verrotten oder gesondert kompostiert werden. Keinesfalls darf solche Komposterde aber im Nutzgarten Verwendung finden. Auch ist darauf zu achten, daß der Gartenkompost nicht mit anderen, schadstoffhaltigen Stoffen wie z.B. farbig bedrucktem Papier oder Holzkohleasche belastet wird.
- Auch mit Düngern und Bodenverbesserungsmitteln können Schadstoffe in die Gärten gelangen. Achten Sie beim Kauf auf die jeweiligen Packungshinweise; oft wird auf eine gezielte Schadstoffüberwachung hingewiesen.
- Asche aus Kohleofen und Grill ist oft mit Schwermetallen belastet und sollte weder im Garten ausgebracht noch als Winterstreumittel eingesetzt werden.

Vom Abstandsgrün zum Bewohnergarten – wichtige Schritte

Sicher muß auf dem Weg zum Mietergarten so manches Hindernis überwunden werden – aber der Einsatz für ein „eigenes" Stück selbst gestaltete Natur lohnt sich immer!

Sind die Voraussetzungen günstig, können Mitbewohner angesprochen und weitere Interessenten geworben werden. Je mehr Mieter die Idee unterstützen und aktiv mitmachen, desto leichter lassen sich auch Hauseigentümer überzeugen. Bei größeren Vorhaben kann es von Vorteil sein, wenn Interessierte sich zusammentun und als „Initiativgruppe" mit der Gartenidee an den Vermieter herantreten. Gleichzeitig sollte auch der Kontakt zur Stadtverwaltung (Garten- oder Umweltamt) gesucht werden, da Kommunen hier oft Hilfe leisten.

Vorbehalte des Vermieters können eventuell mit den vielen Vorteilen solcher Bewohnergärten abgebaut werden: Die Wohn- und Lebensqualität in der Wohnanlage wird verbessert, die Zufriedenheit der Mieter gesteigert. Es sind zwar Investitionen nötig, an denen sich auch der Vermieter beteiligen muß, doch dafür entfallen künftig Kosten für die Pflege eines Teils der Grünflächen, da die Mieter für „ihre" Gärten selbst verantwortlich sind.

Die Finanzierung ist nicht immer einfach. Investitionen für Zugänge zu den Mieterterrassen und die Erschließung des Geländes mit Wegen, Abgrenzungen und Wasseranschlüssen sind nötig. Doch oft können Zuschüsse aus öffentlichen Förderprogrammen (Städtebauförderung, Wohnumfeldverbesserungen, Innenhof- und Mietergartenprogramme) beansprucht werden (siehe S. 148). Zudem lassen sich die Kosten durch gemeinschaftliche Arbeitseinsätze beträchtlich vermindern. Jeder kann sich dabei mit seinen handwerklichen und gestalterischen Fähigkeiten und Talenten einbringen. Ob es um das Verlegen einer Wasserleitung, den Bau einer Hütte oder das Planieren eines Weges geht – fast alle erforderlichen Maßnahmen lassen sich in Eigenarbeit ausführen.

Wichtig ist nur, vor Beginn der Arbeiten eine Beratung und Planungshilfe erfahrener Garten- und Landschaftsarchitekten in Anspruch zu nehmen. Vielerorts wurde diese schon von den Wohnungsbaugesellschaften als Vermietern übernommen. Oft sind auch bei den Kommunen Fachkräfte beschäftigt, die hinzugezogen werden können. Sofern Finanzmittel vorhanden sind, kann auch ein Büro mit der Planung beauftragt werden. Selbstverständlich muß von der Planungshilfe erwartet werden, daß von den Wünschen der Bewohner ausgegangen wird und alle Details mit ihnen abgestimmt werden. Sinnvoll ist es, sich schon unter den künftigen Nutzern auf ein Grobkonzept zu verständigen und damit an die Planer heranzutreten.

Noch in der Planungsphase sollte auch der rechtliche Rahmen der künftigen Gartennutzung zwischen den Bewohnern und den Eigentümern abgesteckt werden. Die Gärten in Zusammenhang mit der Wohnung mitzuvermieten und in die Mietverträge aufzunehmen ist nicht unbedingt sinnvoll. Auch muß der Gefahr, daß die Gartennutzung für Mieterhöhungen mißbraucht wird, vorgebeugt werden. Bewährt hat sich deshalb der gesonderte Abschluß von Nutzungsverträgen (mit für Gärten ortsüblichen und meist niedrigen Nutzungsgebühren). Pachtverträge können bei einer parzellierten Gartenanlage abseits der Häuser auch über die Gesamtfläche mit einem eingetragenen Verein abgeschlossen werden. Darin werden jeweils Grundsätze der Nutzung und Pflege festgelegt sowie die Einhaltung bestimmter "Spielregeln" des Zusammenlebens durch den Nutzer garantiert. Eine von der "Garten-Gemeinschaft" selbst beschlossene "Gartenordnung" läßt aber jedem einzelnen ausreichend Spielraum für die individuelle Gestaltung und Nutzung der Gärten. Das enge Zusammenleben bedarf gewisser Regelungen, die aber keineswegs so einschränkend formuliert werden müssen, wie die Gartenordnung mancher Kleingartenvereine .

Die Abwicklung solcher Formalien sowie alle Verhandlungen werden bei der Planung größerer Mietgarten-Anlagen erleichtert, wenn sich die künftigen Gartennutzer in einem Verein zusammenschließen. Insbesondere die jeweils vom Verein zu treffende Entscheidung über die Vergabe der Gärten ist aufgrund des starken Interesses nicht einfach und bedarf nachvollziehbarer und überzeugender Kriterien. Die Wohndauer in der Wohnanlage, soziale Gesichtspunkte, aber auch die Bereitschaft zur Mitwirkung an Gemeinschaftsarbeiten sind dabei wesentliche Entscheidungskriterien. Kommt es zu nachbarschaftlichen Problemen und gravierenden Verstößen gegen die Gartenordnung, muß der Verein auch befugt sein, Kündigungen aussprechen zu können. Es hat sich

schon vielerorts bewährt, daß diese Verantwortung für ein einvernehmliches Miteinander von der Gemeinschaft selber übernommen und nicht dem Grundstückseigentümer überlassen bleibt.

Aufgeschlossenheit zu intensiven Kontakten mit den Nachbarn ist eine wichtige Voraussetzung für das Funktionieren der Mietergarten-Gemeinschaft. Viel stärker als zwischen Wohnungsnachbarn müssen Gartennachbarn die möglicherweise anders gearteten Vorstellungen und Interessen von Mitbewohnern akzeptieren lernen. Zur Förderung von Kontakten, Zusammenhalt und Gemeinschaftssinn können übrigens regelmäßige Gartenfeste einen wichtigen Beitrag leisten!

Mieter werden aktiv – ein Beispiel

Wie im Wohnumfeld vielfältig nutzbare Mietergärten durch gemeinsame Anstrengung der Bewohner in Zusammenarbeit mit Eigentümern, Behörden und anderen Stellen entstehen können, zeigt beispielhaft die "Gartennachbarschaft Hasenbergl-Nord" in München. Zunächst wurde in der Siedlung für die Idee geworben, dann eine Initiativgruppe gegründet. Unterstützt vom Verein "Urbanes Wohnen e.V." und der Stadt wurde ein Planungskonzept entworfen, daß der Eigentümer (eine kommunale Gesellschaft) akzeptierte. Das Konzept sah kleine Gartenanlagen mit jeweils vier Parzellen für vier Familien mit jeweils gemeinschaftlich nutzbarer Laube, Wasserstelle, Kompostplatz und Grünfläche vor (siehe S. 155).

Von 1984 bis 1986 sind in Hasenbergl-Nord 41 solcher Mietgarten-Parzellen in gemeinschaftlicher Arbeit entstanden. Ob es um das Anlegen von Wegen, das Ziehen von Zäunen, den Bau der Lauben oder das Verlegen von Wasserleitungen ging – immer war das Engagement der Gemeinschaft Voraussetzung für das Gelingen. Seitdem hat sich auch das soziale Zusammenleben in der Siedlung positiv verändert. "Man lernt sich kennen. Freundschaften und nachbarschaftliche Beziehungen werden geknüpft. Aus dem Alltag: Gemüse wird getauscht, hier und da gehen kleinere Naturalgeschenke über den Zaun, der bisherige Feuerwehrweg ist mittlerweile ein beliebter Spazierweg", heißt es in einem Bericht über das Projekt (HEROLD 1986).

Anlage von Mietergärten in München. Neben der Unterstützung durch öffentliche Stellen ist das Engagement der Bewohner-Gemeinschaft wichtige Voraussetzung für das Gelingen.

Hasenbergl-Nord ist mit seinen tristen Wohnblocks eine durchaus typische Trabantenstadt der Nachkriegszeit, wie es sie in vielen deutschen Großstädten gibt. Das Beispiel der Gartennachbarschaft Hasenbergl-Nord zeigt, daß durch Zusammenschluß der Bewohner und Anlage von Gärten auch ein Stück der Anonymität solcher Wohngebiete aufgebrochen werden kann.

An vielen Orten gibt es inzwischen vergleichbar erfolgreiche Initiativen, die allen Mietern von Hochhaus-Siedlungen Mut machen können. Vielerorts sind Bewohnergärten als attraktive Freiräume möglich,

- wenn die Bewohner selbst initiativ werden und Verantwortungsbewußtsein für ihren unmittelbaren Lebensbereich entwickeln;
- wenn Wohnungsbaugesellschaften und andere Eigner solche Initiativen nach Kräften unterstützen, zumindest einen Teil der Kosten übernehmen und, wo möglich, auch schon bei der Planung neuer Wohnblocks Bewohnergärten vorsehen;
- wenn Kommunen und andere öffentliche Stellen durch Fördermittel, Fachberatung und andere Hilfe die Mieter bei der Verbesserung ihres Wohnumfeldes unterstützen.

Schon nach kurzer Zeit sind aus vorher tristem Abstandsgrün vielfältig nutzbare „Garten-Oasen" geworden

Vom Haus zum Stadtteil

Genau hinsehen – an vielen Stellen geben Menschen in der Stadt „ihrem" Haus mit Pflanzen, Farben oder Basteleien ein Gesicht.

Ideen rund um's Haus

Ein Löwenzahn, der den Boden durchbricht. Ein Schreiner, dessen Holzabfälle interessantes Spielmaterial sind. Eine versteckte Ecke, in der heimlich beim Rauchen die Grenzen des Erlaubten überschritten werden. Rund um das Haus haben viele Punkte ihre eigene Bedeutung. Lebendig ist es durch die Menschen, die hier leben, wohnen oder arbeiten und durch die Pflanzen und Tiere, die auf Balkons, in Straßen und Hinterhöfen einen Platz gefunden haben. Kinder mögen vielleicht noch mehr über ihre Umgebung wissen als die Erwachsenen, die sich kaum Zeit nehmen, ein Vogelnest oder die krautreiche Baulücke im Alltag bewußt wahrzunehmen. Aber für Kinder und Erwachsene werden Erlebnisse im Fernsehen oder am Computer zunehmend bedeutungsvoller als die unmittelbaren Erfahrungen vor Ort. Vielleicht weil es rund um das Haus scheinbar nur wenig zu erleben gibt; vielleicht aber auch, weil viele den Spaß und die Spannung bei direktem Erleben verlernt haben.

Wissen über Zusammenhänge zwischen Gebautem und Gewachsenem in der Stadt allein nützt nur wenig. Ein Fernsehbericht über Regenwürmer beansprucht weniger Zeit, als die eigene Beobachtung des Regenwurms bei der Arbeit. Aber nicht allein hören und lesen: Erfahrungen mit Kopf, Herz und Hand machen rund ums Haus das ganze Jahr über deutlich, daß Natur und Kultur für das Stadtleben gleichermaßen wichtig sind. Durch Basteln, Forschen, Gärtnern und Feiern wird die Stadt lebendiger und erlebbarer. Kinder und Erwachsene können die hausnahen Freiräume nutzen, um weitgehend unbelastet von Ängsten vor dem Verkehr, Hundekot und dem „bösen Mann" Erfahrungen mit Menschen und Natur zu sammeln.

Es ist besser, aktiv verarbeitend als abwehrend-verleugnend mit den Ängsten und Umweltproblemen in der Stadt umzugehen. Selbst wenn die kleinen Schritte kaum das Ozon-Loch stopfen, geben sie Vertrauen und machen Mut, gemeinsame Lösungen zu suchen, vermindern Gefühle von Ohnmacht und Ausgeliefertsein. Letztendlich werden viele kleine Schritte zu einem großen Schritt in eine bessere Zukunft.

Ideen für Ungläubige

Wer glaubt schon alles, was so erzählt wird? Gesundes Mißtrauen ist oft genug angebracht. Wer sich also erst selbst von der positiven Wirkung der Pflanzen für das Stadtklima überzeugen will oder die Bedeutung des Bodenlebens erst nach greifbaren Beweisen anerkennt, kann sich beim Ausprobieren der Ideen für Ungläubige überzeugen lassen. Natürlich ist es nicht nur für Zweifelnde interessant, die Ideen auszuprobieren.

Das hab ich ja noch nie gesehen!

Eine durchsichtige Plastiktüte reicht als Versuchsgerät schon aus. Sie wird über eine etwa 20 cm lange belaubte Astspitze des Hausbaumes oder der Kletterpflanze gezogen und zugebunden. Besonders an heißen Tagen ist schon nach kurzer Zeit zu sehen, wie sich Feuchtigkeit in der Tüte sammelt. Pflanzen verdunsten über kleinste Öffnungen in den Blättern Wasser. Große Bäume geben so täglich mehr als 400 Liter Wasser an die

Umgebung ab. Die heiße, trockene Stadtluft wird dadurch kühler und feuchter.

Was tun die denn schon?

„Was tun die denn schon, diese flitschigen Würmer?" – als Gäste in einem schmalen, hohen Einmachglas überzeugen sie jeden schnell, daß sich ihr Name nicht vom Regen, sondern von ihrer regen Aktivität ableitet.

Sand und Komposterde werden abwechselnd in 3 cm hohen Schichten in das Glas eingefüllt. Etwas Laub und andere Pflanzenreste wie beispielsweise Rasenschnitt decken die obere Sandschicht ab, und ein wenig Wasser bringt ausreichend Feuchtigkeit in das Regenwurmquartier. Das Glas wird anschließend mit einem Stück Packpapier umwickelt, damit kein Licht an die Erde dringt, denn die Würmer sind lichtempfindlich. An einem Regentag ist es den Würmern im Boden zu nass und sie kommen zum Luftholen an die Oberfläche. Dann ist es leicht, ein Dutzend Gäste für das Einmachglas aufzusammeln. Nach ein paar Tagen sind einige Blätter im Boden verschwunden und an der Oberfläche sind die sogenannten Wurmhäufchen zu sehen. Wenn dann das Packpapier entfernt wird, ist die Tätigkeit der Würmer für alle ersichtlich.

Regenwürmer durchwühlen den Boden, lockern, durchmischen und durchlüften ihn dabei. Sie ziehen Blätter und anderes Pflanzenmaterial in ihre Röhren und reichern den Boden so mit organischer Substanz an. Den Kot lagern sie an der Oberfläche in den nährstoffreichen Wurmhäufchen ab. Diese düngen den Boden und geben ihm eine günstige, krümelige Struktur. Je mehr Regenwürmer also im Boden sind, desto besser. Nicht zuletzt deshalb sollten die Gäste auch wieder behutsam in

Das Neugierlied

In meiner Stadt, da ist was los.
Doch fragst du mich: ja wo denn bloß?
Da mußt du schauen, dort und hier.
Neugier, Neugier rat ich dir. (...)

In meiner Stadt kannst du entdecken geheimnisvolle Winkel, Ecken.
Wo die wohl sind? Na dort und hier.
Neugier, Neugier rat ich dir.

In meiner Stadt kannst du erleben, daß sich viel Freundschaften ergeben.
Wo Freunde finden? Dort und hier.
Neugier, Neugier rat ich dir.

Hajo Bücken

Die Regenwürmer verhungern bei ihrer Wühlarbeit im Glas nicht, wenn immer wieder Blätter aufgestreut werden. Der Boden sollte feucht bleiben.

die Freiheit entlassen werden. Wer sie draußen fördern will, sollte auch im Winter für eine geschlossene Pflanzendecke im Garten sorgen. Dichte Pflanzung und Gründüngung sind nur eine Möglichkeit.

Und das soll schmecken?

Ich bin doch kein Kaninchen – denken viele, wenn es heißt, Löwenzahn, Brennessel und andere Wildkräuter seien eßbar. Diese Wildkräuter, die sich in den Beeten rund ums Haus einen Platz erobern, sind oft reichlich vorhanden. Zum Schutz der frischgepflanzten Stauden und Sträucher müssen sie anfangs schon mal entfernt werden und sind dann „Unkräuter". Zum Wegschmeißen sind sie viel zu schade. Wenn sie nicht gerade an einer stark befahrenen Straße gewachsen sind, können schmackhafte Salate, Suppen oder Aufläufe daraus zubereitet werden. Vogelmiere, Franzosenkraut, Giersch und Melde (s. Abb.) enthalten viele Vitamine und Mineralien und lassen sich besonders mit den jungen Trieben das ganze Jahr über „ernten". Wie wär es einmal mit einem Wildgemüse-Pfannkuchen als ersten Versuch.

Eßbare „Unkräuter"

Vogelmiere *(Stellaria media)*	**Giersch** *(Aegopodium podagraria)*	**Gänsefuß** *(Chenopodium album)*	**Franzosenkraut** *(Galinsoga parviflora)*
Selbst im Winter finden sich noch Pflanzen, die mit Kraut und Blüten eßbar sind. Vogelmiere schmeckt als Salat bohnenartig.	Blätter und Stengel schmecken im Frühjahr am besten. Später sind sie sehr herb.	Junge Blätter und Zweigspitzen bereichern vom Frühjahr bis zum Frost den Speisezettel. Die Samen können zu einem buchweizenartig schmeckenden Mehl zermahlen werden.	Die jungen saftigen Stengel und Blätter ergeben auch einen schmackhaften Salat.

Wachsende Ideen

Bäume, Sträucher und Stauden pflanzen und dann ihr Wachsen zu beobachten, erfordert Geduld, denn nicht jeden Tag verändert sich etwas. Wenn Knospen aufbrechen, Blätter sich entfalten, Früchte reifen, passiert das nicht von heute auf morgen. Nicht nur den kleinen Gärtnern, auch den großen fällt das Warten manchmal schwer. Die wachsenden Ideen für Drinnen und Draußen machen die Wartezeiten spannender.

Zimmer-Dschungel

In der Küche finden sich die meisten Zutaten, so ein paar trockene gelbe Erbsen und auch einige Bohnen und Linsen. Von Möhren und Roten Beten werden die obersten 1–2 cm abgeschnitten. Wer mag, kann eine Knoblauchknolle in Zehen zerlegen. Weizenkörner, Kresse- und Senfsamen finden sich nicht in jeder Küche, können aber im Naturkostladen oder in einer Samenhandlung leicht besorgt werden. Dort gibt es auch ungeröstete Erdnüsse, die noch keimen. Jetzt fehlt nur noch ein wenig Erde und ein wasserdichtes Tablett oder ein Teller, dann kann es losgehen.

Die Erde wird 2–3 cm auf dem Tablett hoch verteilt. Mit Sand und Steinen läßt sich ein kleiner Garten gestalten. Als nächstes werden die Knoblauchzehen mit der Spitze nach oben eingepflanzt und die Möhren- und Rote Bete-Stücke so tief in die Erde gesteckt, daß nur das obere Stück herausschaut. Erbsen, Bohnen und Linsen lassen sich in die Erde drücken. Die anderen Samen werden vorsichtig auf die kleinen Gartenbeete ausgestreut. Die Erdnüsse kommen am besten in einen kleinen Topf mit Erde. Anschließend heißt es erst einmal gießen und warten.

Aber schon nach vier Tagen stoßen die ersten Keime durch die Erde und bei regelmäßigem Gießen wird in einigen Wochen aus dem kleinen Garten ein Dschungel. Dann kann geerntet werden. Aus Weizentrieben, Kresse, Senf und Knoblauchtrieben läßt sich ein Salat zubereiten. Kleingehackt können die Kräuter auf das Brot gestreut werden. Die Erbsen-, Bohnen- und Linsenpflanzen kommen mit den Möhren und Roten Beten ins Freie. Mal sehen, was daraus wird. Nur die Erdnüsse bleiben im Zimmer und erinnern an einen kleinen Zimmerdschungel.

Wer wächst schneller?

Blumenzwiebeln sind immer eine spannende Sache. Aber wenn eine Verbindung zwischen dem Wachsen von Pflanzen und Kindern hergestellt wird, ist es um so spannender. Im Herbst legen sich Kinder einzeln oder im Kreis auf den Rasen. Die Körperform wird mit Sand abgestreut oder mit einer Schnur nachgelegt. Narzissenzwiebeln (pro Kind etwa 50) kommen dann, im Abstand von 5 cm entlang der Umrißlinie, in den Boden. Wenn dann im Frühjahr die ersten Spitzen aus dem Boden stoßen, wird rasch deutlich, daß in den paar Monaten wohl keines der Kinder so schnell gewachsen ist. Öffnen die Narzissen im März oder April ihre Blüten ist es Zeit, um vorsichtig auszuprobieren, ob die Kinder noch in den Umriss passen. Vielleicht sind auch sie gewachsen, auch wenn es längst nicht etwa 40 cm sein werden.

Bohnenzelt

Stangenbohnen brauchen – wie es der Name sagt – Stangen, damit sie richtig wachsen. Warum also nicht fünf Stangen zu einem Zelt zusammenstellen und zusammenbinden? Werden dann im April neben jede Stange drei Bohnen in die Erde gesteckt, entsteht ein grünes Zelt, das blüht und fruchtet. Zwischen den duftenden Pflanzen bleibt noch Platz zum Verstecken.

Ohne Wasser wächst der Zimmer-Dschungel nicht. Deshalb: gießen nicht vergessen. Mit einer Sprühflasche geht das am besten.

Wildgemüse-Pfannkuchen

2–3 Handvoll Wildgemüse
125 g Mehl
2 Eier
1/4 l Milch
1 Prise Salz
Sonnenblumenöl zum Backen

Mehl in eine Schüssel geben. Die Eier und die Milch zugeben und zu einem schaumigen Teig verrühren. Den glattgerührten Teig mit Salz abschmecken.
Das Wildgemüse waschen und fein hacken. Die Arten können dabei gemischt werden. Spannend ist es aber, die Arten zunächst getrennt zu verarbeiten, um Geschmacksunterschiede festzustellen. Die gehackten Kräuter in den Teig mischen.
In einer Pfanne das Öl erhitzen. Mit einer Kelle Teig einfüllen und zu beidseitig goldgelben kleinen Pfannkuchen ausbacken.

Guten Appetit!

Eine Feder, ein rostiger Nagel, eine Muschel – eine Schachtel enthält Reiseerinnerungen von der Nordsee. Übrigens: Ohne Klebstoff, nach der japanischen Kunst des Papierfaltens (Origami) gebastelt, ist sie auch ein prima Geschenk.

Das Pflanzendomino ist eine Möglichkeit, Bäume kennenzulernen. Mit Tonabdrücken oder Rubbelbildern werden die unterschiedlichen Rindenstrukturen deutlich sichtbar.

Schatz-Suche

Müll und Abfall fällt zunächst ins Auge, wenn auf Straßen, Wegen und Plätzen gesucht wird. Klicker, Nägel, bunte Scherben, Tannenzapfen, ein altes Türschloß, Steine – diese Dinge gehören wohl zu den interessantesten Gegenständen, die rund ums Haus zu finden sind. Für sich allein werden diese Fund-Sachen schnell langweilig.

In kleinen beklebten Schachteln arrangiert, ergeben sie ein kleines Straßen- oder Hinterhofmuseum. Je nach Jahreszeit finden sich darin andere Dinge. Wird auch im Park, auf dem Schulhof und im Urlaub am Strand oder im Gebirge gesammelt, wird es noch vielfältiger. Vielleicht lohnt sich dann sogar mal eine Ausstellung im Hausflur.

Pflanzenjagd

Vom Jagdinstinkt darf sich hierbei niemand leiten lassen, denn dann sind die Pflanzen rund ums Haus schnell kahlgerupft. Selbst wenn möglichst nur abgefallene Blätter von Bäumen und Sträuchern gesammelt werden, gibt es noch reiche Jagdbeute . Bringt jeder „Jäger" und jede „Jägerin" fünf Blätter mit, heißt es erst einmal sortieren. Welche Blätter sind gleich und gehören zur gleichen Pflanzenart? Danach läßt sich mit dem Bestimmungsbuch schon herausfinden, wie die Bäume und Sträucher heißen. Nach dem Motto: „Ich sehe was, was Du nicht siehst", kann dann geraten werden. Ich sehe ein Blatt, dessen Rand ist gesägt und so weiter. Wer als erster die Antwort weiß, darf als nächster ein Blatt beschreiben. Auch Geruchsmerkmale können ins Spiel einbezogen werden.

Die Jagdbeute hinterher einfach wegzuwerfen wäre zu schade. Wenn die Blätter beispielsweise in den Seiten des Telefonbuchs fünf Tage gepreßt und getrocknet werden, läßt sich aus ihnen ein Pflanzendomino basteln. Dazu sind Pappkärtchen etwa in Postkartengröße auszuschneiden. Auf eine Hälfte wird ein Blatt geklebt, auf die andere Hälfte ein Name geschrieben. Es kann auch Karten mit je zwei Blättern oder zwei Namen geben. Die Karten halten länger, wenn sie mit Bucheinschlagfolie beklebt werden. Die Spielregeln sind genauso wie beim normalen Domino. Der Unterschied zwischen Linde und Eiche lernt sich dabei im Spiel.

Übrigens: Besonders eifrige Sammlerinnen und Sammler suchen auch noch die Früchte der Pflanzen und beziehen sie mit in das Spiel ein.

Such-Ideen

Sachensucher haben nie eine freie Stunde, das sagt schon Pippi Langstrumpf. Und für Kinder und junggebliebene Erwachsene ist sie bestimmt eine glaubwürdige Person. Tatsächlich macht Suchen Spaß, besonders, wenn es etwas Interessantes zu finden gibt. Blätter, Schätze, Spuren und vieles mehr sind bei genauem Hinsehen rund ums Haus zu entdecken. Gemalt, beschrieben und sortiert erzählen die Fundsachen viel über Menschen, Pflanzen und Tiere.

Spuren von Tieren

Das ist keine Sache nur für die Wintertage mit Schnee. Dann sind zwar die Fußabdrücke von Hunden, Katzen, Tauben, Eichhörnchen, Mäusen und anderen Tieren am besten zu sehen. Aber es gibt auch andere Spuren. Von Insekten angefressene Blätter und Früchte, Federn, Kot von Kaninchen oder Mäusen finden sich vom Frühjahr bis Herbst. Eine Suche kann Hinweise auf mehr Tiere geben, als die meisten rund ums Haus erahnen.

Eine Tierspur findet sich meist überreichlich – der Hundekot. Die Spielmöglichkeiten von Kindern sind dadurch teilweise stark eingeschränkt. Wie wär es denn mit einer kleinen Aktion. Wird in jede Fundstelle ein kleines Fähnchen gesteckt, überzeugt der Fahnenwald auf der Straße oder im wohnungsnahen Park vielleicht die Hundehalter und Hundehalterinnen in der Stadt davon, Hundeklos zu benutzen oder den Dreck aufzusammeln und in den Müll zu werfen. Eine kleine Presseaktion kann die Kinderinteressen nur unterstützen.

Meinungs-Spuren

Wer hat sich nicht schon mal gewünscht zu vielen Themen ordentlich die eigene Meinung zu sagen? Es gibt Bürgerversammlungen, bei denen der Bürgerwille ausdrücklich gefragt ist. Nicht jeder kommt dort zu Wort, denn nicht alle trauen sich in einer großen Gruppe das Wort zu ergreifen. Es gibt auch andere Möglichkeiten, angefangen von Leserbriefen bis zu Demonstrationen oder Infotischen. Eine einfache Art mit Anderen über die Situation in der Stadt ins Gespräch zu kommen ist das „Fähnchenverteilen".

Mit roten und grünen Fähnchen werden Stellen markiert, die gefallen oder mißfallen. Eine kurze, aufgeschriebene Begründung erklärt die Bewertung. Nicht immer ist das Urteil eindeutig. Von Kindern bekommt ein Fußgängertunnel ein grünes Fähnchen mit der Aufschrift „Der Tunnel ist toll", und zwar nicht nur weil hier die Straße gefahrlos unterquert werden kann, sondern auch weil Schreie und Rufe so gut hallen. Er bekommt aber auch ein rotes Fähnchen. Die Kinder, die bei einer Stadterkundung mit einem Bollerwagen unterwegs sind, stellen schnell fest, daß Kinderwagen wohl genauso schlecht hindurch kommen. Die Fähnchen machen unterschiedliche Meinungen offensichtlich.

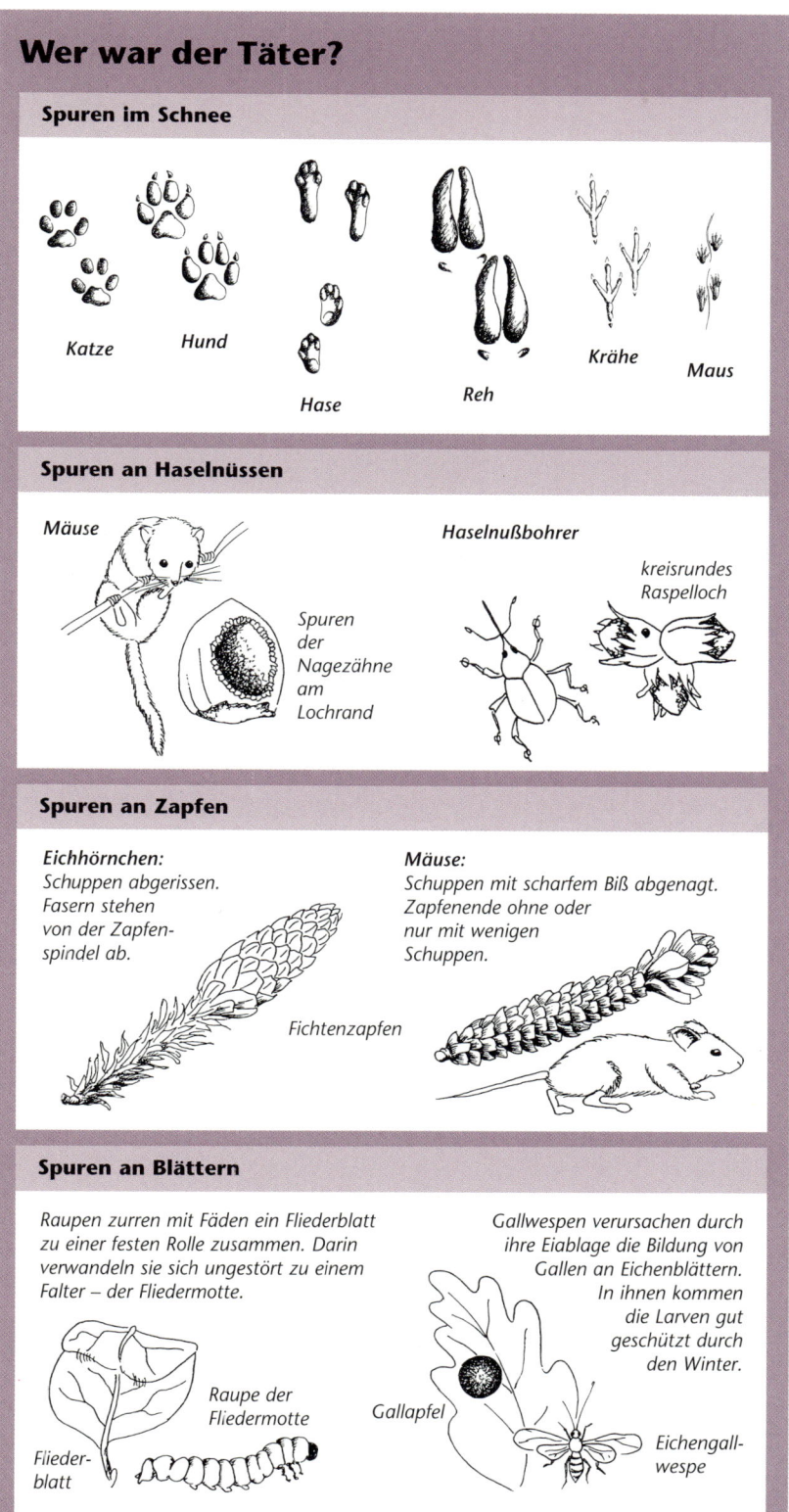

Wer war der Täter?

Spuren im Schnee

Katze Hund Hase Reh Krähe Maus

Spuren an Haselnüssen

Mäuse

Spuren der Nagezähne am Lochrand

Haselnußbohrer

kreisrundes Raspelloch

Spuren an Zapfen

Eichhörnchen:
Schuppen abgerissen. Fasern stehen von der Zapfenspindel ab.

Mäuse:
Schuppen mit scharfem Biß abgenagt. Zapfenende ohne oder nur mit wenigen Schuppen.

Fichtenzapfen

Spuren an Blättern

Raupen zurren mit Fäden ein Fliederblatt zu einer festen Rolle zusammen. Darin verwandeln sie sich ungestört zu einem Falter – der Fliedermotte.

Fliederblatt

Raupe der Fliedermotte

Gallwespen verursachen durch ihre Eiablage die Bildung von Gallen an Eichenblättern. In ihnen kommen die Larven gut geschützt durch den Winter.

Gallapfel

Eichengallwespe

Der Phantasie sind keine Grenzen gesetzt. Mit Mosaiken hinterlassen Menschen Spuren in ihrer Umgebung.

Ideen – Kunst

Eigentlich ist jede Idee schon eine Kunst für sich. Und darüber, was Kunst denn nun ist, streiten die gelehrten Leute noch immer. Hier gilt dann wohl der Ausspruch: Kunst ist, was gefällt. Und Gefallen finden die meisten Menschen an Häusern, die interessant aussehen und nicht verwechselbar sind. Nicht nur mit Pflanzen bekommen Häuser und Wohnungen solche Merkmale, auch durch Basteleien, Malereien und durch Kunst.

Merkzeichen

Ein übergroßer Wasserhahn, der aus der Hauswand herausragt, als Zeichen für einen Installateur – sofort wissen alle, wer hier lebt und arbeitet. Auf große grelle Reklame kann auf diese witzige Art verzichtet werden. Aber solch auffällige Dinge sind nicht jedermanns Sache. Auch mit liebevoll gestalteten Rankhilfen beispielsweise in Form von Tieren, Torbögen oder Figuren, läßt sich eine Fassade beleben. Und wie wäre es mit aus Holz geschnitzten Gesichtern oder einem Relief aus Ytong-Steinen als Fassadenschmuck?

Eine interessante Möglichkeit sind selbstgefertigte Mosaike. Benötigt werden dafür frostfeste gelbe, rote oder blaue – in jedem Fall bunte – Fliesen, Zement, Sand, Sägemehl und etwas Plastikfolie. Da die Mosaiken hier als Platten hergestellt werden, sollten sie aus Stabilitätsgründen nicht größer als 30 x 30 cm sein. Für diese Fläche, ob sie nun rund oder eckig ist, wird als erstes ein Bild entworfen. In aller Ruhe geht es dann darum, passende Fliesenstücke für das Bild zu suchen oder mit der Fliesenzange zurechtzuschneiden. Erst wenn das letzte Stück für das Mosaik gefunden ist, kann der Mörtel aus Sand, Zement und Wasser angerührt werden. Zuvor sind noch 3–5 cm tiefe Mulden in Größe und Form des Mosaikbildes im Boden auszuformen und mit der Folie auszulegen, in die der Mörtel gegossen wird. Nachdem die Mosaikteile vorsichtig aufgelegt und so angedrückt sind, daß keine Ecken und Kanten der Steinchen mehr vorstehen, heißt es erst einmal warten. Die 1 cm dick mit Sägemehl abgestreuten Mosaike müssen nun 1–2 Stunden trocknen. Dann wird das Mosaik mit dem Sägemehl vorsichtig glatt und sauber gerieben. Am nächsten oder übernächsten Tag ist es dann endgültig getrocknet. In Mauern, an Wänden oder im Wegebelag eingebaut, bringen die Mosaike dann Farbe und Phantasie in die Wege und Plätze rund ums Haus.

Fabeltiere

Laubsägearbeiten erfordern zwar Geduld und etwas handwerkliche Geschicklichkeit, aber für die meisten ist das kein Problem. Wie wäre es also mit ein paar unbekannten Fabeltieren für Balkon und Hinterhof? Vom Drachen bis zum „stoß-mich-zieh-dich" ist vieles möglich. Als erster Versuch eignet sich beispielsweise ein einfacher Vogel. Auf eine mindestens 1 cm starke Tischlerplatte oder ein anderes Stück Holz (keinesfalls Preßspanplatten verwenden – sie quellen bei Regen auf und gehen schnell kaputt) wird er aufgezeichnet und anschließend ausgesägt. Nachdem die Kanten mit Feile und Schmirgelpapier abgerundet sind, kann der Vogel schon bemalt werden. Geeignet sind sogar Buntstifte, wenn farbige Naturharzöllasuren hinterher für den Wetterschutz sorgen. Um den Vogel in den Boden zu stecken, wird ein 5 cm langes Loch in den Holzkörper gebohrt. Dahinein läßt sich ein Holzstab als Vogelbein leimen. Größere Tiere stehen besser auf zwei Beinen.

Tierische Ideen

Hohle Bäume, Astgabeln, Laubhaufen – zwischen Häusern und Straßen finden sich nur wenige solche Plätze. Vögel und sogar Insekten sind deshalb in der Stadt auf menschliche Hilfe angewiesen. Wilde Ecken, dichte Gebüsche und blütenreiche Staudensäume in den kleinen Gärten rund ums Haus haben deshalb eine große Bedeutung. Auch mit dem Bau von Nistkästen und Nisthilfen können Stadtgärtner und Stadtgärtnerinnen den Tieren helfen. Aber sie helfen sich auch selbst damit, denn Vögel vertilgen unter anderem pflanzenfressende Raupen oder Blattkäfer und halten die Spinnenanzahl im grünen Kletterpflanzen-Pelz in Grenzen. Wer Probleme mit Blattläusen hat, der sollte Ohrwürmer als Pflanzenschützer einsetzen und Ohrwurmtöpfe aufhängen.

Lange bleibt der Vogel nicht allein. Eine hölzerne Partnerin ist schnell gebaut. Oder vielleicht setzt sich auch eine Taube auf den langen Schnabel.

Winterquartier dienen. Apropos Winter: Eine Winterfütterung ist nur in strengen, schneereichen Wintern notwendig, wenn die Vögel kaum noch Nahrung finden. In warmen Wintern ist sie eher schädlich, da die Futterplätze dann zu wahren Krankheitsherden werden können.

Nistkästen für Vögel

Vögel haben sehr unterschiedliche Ansprüche an ihre Nistplätze. Bodenbrüter, wie Nachtigall und Rotkehlchen, sind auf Laub am Boden und kleine lockere Holzhaufen als Schutz angewiesen. Meisen, Feldsperling, Star und Gartenrotschwanz benötigen als Höhlenbrüter Baumhöhlen oder als Ersatz einen Kasten mit einem unterschiedlich großen Einfluloch. Grauschnäpper und Hausrotschwanz dagegen brüten in Nischen oder ersatzweise in Halbhöhlen, d.h. Nistkästen, mit einer großen Öffnung. Entsprechende Nistkästen aus Holz oder Holzbeton werden im Handel angeboten. Sie sind jedoch leicht selbst zu bauen. Benötigt werden 2 cm starke Fichten- oder Kiefernbretter, die allenfalls an der Außenseite gehobelt und mit Naturharzölen gestrichen werden dürfen.

Richtige Plätze für die Kästen sind wind- und regengeschützte Stellen in 2–4 m Höhe an Bäumen oder Häusern. Das Einfluloch sollte nach Süden oder Südosten weisen.

Erst ein ausreichendes Nahrungsangebot in der Kastenumgebung sorgt jedoch dafür, daß die Kästen auch wirklich von Vögeln angenommen werden. Fruchtende Sträucher, samentragende Gräser und Kräuter und vielfältiges Insektenleben sind dazu eine wichtige Voraussetzung.

Damit sich Schmarotzer nicht ausbreiten, müssen die Kästen im Herbst gereinigt werden. Sie sollten im Winter hängen bleiben, da sie dann als

Nistkästen

Eine kleine Meise braucht einen kleineren Kasten als beispielsweise ein Star. Mit den hier angegebenen Maßen kommen jedoch viele Vogelarten zurecht. Mitentscheidend dafür, welche Vogelart den Kasten als Nistplatz benutzt, ist bei den Höhlenbrütern die Größe des jeweils angegebenen Flugloch. Wichtig ist, daß entweder das Dach oder die Vorderseite für die Reinigung aufklappbar ist.

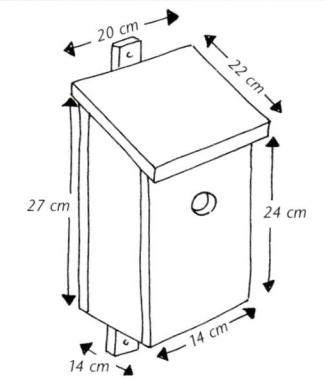

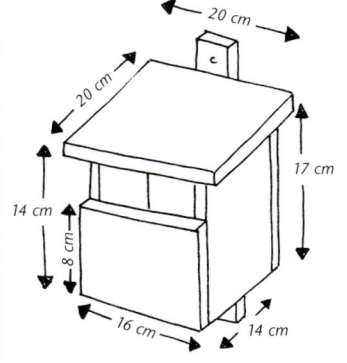

Kästen für Höhlenbrüter

geeignet für:
Blau-, Hauben-, Nonnen-, Tannenmeisen (Fl. Ø 2,8 cm)
Kohlmeisen, Feldsperling, Trauer-, Halsbandschnäpper (Fl. Ø 3,3 cm)
Gartenrotschwanz, Kleiber (Fl. Ø 4,5 x 3 cm)

Kästen für Nischenbrüter

geeignet für:
Hausrotschwanz, Bachstelze, Grauschnäpper, gelegentlich auch Rotkehlchen und Zaunkönig

Schwalben, Hohltauben und andere Vögel brauchen spezielle Nisthilfen (siehe dazu Bezugsquellenverzeichnis und Literatur S. 194).

Kinderleicht ist es Ohrwurmtöpfe zu bauen. Genauso leicht lösen anschließend die darin Unterschlupf suchenden Ohrwürmer die Probleme mit den Blattläusen.

Ohrwurm-Töpfe

Ein Blumentopf mit 10 cm Durchmesser, etwas Holzwolle, ein Stück dicke Schnur, ein kurzer Stock und schon ist das Baumaterial für einen Ohrwurmtopf beisammen. Damit Ohrwürmer darin auch tatsächlich Quartier nehmen und dann die Blattläuse vertilgen, ist sozusagen eine „Einladung" erforderlich. Die Ohrwürmer überwintern nämlich gut versteckt unter einer schützenden Laubschicht am Boden und kümmern sich dort um ihren Nachwuchs. Nur wenn die Töpfe im Frühjahr auf dem Boden, beispielsweise in einem Gebüsch, aufgestellt werden, sind sie gegen Ende Mai bis Anfang Juni besiedelt und können dann zur Blattlausbekämpfung auch auf dem Balkon eingesetzt werden. Es ist daher sinnvoll, die Töpfe ins Gebüsch zu bringen, wenn die Blattläuse verschwunden sind. Als Allesfresser machen sich die Ohrwürmer ansonsten bei zu geringem Nahrungsangebot über Knospen und Blätter her.

Nisthilfen für Bienen und Wespen

Alle, die schon mal Wespen vom Pflaumenkuchen verscheucht haben, werden sich fragen, wozu diese Nisthilfen eigentlich gut sein sollen. Wer holt sich denn freiwillig dieses stechende Getier ans Haus. Aber keine Angst, es geht hier nicht um große Völker, sondern um die einzeln lebenden Bienen und Wespen, die ursprünglich in alten morschen Bäumen, Steinspalten und Sandgruben ihren Lebensraum haben. In den Städten mit glatten Wänden oder Gehsteigen und „wohl gepflegten" Bäumen gibt es kaum mehr entsprechende Nischen. Deshalb ist es sinnvoll, diesen Tieren in 10 cm dicken Klötzen aus Eiche, Buche oder Kirsche ein Quartier anzubieten. In die gebohrten Löcher von 1–10 mm Durchmesser und 5–10 cm Tiefe legen sie ihre Eier. Da sie in die Brutkammern auch Insekten als Nahrung eintragen, erweisen sie sich als nützliche Pflanzenschützer. Außerdem ist es spannend zu beobachten, wie nach und nach sogar mitten in der Stadt auf dem Balkon immer mehr Röhren mit Lehm, Harz oder sogar Sand verschlossen werden und sich dann im Frühjahr eine nach der anderen wieder öffnet. Das geschieht jedoch nur dann, wenn die Nisthilfe wettergeschützt an einer sonnigen Stelle hängt.

Nasser November

Ziehen Sie die ältesten Schuhe an,
die in ihrem Schrank vergessen stehn!
Denn Sie sollten wirklich dann und wann
auch bei Regen durch die Straßen gehn.

Sicher werden Sie ein bißchen frieren,
und die Straßen werden trostlos sein.
Doch trotz allem: gehn Sie nur spazieren!
Und, wenn's irgend möglich ist, allein.(...)

Ist es nicht, als stiegen Sie durch Träume?
Und Sie gehn doch nur durch eine Stadt!
Und der Herbst rennt torkelnd gegen Bäume.
Und im Wipfel schankt das letzte Blatt

Geben Sie ja auf die Autos acht.
Gehn Sie, bitte falls Sie friert, nach Haus!
Sonst wird noch ein Schnupfen heimgebracht.
Und – ziehn Sie sofort die Schuhe aus!

Erich Kästner

Sonnendusche

Ein Schlauch, eine Kiste, eine Fensterscheibe – besonders heiß wird das Wasser im Schlauch, wenn die Kiste mit Spiegelfolie ausgekleidet ist und ein schwarzberußtes Blech Wärme sammelt. Das heiße Wasser kann auch in einem Behälter gespeichert werden (weiterführende Literatur S. 196). Das ist dann etwas komplizierter, bevor es heißt, Wasser marsch!

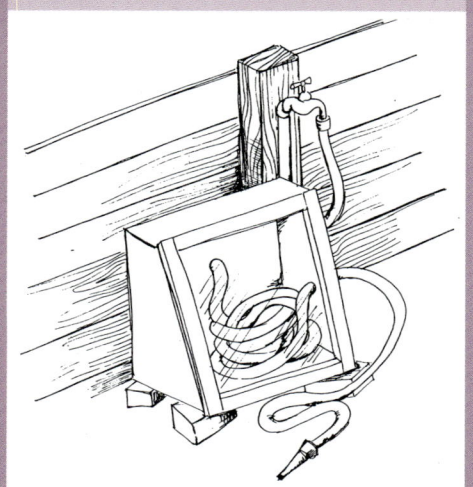

Wetter-Ideen

Regen, Sturm, Sonne – das Wetter erinnert auch Stadtmenschen immer wieder daran, daß es Naturgewalten gibt, die nicht kontrollierbar und kaum vorhersagbar sind. Trotzdem können alle die Wettergewalten auf eine spielerische Art nutzen.

Sonnendusche

An heißen Sommertagen ist eine Abkühlung unter dem Gartenschlauch gerade richtig. Wem das Leitungswasser dafür zu kalt ist, der kann die Sonne für sich arbeiten lassen.

Benötigt wird dazu ein 10 m langer, schwarzer Gartenschlauch. Durch die schwarze Farbe nimmt er die Sonnenwärme besonders gut auf. Mit ihm erwärmt sich auch das in ihm vorhandene Wasser. Da schwarze Oberflächen nicht nur gut Sonnenwärme aufnehmen, sondern auch wieder gut abgeben, reicht das erwärmte Wasser am Tag gerade für zwei warme Duschgänge. Deutlich mehr warmes Wasser gibt es, wenn der Schlauch in einer nach unten mit einer Korkplatte isolierten Holzkiste spiralig aufgelegt wird. Ist die Kiste mit einer Glasplatte, beispielsweise von einem alten Fenster, abgedeckt, heizt sich das Wasser sehr viel schneller auf, denn die Wärme kann nicht entweichen. Wird die Kiste so ausgerichtet, daß die Sonnenstrahlen senkrecht auftreffen, kann die Dusche im Hinterhof oder Garten mehrmals warmes Wasser liefern.

Übrigens: die Kiste mit dem Wasserschlauch ist nichts anderes als ein einfacher Sonnenkollektor. Sonnenkollektoren können im Sommer 90 % und im Winter 30 % der Warmwasserbereitung übernehmen. Für einen 4-Personen-Haushalt reichen schon 6 m² Kollektorfläche aus, um erhebliche Mengen Heizöl, Strom oder Gas zu sparen. Wen der Versuch mit der Sonnendusche überzeugt hat, der sollte sich über die Möglichkeiten am eigenen Haus weiter informieren.

Windspiel

Umgeklappte Regenschirme, heruntergwehte Blätter, abgebrochene Äste – die Kraft des Windes haben alle schon mal erlebt. Warum also diese Kraft nicht nutzen? Windmühlen, Windräder und Wetterfahnen – nichts Neues. Wie wär es mal mit einem tönenden Windspiel.

Ein Windspiel ist schnell gebaut und macht den Wind sichtbar oder hörbar.

Ein Ast, etwas Schnur und einige Fundsachen, wie Steine, Muscheln, Perlen, Federn, Blechstücke und Scherben reichen schon aus. Die Fundsachen sollten leicht vom Wind bewegt werden können und klingen, wenn sie aneinander stoßen. Damit der Wind sie tönen läßt, sind sie so an den am Ast angebundenen Fäden zu befestigen, daß klingende Teile aneinander schlagen können. Werden auch glänzende Objekte in das Windspiel eingebunden, kann es zur Kirschenzeit als Vogelscheuche in den Baum gehängt werden.

Spiel-Ideen

Weitspucken, Hinkeln, Murmelwurf, Gummitwist – es gibt viele Spielideen, die auch auf Asphalt und Beton gespielt werden können. Interessanter sind aber Spiele in den kleinen Gärten rund ums Haus. Mit viel Spaß und im wahrsten Sinn des Wortes spielerisch läßt sich dabei etwas über die Natur lernen.

Gartenmaskerade

Nicht wir Menschen, sondern die Pflanzen verkleiden sich bei diesem Spiel. Dabei stellt sich sehr schnell heraus, wie gut alle Mitspieler die kleinen Gärten rund ums Haus kennen.

Verschiedene Gegenstände werden entlang eines Weges oder in einem Teil des Hofes an

Bäume sind lebendige Wesen. Früher glaubten Menschen fest an Baumgeister. Im Holunderstrauch wohnt beispielsweise Frau Holle. Warum also nicht einmal die Geister wieder sichtbar machen.

Sträuchern oder zwischen Gräsern und Stauden versteckt. Für ungeübte Beobachter können das künstliche Gegenstände vom Luftballon bis hin zu bunten Perlen sein, die am besten mit Blumendraht befestigt werden. Schwieriger wird es, wenn natürliche Dinge an ungewohnten Plätzen zu finden sind, beispielsweise ein Brombeerblatt an einer Birke, eine Eichel an der Kirsche oder gar ein Kiefernzapfen an einer Tanne. Kinder und Erwachsene gehen nun einzeln oder ohne miteinander zu reden auf die Suche und merken sich die

Unter dem Blatt links oder doch woanders – wer findet den Knopf der hier versteckt ist?

Fundorte. Gemeinsam wird dann über die Zahl der versteckten Dinge spekuliert. Stimmt die Zahl mit den tatsächlich versteckten Gegenständen noch nicht überein, wird nochmals gesucht. Erst bei einem letzten gemeinsamen Rundgang lüftet sich dann das Geheimnis der Gartenmaskerade.

Rätsel am Boden

Vieles in der Natur ist getarnt. So manches Tier überlebt leichter, weil es sich in seiner Farbe nicht von der Umgebung abhebt. Wer in der Natur etwas entdecken will, braucht also eine gute Beobachtungsgabe. Das Rätsel am Boden schult die Aufmerksamkeit.

Zwei Flächen von 1 x 1m werden dazu in ein paar Metern Entfernung voneinander mit Schnüren abgeteilt. Die Spieler und Spielerinnen teilen sich in zwei gleich große Gruppen auf. Jede Gruppe sieht sich nun eine Fläche, ihren Lebensraum, einige Minuten genau an. Danach wechseln die Gruppen die Plätze. Jede Gruppe verändert nun nach gemeinsamer Absprache im Lebensraum der anderen Gruppe fünf Dinge, legt beispielsweise einen Stein an eine andere Stelle oder dreht ein Blatt um. Wichtig ist, daß nichts zerstört wird und die Veränderungen so groß sind, daß beispielsweise ein Knopf in der Größe eines Zehn-Pfennig-Stückes darunter paßt. Jede Gruppe muß sich die vorgenommenen Veränderungen merken, denn nur so kann dann die eine Gruppe die andere beobachten und unterstützen, wenn sie versucht, mit zehn Versuchen die Knöpfe in ihrer Umgebung aufzuspüren. Je nachdem wie vielfältig die Lebensräume sind, umso schwieriger ist das Boden-Rätsel. In einer laubbedeckten Gebüschecke fällt es schwerer, die Veränderungen zu bemerken, als auf einer Pflasterfläche mit nur wenigen Gräsern und Kräutern in den Fugen und ein paar herumliegenden Abfallstücken.

Ist der Hof oder Mietergarten groß genug oder wird das Spiel im Park oder Wald durchgeführt, können die Flächen bis zu 5 x 5 m groß sein. Die Veränderungen sollten dann etwa die Größe eines Bierdeckels oder einer Spielkarte aufweisen.

Spürnasen

Sehen, hören, riechen, tasten – wahrgenommen wird die Umwelt nicht nur mit den Augen. Der Hof, der Mietergarten, ja sogar der Balkon hat vielfältige Gerüche. Nicht nur jedes Küchenkraut, auch Holunder und Pfingstrosen verströmen einen eigenen Duft. Selbst für gute Spürnasen ist es nicht leicht, mit verbundenen Augen herauszufinden, welche Pflanze denn nun da vor der eigenen Nase steht. Solche Dufträtsel lassen sich nur partnerschaftlich lösen. Eine Person wird mit geschlossenen Augen nach etwas Drehen und Irreführung an eine Pflanze geführt und hat Zeit zum Riechen. Unter Umständen wird ein Blatt unter der Nase zerrieben. Dann geht sie zurück zur Ausgangsstelle und mit geöffneten Augen wird nun die Duftquelle gesucht. Anschließend wechseln die Partner und ein neues Dufträtsel wird gelöst.

Ideen-Feste

Beim Bauen und Pflanzen im Hof oder Mietergarten lernen sich Nachbarn und Nachbarinnen besser kennen. Was liegt da näher, als sich nicht nur beim Arbeiten, sondern auch mal beim Feiern zu treffen. Auch ein Garten- oder Hinterhof-Flohmarkt läßt sich leicht organisieren. Das verbessert die Kontakte und stärkt den Zusammenhalt. Bei Konflikten um die Schließung eines Kindergartens oder um die Verkehrsberuhigung im Stadtteil steht dann längst nicht mehr jeder für sich allein.

Garten- oder Straßenfeste

Einfach so zum Sommeranfang oder am Namenstag des Straßenpatrons – ein Grund für ein Fest findet sich immer. Jemand kümmert sich um Ankündigungs- oder Einladungszettel. Essen und Getränke werden von allen gemeinsam eingekauft, oder jeder bringt selbst etwas mit. Es fehlt eigentlich nur noch der Holzkohlegrill und schon ist ein Hoffest organisiert. Wenn dann das Wetter auch noch mitspielt, kann es ein netter Abend in gemütlicher Runde werden.

Soll aber ein großes Fest für mehr als 30 Personen oder gar ein Straßenfest organisiert werden, sind die Vorbereitungen natürlich etwas aufwendiger. Am besten beginnt man bereits zwei Monate vorher mit der Planung. Mit einem ersten Inserat in der Stadtteilzeitung oder über Plakate im Wohnviertel werden der Termin bekannt gegeben und die Interessierten zu einem Treffen eingeladen. Zur besseren Organisation ist es sinnvoll, verschie-

dene Arbeitsgruppen zu bilden, beispielsweise eine Gruppe, die sich um das Essen kümmert, eine Getränkegruppe, eine Kulturgruppe für das Rahmenprogramm, eine Kindergruppe. Sie kümmern sich arbeitsteilig um die Organisation von Musik, Kinderaktivitäten und Verköstigung. Eine Gruppe für die Öffentlichkeitsarbeit ist sinnvoll, damit über Presseartikel, Plakate und Aushänge auch möglichst viele etwas von dem Fest erfahren. Vielleicht finden sich ein paar Geschäftsleute als Spender von Geld oder Naturalien, ansonsten bilden die Gelder einer Haussammlung einen Grundstock. Das Fest kann sich auch über die Einnahmen selbst tragen. Dabei hilft eine Verlosung oder ein Flohmarkt. Bei großen Straßenfesten muß sich auch jemand darum kümmern, daß die städtischen Ordnungsbehörden das Fest genehmigen und eine Straßensperrung möglich wird. Auch die Benutzung von Lautsprechern und der Verkauf von Getränken und Speisen ist genehmigungsbedürftig. Am besten werden Hof und Straße schon am Vorabend autofrei gemacht. Informationszettel für die Autofahrer und Autofahrerinnen sind dabei wichtig.

Bei dieser aufwendigen Vorbereitung darf das Fest bei schlechtem Wetter nicht ins Wasser fallen. Eine Ankündigung mit dem Zusatz „nur bei gutem Wetter" dämpft die Motivation, deshalb ist es wichtig, das Fest durch Unterstände und Wetterschutz gegen Regen etwas abzusichern. Günstige Termine liegen im Sommer und Herbst. Rechtzeitige Information verhindert, daß sich zwei gleichzeitige Feste im Quartier gegenseitig die Besucher wegnehmen.

Brot am Stock

Ein einfacher Hefeteig muß nicht im Backofen zum Brot ausgebacken werden. Über einem heruntergebrannnten, nur noch glühenden Feuer lassen sich Teigstücke auf Stöcken rösten. Auf die Spitze toter Äste von mindestens 1 cm Stärke und 80 cm Länge wird der Ast dazu etwa fingerdick mit 10 cm langen Teigstücken umwickelt. Die 5–10 Minuten Warten und Drehen bis das Stockbrot gebacken ist; macht besonders Kindern viel Spaß!

Teigzutaten:
500 g
Weizenvollkornmehl
20 g Hefe
1/4 l Wasser
2 gestrichene Teelöffel
Vollmeersalz
60 g Butter

Straßenfeste – dazu gehören Bänke, Spiele, Musik und Getränke. Nicht zu vergessen das Essen – wie wäre es mal mit Stockbrot?

Leben im Stadtteil

Auf der Fensterbank, an den Wänden, hinter dem Haus – es gibt viele Möglichkeiten für mehr Natur. Mit den kleinen und großen Gärten an jedem Haus wäre die Stadt schon sehr viel lebensfreundlicher. Aber Städte bestehen nicht nur aus Wohnhäusern. Selbst in einer Stadt wie Berlin sind nur 20 % der Stadtfläche Gebiete mit Wohnhäusern. Der Rest sind Straßen, Gewerbegebiete, Friedhöfe, Sportplätze, Verwaltungsgebäude oder Schulen. Und selbst in dicht besiedelten Gegenden wie dem Ruhrgebiet gehören noch landwirtschaftliche Nutzflächen und Wälder zum Stadtgebiet. Da gibt es noch viele Möglichkeiten – auch außerhalb des eigenen engeren Wohnumfeldes – Platz für Leben in der Stadt zu schaffen.

Sicher, niemand kann im Alleingang die ganze Stadt verändern. Und leicht ist es nicht, sich mit dem eigenen Engagement in die öffentlichen Parks und Brachflächen hineinzuwagen. Schließlich liegt die Verantwortung für vieles, was in der Stadt passiert bei den regelmäßig gewählten politischen Vertretern und Vertreterinnen und bei der städtischen Verwaltung. Nur zu gerne wird die Verantwortung diesen Personen und Institutionen überlassen. Doch vielerorts ist es gelungen, die Städte durch gemeinsame Aktivitäten mit oder ohne kommunale Unterstützung naturnaher und menschlicher zu gestalten. Die Beispiele reichen von der Bachpatenschaft bis zum Radwegenetz, vom naturnahen Schulgelände bis zum ökologischen Bauen. Vielleicht lassen sich einige Stadtbewohner und Stadtbewohnerinnen nach Erfolgen mit den Gärten rund um das Haus zu Schritten in den Stadtteilen anregen und machen die gesamte Stadt zu ihrem Lebensraum.

Beispiel naturnahes Schulgelände – Lebens- und Lernort

Der Schulhof war nicht asphaltierter, der Rasen nicht kurzgeschorener und die Innenhöfe nicht langweiliger als bei vielen anderen Schulen. Doch eines Tages sind die 700 Schüler und Lehrkräfte der Hauptschule in Ennigerloh nicht mehr zufrieden damit, acht Stunden täglich in einer lebensfeindlichen Umgebung zu verbringen. Wie soll etwas über Natur und Umwelt gelernt werden, wenn auf dem Schulhof kein Platz für Natur ist.

Zunächst wird ein Teich in der Nachbarschaft der Schule in den Unterricht einbezogen und bei Exkursionen läßt sich etwas über die Pflanzenwelt der Steinbrüche in der näheren Umgebung lernen. Mit Unterstützung der Kommune und anderer Fachleute wagen sich dann Lehrer, Lehrerinnen, Schüler und Schülerinnen sowie die Eltern an die Umgestaltung des Schulumfeldes. Ziel ist dabei, nicht nur an einer Stelle Platz für Pflanzen und Tiere zu schaffen, sondern das gesamte Gelände mit Sitz- und Spielgelegenheiten naturnah umzugestalten. Denn eine grüne Ecke auf einem ansonsten langweiligen Gelände wird schnell zerstört, wenn sie die einzige interessante Aufenthaltsmöglichkeit auf dem Schulgelände ist.

Also geht es zunächst einmal darum, Ideen zu sammeln und zu planen. Eine Arbeitsgruppe findet sich zusammen, die bei regelmäßigen Treffen ein Gesamtkonzept entwickelt und Arbeitsschritte festlegt. Mit überschaubaren Projekten wird dann begonnen. An zwei Aktionstagen baut eine Lehrer-Gruppe Sitzbänke für eine Freiluftklasse. Eine Arbeitsgruppe pflanzt im Wahlpflichtunterricht Kletterpflanzen. In einem Innenhof entsteht ein Bauerngarten. Den anderen verwandelt eine Arbeitsgemeinschaft mit Trockenmauern, Hügeln

Bürger und Bürgerinnen bringen Leben in den Stadtteil. Die Möglichkeiten reichen von der Umgestaltung der Kindertagesstätte ...

Die Stadt

Irgendwo fängt die Arbeit um sieben an. Irgendwo hetzt einer zur Straßenbahn. Irgendwo kreischt am Morgen der erste Kran. Irgendwo erwartet die Frau den Mann. Irgendwo schreit ein Kind, das nicht laufen kann. Die Stadt sie lebt von dir. Die Stadt sie lebt von dir und mir. Die Stadt lebt durch uns.

Eckart Bückken

... bis zur Wahrung und Durchsetzung eigener Interessen entgegen kommunaler bürgerfeindlicher Planung.

Schulgelände sind viele Stunden täglich Lebens- und Lernorte von Schülern und Lehrern – gemeinsame Aktivitäten schaffen Platz für Mensch und Natur.

Naturnahe Spiel- und Sitzgelegenheiten werden nicht nur an Schulen gebraucht. Kontakt zur Natur ist für Kinder und Erwachsene jeden Alters wichtig.

und einer Feuchtstelle in einen steinbruchartigen Lebensraum. Nach dem Motto Kalk und Kunst werden hier zwischen Steinen und wachsenden Pflanzen Objekte aus dem Kunstunterricht ausgestellt. Die Ergebnisse machen Mut. Fördermittel aus der Schulgartenförderung des Landes werden beantragt. Außerdem sichert die Stadt Unterstützung und Gelder für die Umgestaltung der

Asphaltflächen zu. Die Arbeitsgruppe koordiniert jetzt die Zusammenarbeit bei den größeren Projekten.

An Aktionstagen bauen Schüler, Lehrer und Eltern gemeinsam Sitzmauern und legen Hochbeete an. Dann wird der Asphalt in den vorgegebenen Bereichen von beauftragten Firmen aufgebrochen und durch eine wassergebundene Decke ersetzt. Die Pflanzen sind teilweise Spenden aus den elterlichen Gärten. Später bauen Schüler und Lehrer Bänke und stellen Skulpturenpfähle auf. Die Umgestaltung des Schulgeländes geht voran. Auf einer ehemaligen Rasenfläche wachsen mittlerweile sogar Kohlrabi. Ein Nutzgarten mit Hochbeet, Gerätehaus und Wasserstelle ist entstanden. Großbäume finden Platz im ehemals asphaltierten Schulhof.

Schüler aller Altersgruppen lernen nicht nur einiges von und mit der Natur. Sie erleben auch, daß nichts statisch ist und sich durch gemeinsame Anstrengung vieles verändern läßt. Nach vier Jahren ist das Gelände kaum mehr wiederzuerkennen. Es wächst und sprießt an vielen Stellen. In den Pausen sind die Sitzmauern umlagert und auch nach Schulschluß ist das Schulgelände Spielraum. Sicher, nicht immer geht alles glatt. Fördermittel werden erst im zweiten Anlauf zugeteilt. Die Koordination ist nicht ganz einfach. Längst nicht alle machen mit, und obwohl klar ist, daß jeder andere Interessen hat, gibt es manchmal Frust. Doch der Erfolg kleiner Schritte bringt das Projekt immer wieder weiter.

Übrigens: auch dieses Projekt hat einmal klein begonnen. Die ersten kleinen Schritte, wie das Anpflanzen einer Fassadenbegrünung, der Bau einer Kräuterspirale, eine Freiluftklasse oder die Anlage einer Obstwiese machen wenig Arbeit und kosten nicht viel Geld. Bei der Startfinanzierung helfen WWF und AOK innerhalb der Gemeinschaftsaktion „Jugend schützt die Natur" mit kleinen Beiträgen weiter (siehe Adressen S. 194). Eine Genehmigung des Schulträgers und die Zustimmung der Gesamtkonferenz ist allerdings auch schon für die ersten Schritte nötig.

Wie sieht denn das Schulgelände in der Nachbarschaft aus. Und was ist mit den Kindergärten? Mit Weidenhäusern oder Spielgebüschen (siehe S. 135) läßt sich auch das Gelände eines Kindergartens in ein naturnahes Spielumfeld verwandeln. Kontakt zur Natur brauchen Kinder und Erwachsene jeden Alters.

Beispiel Kinderbauernhof – Stadtraum als Spielraum

Kreuzberg – das ist ein klassischer Arbeiterbezirk in Berlin. Seit seiner Entstehung um die Mitte des letzten Jahrhunderts hat sich trotz stellenweiser Renovierung im wesentlichen wenig verändert. Die dichte Bebauung mit 5-geschossigen Miethäusern, Hinterhäusern und nur minimalen Höfen läßt nicht nur Kindern wenig Freiraum.

Für drei Eltern stellt sich deshalb die Frage, wie sie mit ihren Kindern mitten in der Großstadt leben können. Ihnen fehlt für die Kinder ein leicht erreichbares und erlebnisreiches Spielgelände. Ein Kleingarten ist schon allein wegen des Fahraufwandes keine Alternative. Die Idee eines Kinderbauernhofes wird geboren. In Gesprächen mit Freunden, Bekannten und Nachbarn sind schnell weitere Interessierte gewonnen. Es beginnt ein Ideenaustausch. Kinderbauernhöfe im Stuttgarter Raum werden besichtigt. Das Konzept findet Anklang. Für Kinder und Jugendliche soll mitten in der Stadt ein Spielbereich entstehen, den sie selbst mit aufbauen, in dem sie selbst tätig werden können. Beim Umgang miteinander, mit Tieren und Pflanzen, mit Werkzeug, Wasser und Feuer bieten sich viele Gelegenheiten, Erfahrungen zu sammeln und Fähigkeiten zu erproben. Auch wenn der Kinderbauernhof von Erwachsenen mitbetreut wird, soll er doch von der Mitarbeit der Kinder leben. Als offene Einrichtung steht er Kindern und Jugendlichen der Umgebung und auch Schulklassen offen. Als das Konzept klar ist, wird ein Trägerverein gegründet. Mehr als sieben Mitglieder sind nicht nötig, um sich eine Satzung zu geben und beim Amtsgericht als Verein eintragen zu lassen. (Die Satzungsentwürfe sind bei Kinder- und Jugendfarmen e.V. erhältlich). Dadurch sind nicht Einzelpersonen haftbar. Jetzt kann die Suche nach einer passenden Fläche beginnen.

Nach Verhandlungen mit dem Bezirk und dem Senat sowie intensiver Öffentlichkeitsarbeit mit Plakaten, Briefen und Infoständen im Stadtteil werden die ersten Tiere als Geschenk angeboten, noch bevor ein passendes Grundstück vom Verein angepachtet werden kann. Am Görlitzer Bahnhof geht es nach mehreren Jahren Überzeugungsarbeit dann endlich mit zwei Eseln, einem Schwein, Hühnern und Kaninchen los. Etwa 100 Kinder, überwiegend zwischen 10 und 14 Jahren, die auch

Ein Kinderbauernhof, das sind nicht nur Hühner, Ziegen und Kaninchen. Hier entwickeln Kinder Ideen, probieren vieles aus und verändern so manches.

ihre jüngeren Geschwister mitbringen, nutzen täglich das von 13.00 Uhr bis zur Dunkelheit geöffnete Gelände. Sie bauen Ställe und Wege, füttern Tiere oder entwickeln einen Märchenzirkus. Fünf Vereinsmitglieder und zwei Praktikanten arbeiten mit den Kindern gemeinsam, versorgen und entmündigen sie nicht, sondern ermuntern sie, selbst etwas für sich und andere zu tun. Dabei lernen sie auch natürliche Lebensgrundlagen kennen, backen Brot, kümmern sich um Kaninchen, die gegessen werden, sofern sich nicht eines der Kinder besonders mit einem angefreundet hat.

Mittlerweile ist der Kinderbauernhof zu einer festen Einrichtung im Stadtteil geworden. Anwohner kommen vorbei, bieten ihre Kenntnisse beispielsweise bei der Auswahl von den richtigen Pflanzen an oder bringen Hausabfälle als Futter vorbei. Der Senat sichert die Platzmiete und vier feste Arbeitskräfte. Wasser-, Strom- und Telefonanschluß sind installiert. Sogar einen Teilumzug, aufgrund der Umgestaltung des Gesamtgeländes am Görlitzer Bahnhof, hat der Hof nach einigen Problemen überstanden. Jetzt kann das 10-jährige Jubiläum gefeiert werden.

Übrigens: In Würzburg brauchte die Initiativ-Gruppe keinen so langen Atem, bis es dann endlich losging.

Auch in vielen anderen Städten gibt es Kinderbauernhöfe oder vergleichbare Einrichtungen. Attraktiver als so manche Spielplätze, die eher Kinder-Abstellplätze sind und oft allmählich zu Hundeklos verkommen, geben sie Anregungen, wie kindergerechte Spielräume aussehen sollten.

Räume für Kinder, zum Durchstreifen und in Besitz nehmen. In einem lebendigen und menschenfreundlichen Wohnumfeld ist der Spielraum fast grenzenlos und nicht beschränkt auf abgegrenzte Spielplätze.

Wir sind Kinder

Wir sind Kinder,
der Stoff aus dem die Zukunft ist.
Wir sind Kinder,
paß auf, daß Du das nie vergißt,
Wir sind Kinder
und wem wir manchmal lästig sind,
wir sind Kinder,
der war wohl selber nie ein Kind.

Rolf Zuckowski

Nicht nur für Kinder macht eine Wohnstraße die Stadt weniger gefährlich. Ruhige Straßen, Fuß- und Radwege verbessern die Lebensqualität im Stadtteil.

Nicht aufwendige DIN-gerechte Spielgeräte sind gefragt, sondern Räume mit vielfältigen Strukturen für eigene Aktivitäten.

Hinterhöfe, Straßenecken oder manche verbotene Grundstücke sind solche Räume. Auch umgestaltete Spielplätze mit Hügeln, Gebüschen und Kletterbäumen, können eigene Aktivitäten ermöglichen. Kinder bewegen sich aber von Ort zu Ort. Schon allein deshalb läßt sich der Spielraum nicht auf bestimmte Plätze begrenzen. Der gesamte Stadtraum muß als Spielraum gesehen werden. Deshalb ist es besonders wichtig, daß

Kinder gefahrlos ohne Verkehrshindernisse, Grenzen und Beschränkungen ihren Aktionsradius erweitern können und auch am Lebensalltag der Erwachsenen teilhaben. Ein Netz von Wohnstraßen und Wegen durch Baugebiete, Hinterhöfe oder Grünflächen sollte wichtige Zielpunkte der Kinder und Jugendlichen miteinander verbinden. Diese Zielvorstellung eines bespielbaren Stadtraumes verfolgen viele, die sich als Anwälte von Kinderinteressen verstehen. Sie engagieren sich vielerorts in Vereinen oder als Kinderbeauftragte von Städten und versuchen, Kinderinteressen stärker in die Planungsüberlegungen einzubeziehen. Es wird nicht nur theoretisiert. Kinder werden auch direkt beteiligt. Wer kennt schließlich ihre Interessen besser, als die Kinder und Jugendlichen selbst. Wer Anregungen sammeln und eine Vorstellung davon bekommen will, wie sich kinderfreundliche Planungen auf das Stadtleben auswirken können, sollte die Stadt Herten besuchen. Seit gut zehn Jahren wird mit viel Engagement daran gearbeitet, die Stadt kinderfreundlicher zu gestalten.

Beispiel Bachpatenschaft – Schutz von Lebensraum

Der Erlenbach, das ist ein Mittelgebirgsbach am Rande des Rhein-Main-Ballungsgebietes. Erlen, Eschen und Weiden begleiten den Bach auf weiten Strecken seiner 29 km Gesamtlänge. Oberhalb der Kläranlage ist die Wasserqualität noch so gut, daß sogar Bachforellen und auch eine Vielzahl kleiner Wasserorganismen dort leben können.

Die Nähe zu Frankfurt, eine große Zahl von Spaziergängern und die wachsenden Siedlungen haben den Erlenbach jedoch nicht unbeschädigt gelassen. Unmittelbar am Ufer liegt ein Gewerbegebiet. Bachbegleitende Wiesenflächen, die bei Hochwasser teilweise überschwemmt werden, sind illegal in Gartenflächen mit Hütten und Zäunen umgewandelt worden.

Die örtliche Naturschutzgruppe beobachtete das Geschehen am Bach schon länger. Gemeinsam mit den Anglern und anderen Vereinen hatte sie – schon bevor sie dann später der Stadt die Übernahme einer Bachpatenschaft anbot – alljährlich einige m³ Müll und Unrat aus dem Erlenbach herausgeholt. Für ein 10 km langes Teilstück übernahm die Gruppe nun eine größere Verantwortung.

Sie beobachtet die Wasserqualität des Erlenbachs durch chemische und biologische Gewässeruntersuchungen. Mit der Kartierung der in den Bach eingeleiteten Rohre versucht sie, den Verschmutzungsquellen auf die Spur zu kommen. Bei der Begehung ihres Gewässers müssen die Bachpaten feststellen, daß der Uferbewuchs an einigen Stellen Lücken aufweist und die Ufer schutzlos dem Wasserangriff ausgesetzt sind. Durch Pflanzaktionen mit Erlen und naturnahe Ufersicherungen beispielsweise mit Rauhbäumen (beasteten Nadelholzstämmen) verhindern sie weitere Uferabbrüche. Pflege braucht auch der vorhandene Uferbewuchs. Kopfweiden, die früher zur Gewinnung von Reisern (beispielsweise für die Korbherstellung) regelmäßig beschnitten wurden, drohen nun unter der Last der zu dick gewordenen Äste auseinanderzubrechen. Manche Erlen werden bis kurz über den Wurzeln abgesägt, Auf-den-Stock-gesetzt, um einen vielfältigen Ufersaum aus alten und jungen Bäumen entstehen zu lassen.

Nicht alle diese Arbeiten können die Bachpaten selbst durchführen. Zeit und Geld reichen dafür gar nicht aus. Nicht zuletzt deshalb regelt der Patenschaftsvertrag genau die Zuständigkeiten. Die Bachpaten übernehmen für eine bestimmte Zeit Teilaufgaben der Gewässerunterhaltung, für die sonst die Städte oder örtlichen Wasserverbände als „Unterhaltspflichtige" zuständig sind. In der Regel stellen sie über die Wasser- oder Naturschutzbehörden Material und Pflanzgut zur Verfügung. Der Patenschaftsvertrag (Vertragsmuster sind bei den Wasserwirtschaftsämtern erhältlich) sichert dem Bachpaten das Betretungsrecht von Privatgrundstücken am Bach nach Absprache mit den Eigentümern und versichert sie als ehrenamtlich Tätige bei Unfällen.

Die Bachpaten am Erlenbach stellen aufgrund ihrer genauen Ortskenntnis einen Pflegeplan auf und erarbeiten Vorschläge zur weiteren Verbesserung des Gewässerzustandes. Einige Uferabschnitte sind nämlich mit naturfernen Materialien ausgebaut worden und zwingen den Bach in ein künstliches Bett. Hier schlagen die Bachpaten eine Renaturierung, ein Zurück zur Natur vor. In Gesprächen mit den Anliegern und den zuständigen Stellen versuchen sie, diese für die Ideen zu gewinnen. Nur bei einer vertrauensvollen Zusammenarbeit mit gegenseitigem Informationsaustausch und Akzeptanz der verschiedenen Interessen am Erlenbach ist das möglich.

Ohne Fachkenntnis fehlen den Bachpaten dabei die Argumente. Auch die praktischen Tätigkeiten am Erlenbach erfordern Wissen um die ökologischen Zusammenhänge im Lebensraum Fließgewässer. Bei Seminaren und aus Büchern hat die Gruppe gelernt, daß Fließgewässer langgestreckte zusammenhängende Lebensräume sind. Ein Eingriff an der einen Stelle wirkt sich an einer viele Meter entfernten Stelle beispielsweise durch Abspülen oder Anschwemmen von Erde aus. Deshalb ist der Erlenbach als ganzes im Auge zu behalten. Nur so sichert das Engagement der Paten Wasseramseln oder Eisvögeln dauerhaft den Lebensraum.

Mittlerweile haben die Anregungen dazu geführt, daß die Stadt Auewiesen aufkauft, die nun wiedervernässt werden. Die Betreuung übernehmen die Bachpaten. Ihrem Engagement ist auch zu verdanken, daß wohl in naher Zukunft Uferbefestigungen mit Leitplanken und alten

Entrümpelungsaktionen, Gewässerbeobachtungen oder Erlenpflanzungen – die Arbeit der Bachpaten lohnt sich. Ein Bach bleibt als Lebensraum kleiner und großer Wasserorganismen erhalten.

Pflege allein reicht meist nicht aus – wertvolle Lebensräume, wie eine Obstwiese oder eine Flußaue, brauchen Schutz und starke Fürsprecher gegenüber anderen Nutzungsinteressen, beispielsweise bei Gewerbeausweisungen.

Eine Idee zieht Kreise – wie ein Stein, der ins Wasser fällt, kann eine Bürgergruppe den Stadtteil verändern.

Bürger bauen für Bürger – es entstehen Spielbereiche und eine BMX-Bahn für junge Bürger…

Grabsteinen im Bereich der Kleingärten durch naturnahe Bauweisen ersetzt werden. Die Erfolge geben der Gruppe das Gefühl, bei aller Mühe sinnvolle Arbeit zu leisten.

Übrigens: Es muß kein Bach sein, für den die Patenschaft übernommen wird. Auch Obstwiesen, Brachflächen, Wälder oder Teiche werden in verschiedenen Städten von Vereinen, Schulklassen oder anderen Gruppen betreut. Für alle, die Interesse an Tieren und Pflanzen haben, gibt es viele Möglichkeiten, aktiv zu werden. Mit näheren Informationen helfen Naturschutzbehörden, Umweltverbände oder Naturschutzzentren (siehe S. 194) weiter. Vielleicht gibt es eine Fläche in der Nachbarschaft, die von Paten betreut werden kann.

Beispiel Bürgerpark – Lebensraum vor der Haustür

Auch viele kleine Schritte bewirken große Veränderungen. Daß diese Behauptung richtig ist, zeigt der Bürgerpark in Düsseldorf-Heerdt. Sicher, etwas Geduld ist schon nötig. Doch was vor 18 Jahren auf einem Bürgerfest mit einer Unterschriftensammlung begann, hat bis heute weite Kreise gezogen. Dabei waren die Voraussetzungen nicht besonders günstig. Verkehr und ein hoher Industrie- und Gewerbeanteil belasten den Stadtteil. Zwischen den teilweise 8-geschossigen Wohnhäusern bleibt wenig Freiraum.

Mit dem Ziel, gemeinsam die eigene Lebensumwelt zu verändern, findet sich eine Gruppe von Menschen aus dem Stadtteil zusammen. Um einen rechtlichen Rahmen zu bekommen, schließt sie sich dem existierenden Bürgerverein „Handweiser" als Spielplatzgruppe an. Die erste Idee der Gruppe, der im Kern bis heute 25 Personen angehören, ist nämlich die Verbesserung der Spielsituation für die Kinder. Nach der Erlaubnis der Stadt, auf einer abgedeckten, planierten Müllkippe zu bauen, entsteht ein vielfältiger Spielbereich mit Matschecke, Hügeln, Gebüschen, Teich, Rutschen, Obststräuchern und einem Gartenpavillon. Er wird für alle Kinder, Jugendliche und Erwachsene, besonders für die, die an Wochenendaktionen daran mitgearbeitet haben, zu einem wichtigen Treffpunkt.

Die Elemente liegen heute innerhalb des Freizeitparkes Heerdt, einer öffentlichen Grünfläche mit beschränkten Öffnungszeiten. Dort sind sie lebendige Oasen zwischen streng gepflegten Rasenflächen. Nach den ersten Erfolgen kümmerte sich die Gruppe um neue Projekte. Der Wunsch einer Gruppe Jugendlicher nach einer BMX-Radbahn wird aufgegriffen. Gemeinsam erarbeiten sie ein Konzept. Das Prinzip der Gruppe, daß jeder der mitbaut auch mitplant und mitentscheidet, bewährt sich aufs neue. Es gelingt der Gruppe, ein 6 000 m² großes ehemaliges Schulerweiterungsgelände kostenlos anzupachten. Nachdem Bauschutt, Erdaushub und Werkzeug besorgt sind, bauen die Jugendlichen in wenigen Wochen die selbstentworfene Bahn. Außerhalb der intensiv befahrenen Bereiche werden Bäume und Sträucher gepflanzt, damit das Gelände auch attraktiv genug ist, falls das Interesse am Radfahren mal erlahmt.

Die Fahrradbahn allein nimmt nicht die gesamte angepachtete Fläche in Anspruch. Es bleibt noch Platz, den sich die Kinder, Jugendlichen und Erwachsenen langsam aneignen. Hügel werden aufgeschüttet und Trockenmauern aus gebrauchten Ziegeln aufgeschichtet. Durch die Verwendung gebrauchter Materialien wie Bauschutt entsteht der Park fast kostenlos. Nachbarn bringen Samen und Ableger und bepflanzen Hochbeete. In einem bunten Nebeneinander entwickeln sich Zierpflanzen, Gemüse und Wildkräuter. Neue Einfälle, wie Teich, Rosenlaube und mosaikverzierte Sitzbänke und Pfosten werden umgesetzt. Eine Schulklasse nutzt die Beete als „Schulgarten". Das offene Konzept erlaubt ständige Veränderungen. Der Bürgerpark ist so nicht nur durch die Pflanzen und Tiere lebendig. Viele nutzen die Gelegenheit des „Pflanzen- und Bauspielplatzes" und entdecken die eigene Kreativität. Der Spaß an der Arbeit macht die „Arbeit" zum Spiel und spielende Kinder „arbeiten" mit. Durch die gemeinsamen Aktivitäten identifizieren sich Zuschauer und Macher mit dem Entstandenen. Fast beiläufig entstehen Kontakte zwischen den verschiedenen Alters- und Personengruppen im Stadtteil.

Die Erfahrungen mit dem Bürgerpark lassen auch größere Träume realisierbar erscheinen. Ein Teil der Gruppe macht sich daran, Ideen zum natur- und menschengerechten Leben, Arbeiten und Wohnen zu verwirklichen. Am Rand des Stadtviertels plant die entstandene Arbeitsgruppe das Ökotop-Heerdt, eine ökologische Siedlung mit vielfältigen naturnahen Freiräumen und Biogärten. Erste Erfolge deuten an, daß die Träume wahr werden. Es gelang, die Ausweisung des geplanten Gewerbegebietes zu verhindern. Stattdessen sind bereits die ersten Gärten und Lebensräume auf dem 18 ha großen Gelände entstanden. Ein Pavillon beherbergt das ökologische Zentrum, dessen Mitarbeiter und Mitarbeiterinnen Veranstaltungen im Ökotop-Heerdt durchführen und über weitere Vorhaben informieren. Sogar der notwendige Bebauungsplan für den Bau der ökologischen Siedlung steht vor der Genehmigung. Wer zweifelt angesichts dieser Entwicklung noch am Erfolg kleiner Schritte?

Übrigens: Nicht nur in Düsseldorf gestalten Bürger und Bürgerinnen die von ihnen genutzten Grünflächen mit. In Hannover verschönern selbsthergestellte Skulpturen eine kleine Grünfläche. In Gladbeck gibt es in einem naturnahen, öffent-

lichen Stadtgarten mit mietergartenähnlichen Gartengruppen, die nur durch eine intensive Zusammenarbeit der Kommune mit den späteren Gärtnern entstanden sind. Den Menschen, aber auch der Natur räumen viele Städte in den öffentlichen Grünflächen mehr Platz ein. Das Fallaub bleibt zwischen Sträuchern und Bäumen liegen und Rasenflächen werden teilweise in Wiesen umgewandelt. Unkrautbekämpfungsmittel kommen nicht mehr zum Einsatz und es entstehen „wilde Ecken". Nicht nur für Tiere verlieren Städte dadurch etwas von ihrer Lebensfeindlichkeit.

…und Bänke, Lauben und Beete nicht allein für ältere Bürger. Der Erfolg mit dem Bürgerpark macht Mut für weitere Vorhaben im Stadtteil.

Wiesenduft, Blüten und Grillen – naturnahe Parks bieten viele Erlebnisse und haben einen hohen Erholungswert. Ohne daß strapazierfähige Rasenflächen ganz verschwinden, können Städte die Pflege umstellen.

Platz für Mensch und Natur – die baubiologische Siedlung ist nichts für Spinner, sondern gesunder Wohnraum für viele.

Autos bleiben am Rand unter einem Parkdeck mit Mietergärten auf der Etage. Dadurch gibt es viele gefahrlose Fußwege in der Siedlung.

Beispiel baubiologische Wohnsiedlung – Gesunder Lebensraum

Der Stadtteil Waldhäuser Ost in Tübingen hat zwar einen romantischen Namen, die im Stil der 60er und 70er Jahre erbauten 8- und 14-geschossigen Betonwohnblocks lassen aber kein romantisches Gefühl aufkommen. Die baubiologische Wohnsiedlung Schafbrühl bildet in dieser Umgebung einen lebendigen Kontrast. Die Mieter profitieren hier von den Bemühungen des Bauherrn um attraktiveren Wohnraum.

Auf einem öffentlichen Grundstück sollen familienfreundliche Mietwohnungen entstehen. Eine Versicherung greift nicht zuletzt aufgrund der Baden-Württembergischen Mietwohnungsbauförderung als Bauherr zu. Die entstehenden Mietwohnungen sind dadurch preisgebunden und unterliegen Vergabebedingungen, ähnlich denen des sozialen Wohnungsbaus. Vor diesem Hintergrund hat die Versicherung das Ziel, eine Siedlung mit interessanten Wohnungen zu bauen, die dauerhaft, ohne häufige Mieterwechsel, vermietet werden können. Von der Idee einer baubiologischen Siedlung verspricht sich der Bauherr außerdem auch vergleichsweise geringe Unterhaltskosten. Die Erfahrungen beim Wohnbau in Betonbauweise zeigen nämlich, daß durch Schäden am Beton und an den Flachdächern hohe Kosten entstehen. Wirtschaftliche Überlegungen führen also hier dazu, neue Wege zu beschreiten.

Zunächst werden Idealvorstellungen wie z.B. Mietergärten für jede Wohnung oder eine strenge Südausrichtung der Häuser zur besten Ausnutzung der Sonnenenergie diskutiert. Nicht immer ist die Umsetzung möglich. Nur die möglichst frühzeitige Beteiligung der Baubehörde ermöglichte beispielsweise eine baubiologische Bauweise mit Holzbalken statt Stahlträgern in der Decke. Das Gesamtergebnis kann sich durchaus sehen lassen.

Straßenflächen bleiben gering. Die Autos stehen am Siedlungsrand zumindest teilweise in einem zweigeschossigen Parkdeck. Das begrünte Dach bietet Gartenraum für mehrere Wohnungen. Innerhalb der Siedlung gibt es nur wassergebundene Fußwege. Die Häuser gruppieren sich um drei Wohnhöfe, in denen reichlich Platz für Mietergärten und Gemeinschaftsflächen zum Sitzen und auch zum Spielen vorhanden ist. Einheimische Bäume, Sträucher, Stauden und auch Gemüse wachsen hier. Ein Bachlauf, der von den Hausdränagen und dem Regenwasser gespeist wird, durchfließt die Höfe und mündet in einem Feuchtbiotop. Große Sandsteinbrocken überbrücken Höhenunterschiede. In dieser naturnahen Wohnumgebung gibt es viele Nischen und Ecken für Kinder und Erwachsene. Auch für Kaninchenställe und einen gemeinschaftlich genutzten Komposthaufen findet sich ein Platz.

Die Häuser selbst besitzen Fundamente aus Kalkbeton. Auf Metalleinlagen wird weitgehend verzichtet. Die Ziegelmauern sind mit Kalkmörtel verputzt und erhalten teilweise eine Außenschalung aus Holz. Auch im Innenausbau wird konsequent mit Produkten gearbeitet, die das Prüfsiegel des Bundesverbandes für baubiologische Produkte besitzen oder zumindest gleichwertig sind. Mögliche Gesundheitsgefahren durch Baustoffe werden damit nach bestem Wissen ausgeschaltet. Zum gesunden Raumklima trägt auch die sternförmig verlegte und abgeschirmte Elektroinstallation bei, deren Strom über Netzfreischalter in den Schlafzimmern abgeschaltet wird.

Die baubiologische Bauweise hat so gut wie keine Auswirkungen auf die Wohnnutzung. Sicher, der Linoleumboden braucht die richtige Pflege. Die Aufnahmefähigkeit der Wände für Wasserdampf darf beispielsweise nicht durch ungeeignete Farben eingeschränkt werden. Einige Dinge sind deshalb im Mietvertrag geregelt. Ansonsten verfügen die Wohnungen über einen zentralen Wohnraum, über den die Wohnküche und die verschiedenen Zimmer erreichbar sind. Zu jeder Wohnung gehört ein Balkon, ein Wintergarten oder ein Mietergarten.

Das vielfältige Leben in der Siedlung Schafbrühl wird dadurch unterstützt, daß Räume für verschiedene Zwecke vorgesehen sind. Hier gibt es einen Laden, Büroräume und Artzpraxen.

Übrigens: Wer nun glaubt, daß baubiologische oder ökologische Ziele nur bei Neubaumaßnahmen umgesetzt werden können, täuscht sich. Nicht nur in Nürnberg, Kassel, Bremen, Köln, Hannover und Berlin gibt es Beispiele für eine ökologisch orientierte Stadterneuerung. Immer ist es dabei das Ziel, in einer lebendigen Stadt gesunden Wohnraum zu schaffen, ohne Umweltbelastungen zu bewirken. Oft haben diese Vorhaben mit dem Vorurteil der Öko-Spinnerei und dem teuren Luxus zu kämpfen. Das Beispiel Schafbrühl zeigt, daß das nicht so sein muß. Und ein gesundes Lebensumfeld für sich und seine Kinder wünschen sich doch wohl alle.

Beispiel Bürgerrechte

Bürgerinnen und Bürger der Städte können mit ihrem Engagement vieles in Bewegung setzen. Oftmals bringen sie die städtischen Verwaltungen und auch die politischen Vertretungen dazu, ihre Bemühungen um natur- und menschenfreundliche Städte zu unterstützen. Gegenüber den städti-

schen Institutionen, die oft als anonym, leblos und untätig, teilweise sogar als feindlich empfunden werden, sind noch Berührungsängste abzubauen. Schließlich sind die Menschen in den Institutionen als Bürger und Bürgerinnen auch an einer gesunden Umwelt interessiert.

Allerdings, ebenso wie noch längst nicht an jedem Haus eine Kletterpflanze zu finden ist, ist

Regenwasser von den Dachflächen speist einen Wasserlauf und einen Teich. Zwischen den Häusern mit Läden und Büros bleibt noch Platz für Mietergärten, Bänke, Kaninchenställe und vieles andere.

Gesundes Bauen bedeutet nicht unbedingt neu Bauen. Die Lebensbedingungen in vorhandenen Häusern, Wohnblocks und Stadtteilen können durch Maßnahmen von der Renovierung mit gesunden Baustoffen bis zur Regenwassernutzung verbessert werden.

Der „abstürzende Bürger" als Skulptur – Verwaltungsgebäude und Rathäuser erscheinen oftmals nicht nur natur-, sondern auch bürgerfeindlich. Dabei haben sie eine Vorbildfunktion im Stadtbild.

Herr K. und die Natur

Befragt über sein Verhältnis zur Natur, sagte Herr K.: „Ich würde gern mitunter aus dem Haus tretend ein paar Bäume sehen. Besonders da sie durch ihr der Tages- und Jahreszeit entsprechendes Andersaussehen einen so besonderen Grad von Realität erreichen. Auch verwirrt es uns in den Städten mit der Zeit, immer nur Gebrauchsgegenstände zu sehen, Häuser und Bahnen, die unbewohnt leer, unbenutzt sinnlos wären. Unsere eigentümliche Gesellschaftsordnung läßt uns ja auch die Menschen zu solchen Gebrauchsgegenständen zählen, und da haben Bäume wenigstens für mich, der ich kein Schreiner bin, etwas beruhigend Selbständiges, von mir Absehendes, und ich hoffe sogar, sie haben selbst für die Schreiner einiges an sich, was nicht verwertet werden kann. (...)

Bertold Brecht

nicht jede Stadt in Umweltfragen engagiert. An einem Ort wird die Begrünung von Fassaden mit Förderprogrammen unterstützt und öffentliche Gebäude sind als Vorbild für andere Häuser begrünt. An einem anderen Ort wird gar nichts getan. Doch dann resignierend die Hände in den Schoß zu legen und zu sagen: „Ehe die da „Oben" nichts machen, mache ich auch nichts!" hilft nicht weiter. Dieselbe Ausrede können nämlich auch die städtischen Institutionen benutzen: „Wir würden ja etwas tun, aber die da „Unten" wollen ja nicht!" Nur wenn beide Seiten aufeinander zugehen und den Dialog suchen, gelingt es, Veränderungen in Gang zu bringen. Es geht immerhin um die Lebensqualität der eigenen Stadt.

Umwelttelefon – Ansprechstelle bei Umweltfragen

Dürfen Bäume abgesägt werden? Ist dieses Holzschutzmittel schädlich? Was ist los, in unserem Bach treiben tote Fische? Bei diesen und anderen Fragen hilft das Umwelttelefon in Mainz. Nicht immer sind die Fragen direkt beantwortbar, dann

werden die Anrufer an entsprechende Stellen weitergeleitet. Es ist jedoch eine Hilfe zu wissen, daß es eine Ansprechstelle gibt, an die sich alle wenden können. Das Problem ist damit allerdings nicht immer aus der Welt geschafft.

Solch ein Umwelttelefon ist nicht nur in Mainz ein Zeichen dafür, wie ernst die Stadt Umweltfragen nimmt und wie sehr sie bereit ist, mit den Bürgern und Bürgerinnen darüber ins Gespräch zu kommen. Viele Städte verfügen nicht nur über ein Telefon. Sie stellen in Umweltberichten den Zustand der städtischen Umwelt dar. Die regelmäßigen aktualisierten Berichte zeigen Verbesserungen und Verschlechterungen in Bereichen wie Boden, Wasser oder Luft auf und lassen Handlungsnotwendigkeiten sowie Handlungsdefizite erkennen. Bei der Umsetzung sind dann wieder Politik und Verwaltung gefragt. In manchen Städten versuchen die Umweltbeauftragten oder Arbeitsgruppen im Bereich Umweltschutz Umweltzielen ein stärkeres Gewicht zu verleihen.

Bürgerantrag – Äußerung von Interessen

Die stark befahrene Gastfeldstraße in Bremen ist laut, nicht zuletzt deshalb, weil Löcher im Straßenbelag die Autos und Lastwagen holpern lassen. Anwohner der Gastfeldstraße und der Seitenstraßen halten die Erneuerung des Belages für notwendig. Sie wünschen Bäume in der Straße und ein Tempolimit. Nach einem ersten Treffen machen sie im Stadtteil auf das Problem aufmerksam und sammeln Unterschriften.

Der Stadtteil-Beirat ist ihre erste Anlaufstelle. Dort beraten Politiker über die Belange des Stadtteils. Bürger und Bürgerinnen können an den Sitzungen teilnehmen, Fragen und Anträge stellen. Wenn hier die Situation in der Gastfeldstraße als Problem erkannt, der Antrag unterstützt und an den Senat weitergegeben wird, ist ein erster Schritt zur Umsetzung der Wünsche getan. Was weiter daraus wird, muß sich dann herausstellen.

Solche Beiräte oder Bezirksvertretungen gibt es in vielen Städten. Die Zuständigkeiten sind unterschiedlich. Nicht überall sind sie auf dieselbe Weise organisiert. Mal sind die Fragen vorher schriftlich einzureichen, mal kann einfach bei der Sitzung gefragt werden. Über die Termine informiert die Stadt oder die örtliche Presse. Interessant ist es meistens, denn es geht sehr konkret um Angelegenheiten des Stadtteils wie beispielsweise die Art der Straßenbeleuchtung, die Ausstattung von Kinderspielplätzen oder Baumpflanzungen. Im Gegensatz zu Bürgerversammlungen bei Bauvorhaben steht hier der Stadtteil im Blickpunkt.

Bebauungsplan – Möglichkeiten zur Beteiligung

Im Warendorfer Neubaugebiet wird heiß diskutiert. Die Grundstücke sind noch nicht alle bebaut und schon soll der Bebauungsplan, in dem unter anderem die Lage der Häuser zueinander, die Grundstücksgrößen sowie die Straßen und Wege festgelegt sind, geändert werden. Gewünscht wird die Möglichkeit zu zweigeschossiger Bebauung in den bislang noch unbebauten Bereichen. Schallschutzmaßnahmen und Spielflächen sind geplant. Die Beibehaltung oder Aufgabe eines bereits vorhandenen Schulweges ist ein besonders harter Diskussionspunkt.

Bei einer Bürgerversammlung, wie sie im Rahmen von Bebauungsplanverfahren in der Regel durchzuführen ist, werden die Konflikte erkennbar. Einige Bewohner fürchten Belästigungen durch Kinderlärm. Doch nicht nur Gegner, auch Befürworter der Spielflächen und des Schulweges äußern sich bei der Versammlung. Als dann anschließend entsprechend dem Bebauungsplanverfahren Anregungen und Bedenken von unmittelbar Betroffenen schriftlich einzureichen sind, treten die Argumente der Gegner sehr deutlich hervor. Manche Anwohner befürchten, daß von den höheren Gebäuden aus ihre Gärten einsehbar sind und sie sich dort nicht mehr so wohl fühlen. Außerdem wird die Verlagerung der Spielflächen und die Aufgabe des Schulweges gefordert.

Die Stadt hat die Interessen abzuwägen und entscheidet mit dem Argument der größeren Sicherheit für den Bestand des Schulweges. Die Spielflächen bleiben aufgrund der Verfügbarkeit des Grundstückes an der geplanten Stelle. Nur auf die zweigeschossige Bauweise wird verzichtet. Eine Lösung, die allen Interessenlagen etwas gerecht zu werden versucht. Die Notwendigkeit der Beteiligung wird jedoch deutlich. Hätten sich nicht auch die Schulweg-Befürworter geäußert, wer weiß, wie die Entscheidung ausgefallen wäre.

Solche Anhörungen und Bürgerversammlungen werden auch bei der Ausweisung von neuen Wohn- und Gewerbegebieten, bei Umweltverträglichkeitsprüfungen von Mülldeponien und Straßen oder bei der Aufstellung von Flächennutzungsplänen durchgeführt. Pressemitteilungen informieren die Interessierten. Manchmal sind dann bereits Planungen so weit gediehen, daß sie nur noch schwer grundsätzlich in Frage zu stellen sind. Deshalb ist es wichtig, die Entwicklung in der Stadt aufmerksam zu beobachten. Vielen fällt das schwer. Wer kann sich schon vorstellen, welche Veränderungen die Vorhaben bewirken.

Das hört sich alles etwas trocken und theoretisch an. Doch letztendlich kann beispielsweise in Bebauungsplänen auch festgelegt werden, daß die Garagendächer zu begrünen sind oder Straßenbäume gepflanzt werden. Auch die Entscheidung, ob viel Boden unter Asphalt und Beton verschwindet oder ob es gut möglich ist, die Sonnenwärme auszunutzen, fällt im Bebauungsplan. Es lohnt sich also in jedem Fall, an Bürgerversammlungen und Anhörungen teilzunehmen. Zustimmung und Ablehnung sind gleichermaßen wichtig. Nur wenn sich die oftmals schweigende Mehrheit äußert, vermindert sich die Gefahr, daß Einzelinteressen oder Machenschaften hinter den Kulissen die endgültige Entscheidung bestimmen. Für jeden mündigen Stadtbewohner und jede Stadtbewohnerin bedeutet das eine ständige Herausforderung. Schließlich gestalten Menschen ihre Umwelt zwar nicht immer aus freien Stücken, aber sie gestalten sie immer selbst.

Im Interesse der eigenen Stadt werden Bürger und Kommunen gemeinsam aktiv – beispielsweise bei der Planung und Verabschiedung von Flächennutzungsplänen.

Wer an den Dingen seiner Stadt keinen Anteil nimmt, ist nicht ein stiller Bürger, sondern ein schlechter.

Perikles, 430 vor Christus

Information, Beratung, Unterstützung – wichtige Adressen

Kontakte zu anerkannten Markenbaumschulen
– Bund deutscher Baumschulen (BdB), Bismarckstr. 49, 25421 Pinneberg (Bietet Informationen u. Handbücher an)

Information, Beratung, Fortbildung zum Thema „Naturnahe Gartengestaltung":
– Naturgarten e.V., Verein für naturnahe Garten- und Landschaftsgestaltung, Kleinhadener Weg 1, 80689 München-Gräfeling

Information u. Beratung zu regenerativen Energien:
– Energie- und Umweltzentrum e.V., 3257 Springe-Eldagsen
– Verein für Windenergie, Postfach 6131, 30171 Hannover
– Weitere Adressen: Alternatives Branchenbuch, ALTOP GmbH, Grimmstr. 4, 80336 München

Information und Literatur zum biologischen und ökologischen Bauen:
– Bundesverband Gesundes Bauen und Wohnen e.V., Postfach 1820, 3300 Braunschweig
– Institut für Baubiologie und Ökologie, Holzham 25, 83026 Rosenheim

Bodenuntersuchungen:
– Verband Deutscher Landwrtschaftlicher Untersuchungs- und Forschungsanstalten (VDLUFA), Bismarckstr. 41a, 64293 Darmstadt
– Labor für Bodenuntersuchungen, Dr. Fritz Balzer, Oberer Ellenberg 5, 35083 Amönau
– Eidgenössische Forschungsanstalt, Schloß, CH-8820 Wädenswil
– Mikrobiologisches und chemisches Labor Dr. W. Wenzel, Maygasse 8, A-8010 Graz

Informationen zu Dachdichtungen, Kontakte zu Fachfirmen:
– Zentralverband des Deutschen Dachdeckerhandwerks, Hermann-Löns-Str., 51145 Köln

Beratung u. Information über Genehmigung von Pflanzmaßnahmen an Straßen und auf Bürgersteigen, Bereitstellung von Fördermitteln (z.T. aus Landesmitteln) für Haus- und Dachbegrünung, Hinterhofumgestaltung, Mietergärten, Vorgärten, Wohnumfeldverbesserung usw.
– Stadtverwaltung, Ämter für Umwelt, Grünflächen, Bauwesen und/oder Stadtentwicklung
  Kommunale Förderprogramme können u.a. in folgenden Städten beansprucht werden:
  Aachen, Aalen, Augsburg, Berlin, Bielefeld, Bochum, Braunschweig, Darmstadt, Dortmund, Düsseldorf, Duisburg, Essen, Frankfurt a.M., Gelsenkirchen, Gladbeck, Hagen, Hamburg, Hameln, Hannover, Herne, Ingolstadt, Karlsruhe, Kassel, Kiel, Köln, Ludwigshafen, Mannheim, Mönchengladbach, Mülheim a.d.R., München, Münster, Neustadt/Weinstr., Nürnberg, Oberhausen, Osnabrück, Saarbrücken, Sindelfingen, Stuttgart, Wiesbaden, Witten, Wuppertal

Information zur Umweltverträglichkeit von Baumaterialien, Info-Broschüren
– Umweltbundesamt, Bismarckplatz 1, 14193 Berlin

Information und Beratung zur kinderfreundlichen Stadt:
– Kinderbeauftragte des Bundes, der Länder und Städte
– Deutsches Kinderhilfswerk e.V., Langwieder Hauptstr. 4, 81249 München
– pro Juventute, Seefeldstr. 8, CH-8022 Zürich
– Bund für Jugendfarmen und Aktivspielplätze e.V., Im Elsental 3, 70569 Stuttgart

Information über umwelt- und gesundheitsbewußtes Verhalten, Produktinformation:
– Verbraucherzentralen der Länder, örtliche Verbraucherberatungsstellen
– Verbraucher-Initiative e.V., Breite Str. 51, 53111 Bonn

Information, Kontakte zu örtlichen Natur- und Umweltschutzgruppen und Umwelt- und Naturschutzzentren
– Bund für Umwelt und Naturschutz Deutschlands (BUND), Im Rheingarten 7, 53225 Bonn
– Naturschutzbund Deutschland (DBV), Am Hofgarten 4, 53113 Bonn
– Umweltstiftung WWF Deutschland, Sophienstr. 44, 60487 Frankfurt
– Österreichischer Naturschutzbund (NB) Arensbergstr. 10, A-5020 Salzburg
– Schweizerischer Bund für Naturschutz Postfach 73, CH-4020 Basel
– Arbeitsgemeinschaft Natur- und Umwelterziehung (ANU) Geschäftsstelle im: Biologie-Zentrum-Bustedt, Gutsweg 35, 32120 Hiddenhausen (Herausgeber einer umfangreichen Dokumentation über Umweltzentren in Deutschland (mit Kontaktadressen), zu beziehen über den Verlag, Postfach 102251, 32760 Mülheim a.d. Ruhr

Kontakte zu Fachfirmen und Garten- und Landschaftsarchitekten mit Erfahrung in der Planung von Dach- und Fassadenbegrünung und der Gartengestaltung:
– Bund Deutscher Landschaftsarchitekten (BDLA), Colmantstr. 32, 53115 Bonn
– Bundesverband Garten-, Landschaftsund Sportplatzbau (BGL), Plittersdorfer Str. 93, 53173 Bonn

Wichtige Vereine, die u.a. Kontakte zu Projekten vermitteln können:
– Braunschweiger Forum, Postfach 1625, 38004 Braunschweig
– Planerladen e.V. Dortmund, Erwinstr. 46, 44147 Dortmund
– Urbanes Wohnen e.V. München, Kazmairstr. 23, 80339 München

Bezugsquellen von A bis Z

Die für Gärten nötigen Materialien, Pflanzen und Sämereien sind in der Regel über örtliche Gärtnereien, Baumschulen, Baustoffhandlungen usw. zu erhalten. In manchen Fällen ist aber die Beschaffung über eine der folgenden Bezugsquellen erforderlich bzw. zweckmäßig. Bei den meisten Firmen können informative Kataloge oder Prospekte angefordert werden.

Balkongarten-Bewässerung
– Friedemann Paletta, Stuttgarter Str. 30, 59425 Unna
– G. Beckmann KG, Simoniusstr. 10, 89186 Wangen

Blumenwiesensamen (bewährte Mischungen)
– Naturwuchs, Bardenhorst 15, 33739 Bielefeld (LÖLF-Mischung „Kleve-Kellen")
– Blauetikett Bornträger GmbH, 67591 Offstein
– B. Dittrich, Dipl. Biol., Bachstr. 7, 78247 Hilzingen
– Wolfhart Lau, Wildpflanzengärtnerei, Lindenweg 17, 79731 Herischried

Dachgarten: Material
– Leca Deutschland GmbH, Gärtnerstr. 94a, 25469 Halstenbeck (Dachgarten-Substrate, u.a. „Lecadan T" aus Blähton und „Lecadan S" aus Blähschiefer)
– renatur GmbH, Postfach 60, 24601 Ruhwinkel-Wankendorf (Dachstauden in Multiplatten, Folien, Vlies u.a.)
– Grün-Dach-Vertrieb GmbH, Ludwig-Raabe-Str. 16-18, 34266 Niestetal (Substrate, Vegetationsmatten)
– Kirchhorster Staudenkulturen, G. Krupka, Stellerstr. 26, 30916 Isernhagen (Dachstauden)
– GELSENROT Spezialbaustoffe, Engelbertstr. 16, 45892 Gelsenkirchen-Resse (Dachsubstrat „Hygromix")
– Natur und Garten, Riesenbecker Str. 63-65, 49479 Ibbenbüren (Folien, Vlies)
– Lavahum-Dachsubstrate, Justus-Liebig-Str. 1, 55129 Mainz (Spezialsubstrate)
– J. Wagner GmbH, Samengroßhandlung, Eppelheimer Str. 18-20, 69115 Heidelberg (Saatgut u. Vegetationsmatten)

– Lias-Franken Leichtbaustoffe GmbH, 91352 Pautzfeld (Blähton)
– Aquaplan, Held GmbH, Postfach 24, 75046 Gemmingen (EPDM-Folien)

Dachgarten: Begrünungssysteme
(nicht für Eigenbau, Ausführung durch Garten- und Landschaftsbaubetriebe oder Lieferfirma)
– optima-Zentrale Nord, Postfach 1101, 25462 Rellingen
– Technoflor Deutschland GmbH, Tönisheider Str. 19, 62489 Wülfrath
– Dörken AG, Postfach 163, 58313 Herdecke/Ruhr
– RIECO-Begrünungsysteme, Siemensstr. 2, 6374 Steinbach
– Oskar Brecht GmbH, Leonberger Str. 29/1, 71254 Ditzingen
– ZinCo Dachsysteme GmbH, Postfach 2069, 72622 Nürtingen
– optima-Zentrale Süd, 72505 Krauchenwies
– Novoflor, Fränk. Rohrwerke, 97486 Königsberg (Bayern)
Weitere Anbieter und Informationen bei:
– Gütegemeinschaft Kunststoff– Dach und Dichtungsbahnen-Verleger e.V. (KDV), Herzogstr. 24, 60528 Frankfurt
– Deutscher Dachgärtner-Verband, Postfach 2045, 76530 Baden-Baden

Dünger: siehe bei Pflanzenpflegemittel

Gehölze: siehe bei Wildgehölze

Holzschutz – umweltverträglich
(in der Regel über Baustoffhandel)
– AGATHOS-Leinölfarben, Justus Waldthausen, Postfach 1155, 27721 Ritterhude
– LIVOS-Pflanzenfarben, Neustädter Str. 23-25, 29389 Bodenteich
– AURO-Naturfarben GmbH, Postfach 1220, 38004 Braunschweig

– LEINOS Naturfarben GmbH, Dahlhauser Str. 8, 45279 Essen
– Naturprodukte W. Hahn GmbH, Dobelstr. 22, 73087 Boll

Kletterhilfen für Fassadengrün
– Wego System GmbH AG, Postfach 1369, 33154 Salzkotten
– Nagel KG Begrünungssysteme, Postfach 1462, 50389 Wesseling
– T. Brandwein Gebäudebegrünungen, Postfach 1103, 53894 Mechernich (Kletterhilfen aus Glasfaser-Verbund–Werkstoffen)
– Dr. Jürgens, Gärtnerischer Pflanzenbau, Objekt-Begrünungen, Ekkenhagener Str. 9a, 51580 Reichhof-Allenbach (Edelstahlseile und Zubehör)

Kompostbehälter (Schnellkomposter u.a.)
– Kalle-Metallwarenfabrik, Rehbecke 1, 58091 Hagen
– ITU GmbH, Ansbacher Str. 5, 10787 Berlin (bewährter, etwas teurer Komposter aus Recycling-Kunststoff und Polystyrol-Hartschaum)
– Koops Kompostierungssysteme GmbH, Hoffmeyer Str. 3, 21073 Hamburg (Hamburger Wurmbank, Zweikammersystem)
– W. Neudorff GmbH, Postfach 1209, 31086 Emmerthal (bewährter Thermo-Komposter aus Recycling-Kunststoff)
– Bindtner Komposttechnik, Postfach 27, 56321 Rhens (Schnellkomposter aus heimischen Hölzern)
– Remaplan GmbH, Unterhachinger Str. 75, 81737 München (Komposter aus Recycling-Kunststoff)

Kompostwürmer: siehe Regenwurmzuchten

Nistkästen u.a.
– Die Lebensgemeinschaft e.V. Holzwerkstatt, 36110 Schlitz
– DBV-Versandservice, Postfach 1367, 70806 Kornwestheim
– Schwegler-Vogelschutz GmbH, Heinkelstr. 35, 73614 Schorndorf

Obstbäume, alte Sorten
– Baumschule Cordes, Lütlanden 4, 22880 Wedel (Holst.)
– Baumschule Hesse, Postfach 240, 26826 Weener
– Angendohr Baum– und Rosenschule, 41334 Nettetal
– Baumschule Beckermann, Cappeler Damm 5, 49692 Cappeln
– Niederadener Baumschulen, Im Dorf 23, 44532 Lünen-Niederaden
– Naturwuchs Baumschulen, Bardenhorst 15, 33739 Bielefeld
– Baumschule Herr, Abtl. K, Bonner Str. 26-32, 53340 Meckenheim bei Bonn
– Baumschule Conrad Appel, Brandschneise 1, 64295 Darmstadt
– Rinn, Baumschule KG, Heuchelheimer Str. 129, 35398 Gießen
– Klaus Ganter, BdB-Markenbaumschule, 79369 Wyhl
– Brenninger Baumschulen, Hofstaaring 57, 84439 Steinkirchen
– Baumschule Ganther, Baumstr. 2, 79369 Wyhl
Weitere Adressen über Landwirtschaftskammern oder Bund deutscher Baumschulen (siehe bei Wildgehölze)

Obstverwertung
– Albert Pfäffle GmbH, Gymnasiusstr. 73, 74072 Heilbronn (Saftpressen, Fässer, Zubehör – Infopaket gegen 1,50 DM in Briefmarken)

Pilz-Fertigkulturen
– Willemse, Bahnhofstr. 6-12, 47559 Kranenburg (Shiitake)
– Pilzzuchtbetrieb W. Karrasch, Obstgartenweg 12, 70191 Stuttgart (Austernpilz, Champignon)
– Hawlik, Europilzbrut, 82064 Großdingharting (Austernpilz, Champignon, Egerling, Spargelpilz, Shiitake)
– Förster-Pilze, Zeller Weg 3, 97478 Knetzgau-Westheim (Austernpilz, Champignon, Shiitake, Egerling, Braunkappen)
– Habermann, Im Grund 24, 63654 Büdingen-Auendiebach (Austernpilze)

Pflanzerden/Substrate
– Ton-Schaum, Peter Mack, Kirchhütterstr. 6-8, 27801 Neerstedt (Tonsubstrat „Grolit 2000")
– Seramis, Postfach 1149, 27299 Langwedel
– Gütegemeinschaft Rinde für den Pflanzenbau e.V., 30926 Seelze (Kontakt zu Anbietern von Erden aus Rinde)
– Humuswerk Barbecke, Postfach 100265, 38202 Salzgitter (Komposterden, Rindenhumus u.a.)
– ASB-Grünland, Porschestr. 4, 71634 Ludwigsburg (torffreie Pflanzerde aus Resthölzern)
– Blumenerdenwerk Stender GmbH, Alte Poststr. 121, 46514 Schermbeck („Schermbecker Ökosubstrat" aus Kompost, Rindenhumus, Kokosfasern u.a. – gut geeignet für Pflanzgefäße)
– Terrasan, Hindenburgstr. 20a, 85057 Ingolstadt (Blumenerde ohne Torfzusatz)

weitere Substrate siehe Dachbegrünungs-Material (Blähton)

Pflanzgefäße
– Eternit AG Berlin, Postfach 126260, 10594 Berlin (Balkonkästen und Pflanztröge aus asbestfreiem Faserzement)
– Metten Stein + Design: über Baustoffhandel (Florana-Blumentröge mit Naturstein-Oberflächen oder aus Lavabeton)

Pflanzenpflegemittel, Naturdünger
– Cohrs GmbH, Postfach 1165, 27356 Rotenburg/Wümme
– Neudorff GmbH KG, Postfach 1209, 31860 Emmerthal
– Naturdünger Vertriebsgesellschaft mbH, Postfach 1127, 59590 Geseke (organisch biologischer Spezialdünger, torffreie Substrate)
– Corna-Werk, Postfach 4267, 89032 Ulm
– Terrasan OHG, Miller & Co., Hindenburgstr. 20a, 85057 Ingolstadt

Regenwassersammler
– Gerex Neugebauer GmbH, Postfach 1848, 74008 Heilbronn (in Regenrohre einzubauender Sammler, Regentonnen u.a.)
– Albert Pfäffle GmbH, Gymnasiusstr. 73, 74074 Heilbronn (Regentonnen u.a.)
– Otto Graf GmbH, Carl-Zeiss-Str. 2-6, 79331 Teningen (Regentonnen, versch. Sammelbehälter)
– G. Beckmann KG, Simoniusstr. 10, 88239 Wangen (mit Holz verkleidete Regentonnen u.a.)
– Wagner & Co, Ringstr. 31, 35091 Cölbe

Regenwurmzuchten
– J. Schumacher, Dorfstr. 17, 16845 Lohm
– Regenwurmfarm Kotten am Klosterdiek, Theo Thake, Borkener Str. 40, 46325 Borken
– Eisenia GmbH & Co., Kapellenstr. 25, 65193 Wiesbaden
– C. Schepansky, Lippkampstr. 30, 44594 Lümen

Rindenhumus, Rindenmulch u.a.
In Gartencentern, Gartenhandel usw. überall erhältlich (siehe auch bei Pflanzerden)

Saatgut (Wildpflanzen, seltene Gemüsesorten u.a.)
– Carl Sperling & Co., Postfach 2640, 21316 Lüneburg
– Ernst Benary, Postfach 1127, 34331 Hannoversch-Münden
– Natur und Garten, Riesenbecker Str. 63-65, 49479 Ibbenbüren
– Hüsken GmbH, Abt. Versand, Postf. 110664, 45336 Essen
– Conrad Appel, Bismarckstr. 59, 64293 Darmstadt
– Blauetikett Bornträger GmbH, 67591 Offstein
– Julius Wagner GmbH, Eppelheimer Str. 18-20, 69115 Heidelberg
– Peter Bauer, Wildpflanzensaatgut und Heilpflanzen, Oststraße 36, 79697 Wies
– Dieter Köhler, Rainerstr. 4, 83104 Tuntenhausen
– Quedlinburger Saatgut GmbH, Neuer Weg 21, 06484 Quedlinburg
– Erfurter Samenzucht GmbH, Marktstr. 38, 99085 Erfurt
– Wolf Garten AG, Industriestr. 9, CH-1630 Bulle (Schweiz)

Spielgeräte
– Uhl, Holz– und Steinbildhauerei, Harheimer Weg 82, 60437 Frankfurt a.M.
– Wissmeier, An der Autobahn 6, 68789 St. Leon Rot
– Finlek Spielgeräte und Freizeit GmbH, Gustav-Jung-Str. 50, 90455 Nürnberg
– SIK-Holz, Dorfstr. 35, 14913 Langenipsdorf
– Kinderland, Industriestr. 6, 49744 Geeste

Stauden: siehe Wildstauden

Teichbaumaterial
– H. Diekmann GmbH & Co. KG, Dia-Fertigwerke, 31275 Lehrte (Tonbauteile)
– Menting, 46514 Schermbeck 1 (Tonbauteile)
– Natur und Garten, Postfach 3032, 49479 Ibbenbüren-Dörenthe (schadstoffarme PE-Teichfolien)
– Ewald Dörken AG, Postfach 1263, 58302 Herdecke/Ruhr („Delta-Teichfolie", schadstoffarm, stabilisiert)
– Aquaplan, Held GmbH, Postfach 24, 75046 Gemmingen

Wildgehölze
– Naturwuchs, Bardenhorst 15, 33739 Bielefeld
– Naturgarten e.V., Kleinhadener Weg 1, 80689 München-Gräfeling
– Forstbaumschule A. Jaeggi, CH-4565 Recherswil

Weitere Adressen sowie Informationen (u.a. Handbücher „Laubgehölze" und „Wildgehölze") über: Bund deutscher Baumschulen, BdB, Bismarckstr. 49, 25421 Pinneberg

Wildstauden
– Staudenkulturen Hagemann, Walsroder Str. 324, 30855 Langenhagen
– Heinrich Junge, Seeangerweg 1, 31787 Hameln
– Angermunder Staudenkulturen, Kalkweg 55-59, 40489 Düsseldorf
– Stauden Köster, Sensenfeld 142, 46325 Bottrop/Grafenwald
– Staudenkulturen Stade, Beckenstrang 24, 46325 Borken-Marbeck
– Natur und Garten, Riesenbecker Str. 63-65, 49479 Ibbenbüren
– Naturwuchs, Bardenhorst 15, 33739 Bielefeld
– Blauetikett Bornträger GmbH, 67591 Offstein
– Odenwälder Pflanzenkulturen, Kayser & Seibert, Postfach 28, 98590 Rossdorf
– Naturgarten e.V., Kleinhadener Weg 1, 80689 München-Gräfeling
– Staudengärtnerei Gräfin v. Zeppelin, 87477 Sulzberg-Laufen
– Oldehoff, Sieglmühle 2, 94051 Hauzenberg
– Gärtnerei Frömmel, Fahrkamp 10, 45481 Mülheim/Ruhr

Weitere Adressen und Informationen über: Bund deutscher Staudengärtner, Gießener Str. 47, 35305 Grünberg/Hessen

Tips zum Weiterlesen von A bis Z

Balkon-Gärten
Dittmer, W.: Der Nutzgarten auf dem Balkon, München 1988
Dahlmühle, H.: Grün für die Großstadt, Haldenwang 1985

Basteleien mit Naturmaterial
Kreusch-Jacob, D.: Mein Instrument mach ich mir selber, Ravensburg 1987
Stöcklein-Meier, S.: Natur-Spielzeug, Ravensburg 1985

Basteleien zu Wind und Wetter
Beckstein, C. u.a.: Feuer, Wasser, Erde, Luft, München 1990
Michalski, U. u.a.: Wie der Wind geschwind..., Ravensburg 1988
Wucherpfennig, P.: Umwelt-Werkbuch, Reinbek 1985

Bauen im Garten
Wirth, P., Garten-Anlage, Stuttgart 1985

Bäume und Sträucher
BdB-Handbuch Laubgehölze Bezug: Fördergesellschaft 'Grün ist Leben', Bismarckstr. 49, 25421 Pinneberg
BdB-Handbuch Wildgehölze Bezug: s.o.
Witt, R.: Wildsträucher in Natur und Garten, Stuttgart 1989

Dachgärten, extensiv
Kolb, W. u.a.: Grün auf kleinen Dächern, München 1987

Ohlwein, K.: Dächer selbst begrünen Kassel 1988, Selbstverlag, Bezug: K. Ohlwein, Breitscheidstr. 15, 34119 Kassel (6,→ DM)
Planungshilfe Natur und Garten-Dach. Bezug: Natur & Garten, Riesenbeckerstr. 63-65, 49479 Ibbenbühren

Dachgärten, intensiv
Stifter, R.: Dachgärten – Grüne Inseln in der Stadt, Stuttgart 1988

Experimente in und mit Natur
Chinery, M.: Kosmos-Familienbuch der Natur, Stuttgart 1978
Press, J.: Der Natur auf der Spur, Ravensburg 1987

Fenstbank-Gärten
Recht, Ch.: Küchenkräuter selber ziehen am Fenster, auf dem Balkon und im Garten, München 1989

Garten-Höfe
Drum, M. u.a.: Stadtoasen, Köln 1985
Bayerisches Staatsministerium für Landesentwicklung und Umweltfragen (Hrsg.): Grüne Innenhöfe München 1983
Bezug: StMUL, Rosenkavallierplatz 2, 81925 München

Gärtnern mit Kindern
Björk, C. u.a.: Linneas Jahrbuch, München 1988

Björk, C. u.a.: Die schnellste Bohne der Stadt, München 1985
Lohf, S. u.a.: Wo der Gurkenkönig wächst, Ravensburg 1985
Näslund, G.-K. u.a.: Anton im Garten, Reinbek 1988

Jugendbücher
Greisenegger, I. u.a.: Umweltspürnasen – Aktivbücher zu Tümpel und Teich, Wasser, Boden, Naturgarten, Wien o.J.
Ludwig, C.: Die Kastanienallee, Kevelar 1990
Meiners, W. u.a.: Jugendaktionsbuch Natur und Umwelt, Baden-Baden 1984
Nöstlinger, C.: Nagle einen Pudding an die Wand, Hamburg 1990
Pestum, J.: Nur große Fisch für den Joker, Würzburg 1990
Reisner, S.: Die drei im Turm, Berlin 1982
Schaaf, H.: Aktion Löwenzahn, Wien 1982
Stottele, T. u.a.: Kein Herbst ohne Blätter, Stuttgart 1990

Kinderbücher
Bannwart, E. u.a.: Auf den Spuren einer Stadt, Ravensburg o.J.
Jacobs, U.: Eine Krähe fliegt in die Stadt, München 1980
Macaulay, D.: Unter einer Stadt, München 1981
Müller, J.: Alle Jahre wieder saust der Preßlufthammer nieder Aarau, Frankfurt/Main 1973
Müller, J.: Hier fällt ein Haus, dort steht ein Baum Aarau, Frankfurt/Main 1976

Murschetz, L.: Der Maulwurf Grabowski, 1977
Scheffler, U. u.a.: Opa ist nicht von Gestern, München 1987
Tümpel, A. u.a.: Die Linde, die Füße bekam, München 1989

Kinder in der Stadt
Harms, G. u.a. (Hrsg.): Spiel– und Lebensraum Großstadt, Berlin 1989
Kinderfreundliche Stadt, Themenheft der Zeitschrift Freiraum Heft 3/1991

Kletternde Gärten
Kleeberg, J.: Häuser begrünen, Stuttgart 1985

Kommunale Umweltaktivitäten
Deutsches Institut für Urbanistik: Arbeitshilfe 6 Kommunale Umweltschutzberichte, Berlin 1987
Hucke, J. u.a. (Hrsg.): Kommunale Umweltpolitik, Basel 1983

Kübelpflanzen
Köchel, Ch. u.a.: Die schönsten Kübelpflanzen, München 1986

Lebensraum Stadt
Adam, K.: Stadtökologie in Stichworten, Unterägeri 1988
Köhler, P. (Hrsg.): Naturraum Menschenlandschaft, München 1984

Naturerlebnisspiele
Cornell, J. B.: Mit Kindern die Natur erleben, Soyen 1979

Naturnaher Garten
Niemeyer-Lüllwitz, A.: Arbeitsbuch Naturgarten, Ravensburg 1989
Witt, R. Naturoase Wildgarten, München 1982
Winkler, A.; Satzmann, H. C.;; Das Naturgarten-Handbuch für Praktiker, Stuttgart 1989

Naturnahe Grünflächen
Andritzky, M. u.a. (Hrsg.): Grün in der Stadt, Reinbek 1981
Bayerisches Staatsministerium des Innern (Hrsg.): Freiflächen an öffentlichen Gebäuden naturnah gestalten und pflegen, München 1989

Naturnahe Schulgelände
Hoff, M. : Natur an der Schule – ökologisches Lernen vor Ort LÖLF-Mitteilungen 2/89 Bezug: Naturschutzzentrum NRW Leibnizstr. 10, 45659 Recklinghausen
Stiftung Naturschutz Berlin (Hrsg.): Hundert Grüne Lernorte, Berlin 1985
Winkel, G. (Hrsg.): Das Schulgarten Handbuch, Seelze 1985

Nisthilfen
Steinbach, G.: Werkbuch Naturschutz, Stuttgart 1988

Nutzgärten
Bruns, S.: Biogärtnern für Alle, München 1989
Kreuter, M.– L.: Der Biogarten, München 1988

Obstbäume
Loose, H.: Obstbaumschnitt, Kern-, Stein– und Beerenobst, München 1991
Recht, Ch.: Obstbäume biologisch ziehen, München 1990

Ökologische Stadtplanung
Adam, K., u.a. (Hrsg.): Ökologie und Stadtplanung, Köln 1984
Grohé, T., u.a. (Hrsg.): Ökologie und Stadterneuerung, Köln 1988

Ökologisches Bauen
Bargholz, J. (Hrsg.): Ökotopolis – Bauen mit der Natur, Köln 1984
Umweltbundesamt (Hrsg.): Ökologisches Bauen, Wiebaden, Berlin 1982

Pilzanzucht
Groos, U.: Speisepilze aus eigener Zucht, Niedernhausen/Ts. 1988

Schutz und Pflege von Lebensräumen
Barth, W.-H.: Praktischer Umwelt– und Naturschutz, Hamburg, Berlin 1987
Wildermuth, H.: Natur als Aufgabe, Basel 1980

Spiele auf Straßen, Wegen und Plätzen
Steuer, H.: Spielen in der Stadt, Hamburg 1983

Spielräume
Beltzig, G.: Kinderspielplätze, Wiebaden 1987
Brügger, T. u.a.: Das BeiSpielplatzBuch, Zürich 1984
Oberholzer, A. u.a.: Gärten für Kinder, Stuttgart 1991
Wagner, R.: Natur-Spiel-Räume, Broschüre des Naturschutzzentrum NRW, Leibnizstr. 10, 45659 Recklinghausen (1,50 DM in Briefmarken)

Straßenfeste
Schreiber, A.: Straßen-, Gassen– und Bürgerfeste, Ravensburg 1982

Rasen oder Wiese
Jedicke, E.: Blumenwiese oder Rasen, Stuttgart 1986

Sommerblumen
Hielscher, A.: Sommerblumen, Melsungen 1984

Stadt in Kunst und Literatur
Girouard, M.: Die Stadt, Frankfurt/Main 1987
Riha, K.: (Hrsg) Stadtleben – ein Lesebuch, Darmstadt 1983

Stadterkundung
Forkel, J.: Stadtsafari, Mülheim/Ruhr 1993
Hoff, M.: Sta(d)tt-Natur, Die Grundschulzeitschrift 53/1992

Stadtgeschichte
Benevolo, L.: Die Stadt, Frankfurt 1983
Reulecke, J.: Geschichte der Urbanisierung in Deutschland, Frankfurt am Main 1985

Stadt-Naturführer
Chinery, M. u.a.: Was wächst und lebt in Stadt und Dorf? Stuttgart 1986
Reicholf, J.: Siedlungsraum, München 1989

Stauden, Gräser und Farne
BdB-Handbuch Stauden Bezug: Fördergesellschaft 'Grün ist Leben' , Bismarkstr. 49, 25421 Pinneberg
BdB-Handbuch Wildstauden für Schattenflächen und Säume Bezug: s.o.
BdB-Handbuch Wildstauden für Wiesen und andere Freiflächen Bezug: s.o.
Foerster, K.: Einzug der Gräser und Farne in die Gärten, Radebeul 1978
Hay, R. u.a.: Gartenblumen, Stuttgart 1977

Tierspuren
Bang, P. u.a.: Tierspruren, München, u.a. 1986

Umweltfreundliches Heimwerken
Katalyse Gruppe u.a.: Öko-Heimwerkerbuch, Köln 1988

Umweltgeschichte
Brüggemeier, F.– J u.a.(Hrsg.): Besiegte Natur, München 1987
Körber Stiftung (Hrsg.): Von „Abwasser" bis „Wandern" Ein Wegweiser zur Umweltgeschichte, Hamburg 1988

Unterrichtshilfen
Brettschneider, C. u.a.: Unterrichtseinheit Wohnungsnot und Stadtsanierung, Göttingen 1984
Deutsches Institut für Fernstudien an der Universität Tübingen: Stadterfahrung-Stadtgestaltung Bd. 1-6, Tübingen 1988
Kuhn, K. u.a.: Biologie im Freien, Stuttgart 1986
Pädagogische Arbeitsstelle des deutschen Volkshochschulverbandes (Hrsg.): Stadtgrün – ein Beitrag zur Stadtökologie, Frankfurt/Main 1985
Stadt Themenheft der Zeitschrift Umweltlernen Heft 49/50 1990
Stadtökologie Themenheft der Zeitschrift Unterricht Biologie: Heft 143, 1989

Eingangs-Gärten
BUND (Hrsg.): Städtische Vorgärten naturnah gestaltet Kiel 1986, Bezug: BUND, Rheingarten 7, 53225 Bonn
Gräber, T. u.a.: Der Vorgarten, Stuttgart 1986

Wildgemüseküche
Helm, E.-M.: Feld-, Wald– und Wiesenkochbuch, München 1982
Recht, C. u.a.: Ernte am Wegesrand, Stuttgart 1985

Zwiebel– und Knollengewächse
Jacobi, K.: Blumenzwiebeln für Garten und Haus, München 1990

Literaturverzeichnis

ACKERS, W. u.a.: Stadtleben + Stadt leben lassen. Darmstadt 1983.

ALBERTSHAUSER, E.M.: Neue Grünflächen für die Stadt. Natur die man sich leisten kann. München 1985.

ALTHAUS, C.: Fassadenbegrünung – Ein Beitrag zu Risiken, Schäden und präventiver Schadensverhütung. Berlin und Hannover 1987.

ALTHAUS, C. u.a.: Fassaden erfolgreich begrünen. Merkblatt des Bayerischen Landesverbandes für Gartenbau und Landespflege, Herzog-Heinrich-Str. 21, 8000 München 2.

Alles über Hausbegrünung. Mein Schöner Garten – Sonderheft. Burda Verlag, Offenburg.

ANDRITZKY, M.: Lernbereich Wohnen Bd. 1 + 2. Reinbeck bei Hamburg 1979.

Arbeitsgruppe Artenschutzprogramm Berlin: Grundlagen für das Artenschutzprogramm Berlin, TU Berlin, L + U Nr. 23, Berlin 1984.

BAETZNER, A.: Natursteinarbeiten Stuttgart 1991.

BAMBACH, G.: Der Garten. Niederhausen 1982.

BARGHOLZ, J. (Hrsg.): Ökotopolis – Bauen mit der Natur. Köln 1984.

BAUMANN, R.: Begrünte Architektur – Bauen und Gestalten mit Kletterpflanzen. 2. korr. Auflage, Ravensburg 1990.

Bayerischer Landesverband für Gartenbau und Landespflege (Hrsg.): Merkblätter „Obstspaliere" und „Vorgärten". München.

Bayerischer Landesverband für Gartenbau und Landespflege (Hrsg.): Gärten am Haus, München 1985.

BECKETT, K. u.a.: Der mobile Garten. München 1985.

BfLR (Hrsg): Ökologisch orientierte Stadterneuerung. Informationen zur Raumentwicklung 1/2, Bonn 1986.

BfLR(Hrsg): Stadt und Umwelt. Seminare, Symposien, Arbeitspapiere, Heft 19, Bonn 1985.

BfLR (Hrsg): Stadtökologie und Stadtplanung. Informationen zur Raumentwicklung 10, Bonn 1985.

BfLR (Hrsg): Wohnumfeldverbesserung durch Grün– und Freiflächen. Informationen zur Raumentwicklung 7/8, Bonn 1981.

BLANA, H.: Stadtbiotope im Ruhrgebiet. Münster 1990.

BODE, D.M. u.a.: Alptraum Auto. Eine hundertjährige Erfindung und ihre Folgen. München 1986.

BÖSE, H.: Die Aneignung von städtischen Freiräumen. Kassel 1981.

BOISSET, C.: Blühende Mauern – Kletternde Gärten. Ravensburg 1990.

BOYD,L.: Fenstergärten. München 1985.

BRETTSCHNEIDER, W.: Obstbäume in Töpfen. 2. verb. Aufl., Stuttgart 1989.

BUND (Hrsg.): Lebendiger Balkon. Kiel 1987.

BUND (Hrsg.): Ökologischer Stadtumbau. Globus-Begleitmappe Nr. 6/87, Stuttgart 1987

Bundesminister für Raumordnung, Bauwesen und Städtebau (Hrsg): Wohnumfeld am Haus, Heft 04.108, Bonn 1985.

CARL, J.: Miniaturgärten, Stuttgart 1978.

CHINERY, M. u.a.: Was wächst und lebt in Stadt und Dorf? Stuttgart 1986.

DAHL, J.: Wildpflanzen im Garten. Aussaat und Pflanzung, Pflege und Vermehrung. München 1985.

Dachbegrünung – eine wichtige Aufgabe der Gärtner. TASPO-Magazin 7/8, Braunschweig 1987.

Das grüne Dach – Planungshilfe. Flachdach Zubehör GmbH, Postfach 2069, 72622 Nürtingen.

Der Minister für Stadtentwicklung, Wohnen und Verkehr NRW (Hrsg.): Wettbewerb Mehr Grün in die Stadt. Düsseldorf 1986.

DIEM, W.: Spielausflüge. Hamburg 1988.

FLINDT, R.: Ökologie im Jahreslauf. Wiesbaden 1989.

FOERSTER, K.: Der Steingarten der sieben Jahreszeiten. Radebeul 1981.

FRENZ, F.W. u.a.: Balkon– und Terassengärten, München 1990.

FRITSCHE, H.: Gärtnern mit Kindern, München 1987.

GABRIEL, I.: Neuanlage eines Biogartens. Planung, Bodenvorbereitung, Gestaltung. Niedernhausen 1984.

GÖBEL, P.: Alles über Gartenböden. Franck'sche Verlagshandlung, Stuttgart 1984.

GRAEBER, T./BETZSCHIEL, W.: Schöne Terassen und Sitzplätze. Stuttgart 1989.

GREINER, K.: Frühlingsblumen für Garten, Balkon und Terrasse. München 1992.

GREIWE, U. u.a.: Frauenleben in der Stadt, Dortmunder Beiträge zur Raumplanung, Heft 43, Dortmund 1988.

GRUB, H.: Grün zwischen Häusern. Ein Ratgeber für Städter. München 1984.

GUGENHAN, E. Bunte Gärten auf Balkon und Terasse. München, Wien, Zürich 1985.

GUTTMANN, R.: Hausbegrünung. Kletterpflanzen am Haus und im Garten. Stuttgart 1985.

GUTTMANN, R.: Grün zwischen den Steinen. Stuttgart 1988.

HAB, J. U. u. WITTKUGEL, U.: Mietergärten im Geschoßwohnungsbau. Garten + Landschaft 1/88, 19-23, 1988.

HABERER, M.: So blüht es schöner auf Balkon und Terasse. Köln 1982.

HABERER, M.: Kletterpflanzen: Rankende Begrünung von Fassade, Balkon und Garten. Niedernhausen 1984.

HABERER, M.: Blütenpracht auf Balkon und Terasse. Niedernhausen 1989.

HABERMANN, K. u.a.: Stadtentwicklung. Hannover 1978.

HALLMANN, H. W. u.a.: Bauen mit Holz in Park und Garten. München 1984.

Handbuch Garten. München, Wien, Zürich 1988.

HANSEN, R./STAHL, F.: Bäume und Sträucher im Garten. 2. Aufl., Stuttgart 1980.

HANSEN, R./STAHL, F.: Die Stauden und ihre Lebensbereiche in Gärten und Grünanlagen. Stuttgart 1981.

HÄUßERMANN, H. u.a.: Neue Urbanität. Frankfurt a. M. 1987.

HELM, E. – M.: Feld-, Wald– und Wiesenkochbuch. München 1982

HELMRICH, B. u.a.: Freiräume im sozialen Wohnungsbau. Arbeitsbericht des Fachbereichs Stadt– und Landschaftsplanung Heft 84, Kassel 1988.

HEROLD, F.: Bewohnergärten statt Abstandsgrün. Garten + Landschaft H. 12/86, S. 26-29, München 1986.

HINZEN, A. u.a.: Umweltqualität und Wohnstandorte. Wiesbaden, Berlin 1983.

HÖRSTER, W.: Steingärten. München 1986.

HOFF, M.: Natur an der Schule. Hrsg.: Naturschutzzentrum NRW, Recklinghausen 1992.

HOFF, M.: Ausflüge ins Bekannte: Stadterkundungen, Umwelt lernen, Heft 59, 1991.

HOFF, M.: Lernort Schulgelände – mehr als Teich und Blumenbeete. In: Hellberg-Rode, G. (Hrsg.), Umwelterziehung Theorie & Praxis, Münster, New York 1991.

Institut für Landes– und Stadtentwicklungsforschung NRW (Hrsg): Wohnen und informelle Arbeit. ILS-Schriften 19, Dortmund 1989.

JANTRA, H.: Balkon, Terasse und Dachgarten wirkungsvoll gestalten. Niedernhausen 1991.

JEDICKE, E.: Blumenwiese oder Rasen. Stuttgart 1986.

JELITTO, L. u.a.: Die Freiland Schmuckstauden. Stuttgart 1990.

JUNG; I.: Der Ökogarten für Kinder. Düsseldorf 1985.

Katalyse Umweltgruppe (Hrsg.): Umwelt-Lexikon. Köln 1985.

KAULE, G.: Arten– und Biotopschutz. Stuttgart 1991.

KENNEDY, M.: (Hrsg.): Öko-Stadt, Bd. 1 + 2. Frankfurt a. M. 1984.

KESSLER, J.: Garten-, Landschafts– und Sportplatzbau. Stuttgart 1987.

Kinderfreundliche Stadt: Themenheft der Zeitschrift Freiraum Heft 3/1991.

KLAUSNITZER, B.: Ökologie der Großstadtfauna. Stuttgart, New York 1987.

KLUGE, T. u.a.: Wassernöte. Aachen 1986.

KLEMP, H.: Mehr Natur in Dorf und Stadt. – Selbstverlag, Kiel 1983.

KLOTZ, B.: Das Öko-Gartenbuch. Reinbeck bei Hamburg 1987.

KNIRSCH, R.R.: Unsere Umwelt entdecken. Frankfurt a.M. 1988.

KÖHLER, C.: Stadterleben. Frankfurt a.M. 1981.

KÖHLER, M. Fassaden- und Dachbegrünung, Stuttgart 1993

KOLB, W. / SCHWARZ, T.: Substrate und Pflanzen für die Extensivbegrünung von Dächern. TASPO-Magazin Nr. 7/8. Braunschweig 1987.

Kommunalverband Ruhrgebiet (Hrsg.): Klimaanalyse Stadt Essen. Essen 1984.

Körber-Stiftung (Hrsg.): Spuren suchen Nr. 1/88, 4/90, 5/91.

KRAUL, W.: Spielen mit Wasser und Luft. Stuttgart 1988.

KREUTER, M. L.: Der naturgemäße Kräutergarten. München, Wien, Zürich 1983.

KUHN, K. u.a: Biologie im Freien. Stuttgart 1986.

Landesgemeinschaft Naturschutz und Umwelt NRW/ROTH, H. J. (Hrsg.): Kölner Naturführer, Wege zur Natur in der Großstadt. Köln 1990.

LIESEKE, H. J. u.a.: Grundlagen der Dachbegrünung. Berlin, Hannover 1988.

LOHMANN, M.: Naturinseln in Stadt und Dorf. München 1986.

LUDWIG, K.: Kletterpflanzen: Auswahl, Pflanzung, Pflege. München, Wien, Zürich 1985.

LUDWIG, K.: Oase im Hinterhof. Kraut & Rüben, 5, S. 26-31. München 1987.

LUDWIG, K.: Wohnhöfe – Hofräume. München 1987.

LYNCH, K.: Das Bild der Stadt. Braunschweig 1989.

MARKMANN, E.: Brigitte Balkonbuch. Hamburg 1983.

MEHL, U./WERK,K.: Häuser in lebendigem Grün. Niedernhausen 1987.

MEYER, H.: Vom Grundstück zum Wohngarten. – 4. verb. Auflage, Stuttgart 1987.

MEYER, F.H.(Hrsg.): Bäume in der Stadt. 2. überarb. und erg. Aufl., Stuttgart 1982.

MINISTER FÜR UMWELT, RAUMORDNUNG UND LANDWIRTSCHAFT NRW Schadstoffarmes Gemüse und Obst aus Haus– und Kleingärten. Anbau– und Verzehrempfehlungen. Merkbl., Düsseldorf 1987.

MINISTER FÜR STADTENTWICKLUNG, WOHNEN UND VERKEHR NRW: Empfehlungen zur Fassadenbegrünung an Bauwerken im Zuständigkeitsbereich der Staatshochbauverwaltung NRW. Düsseldorf.

MINKE, G./Witter, G. Häuser mit grünem Pelz. Ein Handbuch zur Hausbegrünung. D. Fricke, Frankfurt a.M. 1983.

MÜLLER, W.: Städtebau. Stuttgart 1979.

MUMFORD, L.: Die Stadt. München 1979.

NÄSLUND, G.K. u.a.: Florinchens Sommerbuch. Hamburg 1991.

NÄSSLUND, G.K. u.a.: Renettchens Rosenbuch. Reinbeck 1988.

NEUGELKEN, P.H.: Dachgärten. München 1989.

NIEDERSTRASSER, M. u.a.: Gartenhaus, Laube, Pergola. München 1986.

NIEMEYER-LÜLLWITZ, A.: Gärtnern mit der Natur. Hrsg.: Minister für Umwelt, Raumordnung und Landwirtschaft NRW, Düsseldorf 1986.

NIEMEYER-LÜLLWITZ, A.: Naturnahe Gärten in der Stadt. Eine Idee auf neuen Wegen. – LÖLF-Mitteilungen H. 3: 10-14. Recklinghausen 1986.

NIEMEYER-LÜLLWITZ, A.: Grüne Wände bringen Leben in die Stadt. Hrsg.: Ministerium für Umwelt, Raumordnung und Landwirtschaft NRW, Düsseldorf 1990.

NIESEL, A.: Bauen mit Grün. Berlin, Hamburg 1989.

OHLWEIN, K.: Dachbegrünung – ökologisch und funktionsgerecht. Wiesbaden 1985.

PÜTZ, J.: Wohnen und Leben mit Pflanzen. Köln 1987.

REDEMANN, G. / GERHARDT, A. / NIEMEYER-LÜLLWITZ,A.: Neue Möglichkeiten des ökologischen Lernens. – LÖLF-Mitteilungen H. 3: 10-17, Recklinghausen 1987.

RICHARZ, K.: Wir tun etwas für mehr Natur in Dorf und Stadt. München 1986.

ROTERS, E. u.a. (Hrsg.): Ich und die Stadt. Berlin 1987.

ROTHE, W.(Hrsg.): Deutsche Großstadtlyrik. Stuttgart 1981.

SCHEFFER, F. u.a.: Lehrbuch der Bodenkunde. Stuttgart 1982.

SCHEFFLER, U. u.a.: Opa ist nicht von Gestern. München 1987.

SCHMIDT, R.: Mehr Spielraum für Spielräume. – Garten + Landschaft, H. 7: 41-44. München 1987.

SCHUA, L.u.R.: Wasser – Lebenselement und Umwelt. München 1981.

SCHÜMMELFELDER, H.: Der Vorgarten. München 1990.

SCHULTE, W.: Lebensraum Stadt. München, Wien, Zürich 1988.

SCHULTZ, H. D.: Die Stadt als erlebte Umwelt. Osnabrücker Studien zu Geographie Bd. 3, Osnabrück 1981.

SEITZ, P.: Küchenkräuter pflegen, nutzen, verwenden. Stuttgart 1991.

SEELER, W.: Menschenfeindliche – menschenfreundliche Stadt. In: WINTER/MACK(Hrsg.), Stadt – Aspekte einer Humanökologie, Frankfurt, Berlin 1988.

Senator für Bauwesen Bremen : Grüne Vorgärten. Broschüre, Bremen 1985.

Senator für Stadtentwicklung und Umweltschutz (Hrsg.): – Naturbuch Berlin, Berlin 1985. – Umweltatlas Berlin Bd. 1 u. Bd. 2, Berlin 1985/1987.

SHAFFER, C. u.a.: City Safaris, San Francisco 1987.

SIEFERLE, R.P.(Hrsg.): Fortschritte der Naturzerstörung. Frankfurt a.M. 1988.

SINGEISEN-SCHNEIDER, V.: 1001 Entdeckungen. Zürich und Wiesbaden 1989.

SPELSBERG, G.: Rauchplage. Aachen 1984.

STANGL,M.: Mietergärten. In: Bundesgartenschau 1987 Düsseldorf (Hrsg.), Ein Garten für uns alle, Düsseldorf 1987.

STANGL, M.: Obstanbau im eigenen Garten. München 1985.

STAUBACH, R. u.a.: Mieterselbsthilfe bei der Hoferneuerung. Schriften Landes– und Stadtentwicklungsforschung Bd. 3037, Dortmund 1986.

STEINECK, H.: Pilze im Garten. Stuttgart 1981.

STEHR, R.: Schling– und Kletterpflanzen. München 1989.

STEIN, S.: Pflanzenvermehrung leicht gemacht. München, Wien, Zürich 1988.

STEVENS, D.: Kleine Gärten und Innenhöfe. München 1986.

STEVENS, D.: Stadtgärten. München 1989.

Stiftung Naturschutz Berlin (Hrsg): 100 grüne Lernorte. Berlin 1985.

STÖCKLEIN – MEIER, S.: Natur-Spielzeug. Ravensburg 1985.

SUKOPP, H.u.u.: Beiträge zur Stadtökologie von Berlin (West). TU Berlin, Landschaftsentwicklung und Umweltforschung Nr. 3, Berlin 1980.

TEUTEBERG, H.J.(Hrsg.): Urbanisierung im 19. und 20. Jahrhundert. Köln 1983.

Urbanes Wohnen e.V.(Hrsg.): Urbanes Wohnen. München 1983.

Urbanes Wohnen e.V.(Hrsg.): Selbsthilfe und Demokratie im Wohnumfeld. München 1988.

VERNAZZA, C.: Unser Kräutergarten. Bern 1982.

VESTER, F.: Ballungsgebiete in der Krise. München 1983.

WEHLAND, G.: Stadtplanung, Partizipation und kommunale Öffentlichkeit. Arbeitshefte des Instituts für Stadt und Regionalplanung der TU Berlin Nr. 30, Berlin 1984

WIDMAYR-FALCONI, Ch.: Blühende Lichtblicke im Straßeneinerlei. kraut & rüben Nr. 1/91, S. 28-31, München 1991.

WIELAND, D. u.a.: Grün kaputt. Landschaft und Gärten der Deutschen. München 1983.

WINTER, N. u.a.(Hrsg): Herausforderung Stadt. Frankfurt a.M. Berlin 1988.

WITTIG, R.: Ökologie der Großstadtflora. Stuttgart 1991.

WUCHERPFENNIG, P.: Umwelt-Werkbuch. Reinbeck 1985.

ZIBELL, W.: Frauen in Wohnumfeld und Nachbarschaft. Arbeitsheft 26 des Instituts für Stadt– und Regionalplanung der TU Berlin, Berlin 1983.

ZIMMERMANN, M. u.a.(Hrsg): Umweltschutz, was können die Gemeinden tun? Basel 1984.

Anmerkung:

Weitere verwendete Literatur siehe Tips zum Weiterlesen.

Register

Altlasten 11 f.
Anbaukalender für Gemüse und
　　Küchenkräuter 163
Aussaat, Fensterbank 31
Außenfensterbank 29
Autoverkehr 13 f.

Bachpatenschaft 186 f.
Balkon, Gemüse und Kräuter 46 f.
　　Kletterpflanzen 48 f., 57 f., 133
　　Mini-Teich 50
　　Nutzgärten 156
　　(Obst)bäumchen 44 f., 48
　　Pflanzenvorschlag 41
　　Pilzzucht 46
　　Stauden 41 f.
Balkongärten 32 ff.
Balkonkästen, Größe 34
　　Halterungen 36 f.
　　Materialien 33-36
Balkonpflanzen 33, 41, 43 f.
Bankbeet an der Hauswand 114
Bäume für Stadtgärten 106, 107
　　Hinterhof 138
Baumpflanzung,
　　praktische Tips 108, 110
Baumschutz 136
Bauschäden, Vermeidung 54
Bebauungsplan, Beteiligung 193
Begrünung einer Gartenhütte 90
　　eines Carports 86, 88 f.
Bewässerungssystem 50
Blähton 38
Blumenkästen 29
Blumenrasen 137 f.
Blumenzwiebeln pflanzen 173
　　auf dem Balkon 43
Blütenstauden 28
Boden 16 f., 19
Bodenbakterienkulturen 39
Bodenbelag für Hinterhöfe 128
Bodenfruchtbarkeit 160
Bodenuntersuchung 160
Bodenverbesserer 39
Bodenvorbereitung 137, 159
Bohnenzelt 173
Bürgerantrag 192
Bürgerrechte, Beispiele 191
Bürgersteiggärten 113
Bürgerversammlungen 193

Carport, Begrünung 86, 88 f.

Dachbegrünung, Planung u.
　　Arbeitsschritte 85, 87 f.
Dachdichtung 77
Dachentwässerung 79
Dachgärten 75
　　auf Lattenrost 84 f.
　　Zusatzbewässerung 84
Dränage, Gründach 79, 86, 88
　　Material 38
Dünger 39

Eingangsgärten, Pflanzideen 97
　　praktische Tips 93
Einzelpflanzen, große 44

Fächerspaliere 72
Farne, Hinterhof 143 ff.
Fassadenbegrünung 53 ff.
　　flächendeckende 67
Fassadenschmuck 176
Fensterbank 28 ff.
　　Aussaat 31
Fenstergärten 26 ff.
Filterschicht, Gründach 78, 86
Folienverlegung, Gründach 89
Frühlingsblüher 28

Gartenerde 38
Gartenfeste 181
Gartengerätekiste 156 f.
Gartenhöfe, Praxisbeispiele 150 f.
　　Starthilfen 121
Gartenhütte, Begrünung 90
Gartenmaskerade 179
Gehölze für Bankbeete 115
Gemüse, Anbaukalender 163
　　im Zimmer 27
Gemüsepflanzen 36, 37, 44 ff.
Genehmigungen, Hofveränderung 148
Gerüstkletterpflanzen 54 f., 58, 60 ff.
Glockenblumen 28 f.
Gräser, Balkon 41 f.
　　Hinterhof 143 ff.
　　Vorgärten 100
Grillstelle 134
Großsträucher 107
Gründächer, Belastbarkeit 76 f.
　　Dränage 79, 86, 88

Durchlässe 78, 87
Filterschicht 78, 86
Folienverlegung 89
Kosten 80 f.
Materialien 77, 86
Pflanzen 81 f.
praktische Beispiele 86, 90
Substratschicht 79 f., 87 f.
Vegetationsmatten 90
Vegetationsschicht 79 f., 89
Wurzelabwehr 77, 86
Gründüngung 160
Grundwasser 18

Halterungen für Balkonkästen 36 f.
Hausbaum pflanzen 104 f.
Hecken 157 ff.
Hinterhof gestalten 122 f., 125 f.
　　Rasen oder Wiese 137
　　Stauden 143 ff.
Hofveränderung, Planung 143, 146 ff.
Holzlattenzäune 158
Holzschutz 133, 134

Kanalisation 15, 18
Kartoffeleimer 45
Kästen aus Holz 34
　　aus Ton 34
　　aus Faserzement 36
Keimdauer 30
Kinder 23 f., 51, 173 ff.
Kinderbauernhof (Berlin-Kreuzberg) 185
Kletterform 56
Klettergehölze 66 f.
Kletterhilfen 55 f., 58, 61, 64 f.
　　Material 62 f.
Kletterpflanzen, Balkon 48 f., 57 f., 133
Komposterde 38
Kompostplatz 161 f.
Kräuterkästen 29
Kräuterspirale 124
Kresse 28
Küchenkräuter 27 ff., 36 f., 47
Küchenkräuter 27 f.
　　Anbaukalender 163
　　Vermehrung 31
‚Kulturfelsenbewohner' 21

Lärmbelästigung 14, 16, 23
Lattenzaun, Bau 96

Lebensraum, gesunder 190
Lichtverhältnisse 27, 40

Meinungsspuren 175
Mietergärten, Planung 166 ff.
    Skizze 155
Mieterterrasse 154
Mini-Teich, Balkon 50
Mischkulturen, Nutzgarten 164 f.
Mischsubstrate 37
Mosaike 176
Müll 15, 21
Mülltonnenplatz begrünen 95

Nisthilfen für Bienen, Wespen 178
Nistkästen für Vögel 177
Nutzgärten für Obergeschoß 156
    für Balkon 44 f.

Obergeschoß, Nutzgärten 156
Obstbäumchen, Balkon 44 f., 48
Obstbäume, veredelte 107
Obstsorten, Spaliere 68 f.
Ohrwurmtöpfe 177 f.

Parks 19
    Düsseldorf-Heerdt 188 f.
Patenschaftsvertrag 187
Pergola, Bauhinweise 131 ff.
    Begrünung 93 f.
Pflanzen 19 ff
    für Balkon 39
    für Gründächer 81 f.
    für Mauerritzen 116
    für Schattenplätze 102
    für Vorgärten 99
    Schadstoffe auf 165 f.
    wehrhafte 147
    wilde 103 f., 117
Pflanzenanzucht 28, 30
Pflanzendomino 174
Pflanzenjagd 174
Pflanzenschutz 164
Pflanzerde 36
Pflanzgefäße, Materialien 33
Pflanzgrube für Bäume 109
Pflanzschnitt, Bäume 110
Pflanzstandort s. Standort
Pflanzung, Spalierobst 70
Pflastersteine 129

Pflege extensiver Dachgärten 83
Pilzzucht, Balkon 46
Platten verlegen 130
Platz im Hinterhof 122 f., 125 f.

Ranker 58
Rasen oder Wiese, Hinterhof 137
Rasenpflaster 128
Rätsel am Boden 180
Regenwürmer 171
Rindenhumus 37
Rindenmulch, Bodenbelag 128

Sand 38
Sandkasten u. ä. 135
Schädlingsbekämpfung, natürliche 178
Schadstoffe auf Pflanzen 165 f.
Schattenplätze, Pflanzen 102
Schatzsuche 174
Schlinger 55, 58
Schnittlauch 28
Schotter 39
Schotterrasen 131
Schulgelände, Umgestaltung 183 f.
Selbstklimmer 53 f.
Siedlungen, erste 9
Sitzgelegenheiten, Hinterhof 134
Sitzplätze am Eingang 93
    Mietergärten 156
Skizze von Mietergärten 155
Smog 18
Sommerblumen 101
Sonnendusche 178, 179
Spalierobst, Erziehung 70 ff.
    Obstsorten 68 f.
    Pflanzung 70
    Standorte 68, 70
Spielgebüsche 135
Spielgelegenheiten, Hinterhof 135
Spielideen 179
Spielraum in der Stadt, Beispiel 24, 185
Spreizklimmer 58
Stadtentwicklung 10
Stadterneuerung, ökologisch
    orientierte 191
städtische Einrichtungen 15
Stadtklima 22
Stadtplanung 12
Standortwahl 40, 56, 108, 136
Stauden, Balkon 41 f.

Hinterhof 143 ff.
    Vorgärten 99, 100
    wilde, am Zaun 103 f.
Stecklinge 31
Straße als Lebensraum 23
Straßenbäume, Patenschaft 116 ff.
    selbst pflanzen 118
Straßenfeste 181
Sträucher, Hinterhof 139 ff.
    richtig pflanzen 142
    Vorgärten 97
Substratschicht, Gründach 79 f., 87 f.

Teichbau 127
Terrassengärten am Erdgeschoß 153
Tiere 19 ff
    Spuren 175
Torf 39

Umweltprobleme 11 f., 14, 16 f.
Umwelttelefon 192
Unkräuter 20 f., 150
    eßbare 172

Vegetationsmatten, Gründach 90
Vegetationsschicht, Gründach 79 f., 89
Verkehr 10, 13, 19
Vögel 21

Wärmedämmung 75 f.
Wasser 18, 49
Wasseranschluß, Mietergärten 157
wassergebundene Decke 131
Wasserspeicher in Balkonkästen 36
Wege und Zufahrten 95
Wegebau 130 f.
Weidenhütte 122
Wildkräuter, Bürgersteiggärten 115
Windspiel 179
Wohnsiedlung, baubiologische 190 f.
Wohnstraßen 186
Wohnungsnot 13
Wuchsverhalten, Kletterpflanzen 56
Wurmkompost 38
Wurzelabwehr, Gründach 77, 86

Zäune begrünen 95
Zimmerdschungel 173
Zusatzbewässerung, Dachgarten 84
Zwiebelpflanzen 28

Bildnachweis

A. Berger: S. 51 u.;
Bundesministerium für Bauwesen: S. 186 u.,
J. Forkel: S. 51 o.;
Foto Press / Kuh: S. 4 o., 7, 85;
R. Guttmann: S. 48;
G. Hein: S. 18, 75, 104, 114, 147;
M. Herrmann: S. 189 u.;
M. Hoff: Umschlag/vorne, Umschlag/
hinten o. l., S. 5 u., 9 o., 10, 11 u., 12 M., 13,
15 (2), 16, 19, 21 u., 22 o., 33 u., 34, 38, 40,
41, 46, 50, 93, 96, 113 (2), 115 o., 117 o.,
119, 123, 146, 151, 153 M., 154 o., 160,
169, 172, 174 (2), 176, 177, 180 (2), 181,
183 u., 184 (2), 188 (2), 189 o., 190 (2),
191 (2), 192;
Institut für Bauforschung: S. 126, 128, 153 u.;
W. König: S. 187 o.;
Lege GmbH: S. 63 u.;
A. Limbrunner,: S. 21 o.;
S. Lüllwitz: S. 87 o.;
NZ Hessen: S. 187 u.;

A. Niemeyer-Lüllwitz: Umschl./hinten u. l., r.,
S. 2, S. 4 M., 5 o., 9 u., 12 u., 14, 17, 22 u.,
24 o., 25, 33 o., 53 (2), 54, 55 (2), 58 (3),
61, 62, 63 o., 63 M., 66, 67 (2), 68, 72,
87 u., 88, 89, 90, 91, 95, 97 (2), 102, 103,
105, 108, 111 (2), 115 u., 116 (2), 115 u.,
116 (2), 117 u., 118 u., 123 o., 125, 129 u.,
137, 138, 154 u., 157, 162, 165, 178, 186 o.;
R. v. Nolting: S. 12 o.;
Okapia / Schacke: S. 11 o., 45;
M. Pause: S. 179;
Planungsgruppe Stadtkinder Herne: S. 24 u.;
renatur Ruhwinkel: S. 4 u., 73, 75, 80, 81;
K. Skogstad: S. 27;
Z. Stamm: S. 121;
A. Taschner: S. 185;
Urbanes Wohnen e.V.: S. 181 u., 121, 129 o.,
131, 134, 148, 149, 168 (2), 193;
S. Wieland (aus J. Pütz: Wohnen u. Leben mit
Pflanzen, ugs Verlagsges., Köln 1987): S. 35;
R. Wagner: S. 183 o.

Wir danken für die Abdruckrechte:
Gunter Bruno Fuchs „Laubsäcke" aus: Ge-
sammelte Fibelgeschichten und letzte Gedichte.
Erinnerungen an Naumburg, © Carl Hanser
Verlag, München/Wien 1978; Joachim Ringel-
natz „Sinnender Spatenstich", „Arm Kräutchen",
„Kindersand" aus: Das Gesamtwerk, Bd. 1 u. 2,
© Henssel Verlag, Berlin; Hajo Bücken „Die Stadt
in der ich wohne", „Das Neugierlied" aus: Die
Stadt erleben, © Burckhardthaus-Laetare Verlag,
Offenbach 1983; Bertold Brecht „Fragen eines
lesenden Arbeiters" und „Herr K. und die Natur"
aus: Gesammelte Werke, © Suhrkamp Verlag,
Frankfurt am Main 1967; Erich Kästner: „Die
Zeit fährt Auto" aus: Herz auf Taille, „Die Dritte
von rechts", „Nasser November" aus:
„Gesammelte Werke" und Zitat aus Vorwort für
„Die 13 Monate". © Atrium Verlag, Zürich;
Peter Maiwald „Der Baum", „Die Pappeln", „Die
Kinderfeinde", © Peter Maiwald; Ludwig Fels
„Natur", © Luchterhand Hamburg.

Die Autoren

Adalbert Niemeyer-Lüllwitz

Dipl. Ing. (FH) für Gartenbau und Gymnasial-
lehrer (Biologie). Seine Ausbildung absolvierte
er an der Fachhochschule und Universität
Osnabrück. Als Mitarbeiter des Naturschutz-
zentrums Nordrhein-Westfalen in Recklinghausen ist er zuständig für Gärten, Ausstel-
lungen und Informationsmaterial. Bekannt
wurde er u.a. durch seine umfangreiche
Vortragstätigkeit, Gartenpraktika („Naturnahe
Gärten in der Stadt") und seine Mitwirkung
an naturnahen Lehrgärten. Er ist Autor zahl-
reicher Zeitungs- und Zeitschriftenbeiträge.

Martina Hoff

geboren 1959 in Oberhausen.
Als Stadtmensch erlebt sie seither die Vor-
und Nachteile eines eher von Stein und
Asphalt als durch Natur geprägten Lebens-
raumes. Aufgewachsen in Düsseldorf und
Oberhausen lieferten der Studienort Essen,
Frankfurt/Main und Hannover weitere
Stadterfahrungen.

Sie lebt und arbeitet als selbständige
Landschaftsarchitektin in Essen.
Vom Hausgarten und Hinterhof bis zur
Bachrenaturierung reichen die Projekte ihrer
über 10jährigen planerischen Tätigkeit. Diese
Projekte werden nicht nur mit einer
ökologischen Zielsetzung angegangen,
sondern beziehen den Menschen mit ein.

Impressum

Die Deutsche Bibliothek - CIP-Einheitsaufnahme

Das Gartenbuch für Städter : Balkon- und
Kleinstgärten, Hausbegrünung / Martina Hoff ;
Adalbert Niemeyer-Lüllwitz. -
Augsburg : Naturbuch-Verl., 1994
  ISBN 3-89440-008-0
NE: Hoff, Martina; Niemeyer-Lüllwitz, Adalbert

Naturbuch Verlag
© Deutsche Ausgabe 1994 Weltbild Verlag
GmbH, Augsburg. Alle Rechte vorbehalten.

Es ist nicht gestattet, Abbildungen dieses
Buches zu scannen, in PCs oder auf CDs zu
speichern oder in PCs/Computern zu
verändern oder einzeln oder zusammen mit
anderen Bildvorlagen zu manipulieren, es sei
denn mit schriftlicher Genehmigung des
Verlages.

Layout: Kai Hummel, Cosmas Fette,
Neuburg a.d. Donau
Satz: Gesetzt aus der 8,5/11,5 p. Stone Sans
von Cosmas Fette, Naturbuch Verlag, Augsburg

Reproduktion: Color Line, Verona
Illustrationen: Petra Dinse, Julia Stoye, Essen,
Martina Hoff (S. 98, 151, 155)
Umschlaggestaltung: Peter Engel, Grünwald
Druck und Bindung: Appl, Wemding

Gedruckt auf 135 g/m² umweltfreundlich
chlorfrei gebleichtem Papier.

Printed in Germany

ISBN 3-89440-008-0